화륜선 타고 온 포크,
대동여지도 들고
조선을 기록하다

미국 외교관의
최초 조선 보고서

화륜선 타고 온 포크, 대동여지도 들고 조선을 기록하다

사무엘 홀리 편집, 소개 | 조법종, 조현미 번역, 주석

알파미디어

1884	출발	도착	포크의 조선 남부 지역 조사 지역과 일정
11. 1.	서울	수원	
11. 2.	수원	소사평	
11. 3.	소사평	천안삼거리	
11. 4.	천안삼거리	공주	
11. 5.	공주	공주	
11. 6.	공주	은진	
11. 7.	은진	용안	
11. 8.	용안	용안	
11. 9.	용안	삼례	
11. 10.	삼례	전주	
11. 11.	전주	전주	
11. 12.	전주	원평	
11. 13.	원평	군영다리	
11. 14.	군영다리	영신	
11. 15.	영신	나주	
11. 16.	나주	나주	
11. 17.	나주	경양(광주)	
11. 18.	경양(광주)	개고개(순창)	
11. 19.	개고개(순창)	여원치(운봉)	
11. 20.	여원치(운봉)	사근역(함양)	
11. 21.	사근역(함양)	권빈(합천)	
11. 22.	권빈(합천)	해인사	
11. 23.	해인사	야로(합천)	
11. 24.	야로(합천)	평구(삼가)	
11. 25.	평구(삼가)	진주	
11. 26.	진주	반성역	
11. 27.	반성역	마산포	
11. 28.	마산포	김해	
11. 29.	김해	부산	
11. 29.	부산	부산	
11. 30.	부산	부산	
12. 1.	부산	부산	
12. 2.	부산	통도?	
12. 3.	통도?	이창점(밀양)	
12. 4.	이창점(밀양)	남촌주막	
12. 5.	남촌주막	대구	
12. 6.	대구	장내거리(인동)	
12. 7.	장내거리(인동)	성골(상주)	
12. 8.	성골(상주)	신원(함창)	
12. 9.	신원(함창)	조령(문경)	
12. 10.	조령(문경)	충주	
12. 11.	충주	장해원	
12. 12.	장해원	이천	
12. 13.	이천	광주(경기도)	
12. 14.	광주(경기도)	서울 미공사관	

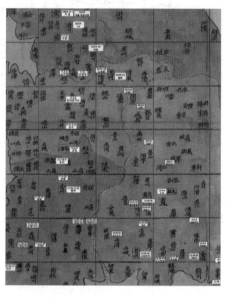

포크의 1884. 11. 1.–12. 14.까지 44일에 걸친
조선 남부 지역 조사 지역과 일정
(《대동여지도》 색인도에 표시)

일정 목차[1]

---

1 포크가 진행한 조사 여행의 전체 일정별 내용을 역자가 간략하게 정리하여 목차화하였음.
2 삼남대로는 조선 시대 서울에서 삼남 지방인 충청·전라·경상도 방향으로 가는 길로, 조선 초 한양 도성에서 남대문을 지나 삼남 지방으로 가는 간선도로의 하나였다.《서울지명사전》, 서울역사편찬원.

---

3 전라북도에 소재한 만경강의 원명칭은 사수강이다. 만경강은 조선 시대까지는 등장하지 않고 일제강점기 때 정착된 명칭이다(역주).

목차

감사의 글 – 역자

본서를 번역하고 주석을 다는 과정에서 여러 고마운 분들의 도움을 받아 감사의 인사를 전하고자 한다. 가장 먼저 감사를 드리고 싶은 이는 조지 클레이튼 포크의 일기를 우리가 볼 수 있게 정리해서 편저한 사무엘 홀리Samuel Hawley 교수이다. 이분의 노고와 열정으로 조선의 근대 역사에서 매우 중요한 역할을 한 포크의 기록을 생생하게 접할 수 있었다. 필자에게 학자의 길을 열고 이끌어 주신 김정배 전 고려대 총장님과 본서에 대해 격려와 지원을 보내주신 국사편찬위원회 조광 위원장님께 감사 인사를 올린다.

본서를 꾸리는 데 있어 국내 학계의 연구 성과와 국사편찬위원회에서 정리한 자료들이 많은 참고가 되었다. 손정숙 박사의 세밀한 연구가 큰 도움이 되었으며, 조선 후기 새로운 문물이 들어오는 상황에 대해서는 이훈상 동아대학교 명예교수님의 도움이 컸다. 그리고 전 해군 사관학교 교수이자 박물관장인 김주식 교수님은 거북선 관련 부분에 대해 상세한 조언을 해주셨고, 한국고지도연구학회 회장이셨던 이상태 국제문화대학원 교수님의 고지도 관련 조언 역시 큰 도움이 되었다. 이상식 박사는 역사적 사실들을 꼼꼼히 확인해 오해의 소지가 있을 수 있는 내용을 수정해 주었으며, 근대사회로의 진입 상황에 대해서는 국사편찬위원회 이헌주 연구관과 전주대학교의 김윤희 교수가 필자에게 많은 도움이 되었다. 아울러 포크의 기록을 소개하는 행사를 마련해준 경상대학교 박물관장 차영길 교수님께 감사를 드린다. 또 포크 자료를 잘 보존하고 출판을 위해 기꺼이 협조해준 위스콘신대학 밀워키 도서관의 수산 퍼쉘Susan Pesche 씨에게 감사드린다.

이 외에도 포크의 조사 여정 지역에 위치한 천안 박물관, 전주역사 박물관, 마산 박물관, 부산 근대 역사관, 청도 박물관, 대구 근대 역사관, 문경새재 옛길 박물관, 국립 기상박물관 등에서 제공한 자료와 조언으로 내용이 충실해질 수 있었다. 더불어 이 책의 출판을 위해 현장 확인을 진행하는 과정에서 만난 각 지역 현지 주민들의 생생한 증언과 정보는 그동안 포크의 기록 속에만 남아 있던 지명과 당시의 모습을 파악하는 데 큰 도움이 되었다. 아내 조현미 박사는 본서의 번역을 함께하며 필자가 일일이 신경 쓰기 어려운 세심한 부분까지 배려를 아끼지 않았고 글을 다듬고 현장을 조사하며 큰 힘을 보탠 딸 서현과 아들 택민에게 감사의 마음을 전한다.

그 외 주변에서 역자의 작업을 지켜보며 후원해준 여러분들의 도움에 거듭 감사를 드린다. 여러 사람들의 도움과 가족의 헌신이 있었기에 격동기 근대 조선의 모습을 생생하게 들여다볼 수 있는 포크의 중요한 자료를 세상에 내놓을 수 있었다. 이 책이 나오는 데 물심양면 도움을 주신 모든 분께 감사의 마음으로 이 책을 바친다.

2021. 2.

미륵산과 호남 벌을 바라보는 연구실에서 조법종

감사의 글 - 편자

우선 조지 포크의 1884년 조선 여행기 사본과 이를 출판할 수 있는 권리를 제공해 준 데 대해 캘리포니아 버클리대학의 반크로프트 도서관(특히 공공서비스 팀장인 수잔 신더)에게 감사의 마음을 전하고 싶다. 사진을 제공해 준 워싱턴의 해군역사관, 의회도서관, 페이엇빌의 아칸소대학 도서관(특히 앤 프리처드)에게도 감사를 전한다. 또한 윌리엄 로바트William Nelson Lovatt, 1833-1904 와 당시 부산의 촌락에 관한 연구 성과를 너그럽게 공유해 준 세인트 노버트 대학의 웨인 패터슨에게도 감사드린다. 포크는 부산진에 도착한 후 1884년 11월 29일부터 12월 1일까지 부산의 일본인 거주지인 초량 왜관에 머문 바가 있다.

한국에서는, 왕립아시아학회의 부회장인 피터 바돌로뮤가 보여 준 조선 왕조에 대한 통찰과 이 책에 대한 열정에 감사를 전한다. 그와의 수많은 대화를 통해 포크가 여행하면서 겪은 조선 사회와 그 일지의 중요성을 잘 이해할 수 있었다. 서울에 근거를 둔 역사가이자 작가인 로버트 네프 또한 일찍 조선을 여행한 서양인들에 관한 소중한 정보를 제공해 주었다. 마지막으로 서울 연세대학교 중앙도서관의 직원들에게도 감사의 마음을 전한다. 이번 책을 위한 시대 고증의 많은 부분이 그들 덕택이다.

일러두기

1. 본서는 1884년 5월 조선에 부임한 최초 미국 외교무관 조지 클레이튼 포크George Claton Foulk가 미국 국무부 및 해군부에 보고하기 위해 진행한 현장 조사 기록이다.
포크는 2차례에 걸친 조사를 진행하여 1차 경기북부권역(1884. 9. 22.-10. 8. :16일) 2차 경기 남부, 충청, 전라, 경상 지역(11. 1.-12. 14. :44일)을 조사하였는데 이 책은 2차 조사 지역에 대한 기록이다.

2. 이 책은 사무엘 홀리가 2007년 간행한《Inside the Hermit Kingdom: The 1884 Korea Travel Diary of George C. Foulk》(Lexington Books, 2007)를 저본으로 하여 번역하였다.

3. 이 책은 일기 형식의 조사기록으로 상황별로 개인적인 감정과 느낌이 여과 없이 기록된 부분이 있지만, 사료적 성격의 입장에서 가급적 직역을 원칙으로 진행하였다. 또한 편자 홀리 교수가 일반적인 내용도 있지만 원의를 살리기 위해 조선을 잘 모르는 서양인을 위한 주석을 달아 그대로 번역하였다.

4. 본서의 이해를 돕기 위해 역자가 1884년 11월 1일부터 12월 14일까지의 일정 앞에 그날의 일정 중 의미 있는 내용을 소제목으로 추가하였다.

5. 1884년 포크의 조사 시 휴대한 대동여지도를 각 일정에 해당하는 지역별로 제시하였다. 또한 당시 지역 상황을 가장 잘 보여 주는 서울대 규장각 소장 [1872년 지방도] 및 관련 지역 별도 지도를 발췌하여 각 지역 공간 상황을 이해하기 쉽게 제시하였다. 또한 역자가 포크의 전체 이동 지역에 대한 개괄적 현장답사를 통해 확인하고 관련 지역에서 언급된 현존 유적 및 정황을 담은 사진을 찍어 첨부하였다.

6. 포크는 미국 해군사관학교를 졸업한 엘리트 해군 장교로서 방향을 기록할 경우 항해, 측량 시에 사용하는 전문용어를 사용하였다. 예를 들어 'northeast by east'는 사전적

의미로 "항해, 측량 용어-북동미동北東微東: 동북에서 110 ° 15' 동쪽으로 치우친 방위方位. NEbE."라는 의미이나 전체를 옮길 수 없어 "북동北東"으로 단순화해 옮겼다.

7. 포크가 여행한 1884년 11월 1일-12월 14일까지의 일기기록 원문에는 Korea와 Chosun Dynasty를 혼용하였다. 이들 표현은 당시는 조선 시대였으므로 기본적으로 '조선'으로 옮겼다. 숙소가 영문官衙, 주막으로 구분되어 있으나 전체적으로 호텔Hotel이라는 단어는 주막으로 옮겼다. 포크가 표기한 지명, 인명 등 고유명사의 영문표기를 〈대동여지도〉와 현재 지도 및 《조선왕조실록》, 국사편찬위원회의 [한국역사종합정보]를 이용해 원 명칭과 한자 표현을 최대한 확인하여 병기하였다. (일부 확인이 안 되었거나 애매한 표현은 '?'를 첨부하였다.)

8. 포크의 일기를 탈초하여 편찬한 사무엘 홀리 교수의 주석은 그대로 번역하고 역자(조법종, 조현미)의 추가 주석은 (역주) 표현으로 구분하였다.

9. Foulk의 정확한 발음은 '휘얼크'이지만 조선왕조실록에 한글로 '포크', 한자로 복구(福久)로 사용하여 번역 시 '포크'로 표현하였다.

포크와의 첫 만남, 전라감영을 찍은 유리원판 사진

전주는 조선 시대 전라도를 통치한 전라감영이 설치된 곳이다. 전라감영 자리는 전주 구도심의 중앙 지역인 (구)전라북도 도청사 자리였다. 이곳은 일제가 전라북도 도청사로 활용하면서 조선 시대 전라감영 건물들은 대부분 해체되었다. 유일하게 남아 있던 전라도 관찰사의 집무 공간인 선화당도 1951년 불의의 화재 사고로 사라졌다. 이 빈터에 1954년 전라북도 도청사가 다시 지어졌고 2004년 전라북도 도청이 신도심 지역의 새로운 청사로 이전하면서 본격적인 조선 시대 전라감영 복원사업이 진행되었다.

역자는 전라북도와 전주시가 함께 구성한 '전라감영 복원 재창조 위원회'에 참여해 부위장직을 맡아 역사 관련 자료 고증 등을 함께하였다. 그 과정에서 전라감영의 중심 건물인 선화당 자료들을 수집하였는데 선화당 내부의 사진 2점을 확보하게 되었다.

이 사진은 전라관찰사와 육방 권속 등이 함께 찍은 사진과 4명의 기생이 춤을 추는 모습의 사진이었다. 이 중 전자는 국사편찬위원회에 시대와 출처

포크가 1884년 11월 11일 전라감영全羅監營에서 촬영한 유리원판 사진을 재현한 모습 유리원판에
만들어진 네거티브 모습이 검은 배경에서 사진처럼 보인다

가 불명한 자료로 단지 '전라도 관찰사와 육방 권속'이란 표현으로 소개되었
던 자료인데 누가 언제 찍은 사진인지 제시되지 않은 자료였다. 그런데 전라
감영 복원 과정에서 그 자료가 1884년 11월 11일 전주를 방문한 포크가 찍
은 사진이란 것을 확인하게 되었다.

이 사진을 찍은 사람은 조선과 미국이 1882년 수호조약을 맺고 1883년
미국에 처음으로 파견된 민영익 등 보빙사 일행을 맞아 통역 수행을 맡았던
포크George Clayton Foulk 미국 해군 소위임이 확인되었다. 또한 포크가 이 사진
을 찍게 된 계기가 1884년 5월 조선 주재 미국 공사관 해군 무관으로 부임
한 이후 조선에 대한 정확한 정보 수집을 위해 조선 남부 지역에 대한 조사
과정에서 찍은 사진임을 확인할 수 있었다.

이 과정에서 포크가 조사일기를 남겨 놓았고 이 일기가 2007년 사무엘

홀리 교수에 의해 손으로 쓴 노트기록 상태에서 탈초되어 책자로 간행되었음을 알게 되었다.[4]

필자는 곧 이 책을 구입하여 전체 내용을 일별하는 과정에서 우리나라를 방문하고 남긴 초기 서양인들의 기록과는 내용과 형식에서 다른 점을 발견하였고, 곧 아내와 역할을 나누어 번역에 착수하였다.

한편 관련 자료를 조사하는 과정에서 포크의 사진 자료가 위스콘신 밀워키대학 도서관에 소장되어 있음을 확인하였다.[5] 이들 자료는 포크가 37세에 요절하자 그의 부친에 의해 미국지리학회에 매각되었고 이들 자료가 밀워키대학에 기증되어 현존하게 되었다.[6]

역자는 공개된 포크 사진을 접한 순간 이들 사진이 본격적인 사진술에 의해 찍힌 매우 초기 사진들이며 조선의 근대사회로의 진입 당시 초기 모습을 담고 있다는 점에서 흥미를 갖게 되었다.

특히, 주목되는 것은 포크가 사진을 촬영한 장소와 노출 시간까지 매우 구체적으로 적고 있다는 점이다. 현재 그가 촬영했던 사진 중 43장이 밀워키대학에 보관되어 있다. 안타까운 점은 그가 찍은 많은 사진 가운데 갑신정변 이전 사진들은 그의 집이 갑신정변 실패 후 개화파 세력들이 체포되는 과정에서 개화파와의 친분 관계로 포크의 집이 약탈되면서 파괴되거나 사라졌던 것으로 추정된다. 그의 집은 수표교가 있던 입정동현재 서울 청계천3가와 을지로

---

4 Samuel Hawley, 2007, Inside the Hermit Kingdom: The 1884 Korea Travel Diary of George Clayton Foulk, Lexington Books

5 https://collections.lib.uwm.edu/digital/search/searchterm/foulk/field/all/mode/all/conn/and/order/title/ad/asc/cosuppress/0

6 포크의 부친인 Clayton M. Foulk가 1895년 2월 26일 미국지리학회에 매각하였고 현재 American Geographical Society Library, University of Wisconsin-Milwaukee Libraries에 소장되어 있다.

3가 사이 지역인데 갑신정변의 주역이었던 서광범이 역관을 비롯한 개화파들이 많이 사는 지역을 추천하여 구매해 살았던 곳이다.

한편, 서울을 떠나 경기-충청-전라 지역을 다니며 찍었던 사진들 중 상당수는 나주를 지나 광주로 가는 과정에서 영산강을 건널 때 짐꾼이 쓰러트려 손상된 것으로 기록되었다. 따라서 이들 사진이 찍힌 곳은 기록에 남아 있지만 안타깝게도 망실되거나 사라져 그 당시 같은 장소에서 포크 방식으로 유리원판사진을 재현한다면 나름 의미가 있을 것이라고 생각되었다.

또한 사진을 검토하는 과정에서 '서구 근대의 상징' 가운데 대표적인 카메라와 사진술이 조선 사회에 어떻게 전해졌고 이해되었을까 하는 궁금증을 갖게 되었다. 또한 사진이란 '빛의 과학'이 어떻게 조선 사회에 정착하게 되었을까에 대한 궁금증을 갖게 되었다.

이를 해결하기 위한 방법으로 그 당시의 카메라와 사진기법을 재현해 이를 보완하겠다는 다소 무모한 생각으로 번역작업과 함께 초기 사진촬영을 재현하는 작업을 진행하였다.

다양한 인터넷 자료와 관련 서적 및 관련 사진관 방문 등을 통해 기본적인 방법과 이론을 정리하고 대학의 관련 교수들의 지원과 조언으로 1860년대 습판 사진용 콜로디온 용액제조와 수십 번에 걸친 실험을 통해 사진촬영이 가능하게 되어 일부 사진을 시험적으로 촬영, 본문에 소개하였다.

조선의 의인, '미스터 션샤인' 주인공의 실제 모델, 미국 대리공사 조지 포크

조지 포크George Clayton Foulk, 1856. 10.-1893. 8.는 1884년 조선에 파견된 미국 공

사관의 무관으로, 대리공사를 역임했다. 한자 이름은 복구福久이다.

1883년 미국에 최초로 파견된 조선 보빙사 일행과 함께 찍은 포크의 사진.
No. 3 미국 수행원 메이슨T. W. B. Mason 대위, No. 1 민영익정사 No. 4, 퍼시벌 로웰Percival Lowell: 외무비서관 겸 영어
통역관, No. 5 서광범서기관, No. 2 홍영식부사, No. 1 미국 수행원 포크G. C. Foulk
(From the American Geographical Society Library, University of Wisconsin-Milwaukee Libraries)

1856년 미국 펜실베이니아주 랭커스터 카운티의 작은 마을인 마리에타 Marietta에서 태어났다. 16세 때인 1872년 애나폴리스의 미국 해군사관학교에 입학해 1876년 졸업 후 아시아 분함대 앨러트호Uss. Alert에 승선해 아시아 항해를 하였다.

1877년 소위로 임관되어 6년간 아시아 분함대에 복무하였다. 이 기간 중 포크는 일본어와 중국어를 독학하였다. 1882년 미국 귀환 시 조선의 부산과 원산을 경유해 시베리아와 유럽을 거쳐 미국으로 돌아갔는데 이때 처음 조선을 방문했었다.

미국 귀환 이후 1883년 9월 미국을 최초로 방문한 조선의 보빙사를 수행한 미국 측 통역장교로 임명되었다.[7]

1883년 보빙사 귀국 시 민영익의 요청으로 특별히 마련된 조선 주재 미국 공사관 해군 무관으로 임명되어 민영익, 서광범, 변수 등과 함께 귀국하였다. 이때 미국 대통령 체스터 아서Chester Arthur, 1829-1886가 특별 제공한 트랜튼호Uss. Trenton를 타고 6개월에 걸쳐 유럽, 아프리카, 인도, 동남아를 경유해 1884년 5월 31일 조선에 도착했다. 부임 후 1884년 9월과 11월-12월 사이 조선의 중부 및 남부 지역에 대한 조사 여행을 진행하였는데 2차 여행 기간 중 갑신정변12. 4-12. 6 양력이 발생하여 조선 정세가 급변하는 상황 속에 '왜놈'으로 몰려 죽을 수도 있는 급박한 위기를 경험하였다.

---

7 보빙사 및 포크 관련 내용은 다음 논문 참조.
손정숙, 〈구한말 주한 미국공사들의 활동과 개인문서 현황〉,《이화사학연구》30, (이화사학회, 2003)
손정숙, 〈주한 미국 임시대리공사 포크 연구(1884-1887)〉《한국근현대사연구》31 (한국근현대사학회, 2004)
Samuel Hawley, "Journey in Korea: The 1884 Travel Diary of George C. Foulk", the Transactions of the Korea Branch of the Royal Asiatic Society, 80 (2005): 59-86쪽
손정숙, 〈한국 최초 미국외교사절 보빙사의 견문과 그 영향〉《韓國思想史》29 (韓國思想史學會, 2007)

30세의 왕좌에 앉은 한국의 왕.
포크가 촬영한 고종 사진, 고종을 촬영한 두 번째 사진이다. 고종이 처음으로 사진을 찍은 것은
1883년 보빙사의 외무비서관 겸 영어 통역관으로 초빙된 퍼시벌 로웰Percival Lowell이 촬영한 사진이다.
(포크가 붙인 설명에는 고종의 나이가 30살인데 이때는 1881년이므로 나이 표기 확인이 필요하다)

    1885년부터 1887년까지 초대 푸트 공사의 사직으로 임시대리공사를 맡아 고종을 비롯한 조선정계의 주요 자문역할을 수행하였다.

    이때 청나라와의 정치적 갈등이 촉발되어 1887년 청과의 관계를 고려한 미국 정부에 의해 대리공사직을 사임하고 일본으로 건너가 교토의 기독교계 대학인 동지사 학원 강사로 취직하였다. 편지로 연락을 나누던 일본 여인 무라세 카네와 결혼하였다. 포크는 조선에서의 격무와 심리적 압박으로 건강이 악화되어 37세인 1893년 8월 휴양을 위해 하코네를 방문하였다가 8월 6일 산책 중 심부전으로 사망해 교토의 동지사 묘지에 안장되었다.[8]

---

[8] 역자가 포크 관련 기록을 번역하던 도중 〈오마이뉴스〉에 2019년 4월부터 포크 관련 신문 연재인 〈조선의 의인, 조지 포크〉가 김선홍 기자에 의해 2021년 1월 현재까지 총 22화에 걸쳐 연재되고 있다. 포크와 관련된 여러 자료를 취재해 연재하고 있는 내용으로 본서와 함께 참고하면 당시 상황 이해에 매우 유용하다고 생각된다.

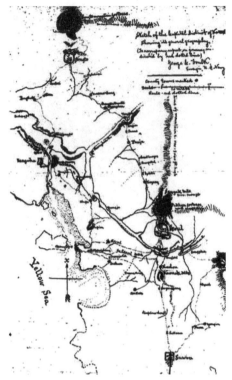

포크 작성한 1차 조사 지역 지도(서울-경기북부권)

포크의 일기에 드러난
1884년 조선의 민낯

포크는 앞서 홀리 교수도 정리한 것처럼 1884년 11월 당시 자신이 조사하고 접한 조선의 상황에 대한 전문서적 출간을 계획하였던 것 같다. 그러나 안타깝게도 그의 갑작스런 죽음으로 이 같은 계획이 실현되지 못하였다. 따라서 전체 내용을 통해 제시하고자 한 포크의 계획과는 별개로 기록된 내용에 의거해 관련 특성을 정리하면 다음과 같다.

1) 여과되지 않은 생생한 현장의 기록

이 일기는 포크가 진행한 1884년 9월과 11-12월 사이에 2차례의 조선 조사 중 2차 기간 중의 일기로 전 과정을 가마 타고 일정이 진행되는 순간순간 기록한 것이다. 이 기록은 여과되지 않은 기록이란 점에서 매우 중요한 의미를 갖는다. 특히, 조사 기간 중 다양한 상황에 접하였을 때 느낀 그의 감정과 구체적 정황을 거의 직설적으로 표현하였다는 점에서 이 기록의 진정성과 현장성의 의미를 확인케 한다.

2) 시간대별 조사 기록

이 일기는 우선 형식적으로 매우 세밀한 시간대별 일지 형식으로 구체적인 내용을 정리하고 있다. 즉, 매일 기상한 이후 여행 일정이 마무리될 때까지 1시간보다도 짧게 세분하여 휴식한 사실과 각 상황이 발생한 내용을 기록하여 시간대별 기록 자료로서의 의미를 잘 보여 주고 있다.

3) 지방 최초의 온도와 기압 기록

포크 일기에서 주목되는 것은 자신이 방문한 지역들에서 우리나라 역사상 가장 오래된 온도와 기압 기록을 남겨 놓고 있다는 점이다. 특히, 기압계를 이용해 해발고도를 추산하는 등 과학적 측정 기록을 남겨 놓았다는 점에서 기상 과학사 분야에서도 중요한 사료다.[9]

4) 현존하는 최고 여행비자

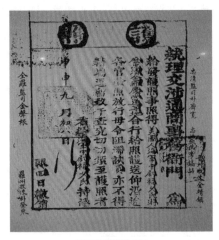

포크는 당시 '통리교섭통상사무아문'에서 발급한 국내 내지여행 허가서인 '호조護照'를 지참하여 자신이 방문한 지역 최고 책임자들에게 확인을 받고 여행 허가를 얻어 여행을 진행하였다. 호조의 발행은 주로 중국 및 일본 상인을 위해 발급되었던 것으로 일부

포크가 사용한 호조

---

9 서울 지역 온도 측정은 1880년 12월 17일 업무가 시작된 일본공사관의 기온 측정이 전해지고 있지만 3남 지역의 기온·기압 측정은 포크 기록이 최초의 내용으로 전한다(역주).

선교사들이 후에 활용하기도 하였지만 미국 공사관원인 포크가 조선 정부의 허가를 정식으로 받고 이를 통한 여행을 진행하였다는 점에서 그 가치와 의미가 매우 크다.

호조에는 포크가 통과한 지역의 책임자들이 서명한 표시가 남아 있어 당시 포크가 만난 관리명칭들이 모두 남아 있다.

대표적으로 충청감사 박제관朴齊寬, 충주목사 이호철李鎬喆, 전라감사 김성근金聲根, 나주목사 박규동朴奎東, 진주목사 김정진金靖鎭 등의 이름이 서명되어 있다.

5) 《대동여지도》, 《여지도》를 이용한 외국인 최초의 조선 여행 기록

1861년 간행된 《대동여지도》는 현존 20여 종이 국내외에 소장되어 있다. 이들 현존 지도를 분석한 결과 《대동여지도》가 일괄 제작된 것이 아니라 주문 제작된 지도로서 각 지도마다 약간의 수정, 보완이 나타나며 나름의 특성을 보이고 있다. 주목되는 것은 포크가 활용하고 현재 남아있는 《대동여지도》는 그 가운데 가장 최상품의 지도로 각 지역의 행정 관할구역 공간을 달리 채색한 최상의 인쇄본이란 점에서 특별 주문된 지도로 파악된다. 이는 전체 색인도가 별도로 있는 유일한 《대동여지도》다. 포크는 여행 전체 일정과 구체 계획을 짤 때 《대동여지도》를 기본으로 전체 리수와 여행 대상 지역을 미리 정하고 진행하였다. 특히, 직접 여행을 진행하면서 《대동여지도》의 우수성을 인정하는 언급을 하는 등 《대동여지도》를 적극적으로 활용한 최초의 외국인이었다.

또한 위스콘신대학 밀워키 도서관에 보관된 여러 종류의 우리나라 관련 지도들을 볼 때 매우 체계적인 지리 정보 확보를 위해 많은 노력을 경주하였음을 알 수 있다. 즉, 《여지도輿地圖》의 경우 모든 지명을 한글 발음을 그대로

해군 정복 차림의 조지 포크

영문으로 표기하여 전국 지명을 영문으로 표기한 최초의 자료를 우리에게 남겨 주고 있다.

특히, 가장 주목되는 것은 최초로 한글 지도를 만든 것이다.

현재 확인된 서양인에 의해 제작된 지도는 1901년 캐나다 선교사 게일이 만든 수선전도를 한글로 표현한 지도였다.

그런데 적어도 1884년 서울에 부임하고 1887년 포크가 면직되어 퇴임되기 전까지의 기간 중에 제작된 한글 지도로 된 서울지도가 만들어졌다. 즉,《대동여지도》제1판에 있는 '경조오부京兆五部: 서울의 5부' 지도를 한글과 영문으로 병기한 지도를 만들어 사용하였다. 특히, 한자로 된 지명을 고유명칭으로 변환하여 표시하였고 영어로 가장 중요한 지명 정보를 표시하여 이 지도가 서울주재 미국인들을 위해 제작하였을 가능성이 높다고 파악된다.

6) 주막과 역원을 활용한 여행 기록

포크는 조사를 위한 여행 시 숙박 장소로 전통적인 주막을 이용하였다. 그리고 각 지역 관청을 방문할 경우에는 관에서 제공하는 숙소를 이용하였다. 그러나 원칙적으로는 역원과 주막을 이용하여 일반인들이 머무는 숙박 장소인 주막을 이용하였다. 특히, 매일 최소 80에서 90리를 이동할 것을 가마를 메는 가마꾼들과 약속하였고 그 거리에 해당하는 주막을 이용하는 계획을 세웠다. 또한 이때 관련 비용을 밥값으로 지불하였다. 이 비용은 기본적으로 밥값이고 숙박비는 별도로 제시되지 않아 당시 여행과 관련된 비용과 상황을 보여 주었다.

포크는 숙박했던 공간이 기본적인 형태에서 유사함을 발견하여 대표적인 주막의 모습을 그려 그 공간구조에 대한 정확한 정보를 제공하고 있다.

7) 한국어를 영어로 표현하는 사례집 제작

포크는 한국어를 배우기 위해 적극적으로 노력하였고 이와 관련된 기록이 그의 일기 노트에도 남아 있다. 특히, 지명 발음을 최대한 당시 음가에 충실하게 표현하였으며, 일반 단어들도 표현과 발음 등을 매우 세심히 구분하여 정리하고 있어 이들 자료에 대한 체계적 연구가 요청된다.

8) 거북선을 최초로 서양에 소개한 외국인

포크는 1885년 미국국무부에 거북선에 대해 보고하였으며 1884년 조사 당시 통영에서 거북선을 조사할 예정이었던 것으로 추정된다. 특히, 포크가 그의 아버지에게 1885년 보낸 자료 속에 충무공전서거북선에 실려 있는 거북선 그림이 있었고 1897년 포크가 사망한 이후 이것이 미국 신문인 〈The Boston Globe〉에 1897년 11월 3일에 거북선 그림과 함께 실려 최초로 해외 언론에 소개되었다.

화륜선으로 왔는 사람

조선의 남부 지방을 조사한 포크는 당시 서울과 인천을 벗어난 지역의 조선인들에게는 최초로 만난 서양 외국인이란 점에서 엄청난 관심과 호기심의 대상이었다. 특히, 경기도 안성장터에서는 몰려 든 사람들 때문에 신변에 위협을 느낄 정도가 되었다. 포크는 이곳에서 처음으로 안성장의 풍광을 사진으로 찍으려 했으나 흥분한 많은 사람들을 보고 결국 사진을 포기하게 된다. 안성장에서 겪은 것처럼 포크는 모든 행선지마다 서양인을 처음 보는 조선인들의 최대의 관심 대상이 되어 여행 내내 불편을 감수하게 된다.

생김새가 다르고 '양인洋人'으로 불린 포크를 가장 흥미롭게 표현한 것은 11월 4일 금강을 건너 공주에 도착한 포크를 '화륜선으로 온 사람'으로 부른 표현이었다. 포크를 향해 외친 말은 "whariunsun-uro wal-nun saram" 이었다. 이 말의 뜻이 궁금했는지 포크는 통역인 전양묵에게 물어 그 뜻을 그대로 옮겼다. 즉, '화륜선으로(whariunsun-uro)'=Fire wheel ship by, '왔는'(wal-nun)= having come, '사람(saram)'=man 이라고 정확히 대비하여 표현하였다.

오페르트, 1880 《금단의 나라 조선 기행》 속에 묘사된 화륜선

이같이 '서양인'을 바라보는 조선인들에게는 '화륜선'을 타고 온 사람이라
는 사실이 가장 강력한 인상으로 존재하였던 것 같다.

화륜선火輪船은 당시 조선인에게는 서양의 힘을 상징하는 대표적 존재였
다. 18세기 조선에 나타났던 황당선荒唐船, 이양선異樣船에 대한 소문과 1866년
병인양요, 1868년 오페르트 도굴사건 및 1871년 신미양요를 치르고 1875년
운양호 사건으로 상징되는 포함砲艦 외교로 1876년 개항이 단행된 조선 사
회에서 '화륜선'은 서양의 강력한 힘을 의미하였다.

당시 조선 사회에서 화륜선은 이미 중국을 통해 알려지기 시작한 서구 문
물을 대표하는 상징 중 하나로 신기한 동력인 '불바퀴로 가는 배'를 의미했
다. 그리고 화륜선이 17세기부터 출현한 이양선[10]이며 화륜선의 실체가 바람
(돛)이나 인력(노)에 의해 움직이는 배가 아니라 새로운 동력인 증기기관(화

---

[10] 첫 이양선 출현 기록은 李睟光의《芝峯類說》을 보면 '永吉利' 선박이 興陽 앞바다에 도착했
다는 기록이다. 그런데 이는 1614년 영국의 동인도회사의 캡틴 사리스Captin Saris가 에드먼드 사리
스Edmond Saris를 일본 대마도로부터 조선 연안으로 출동시켜 직물시장 개척의 가능성을 조사시킨
사건으로 이후 영국, 프랑스, 러시아 등의 이양선이 출몰하여 조선 사회를 긴장시켰다.

륜)에 의한 동력선이자 철선이란 점을 식자층에서는 어렴풋이 알고 있었다.

이 같은 사실은《해국도지海國圖志》등 서양 문물 소개서를 통해 알게 된 것이었다. 일찍이 개화사상의 선각자였던 오경석은 1853-1858년까지 4차례나 북경을 다녀왔는데, 그때마다 새로운 서적을 구입하여 조선에 들여왔다. 이 중에는 1844년 청나라 말기의 계몽사상가였던 위원魏源이 만든《해국도지》[11]도 포함되었는데, 여기에는 화륜선에 대한 소개와 도면이 함께 제시되어 있다. 또 1855년 상해의 해묵해서관海墨海書館에서 간행한 서양 과학기술 해설서《박물신편博物新編》에 화륜선도火輪船圖 등과 그에 대한 해설이 들어있어 조선 지식인들로 하여금 새로운 문물에 눈을 뜨게 만들었다.

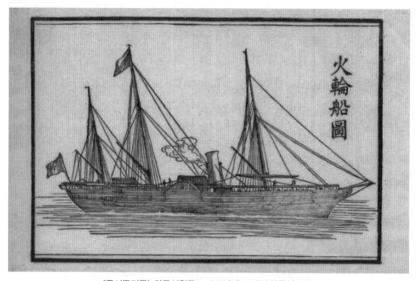

《중서문견록》화륜선원류고 1872년에 그려진 화륜선 모습

---

11 위원이 아편전쟁(1840-1842)을 통하여 세계 정세를 정확하게 알 필요성을 통감하고 南京條約이 체결된 1842년에 완성하였다. 이 책에는 세계 각국의 지리·역사 및 동서양의 종교·역법으로부터 서양의 火器·輪船·砲臺의 사용 및 제작법까지 실려 있다. 이 책에서 위원은 서양의 침략에 대하여 해양의 방어를 강화하고, 서양의 우수한 기술을 도입함으로써 서양에 대항하기를 주장하고 있다.

특히, 서양 화륜선 침략에 중국이 속수무책으로 당하는 사실을 접한 오경석, 박규수 등은 조선도 군함을 구비하고 국방을 혁신하여야 한다고 주장하였다. 특히, 박규수는 1866년 '제너럴셔먼호General Sherman 사건' 때 조선도 증기기관을 설치한 군함을 제조해서 국방을 튼튼히 해야 한다고 생각하여 증기병선 실험을 제의했었다. 마침 평안도 관찰사였던 박규수는 1866년 음력 7월 23일 대동강에 침입한 미국상선 '제너럴셔먼호'를 평양의 관민과 함께 화공으로 격침시킨 후 제너럴셔먼호의 증기선 장치를 서울로 보내어 서양식 증기선 제조를 시도케 하였다.

이와 관련된 일화를 기록한 박제경의 《근세조선정감近世朝鮮政鑑》[12]에는, 이 때 제너럴셔먼호의 잔해 부품을 대동강에서 건져 내어 서울 한강으로 보냈고, 1867년 대원군은 김기두金箕斗를 시켜 군선軍船을 새로이 제작한 사실이 기록되어 있다. 그는 《해국도지》에 의거하여, 서양 증기선의 원리를 본떠서 철선을 제조하고 목탄으로 증기기관을 작동시켜 기계바퀴를 돌리는 군선을 만들고자 하였다. 그런데 증기의 힘이 약해서 배가 거의 움직이지 않아 부수고 다시 만들었으나, 역시 움직임이 더디어 깨뜨려 버렸다고 한다.[13] 이와 관련된 기록을 보면 다음과 같다.

프랑스(미국 배를 프랑스 배로 오인한 기록)전도사 **최난헌**崔蘭軒: 로버트 저메인 토마

---

12 조선후기 학자 박제경이 흥선대원군 집정 전후에 관하여 서술한 역사서. 야사집으로 1886년 일본 동경의 중앙당中央堂에서 발간되었다. 역자가 갑신정변 당시 피살된 개화파 요인이다. 박제경의 개명은 박제형朴齊炯이다.
박제경(이익성 역), 1975, 《근세조선정감近世朝鮮政鑑》 탐구당
13 증기기관 제작에는 실린더, 피스톤 등을 가공할 수 있는 공작기계인 선반(드릴링머신·보링머신 등)가 있어야 하는 데 대원군 시대에 이 같은 공작 기계가 도입 또는 제작되었음이 확인되지 않는다. 따라서 당시의 기술로는 증기기관을 만들 수 없었을 것으로 추측된다.
최규남, 1991, 〈구한말 외국 기계기술의 수용과정〉 (충남대 석사학위논문), 14-15쪽

스 Thomas, Robert Jermain, 런던선교회 파송 개신교 최초 선교사이 작은 기선을 타고 대동강을 거슬러 올라왔다. 때에 박규수가 평안감사였는데 그들이 고하지 않고 바다 입구로 들어온 것에 노하여 땔감을 배에 쌓아 하류를 막고 불을 붙여 그들을 위협하니 프랑스 배미국 배, 제너럴셔먼호가 포를 쏘며 저항하다 불이 붙자 벽란도 아래로 피하다가 암초에 좌초되었다. 드디어 배에 들어가 모두 죽이고 그 기선을 빼앗았다. 운전하는 법을 알 수 없어 그 사실을 장계로 써 올리고 배를 끌어 한강으로 옮기었다…… 대원군이 김기두로 하여금 그것을 모방하여 철 갑함을 만들고 목탄을 땐 증기로 움직이게 하였다. 선체가 크고 무거워 증기 힘이 미약하여 움직일 수 없었다. 부수고 다시 만들었는데 비용이 수십만이 들었고 무기창고의 구리와 쇠를 다 썼다. 대원군이 진수식에 참여하였고 백 성들이 함께 보게 하였는데 함선을 물에 띄우고 불을 댕겨 증기기관을 움직 였으나 배가 거의 움직이지 않았다. 두 시간 동안 겨우 십여 보를 움직여 마 침내 작은 배 여러 척으로 줄을 이어 끌었다. 보는 사람들이 모두 소리 없이 웃으며 이 물건을 어디에 쓸꼬 하였다. 대원군이 심히 낙담하였으나 끝내 후 회하지는 않았다. 후에 부수어 구리와 쇠를 대포 만드는데 사용케 하였다.[14]

《고종실록》에 이 무렵(1866-1867) 전선戰船을 새로 제작한 사실이 기록되어 있는 것으로 보아서[15] 실제로 이러한 실험이 있었다는 사실을 확인할 수

14　. . .　佛國傳道師崔蘭軒者　乘小汽船溯入大同江　時朴珪壽爲平安監司　怒其不告而闖入海口　發積柴船遏其下流　縱火逼之　佛國船發砲以拒　爲火所逼　避至浮碧樓下　攔於淺礁　遂悉擒舟入殺之　奪其汽船　不知運用之法　以壯奏聞　而曳船送至漢江 . . . . . .　大院君使金箕斗等倣其制　造甲鐵艦　以木炭蒸氣　運機輪　船体重大　汽力微弱　不能運動　毁而更造　艦成　費數十萬　武庫銅鐵　爲之一空　大院君自臨試入水　令百姓縱觀　艦旣入水　進火催機　而船行極遲　一時分間　纔離十餘步　終以衆小舟　繫纜曳之　觀者皆竊笑　此物將用於何處　大院君甚敗興　然終無悔言　後令破毁以銅鐵充鑄砲之料. . . . .《근세조선정감(近世朝鮮政鑑)》

15　《고종실록》4권, 고종 4년 9월 9일 (1867년) 새로 주조한 전선 3척을 주교사에 넘겨주다.

32

있다. 그런데 《해국도지》에는 서양식 전선 제조의 필요와 방법이 논의되어 있고, 〈화륜선도설〉에는 왓트James Watt의 증기기관의 도해와 증기선의 제조 방법이 설명되어 있었지만[16] 《해국도지》에서 설명한 내용의 수준으로 볼 때 조선의 기술자들이 그대로 따라 제작할 수 있는 정도로 치밀하게 설명이 되어 있지 않았다. 또 기계 가공 기술이 발전되지 않았던 점을 고려할 때 증기기관 제작은 불가능하였다고 파악된다. 결국 대원군 시대의 무기 기술 개발 노력이 실패한 원인은 기초 공학 지식과 기계 가공 기술이 취약하고 무기 제작을 위한 전반적 기술을 확보하지 못했던 점[17] 등을 지적할 수 있다.

---

16   《해국도지》에는 화륜선 도해가 6장이 수록되어 있다.
17   노태천, 2002, 〈4. 근대 산업기술〉 《신편 한국사》 46 . 국사편찬위원회 311쪽

화륜선 트랜튼호를 타고 돌아온
조선의 보빙사

　1883년 조선의 보빙사가 미국에서의 일정을 마친 뒤 조선으로 귀환할 때에는 당시 미국 대통령이었던 체스터 아서가 제공한 트랜튼호를 타고 유럽 일주를 거쳐 조선으로 귀국하였다.

극동 지역 항구에 정박한 트랜튼호(1883–1886년경)
(출처 US Naval Historical Center)

이 배는 뉴저지의 트랜튼 지명을 땄으며 3800톤, 77m 크기로 470여 명 승무원이 탑승한 목재 선체의 스크류 추진 증기선이었다. 특히, 1883년에 설치된 전기 조명을 사용하는 최초의 미국 해군 선박이었다. 트랜튼호는 1883년 11월에 조선의 보빙사 일행을 태우고 아시아 해역에 배속되어 뉴욕을 출항하였다. 이 배는 지중해, 수에즈 운하, 실론, 싱가포르를 거쳐 1884년 5월 1일 홍콩에 도착하였고 극동에서 2년간의 순항을 시작했다.

민영익은 미국 일정을 함께 수행했던 포크와의 동행 귀국을 요청하여 포크는 특별 직함인 미해군 무관 자격으로 함께 귀국하였다. 민영익, 서광범, 변수가 한 조를 이루고 홍영식은 별도 노선으로 귀국하였다. 이때 제공된 트랜튼호는 당시 미국 전함 가운데 전기 시설이 최초로 설비된, 당시로서는 최신식의 화륜선으로서 조선의 전권대신 민영익에게는 서양 문물의 상징인 화륜선과 전기 문명 등을 귀국 일정 6개월 내내 체험하는 계기가 되었다. 이에 보빙사 일행은 2개 팀으로 나뉘어 부사 홍영식과 일행은 바로 귀국하고 정사 민영익과 종사관 서광범, 수행원 변수는 12월 1일 미국이 마련한 트랜튼호를 타고 뉴욕에서 유럽과 수에즈 운하를 거쳐 최초의 서구 유럽과 중동, 인도, 동안 아시아를 거쳐 세계 여행을 한 후 조선으로 귀국하였다. 당시 귀환 여정은 뉴욕-대서양-스페인 지브랄터 해협-마르세이유- 파리-런던-로마-수에즈운하-이집트-인도양-인도 봄베이-스리랑카-싱가포르-홍콩-나가사키-제물포 순이었다. 약 6개월에 걸친 세계 일주를 끝내고 1884년 5월 31일 보빙사일행과 함께 포크는 제물포에 도착하여 해군무관으로 정식 복무하였다.[18]

---

18 홍영식은 1883년 12월 20일 고종에게 복명하였고, 민영익 전권대신은 6개월 뒤인 다음해 5월말 귀국하여 고종을 알현하고 사행에 관한 보고하였다. 조선이나 미국 양국 모두는 보빙사절의 미국 방문을 성공적이 라고 평가하였다. 손정숙, 〈한국최초 미국외교사절 보빙사의 견문과 그 영향〉《韓國思想史》29 (韓國思想史學會, 2007)

포크 일기 원본 수첩에 포크가 직접 그린 보빙사 일행(민영익, 서광범, 변수)의 세계 일주 여행 지도

그해 11월 11일 포크는 전라감영이 있는 전주에 도착하여 전라감사 김선근을 만나게 되는데, 이 자리에서 놀라운 사진을 접하게 된다. 포크가 전라감사에게 전주 시내 사진 촬영을 허락해 줄 것을 요청하자 전라감사는 이를 흔쾌히 받아들이며 자신이 가지고 있던 또 다른 사진을 꺼내 포크에게 보여주었다. 그것은 놀랍게도 포크가 한때 승선했던 앨러트호로서 일본에 기착했던 미국 군함 앨러트호의 사진을 전라감사가 소지하고 있었던 것이다.

앨러트호는 1,020톤, 전장 60.88m 전폭:9.8m의 철제 증기선으로 1883년 10월부터 아시아에 배치되어 1884년 2월 일본 나가사키에 도착하여 동중국해와 서해 등에서 활동하였다. 이 사진의 출처를 묻자 전라관찰사는 독일 상인이 제공했다는 이야기를 전해준다. 이를 통해 당시 독일인의 조선 진출에 대한 한 단면을 엿볼 수 있다. 사실 포크는 전주에서 나주행에 대한 이야기를 나누게 되는데 이는 미국 증기선 즉, 화륜선이 영산강에 진입할 수 있는가를 확인하려는 목적이 있었다.

앨러트호의 모습. 앨러트호는 1884년 금강에 진입했다 전라도 용안 근처에서 좌초되었다가
용안현감과 주민의 도움을 받았다. (11월 8일 일기)
(Uss. Alert. 출처 U. S. Naval History and Heritage Command Photograph)

'화륜선을 타고 온 사람'이라는 용어가 상징하듯 포크는 조선의 대표적 정
치 실세인 민영익에게 그리고 개화파의 핵심 세력들에게 화륜선으로 상징
되는 서구 근대의 상징을 소개하고 체험케 한 중요한 역할을 수행하였다.

최초로 외국인이 《대동여지도》로 조선을 여행하고, 한글 서울 지도를 사용하다

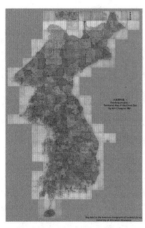

미국 위스콘신 밀워키 주립대 도서관
에 소장돼 있는 대동여지도 전체 모습

포크는 조선을 조사하기 위해 조선 정부 관계자에게 지도를 요청하여 확보한 것으로 파악된다. 당시 지도는 국가 중요 정보였기 때문에 개인적으로 구하는 것이 쉽지 않은 상황이었다. 특히, 조선 전체를 조사하기 위해서는 휴대가 가능한 조선의 전국 지도가 필요하였을 것이며 당시 확보 가능한 가장 정밀한 전국 지도가 1861년 김정호[19]가 간행한《대동여지도大東興地圖》[20]였다.

---

19 이상태, 1991, 〈고산자 김정호의 생애와 사상〉《지리학》제26권 제2호(통권44호)대한지리학회 1991

20 김기혁, 〈《대동여지도》신유본 판본의 변화 단계 연구〉,《대한지리학회 학술대회논문집》, (대한지리학회, 2018) 107-109쪽

가장 주목되는 점은 포크가 일기에서《대동여지도》를 근거로 조선 삼남 지역인 충청, 전라, 경상 지역 조사 일정을 계획하였음을 언급하였고 현장에서 직접 활용하였던 점이다. 즉, 그는 외국인으로서 최초로《대동여지도》를 직접 사용하여 전국을 조사한 최초의 사례자였다.[21] 포크가 활용한《대동여지도》는 행정구역별로 색을 달리 칠한 특별한 것으로 다른 지도들과 비교했을 때 왕실의 어람용으로 추정되며, 조선 왕실 도서관인 장서각 소장본과 같은 것으로 파악되었다.[22] 따라서 포크는 당시 최고 권력자인 민영익에게 지도를 요청하여 중요 지도를 확보하였을 것으로 추정된다. 이와 함께 포크는 좀 더 간략한 전국 지도인《여지도輿地圖》를 갖고 있었는데, 이 지도에 포크가 직접 전국의 지명을 정확한 한국식 발음대로 영문으로 표기를 한 점이 주목된다.[23]

　《대동여지도》를 현장에서 사용한 사례를 보여 주는 내용 또한 일기에 기록되었다. 즉, 포크는 가마꾼보교꾼들과 하루에 80-90리를 갈 것을 약속하였다. 그런데 종종 하루 동안 나아간 거리에 대해 이들과 시비가 생겼는데,

---

21　포크가 활용한《대동여지도》원본이 2009년 미국 위스콘신 밀워키 주립대(UWM) 도서관에 소장돼 있는 것으로 확인되었다. 지도 곳곳에는 포크가 조선의 여러 지역을 여행하면서 쓴 듯한 메모와 표시가 남아 있어 사료적 가치가 매우 높다. 이 지도는 1895년 뉴욕에 본부를 둔 미 지리학회가 포크의 지도와 지도책, 43장의 조선 관련 사진 등을 포크의 아버지로부터 사들였고, 이후 UWM 측이 위스콘신 주 정부와 공동으로 미국 지리학회 소장품을 모두 구입함에 따라 UWM도서관이 이를 소장하였다. 이《대동여지도》에 대해 UWM은 2009년 11월 20일 미국 지리학회 도서관AGSL에서 '한국의 날' 행사와 함께 '19세기 한국의 지도-한국의 보물 대동여지도'를 주제로 국제학술회의를 열어《대동여지도》의 역사적 의미를 고찰하였다. "美 위스콘신대 도서관서《대동여지도》발견", 연합뉴스 2009-11-11

22　"위스콘신대소장《대동여지도》는 희귀본", 연합뉴스 2009-11-23.《대동여지도》학술 행사에 참여한 한국고지도연구학회 김기혁 회장(부산대교수)과 국립중앙도서관 고전운영실의 김기봉 고서전문위원의 평가. 이 지도가 22첩인 다른 판본과는 달리 색인지도가 추가된 23첩이고 면面 지명이 추가됐다. 또한 현존하는《대동여지도》중 채색본은 단 2종으로 포크 소장본은 그 가치와 의미가 특별한 것이었다.

23　이들 두 자료는 현재 위스콘신대학 밀워키 도서관에 보관되어 있다.

이때 포크는 지도를 내놓고 그들과 거리를 따졌던 상황을 일기에 기록하였다. 한편, 탐사 여행 초반에 포크는 자신이 휴대한 조선 지도의 정밀성에 대해 칭찬을 아끼지 않았다. 이같이 포크는《대동여지도》를 활용하여 900마일 약 1448km에 걸친 전 일정을 소화하며 일정별 거리와 휴식할 역참 및 역원의 위치를 미리 파악하고 여행을 진행하였다.

더욱이 포크가《대동여지도》를 활용한 것은 실제 기록에 나타난 거의 유일한 사례이자 외국인의 첫 사례라는 점에서 매우 주목된다. 즉, 기존에 알려진 외국인이《대동여지도》를 활용한 사례는 1898년 일본 육군이 조선 침략의 기초 단계로 경부선을 부설하면서 측량 기술자 60명과 조선인 2-3백 명을 비밀리에 고용하여 1년 간 조선을 샅샅이 뒤져가며 5만분의 1 지도 3백 장 정도를 만들었는데,《대동여지도》와 큰 차이가 없어 감탄하였다고 전한다. 또한 1894년 청일전쟁과 1905 러일전쟁, 그리고 이어진 일본의 조선 토지측량에도《대동여지도》를 사용했다는 일화가 있다. 이같이《대동여지도》를 이용한 포크의 조선탐사는 위의 사례들보다 선행된 것으로《대동여지도》의 정확성과 훌륭함을 전해 주는 첫 번째 사례라는 점에서 큰 의미가 있다.[24]

한편, 전라북도 지역의 만경강은 일제에 의해 변경된 강 명칭으로 원래 이름이 사수강泗水江인데, 11월 10일의 일기에서 포크가 이곳을 '사수강Sac-su-gang'이라고 표현한 것이 눈에 띤다. 이를 통해 포크가 '사수강'으로 표기된 〈대동여지도총도大東輿地圖總圖〉를 함께 휴대하고 조사 여행을 진행하였다고

---

[24] 양보경. 1998, 〈대동여지도〉《한국사 시민강좌》, 23, 일조각
한편, 포크는 자신이 조사 중에 만난 조선의 지방 관리들이 조선의 지리적 정보에 매우 어두웠다는 언급을 하는데, 이같이 훌륭한 자료가 조선 사회에서 적극적으로 활용되지 않았음을 보여 주고 있다.

40

추정된다.[25]

또한 위스콘신대학 밀워키 도서관에 보관된 포크 관련 자료 중 여러 종류의 조선지도가 있는 것을 볼 때, 매우 체계적인 지리정보 확보를 위해 많은 노력을 경주하였음을 알 수 있다. 흥미롭게도 《여지도》의 경우, 모든 지명에 대해 한글 발음 그대로 영문으로 표기하였는데, 이는 전국 지명을 영문으로 표기한 현존하는 최고의 자료이다.

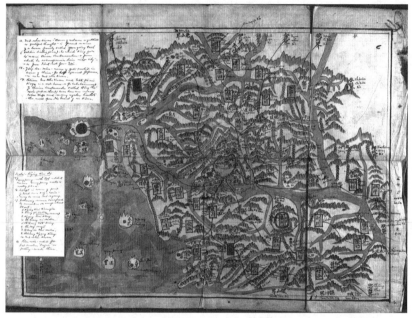

포크가 전국 지명을 영문으로 표기하고 관련 정보를 기입한 서울 경기도 지역의 《여지도》모습
(From the American Geographical Society Library, University of Wisconsin–Milwaukee Libraries)

---

25 조법종, 2006, 〈만경강 이야기 땅과 생명 그리고 강-만경강의 역사〉, 전북일보 2006. 3. 15.
조법종, 2020, 〈1884년 미국 외교무관 포크기록에 나타난 전라감영 자료검토〉《전북사학》60 전북사학

무엇보다 주목되는 것은 포크가 한글로 지명이 표기된 서울 지도인《한성전도漢城全圖》를 사용한 것이다. 근래에 이르기까지는 서양인에 의해 제작된 가장 오래된 한글본 서울 지도는 1901년 캐나다 선교사 게일이 만든 서울 지도로 알려졌다. 이 지도는《수선전도》의 한문 지명에 한글 지명을 추가한 지도였다. 그런데 밀워키대학 소장 본《한성전도》는 이보다 앞서 포크가 이미 한글로만 지명이 표기된 지도를 사용했다는 사실을 보여 주고 있다. 즉, 적어도 포크는 1884년 6월 서울에 부임하고 1887년 퇴임하기까지의 기간 중에 한글본 서울 지도를 사용했다. 이 지도는《대동여지도》제1판에 있는 '경조오부京兆五部:서울의 5부' 지도를 모사한 뒤에, 한글로 명칭을 표기하고 3군데에 영문 명칭이 병기된 지도이다. 즉, 이 지도는 원래 한자로 된 지명을 쓰지 않고 고유 명칭을 한글로 표시한 지도였다. 예컨대 돈암동敦岩洞을 원이름인 '되넘이고개'로 동작진銅雀津을 '동적이나루'로 마포麻浦를 '삼개'로 표현하는 등 고유 지명을 표현한 현존하는 가장 오래된, 그리고 유일한 한글 서울 지도로 파악된다.

한편, 한글 지명과 함께 영문으로 서울(Söul), 북한산성(Puk han fortress), 마포(Mapho) 등 3곳의 지명을 추가로 표시한 것이 눈에 띈다. 이곳은 지리적 특성을 감안할 때 '북한산성'은 유사시에 미국인들이 대피할 장소로 추정되고 '마포'는 한강을 통해 제물포로 갈 수 나루터라는 점에서 이 지도가 서울 주재 미국인(외국인)들을 위해 제작되었을 가능성이 추정된다. 즉, 이 지도는 포크에 의해 특별 주문 제작되어 서울 주재 외국인용으로 활용되었을 가능성이 높다고 추측된다.

이 같은 자료들을 고려할 때 포크는 조선 시대 지도들을 상당수 확보하였고 이를 통해 다양한 정보를 수집하였음을 알 수 있다. 향후 이들 자료들에 대한 체계적 조사와 연구가 요청된다.

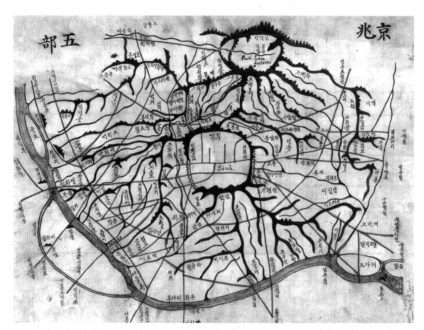

한성전도(대동여지도의 경조오부도 모사) 현존하는 한글지도로는 가장 오래된 것으로 파악됨.
필체로 볼 때 당시 조선인이 썼지만 서울Sõul, 북한산성Puk han fortress, 마포Mapho 3곳에 대해서만
영어로 표기한 것을 고려할 때 포크가 영문 지명을 추가로 표기했을 것으로 추정된다.
(From the American Geographical Society Library, University of Wisconsin–Milwaukee Libraries)

서양에 거북선을
최초의 철갑함으로 알린 포크

1. 거북선을 서구 세계에 소개한 기록 논의

서구 세계에 '거북선의 존재'를 최초로 알린 자료에 대해서는 기존의 거북선 연구사[26]에서 세 가지 정도의 갈래로 의견이 제시되어 있다. 즉, 1882

---

26 김주식, 2018, 〈이순신에 대한 세계인의 인식〉《이순신연구논총》30 순천향대학교 이순신연구소
조덕현, 2017, 〈미국인들이 이해하고 있는 이순신 제독〉《이순신연구논총》27 순천향대학교 이순신연구소
정진술, 2012, 〈이순신 정론Ⅳ-거북선 구조, 철갑문제〉《이순신연구논총》17 순천향대학교 이순신연구소
김주식, 2011, 〈이순신에 대한 서구의 연구와 평가〉,《해양평론2011》(서울, 도서출판 전망)
정진술, 2010, 〈조선후기 거북선의 구조-《李忠武公全書》의 龜船圖說을 중심으로〉《해양문화연구》4 전남대학교 이순신해양문화연구소
신동원, 2007, 〈철갑 거북선 논쟁사-거북선은 철갑선이었는가〉《역사비평》81 역사문제연구소
거북선 관련 논쟁에서 중요 쟁점은 거북선이 서구 세계에 언제 누구에 의해 알려졌는가와 거북선이 실제 철갑선인가의 문제로 나뉜다. 본 검토에서는 철갑선 문제에 대해서는 논외로 하고 거북선을 철갑선으로 서구 세계에 소개한 문제에 국한하여 내용을 정리하였다.

Griffis, William Elliot, 1882, Corea: The Hermit Nation, New York : Scribner's Sons p. 134

년 윌리엄 엘레엇 그리피스William E. Griffis, 1843-1929의 저술과 1883년 영국 해군 보고, 1883-1887년 미 해군 포크의 보고로 나뉜다.[27]

역자는 조선 주재 미국공사관 무관으로 처음 부임한 포크의 1884년 조선 남부 지역 조사 기록을 번역, 정리하는 과정에서 포크가 서구 세계에 거북선을 철갑함으로 소개하였고, 이 보고서 내용이 서구 언론에 소개되면서 '거북선=세계 최초의 철갑함'으로 인식시키는 계기를 제공하였다고 생각하였다. 이에 근거 자료를 제시할 목적으로 본 글을 작성하였다.

거북선이 서구 세계에 소개된 자료를 보면 1882년 그리피스의 저술에서 '금속으로 덮인 배covered with metal'로 소개되고 있다.[28] 그런데 그리피스는 이 당시 조선을 방문하지 않고 조선에 대한 일본 기록 등을 참조해 책을 썼던 관계로 이 배를 중국 배로, 이순신을 중국 장군으로 표현하는 오류를 범하였다. 그러나 거북선을 철판으로 덮인 배라는 존재로 소개하였다는 점에서 의미가 있다. 다만 철갑함을 의미하는 'ironclad' 표현은 구체적으로 사용하지 않았다.

한편, 다음 해인 1883년 영국 해군의 거북선에 대한 보고서가 미국 신문에

---

27 거북선의 존재가 서구 세계에 전해진 자료로는 다음 자료들이 제시된다.
Griffis, William Elliot, 1882, Corea: The Hermit Nation, New York : Scribner's Sons; 신복룡 역주, 1999《은자의 나라 한국》한말 외국인기록 3; 집문당.
Homer B. Hulbert, 1899, Korean inventions, Harper's Magazine 1899. June
James Murdoch, M. A. 1903, A history Japan -During the century of early foreign intercourse, 1542-1651.)Kobe;office of the Chronicle, 1903)
Homer B. Hulbert, 1906, The Passing of Korea (Read before the Society)
28 Griffis, William Elliot, 1882, Corea: The Hermit Nation, New York : Scribner's Sons; 신복룡 역주, 1999《은자의 나라 한국》한말 외국인기록 3; 집문당, 189쪽
여기서 이순신Rishinshin은 중국의 장군으로, 거북선도 중국 배로 소개하는 오류를 보이고 있다.

소개되었다는 기록이 있다. 이 기록은 실제 존재했는지 여부가 확인되지 않은 채 다만 관련 내용이 1903년 제임스 머독Murdoch, James, 1856-1921의 저술에 나타나고 있다.[29] 머독은 그의 책 본문에서 1899년 간행된 호머 헐버트Homer B. Hulbert, 1863-1949의 논문[30]을 인용해 거북선을 '거북배tortoise-boat'로 소개하였다. 그리고 1884년 미 해군 중위 포크가 경상도 고성의 해안가 마을 모래 속에 있는 거북선을 본 것으로 쓰고[31] 각주에서는 1883년 영국 해군이 16세기 조선 전함이 거북 껍질과 같은 철판으로 덮여 있었다는 보고서를 작성했고 이 내용을 미국 시카고 지역 신문이 보도했다고 쓰면서 '용용(Yong Yong(?))'에 그 잔해가 남아 있었다고 썼다. 즉, 머독은 거북선을 소개하면서 '1883년 영국 해군이 거북선을 보고했는데 그 잔해가 용용에 있으며, (1884년) 포크가 경상도 고성 마을의 모래 해변에서 거북선을 직접 목격'한 것으로 기록하였다.

여기서 주목되는 것은 1883년 영국 해군이 거북선을 보았다는 미국 시카고 지역 신문 기사이다. 이것이 사실이라면 조선의 배로서 거북선을 보고한 최초의 사례가 영국 해군 보고서일 가능성이 있는 것이다. 그런데 기존 연구 자료와 역자가 조사한 미국 신문 기사 및 영국 해군 보고 자료에서 1883년 영국 해군의 거북선 관련 내용은 확인되지 않는다.[32]

29　James Murdoch, M. A. 1903, A history of Japan -During the century of early foreign intercourse, 1542-1651.)Kobe;office of the Chronicle, 1903)

30　Homer B. Hulbert, 1899, Korean inventions - Armored vessels, Bombs, History, Harper's Magazine 1899. June

31　James Murdoch, M. A. 1903, A history of Japan -During the century of early foreign intercourse, 1542-1651.)Kobe;office of the Chronicle, 1903)
그런데 포크는 고성지역은 가지 않았다.

32　2020. 12. 20. 까지 Newsletter. com을 통해 미국 신문 기사를 조사한 바로는 이 같은 내용은 확인되지 않고 있다. 향후 이 기사가 존재한다면 영국 해군이 거북선을 최초로 서구 사회에 보고한 것이 되겠지만 현재까지 확인된 자료에 의하면 영국 해군 보고와 관련 신문 보도의 실재는 확인할 수 없다.

한편, 머독의 기록에는 약간의 문제가 있다. 먼저, 거북선의 잔해가 용용에 있다는 내용은 경상도 수군영이 있었던 통영Tong yong의 표기 오류로 1884년 포크가 거북선을 보기 위해 방문을 계획했다가 결국 방문하지 못한 곳이었다. 그런데 주목할 점은 후술할 포크의 보고서를 근거로 거북선을 소개한 1894년 미국 신문 기사들에서 같은 지명 표기 오류가 먼저 나타나고 있는 점이다. 이는 오히려 머독이 1894년 기사의 오류를 그대로 기록했을 가능성이 높다. 또한 1883년 영국 해군 보고서의 거북선 관련 기록이 미국의 시카고 신문에 게재되었다는 내용은 사실은 1883-1887년의 포크 보고서를 이용해 1894년 〈시카고 트리뷴〉에서 '세계 최초로 철갑함을 조선 사람들이 만들었다'는 제목으로 보도한 내용[33]과 매우 유사한 점이 주목된다.

즉, 영국이란 내용만 제외하면 1883-1887년에 작성된 미국 해군 포크의 보고서를 근거로 〈시카고 트리뷴〉이 보도한 내용과 모든 부분이 일치한다. 따라서 머독이 이 기사를 혼동하여 기록하였을 가능성이 추정된다. 결국 1903년 머독의 책에 실린 영국 해군의 보고와 포크의 거북선 실견 기록은 1883-1887년에 작성된 포크 보고서를 보도한 1894년 미국 신문 기사와 1899년 헐버트가 소개한 거북선 관련 〈하퍼스 매거진〉의 기록을 결합시켜 나타난 오류일 가능성으로 추정된다.

결국 거북선을 철갑함으로 서구 세계에 알린 최초의 기록은 1883-1887년 사이 작성된 포크 보고서의 내용과 이를 보도한 1894년 미국의 신문 보도 자료일 가능성이 가장 높다고 추정된다.

---

33 1894. 8. 19. Chicago Tribune(Chicago, Illinois), Corean Built First Ironclad

2. 포크의 거북선 관련 기록

포크 문서[34] 가운데 거북선 기록을 정리해 보면[35] 포크가 거북선을 철갑함으로 파악한 내용이 시기적으로 4단계로 나뉘어 서구 세계에 알려졌다.

첫 번째는 1883년 포크가 미국 무관이자 임시대리공사로 근무한 1883-1887년 사이 미 해군에 보고한 자료에서 거북선을 세계 최초의 'Ironclad철갑선'로 보고한 것으로 추정된다.[36] 그러나 이 자료는 당시에는 일반에게 미공개된 자료였다.

두 번째 단계는 1894년 8월 미국 신문을 통해 포크의 보고 내용이 공개되면서[37] 소개된 시기이다. 이 때 이미 1년 전에 사망한 포크의 보고 자료가 공개되고 신문에 소개되어 서구 사회 즉, 미국 사회에 많은 반향을 일으켰다. 당시는 전 세계가 철갑함의 보유를 통해 국력을 과시하던 시기였고 특히, 청일전쟁이 발발하여 일본 철갑함이 승리를 이뤄가던 상황에서 철갑함의 원조가 CoreaKorea임을 전한 자료는 미국 사회에 신선한 충격을 준 것으로 보인다.

---

34 Ensign George C. Foulk, Foulk papers, Library of Congress, 1883-1887 (朴日根 편,《近代韓國關係英·美外交資料集》1866-1886, 新文堂, 1984.
손정숙, 2003〈구한말 주한 미국공사들의 활동과 개인문서 현황〉,《이화사학연구》30,
손정숙, 2004,〈주한 미국 임시대리공사 포크 연구(1884-1887)〉《한국근현대사연구》31 한국근현대사학회
35 포크문서 및 포크 관련 미국 신문자료들에 대한 검색과 정리를 통해 파악된 내용임.
36 Ensign George C. Foulk, Foulk papers, Library of Congress, 1883-1887 (朴日根 편,《近代韓國關係英·美外交資料集》1866-1886, 新文堂, 1984,
역자가 포크 자료 전체를 다 파악치 못해 포크 기록에서 구체적으로 거북선을 철갑함을 의미하는 'Ironclad'라고 표현했는지는 명확치 않다. 그러나 후술하는 것처럼 1894년 신문 기록에 포크 기록을 근거로 'Ironclad'라는 표현을 사용하고 있어 별도의 포크 기록에서 Ironclad라는 표현을 사용한 것으로 추정된다.
37 1894. 8. 9. The Sun (New York, New York), Corea's One Ironclad – It was built for use in the War with Japan in 1619-Still in Existence

세 번째 단계는 3년 뒤인 1897년 그의 아버지가 포크의 유품을 소유하고 그 가운데 거북선 그림을 공개하면서 다시금 거북선 자료가 소개되었다.[38] 그런데 안타깝게도 이때 공개된 자료는 이순신 장군이 중국 장수로, 거북선이 '중국에서 건조된 장갑 전함Armored Battleship in China'으로 보고되는 오류가 발생하였다.

네 번째 단계는 1899년 헐버트에 의해 조선의 발명품으로서 거북선을 소개한 논문과 이를 1906년 자신의 책에 거북선을 언급하면서 포크가 조선의 남부 지역 조사 여행 당시 거북선의 잔해를 보았다는 기록을 남긴 내용이다.[39]

이들 자료의 내용을 정리해 보면 포크가 작성한 1883-1887년 보고서에 포함된 거북선 관련 자료가 서구 세계에 거북선을 가장 먼저 철갑함Ironclad으로 보고한 자료로 추정된다. 특히, 포크의 자료가 결국, 1894년부터 미국 언론에 소개되어 '거북선=세계 최초 철갑함'이란 타이틀을 얻게 된 것으로 추정된다. 각 단계별 내용을 항목으로 나누어 설명하면 다음과 같다.

1) 1883-1887년 포크의 보고서 자료

조지 포크는 거북선 자료를 수집해 1883년 해군부에 보고하였다. 이 자료는 현재 뉴욕공립도서관New York Public Library에 'George Clayton Foulk papers'(이하 포크문서)로 소장되어 있다. '포크문서'는 1900년 5월 7일 그의 부친인 C. M. 포크에게 기증받은 것으로 되어 있는데. 이 자료에 대한 설명을 보면 다음과 같다.

38　1897. 10. 24. The Sun (New York, New York), Early Chinese Ironclads

39　Homer B. Hulbert, Korean inventions −Armored vessels, Bombs, History, Harper's Magazine 1899. June

Homer B. Hulbert, 1906, The Passing of Korea (Read before the Society)

George Clayton Foulk papers

1883-1887

b. 1 서신 및 보고서(Correspondence and reports) 1883-1887

발송물의 사본 Letterpress copies of dispatches

b. 1 1884년 4월 8일-1885년 7월 19일

b. 2 1885년 7월 20일-1885년 12월 31일

b. 3 1886년 1월 2일-1887년 6월-18일, 날짜 없음

b. 3 노트자료(Notes and fragments)

b. 3 사진 1887, 날짜 미표시

조선 철갑함 그림 2장과 한국어 문서

(Prints of two Korean ironclads and Korean language documents)

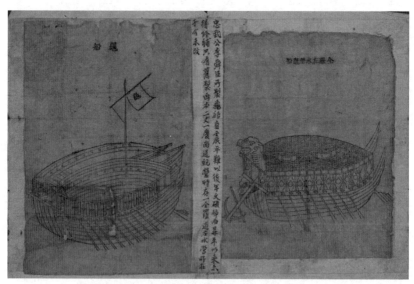

뉴욕공립도서관 포크 문서에 포함되어 있는 거북선 그림 목판인쇄물
(이충무공전서에 있는 거북선 그림을 조합한 자료임)

포크문서에는 미 해군과 미 국무부에 보낸 여러 문건들과 포크의 모습이 담긴 2장의 사진 그리고 '두 장의 조선 철갑함two prints of Korean ironclads 인쇄물'[40] 이 포함되어 있다.

이 가운데 주목되는 것은 거북선 도면 자료이다. 이 자료는 정조 19년1795 년 편찬된 《이충무공전서》 권수도설卷首圖說에 소개된 '귀선龜船'과 '전라좌수영귀선全羅左水營龜船'의 그림과 설명[41]이 실려 있는 목판 인쇄물이었다.[42] 여기서 주목되는 것은 'Korean ironclads' 즉, 조선의 철갑함이란 그림 자료에 대한 제목 표현이다. 이 표현은 포크의 문서를 확보한 당시의 표현으로 추정되는 데 거북선을 서구 세계에 ironclad 즉, 철갑함으로 표현한 최초의 기록으로 파악된다. 그러나 이는 외교 조사 기록으로 일반인에게는 공개되지 않았다는 점에서 '미공개 최초의 거북선 철갑함 소개 기록'으로 파악된다.[43]

---

40 Manuscripts and Archives Division, The New York Public Library. (1883 – 1887). Two Korean ironclads Retrieved from
https://digitalcollections.nypl.org/items/77674a33-72a1-9190-e040-e00a18065276

41 忠武公李舜臣所製龜船 自壬辰平難以後年久破碎而昇平以來未得修補 只有舊製畵本二丈 一慶尙道統營時存一全羅道左水營所在于今未改
"충무공 이순신이 만든 귀선龜船은 임진년 어려움이 평정된 이후 오래되어 파쇄되었는데 평온해진 이후에 보수되지 못하였다. 단지 예전에 만든 그림 2장이 있다. 하나는 경상도 통영에 있고, 다른 하나는 전라도 좌수영에 있는데 오늘에 이르기까지 고치지 못했다."

42 이 그림은 이충무공전서 1책의 판심 7과 10에 각각 인쇄된 귀선龜船과 전라좌수영귀선全羅左水營龜船 그림을 짤라 붙여 만든 자료로 그 사이에 별도의 설명을 쓴 자료이다.

43 앞서 언급한 머독이 집필한 A history of Japan에서 1883년 영국 해군 보고서를 인용한 시카고 신문이 16세기 조선 전함이 거북 껍질과 같은 철판으로 덮여 있었다는 사실을 보도했다고 하였다. 그런데 현재 조사한 범위에서 "iron plates like a tortoise-shell"로 표현된 기사는 확인되지 않고 있다. 그런데 이 기록에 "relic of a tortoise-boat was found at Yong-yong"이란 내용이 있다. 문제는 이 표현이 후술할 1894년 미국 신문에 포크 보고를 근거로 기사화된 내용 가운데 'Tong Yong'의 T를 Y로 오타한 내용이 있다는 점에서 머독이 이 기사를 혼동해 기술한 것이 아닐까 추정된다.

2) 1894년 미국 신문 보도 자료

세계 최초의 철갑함으로 거북선이 알려진 것은 1893년 포크가 사망한지 1년 후인 1894년 8월이었다. 8월 8일 워싱톤에서 관련 자료가 소개되고 1894년 8월 9일 〈The Sun(New York, New York)〉과 〈The New York Times(New York, New York)〉, 〈The Morning News(Wilmington, Delaware)〉에 함께 보도되면서 거북선이 최초로 미국 사회에 소개되었다. 이 뉴스 기사는 이후 1899년까지 같은 내용을 전제하거나 일부 의견을 추가하여 25개 이상의 신문에 게재되어 당시 미국 사회에 상당한 반향을 일으킨 것으로 파악된다.[44]

COREA'S ONE IRONCLAD.

It Was Built for Use in the War with Japan in 1619—Still in Existence.

WASHINGTON, Aug. 8.—Ensign George C. Foulke, U. S. N., who spent several years in Corea in charge of the American Legation at Seoul, in a report to the Navy Department in 1883, wrote regarding Corean strength at sea:

"The old navy consisted of junks, which were armed with grapnels, punching pikes, and small firearms. At present there are no vessels kept for war purposes at all. During the last war with the Japanese in 1619 an iron turtle-backed vessel was built by the Coreans and very successfully used against the Japanese wooden junks. From ports under the turtle-back grapnels were thrown on the Japanese junks, which were then capsized or sunk by having holes punched in them. This ironclad is still in existence at Yong Yong; it is one of the oldest, if not the oldest, ironclad in the world."

1894. 8. 9. 〈The Sun〉의 거북선 보도 기사

년월일	신문명칭 (지역)	기사 제목	부제목
1894. 8. 9.	The Sun (New York, New York)	코리아조선의 철갑함 Corea's One Ironclad.	It was built for use in The War with Japan in 1619—Still in Existence
1894. 8. 9.	The New York Times (New York, New York)	고대 물고기 모양의 (배) Ancient and Fishlike	Corea said to have an Ironclad built in 1619
1894. 8. 9	The Morning News (Wilmington, Delaware)	코리아조선 해군의 힘 Korean Navy's Strength	–
1894. 8. 19.	Chicago Tribune (Chicago, Illinois)	코리안조선인이 최초의 철갑선을 만들다. Corean Built First Ironclad	–

---

44 역자가 확인한 동일계열 기사는 25건이다. 그런데 뉴욕도서관 포크 자료에 포함된 복사본 자료는 "Scientific American" 잡지를 인용한 것으로 확인하지 못한 자료도 다수 있는 것으로 보인다.

이들 세 신문의 기사를 제목을 중심으로 보면 다음과 같다.

Coreans Built the First Ironclad.
The Coreans are credited with constructing the first ironclad, and it is said the vessel is still in existence. In 1883 it was described as follows by Ensign Foulke of the navy, in a report from Seoul: "The old navy consisted of junks, which were armed with grapnels, punching pikes, and small firearms. At present there are no vessels kept for war purposes at all. During the last war with the Japanese in 1619 an iron turtle-backed vessel was built by the Coreans, and very successfully used against the Japanese wooden junks. From ports under the turtle-back grapnels were thrown on the Japanese junks, which were then capsized or sunk by having holes punched in them. This ironclad is still in existence at Yong Yong; it is one of the oldest, if not the oldest, ironclad in the world."

1894. 8. 19. 〈Chicago Tribune〉 보도 기사

먼저 〈The Sun〉의 제목과 부제는 "조선의 철갑함, 이 배는 1619년[1592년 오기] 일본과의 전쟁에 사용하기 위해 만들었는데 현재까지 남아 있다."라고 하였으며 The New York Times의 제목은 "고대의 물고기 모양 (배)Ancient and Fishlike-코리아조선 사람들은 1619년에 만들어진 Ironclad철갑함를 가지고 있다고 한다Corea said to have an Ironclad built in 1619."라고 소개하고 있다. 그리고 The Morning News은 코리안조선 "해군의 힘Korean Navy's Strength"이란 제목으로 표현하여 〈The Sun〉이 '철갑함' 개념을 부각하였다.

한편, 주목되는 것은 며칠 뒤인 1894. 8. 19. 〈시카고 트리뷴Chicago Tribune(Chicago, Illinois)〉의 제목이다. 즉, 기사 제목을 "코리안조선 사람이 최초의 철갑선을 만들었다Corean Built First Ironclad"라는 제목을 달아 거북선을 '최초의 철갑함'이라고 확정한 제목으로 보도하였다. '최초의 철갑함, 거북선'이란 인식이 이 신문 기사 제목에서 시작되었음을 보여 주고 있다.[45]

그런데 사실 기사 내용을 보면 최초의 철갑함으로 거북선을 적시한 것은 포크의 보고서였다. 포크의 보고서를 인용한 이들 신문 기사는 모두 같은 내용인데 〈The Sun〉의 내용을 소개하면 다음과 같다

---

45 역자가 파악한 25건의 신문 기사 가운데 절반에 해당하는 12건의 신문 기사 제목이 모두 최초의 철갑함으로 거북선을 소개하고 있다.

Corea's One Ironclad.	코리아조선의 철갑함
It was built for use in The War with Japan in 1619—Still in Existence	이 배는 *1619년[1592년 오기]⁴⁶ 일본과의 전쟁에 사용하기 위해 만들었는데 현재까지 남아 있다.
Washington, Aug. 8. —Ensign George C. Foulke U. S. N. , who spent several years in Corea in charge of The American Legation at Seoul. In a report to The Navy Department in 1883 wrote regarding Corean strength at sea:— "The Old navy consisted of junks, which were armed with grapnels, punching pikes, and small firearms. At present There are no vessels kept for war purposes at all. During The last war with Japanese in 1619 an iron turtle backed vessel was built by Coreans and very succesfully used against The Japanese wooden junks. From ports under The turtle—back grapnels were thrown on The Japanese junks, which were Then capsized or sunk by having holes punched in Them. This iron—clad is still existence at Yong Yong; It is one of The oldest, if not The oldest, ironclad in The world"	워싱턴 8. 8. —조선에서 수년 동안 서울의 미국 공사를 담당한 조지 C. 포크 해군소위는 1883년 해군부에 제출한 보고서에서 조선 해군의 강점에 대해 다음과 같이 썼다. "[조선의] 오래된 해군은 쇠갈고리, 송곳이 박힌, 소형 화기로 무장한 평저선으로 구성되었다. 현재는 전쟁 목적으로 보유된 선박이 전혀 없다. *1619년[1592년] 일본과의 마지막 전쟁에서 철제 거북등판 모양으로 덮힌 선박이 조선인들에 의해 건조되었고 일본 목재 선박에 매우 성공적으로 사용되었다. 귀갑과 철제 갈고리로 무장한 배는 항구에서 일본 선박을 전복시키거나 구멍을 뚫어 침몰시켰다. 이 철갑함은 현재 *용용[통영]에 존재한다. 이 배는 세계에서 가장 오래된 (혹은 아닐 수도 있지만) 철갑함 중의 하나이다. (*역자 수정)

기사 내용 가운데 "조선이 일본과의 전쟁에서 철제 귀갑으로 덮인 선박iron turtle bached vessel을 건조해 전쟁에서 사용해 큰 성과를 보았으며 이 배는 현재도 남아 있다, 이 배는 세계에서 가장 오래된(혹은 아닐 수도 있지만) 철갑함 중의 하나이다one of the oldest, if not the oldest, ironclad in the world"라고 소개되었다.

따라서 이 자료는 1883년 미 해군에 보고된 이후 서구 세계에 최초로 공개된 거북선을 철갑함으로 기록한 자료이며 가장 오래된 철갑함일 가능성을 함께 제시하였다. 그리고 이들 자료를 소개한 신문 가운데 1894. 8. 19. 〈시

---

46 임진왜란의 연도를 1619년으로 오기하였는데 이는 이후 자료에도 계속 반복된다는 점에서 오류의 연원 파악이 요청된다.

카고 트리뷴〉이 최초의 철갑함First Ironclad으로 제목을 달아 소개하며 이 같은 인식이 확립되었다고 파악된다.

3) 1897년 거북선 그림 자료 신문 보도

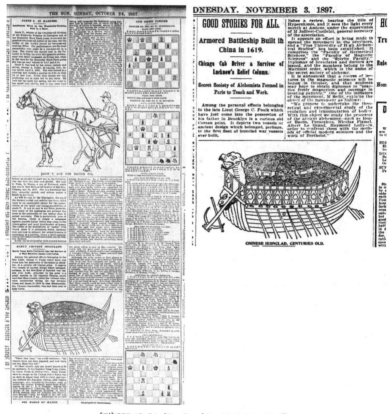

[좌]1897. 10. 24. 〈The Sun (New York, New York)〉
[우]1897. 11. 3. 〈The Boston Globe (Boston, Massachusetts)〉에 소개된 거북선 모습

거북선 자료가 미국 일간 신문에 다시 소개된 것은 1897년 10. 24. 〈The Sun〉 기사와 1897. 11. 3. 〈Boston Globe(Boston, Massachusetts)〉에 소개된 거북

선 그림과 함께 소개된 기사이다. 그런데 앞서 3년 전에 '세계 최초의 철갑함을 코리아에서 만들었다고 보도'했던 내용과는 달리 이 기사는 안타깝게도 거북선을 중국에서 건조된 것으로 그리고 이순신 장군을 조선을 돕기 위해 파견된 중국 장수로 소개하는 오류로 왜곡된 기사였다. 이는 일찍이 조선을 방문하지 않고 조선에 대한 기록을 썼던 그리피스가 이순신을 명 수군제독 이순신으로 오기한 것과 같은 오류의 연장선에서 반복되어 나타난 내용이었다.[47]

신문 기사는 그런데 이 자료가 포크의 사후 유품을 전달받은 포크의 부친에 의해 제공된 자료에 의한 기사라는 점에서 주목된다.

〈The Sun〉의 기사 제목은 "Early Chinese Ironclads"로 되어 거북선이 중국 철갑함으로 소개되고 있으며 조선과 일본 사이의 전쟁에 사용되기 위해 만들어졌다는 점을 적시하고 있다. 기사 내용은 크게 거북선 자료를 확보한 포크에 대한 설명 자료와 거북선 구조와 특성에 대한 설명으로 나뉜다. 먼저, 포크에 대한 기록은 비교적 정확하게 전하고 있지만 ① 거북선에 대해서는 1619년 중국 장수 이순신에 의해 건조된 중국의 철갑함이라는 결정적 오류를 보여 주고 있다.

"거북선이라고 불리는 이 선박은 1619년 코리아조선와 일본 간의 전쟁 중에 코리아를 돕기 위해 파견된 중국 사령관 리 순신 장군에 의해 건조되었다고 한다."

② 또한 포크가 이를 직접 통영에서 확인하였다는 오류 두 가지를 포함하는 문제점을 보여 주고 있다.

---

47 Griffis, 1882, Corea: The Hermit Nation, , 신복룡역주, 1999《은자의 나라 한국》한말 외국인기록 3; 집문당, 189쪽

56

이 선박 중 현재는 하나만 존재하는 것으로 알려져 있는데 1884년 또는 1885년에 포크 중위에 의해 코리아[조선]의 용용(통영 오기)에서 발견되었다.

이 같은 오류는 포크사후 그의 부친이 유품을 소개하는 과정에서 발생한 오류로 파악된다.

한편, 거북선의 구조와 특성에 대해서는 상당히 자세한 설명과 구체적인 전문 선박 지식을 활용하여 설명하고 있다.

4) 1899년 헐버트의 'Korean Inventions' 기록과 1903년 머독의 기록

KOREAN INVENTIONS.

BY HOMER BEZA HULBERT.

헐버트의 1899년 6월 미국 월간 '하퍼스 매거진'에
'조선의 발명품' 첫 페이지에 그려진 거북선 그림

헐버트는 1886년 조선 최초의 관립 근대식 학교인 육영공원育英公院[48] 교사로 조선에 온 이후 조선을 위한 많은 활동을 하였는데 거북선 관련 자료는 헐버트가 1899년 6월 미국 월간 〈하퍼스 매거진Harper's New Monthly Magazine〉에 '조선의 발명품 Korean Inventions'이라는 제목으로 조선의 금속활자, 거북선, 현수교, 폭발탄 등을 조선이 세계 최조로 발명했으며 한글도 최고의 우수한 문자로 소개한 논문을 통해

---

48 1882년 조미수호통상조약 체결 이후 조선과 미국이 합작한 최초의 근대화 사업.

서구 사회에 알렸다.[49] 특히, 헐버트는 이순신 장군이 세계 최초로 임진왜란 때 일본군에 대항하려고 'Ironclad warship철갑전함'을 만들었으며 모양이 거북을 닮아 '거북선'이라고도 불린다고 썼다. 특히, 헐버트는《이충무공전서》에 수록된 거북선 그림을 보고 이를 설명하였고 전쟁이 끝난 후 조선의 남쪽 바닷가에 방치되었다고 기술하였다.[50]

그리고 1906년 간행된 헐버트의《The Passing of Korea대한제국의 종말》에 거북선과 이순신 관련 내용이 보다 자세히 수록되었다.[51] 이 글에서 포크의 거북선 관련 내용을 소개하고 있다. 즉, 포크가 갑신정변이 일어났던 1884년 조선의 남부 지역을 조사할 때 선박의 잔해가 진짜 거북선이라고 하는 말을 들었다고 한 내용을 소개하고 있다.[52] 관련 부분의 내용은 다음과 같다.

조선인들은 이순신 장군이 일본을 격파한 해전에서 활약한 거북선의 선체가 남해안 모래 해변에 묻혀 있다고 말한다. 그리고 미 해군의 포크 소위가 1884년의 정변갑신정변이 터지던 때에 조선의 남부 지역을 여행하던 중, (사람들이) 그에게 배의 잔해가 진짜 "거북선"이라고 말했었다는 것을 필자에게 말했다.[53]

이 내용은 포크의 일기에는 기록되지 않은 새로운 내용이란 점에서 주목

---

49 Homer B. Hulbert, 1899, Korean inventions Harper's Magazine , June 1899. p. p102-108

50 Homer B. Hulbert, 1899, Korean inventions Harper's Magazine , June 1899. p. 105

51 Homer B. Hulbert, 1906, The Passing of Korea (Read before the Society)
헐버트박사 기념사업회 자료 참조 http://www. hulbert. or. kr/

52 Homer B. Hulbert, The Passing of Korea (Read before the Society, 1906) p. 298

53 The Korean will tell you that there lies buried in the sands on the southern coast the hull of the famous tortoise boat with which Admiral Yi Sun-sin won his famous naval battles over the Japanese, and Ensign George C. Foulk of the American Navy, who was making a trip in southern Korea at the time of the emeute of 1884, told the writer that the remains of a boat were pointed out to him as being the authentic "tortoise boat."
Homer B. Hulbert, The Passing of Korea (Read before the Society, 1906) p. 298

되는 사실이다. 포크는 그의 조사 일정에 통제영 겸 경상우수영이 있는 경상도 통영을 방문할 예정이었다. 그러나 통영방문은 그의 11월 26일 일기에 나와 있듯이 진주에서 통영 가는 일정을 취소하면서 통영에서 거북선을 직접 볼 수 있는 기회는 상실되었다. 이후 진해와 마산, 창원을 거처 김해, 부산진과 초량 왜관을 거치는 일정에서 헐버트의 기록과 연결될 내용은 일기에서 확인되지 않았다. 따라서 이는 포크가 1884년 부임 이래 1887년 퇴임 시까지 1886년 부임한 헐버트와의 사적인 대화에서 이 같은 내용을 했을 것으로 추측된다.

한편, 포크는 11월 21일의 일기에 이순신을 통영의 영웅이라 칭하며 이순신이 자신이 정치적 희생자가 될 것을 우려하여 스스로 전사하였을 것이라는 조선 백성들의 이야기를 남겨 놓았다. 그런데 헐버트도 같은 내용을 그의 책에 수록하고 있다.[54] 이 내용은 포크가 그와 동행한 자신의 집사 정수일에게서 들은 내용으로 조선 왕조의 관리들이 왕조에 위협이 될 수 있는 영웅을 제거한다는 상당히 민감한 내용이었다. 이 같은 이야기는 일반인들에게서는 접하기 쉽지 않은 내용이었다. 따라서 헐버트가 포크와의 대화에서 이 내용을 듣고 자신의 책에 기록하였을 가능성이 높았다. 결국 헐버트가 포크에게서 거북선과 이순신에 대한 관련 정보를 얻었을 정황을 보여준다는 점에서 앞서 포크의 거북선 잔해를 보았다는 이야기도 직접 들었을 가능성이 높다. 그러나 포크가 통영에 거북선이 남아 있다는 이야기를 듣고 이를 보러 갈 계획을 세웠었다는 내용이 직접 보았다는 의미로 와전되었을 가능성도 여전히 남아 있다.

결국, 포크의 일기에서는 거북선을 보았다는 내용은 확인되지 않지만 이 내용이 사실이라면 포크는 앞서 영국 해군의 보고 관련 내용의 진위가 확인

---

54   Homer B. Hulbert, 1906, The Passing of Korea (Read before the Society) p. 101

되지 않는 상황에서 외국인으로서 거북선의 잔해를 직접 목격한 최초이자 마지막 사람이 된다. 따라서 포크의 거북선 실견 문제는 관련 자료에 대한 검토가 향후 더 필요한 부분이다.

포크는 1883년-1887년 사이에 작성한 보고서를 통해 거북선을 철갑함이란 개념으로 파악하고 '거북선=세계 최초의 철갑함'이란 인식을 서구인에게 전한 역할을 하였다. 이 내용은 그의 사후 1년 뒤인 1894년 미국의 25개 이상의 신문에 보도되었다. 또한 《이충무공전서》에 수록된 2가지 형태의 거북선 도면을 서구 세계에 알려, 1897년 비록 중국 배로 잘못 보도되기는 하였지만 거북선의 실체와 구조, 기능 등에 대한 상세한 이해를 서양인에게 제공하였다. 한편, 1884년 11. 1-12. 14. 까지 진행한 조선 남부 지역에 대한 조사과정에서 통영까지 직접 방문해 거북선을 조사할 예정이었지만 사정에 의해 통영을 방문하지 못해 거북선을 직접 조사하지는 못했지만 진해-부산까지 가는 도중에 거북선 잔해를 보았을 가능성도 추정되어 외국인으로서 마지막으로 거북선 잔해를 실견한 인물일 가능성이 남아 있다.

1890년대는 제국주의의 전성기로 세계가 제국주의적 확장을 추진하며 해군력을 증강시켰다. 거북선에 대한 포크의 보고서 내용이 미국 신문에 보도된 것은 바로 이 시기였다. 해군력을 앞세운 식민지 쟁탈과 군함 외교가 맹위를 떨친 1890년대였기 때문에, 각광을 받고 있던 철갑함의 원조가 조선이라는 포크의 보고서는 언론의 주목을 받을 수밖에 없었고, 그 결과 많은 신문들이 다투어 거북선을 보고하고 후속 보도까지 한 것으로 보아 미국 사회에 큰 반향을 일으켰던 것으로 보인다.[55]

---

55 알프레드 세이어 마한 지음, 김주식 옮김(1999), 《해양력이 역사에 미치는 영향》 2권(책세

편자[56] 서문

1884년 11월 1일 미국 해군 소속 조지 포크 소위는 조선의 수도 한양을 출발하여 조선의 남쪽 지역을 관통하는 900마일^{약 1448km}의 고된 여행을 시작하였다. 그는 길 위에서 보낸 44일 동안 경험하고 관찰한 내용을 두 권의 노트에 380페이지에 걸쳐 자세하게 기록했다. 이 여행기는 캘리포니아 버클리 대학의 반크로프트 도서관에 조지 클레이튼 포크 관련 수집품 중 일부로 소장되어 있다. 그럼에도 이 여행기가 지닌 엄청난 가치에도 불구하고 그동안

상), 〈해설 : 알프레드 세이어 마한의 생애와 업적〉, pp. 869-897 참조.
56 사무엘 홀리Samuel Hawley는 선교사 부모의 아들로 한국에서 태어나 자랐다. 온타리오주 킹스턴 퀸즈대학교에서 학사 및 석사학위를 취득한 후, 연세대학교 영문학과 교수로 재직하다 2007년 퇴직 후 캐나다에 거주하며 책 출판 및 영상자료 제작을 진행하고 있다.
그의 대표적 역사 관련 저술로 1990년대 초 일본에서 《임진왜란》을 출간하였고 포크에 대한 홀리의 관심은 2007년에 출판된 《America's Man in Korea》와 《Inside the Hermit Kingdom》이라는 두 권의 책으로 이어졌다. Samuel Hawley, 2007, Inside the Hermit Kingdom : The 1884 Korea Travel Diary of George Clayton Foulk, Lexington Books;
  Samuel Hawley, 2007, America's Man in Korea-The Private Letters of George C. Foulk, 884-1887, Lexington Books).

학자들의 주목을 제대로 받지 못했다.[57] 무엇보다 이 여행기는 포크가 나타나기 이전까지의 그 어떤 서양인도 경험한 적이 없었고, 그와 같은 방식으로는 다시는 할 수 없는 유일한 기록이다. 그는 조선 왕조의 고위 관리나 정부 관리가 하는 방식대로 가마를 타고 기나긴 여정을 소화해 냈다. 여행 중에 포크는 새로운 발견과 놀라운 광경을 보기도 했을 뿐만 아니라, 여행의 순간에서 느꼈던 감정까지도 현장에서 있는 그대로 솔직하게 기록했다. 고충을 겪고, 좌절감을 느끼고, 모욕적인 순간을 당했을 때조차 경험했던 내용을 날 것 그대로 온전히 풀어냈다. 또한 이 여행기는 서양인의 눈에 비쳐진 1880년대의 조선을 깊은 통찰력으로 묘사한 독특한 기록물이다. 당시 포크는 한국어를 할 수 있는 극소수의 인물 중 한 명이었고, 조선의 문물에 가장 박식한 서양인으로서 조선인들과 직접 교류할 수 있었다. 포크는 묘사력이 뛰어난 글 솜씨로 여행했던 지역의 모습을 자세하고 생생하게 그려 냈다. 외세의 침략이 있기 이전의, 전쟁과 일제 강점기 이전의, 근대화가 이뤄지기 이전의 풍경이다. 두 권의 닳고 닳은 노트에 거의 알아보기 힘들 정도로 휘갈겨 쓴 글 속에서, 조지 포크는 "숨겨진 왕국"의 생생한 초상을 남겼고 조선 왕조가 쇠약해지기 이전의 활기찬 모습을 폭넓게 담았다.

조지 클레이튼 포크는 1856년 10월 30일 펜실베이니아의 메리에타에서 태어났다. 클레이튼과 캐롤린 포크의 세 아들 중 맏이였다. 그는 1876년 메릴랜드 아나폴리스에 위치한 해군사관학교를 졸업한 후, 태평양과 아시아에 주둔하는 미국의 해군 전력인 아시아 분함대Asiatic Squadron에 복무하기 위해, 선체가 쇠로 만들어진 증기선인 앨러트호Uss. Alert의 선원으로 합류한다. 그는

---

57 포크의 1884년 여행 일기를 활용한 몇 안 되는 학자 중 한 명이 김형찬(Kim Hyung-chan)이다. "George C. Foulk in Korea: A Sailor on Horseback" Korean Journal 26 (December 1986): 27-38

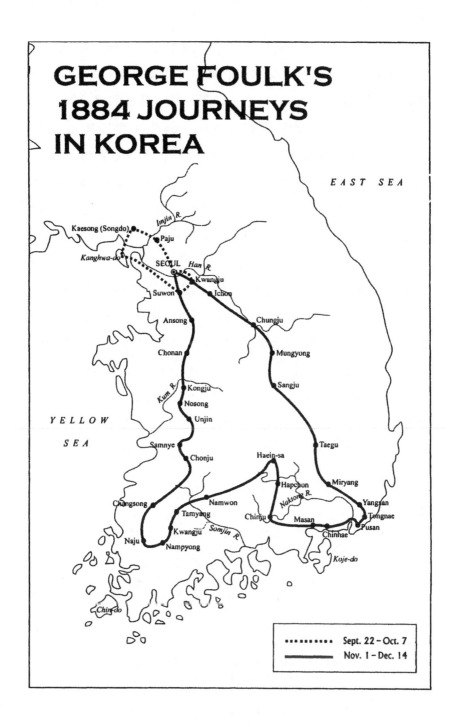

GEORGE FOULK'S 1884 JOURNEYS IN KOREA

EAST SEA

Kaesong (Songdo)
Imjin R.
Paju
Kanghwa-do
SEOUL
Han R.
Kwangju
Suwon
Ichon
Ansong
Chungju
Chonan
Mungyong
Kum R.
Kongju
Sangju
Nosong
Unjin
YELLOW
SEA
Samnye
Taegu
Chonju
Haein-sa
Hapchon
Miryang
Naktong R.
Changsong
Namwon
Yangsan
Tamyang
Chinju
Masan
Tongnae
Kwangju
Somjin R.
Chinhae
Pusan
Naju
Nampyong
Koje-do
Chin-do

··········	Sept. 22 – Oct. 7
————	Nov. 1 – Dec. 14

총 6년의 기간을 함대에서 근무했다. 근무하던 배가 일본 항구에 자주 드나드는 동안 그는 일본어를 능숙하게 구사할 수 있게 되면서 학구적인 자세와 열성으로 두각을 드러냈다. 그가 또 다른 젊은 해군 장교인 벤저민 버킹엄과 팀을 이룬 것도 이 시기였다. 그들은 그때까지 외국인이 거의 시도하지 않았던[58], 일본의 심장부를 가로지르는 427마일의 첫 번째 험난한 여정을 함께 했다. 1882년 포크는 버킹엄 그리고 동료 해군 소위인 월터 매클레인과 함께 더욱 야심찬 여행을 떠났다. 시베리아와 유럽을 거쳐 미국의 고향으로 향하는 육로 여행이었다. 중간에 조선의 부산항과 원산항을 방문하는 일정은 미국 "관광객"으로서는 첫 번째 시도였다. 1882년 5월 한미 관계의 첫 출범을 알리는 조미통상수호조약이 체결된 지 채 한 달이 지나지 않은 때였다.[59]

포크는 워싱턴에 있을 때, 한동안 해군 도서관에서 사서로 일한 경험이 있었다. 지루하긴 했지만 일본을 깊이 연구하는 시간으로 잘 활용했고 조선까지 그 범위를 넓혔다. 그는 자신의 공부가 더 흥미롭고 중요한 위치로 가는 티켓 역할을 하기를 바랐다. 그리고 실제로도 그렇게 되었다. 1883년 서구를 향한 첫 번째 조선 사절단이 미국에 도착했을 때 어떻게든 통역 역할을 할 수 있던 사람은 미국 정부 내에서 포크가 유일했다. 그는 뉴욕, 보스턴, 워

58 포크와 버킹엄은 고베에서 요코하마까지, 혼슈의 중심부를 달려 올라가는 오래된 공공 도로인 나카센도Nakasendo를 이용하여 여행했다. 포크는 상관에게 여행에 관한 보고서를 제출했다. 이 요약본은 해군성으로 보내졌다.
프랜시스 P. 코리건Francis P. Corrigan, 《조지 클레이트 포크와 조선에서의 국제적 음모George Clayton Foulk and International Intrigue in Korea》, (M.A. thesis, Columbia University, I 955), 14
59 이 세 명은 나중에 자신들의 여행에 관한 이야기를 썼다. 벤저민 버킹엄, 조지 C. 포크, 월터 매클레인, 《조선 해안, 조선-일본의 항구들과 시베리아에 관한 관찰: 1882년 6월 3일부터 9월 8일까지 아시아의 주둔지부터 시베리아와 유럽을 거쳐 미국에 이르는 여정 동안에 작성함》 (Observations upon the Korean Coast, Japanese-Korean Ports and Siberia: Made during a journey from the Asiatic Station to the United States through Siberia and Europe, June 3 to September 8, 1882 (Washington, D.C.: Government Printing Office, 1883

싱턴 D.C.를 순회하는 사절단과 함께 동행하는 임무를 부여받았다. 여행이 끝날 무렵, 포크로부터 깊은 감명을 받은 정사 민영익은 포크가 조선의 사절단과 동행하여 귀국할 수 있도록 요청했다. 미국 해군과 국무부는 해군 무관이라는 직책을 새로 만들고 그 자리에 포크를 임명하여 아직 해군 편제가 없는 조선으로 파견했다. 11월 19일 그는 민영익과 사절단의 서열 3위인 서광범, 수행원 변수와 함께 트렌턴 호Uss. Trenton를 타고 뉴욕을 떠났다. 배는 유럽과 수에즈 운하를 거쳐 조선으로 향했다.

트렌턴 호는 1884년 5월 31일 제물포에 정박한다. 그리고 다음 날 포크는 해군 무관의 임무를 맡기 위해 서울로 출발했다. 그는 국무부와 해군으로부터 조선에 관한 정보를 수집하고 "가능한 한 최고의 관계를 유지"하라는 지시를 받았다.[60] 포크는 대단한 열정을 가지고 임무에 착수했다. 날마다 조선인과 대화하면서 언어 능력을 키웠고 중요 관리와 유대관계를 맺었다. 정부와 문화, 주민에 대해, 또 중국, 일본, 영국, 러시아 사이에 놓인 위태로운 지정학적 위치에 대해 공부했다. 실제 한국어 실력이 늘면서 포크는 곧 그의 상관이자 첫 번째 조선 주재 미국 공사인 루시우스 푸트Lucius Foote보다 이 나

---

[60] 프레드릭 프렐링하이젠Frederick Frelinghuysen 장관은 포크에게 잠재적 이익과 관련된, 특히 무역 가능성과 관련된 조선의 모든 문제에 관해 보고하라는 지시를 내렸다. 그리고 "조선[한국] 정부 그리고 국민들과 가능한 최선의 관계를 유지하고 특히 자신에게 친숙한 항해 교육과 관련된 문제에 대해 전문적인 조언을 구하는 어떤 요청에도 반드시 응답하라고 했다."(Frelinghuysen to foulk, November 12, 1883, in Tyler Dennett, "Early American Policy in Korea, 1883-7: The Services of Lieutenant George C. Foulk," Political Science Quarterly 38, no. I [1923]: 89.) 윌리엄 챈들러William Chandler 해군 장관의 지시는 포크가 "전체 대중과 이 정부에게 흥미롭고 유용할지도 모르는 조선에 관한 모든 정보를… 부서에 전송하기 위해 수집할 것"이었다. (Chandler to Foulk, November 3, 1883, in Donald M. Bishop, "Policy and Personality in Early Korean-American Relations: The Case of George Clayton Foulk," in The United States and Korea: American-Korean Relations, 1886-1976, ed. Andrew Nahm [Kalamazoo: Center for Korean Studies, Western Michigan University, 1979], 30.)

라를 더 잘 이해했다. 그는 자랑스럽게 푸트가 한국어로 대화할 수 없다는 것은 "이곳의 실제 정세를 거의 파악하지 못한다는 의미였다. 반면에 나는 이곳에 와서, 모든 곳을 뛰어다니고 많은 조선인과 대화를 나누며 푸트 장군이 알아야 할 일들을 배우고 있다"고 부모에게 털어놓았다.[61]

조선에 관한 보다 나은 정보를 모으기 위해, 포크는 조선을 여행할 일련의 계획을 세운다. 처음에 그는 세 번의 여행을 할 생각이었다. 첫 번째는 경기도 중심부, 두 번째는 조선의 남반부를 가로지르는 계획, 마지막 세 번째는 북부 지방을 가로지르는 계획이었다. 그는 처음 두 번의 여정은 마무리했다. 하지만 세 번째는 떠나지 못했다. 1885년 1월, 그는 푸트 대사의 이임으로 대리공사로 임명된다. 일시적인 조치였지만 거의 2년 가까이 지속된다.

이 2년이 포크에게는 고난의 시기가 되었던 것 같다. 그는 서기 한 명도 두지 못한 채 미국을 대표해야 했을 만큼 본국에서 전혀 도움을 받지 못했다. 그런데도 조선인들은 서울의 다른 어떤 국가의 외교관보다 그에게 더 많은 도움과 조언을 구했다. 나라를 어떻게 근대화시킬지 그리고 중국, 일본, 서구와 같은 제국주의 국가들 간의 경쟁 속에서 나라의 독립을 어떻게 지켜낼지에 관한 문제들이었다. 포크는 자신이 할 수 있는 가능한 도움을 모두 제공했다. 이렇게 전력을 다해 돕는 과정에서 그는 조선의 독립을 지지하는 직설적인 발언으로 베이징청나라과 불화를 일으키게 되는데, 이 문제는 결국 미 국무부가 그를 소환하는 원인이 되고 만다. 미중 관계를 완화하기 위해서였다. 그는 1887년 6월 조선을 떠났다. 워싱턴 미 정부에 대한 억울한 마음으로 건강마저 좋지 않은 상태였다. 조선에 관한 자세한 기록을 마무리하려

---

61 1884년 7월 2일 포크가 그의 부모와 형제들에게 보낸, 조지 클레이튼 포크의 편지들, 워싱턴 D.C. 의회도서관(이후부터는 "포크의 편지들").

던 그의 계획은 미뤄지고 잊혀졌다. 그는 6년 뒤 일본에서 36살의 나이로 사망했다.[62]

그러나 1884년 9월 22일, 첫 번째 조선 여행을 준비하면서 포크가 그린 미래는 인생의 새로운 변곡점을 맞으며 여전히 열정과 야망으로 가득 차 있었다. 그는 수도 한양 주변을 16일에 걸쳐 답사하게 되는데, 북쪽으로는 북한산성을 경유하여(그는 이곳을 방문한 최초의 서양인이었다)[63] 개성까지 갔고, 서쪽으로는 강화도, 남쪽으로는 수원, 그리고 북동쪽으로는 남한산성을 거쳐 서울로 돌아오는 198마일의 여정이었다. 포크는 가족에게 보낸 편지에서 "22일 숙소에서 우리 일행은 이목을 끌 만큼 당당한 모습으로 출발하였다"라고 적었다.

우선, 나는 사방이 막힌 아담하고 정갈한 가마를 탔다. 내 가마에는 챙이 넓은 펠트 모자를 쓰고 헐렁한 흰 옷을 입은 네 명의 가마꾼이 배정되었다. 그리고 전양묵Muk과 정수일Suil이라는 이름을 가진 나의 개인 수행원 두 명이 왔다. 그들도 각자 네 명의 가마꾼을 데리고 가마를 탄 채였다. 그 뒤를

---

62 (1893년) 포크는 후지산 동남쪽 휴양지인 하코네에서 그의 일본 부인 카네와 함께 휴가를 보내던 중 사망했다. 그 여행은 조선을 떠난 후 서른일곱 살도 되지 않았는데 심각하게 쇠약해진 포크의 건강을 회복하기 위해 시작했다. 8월 6일 산에서 도보 여행을 하던 중 포크는 카네와 동료로부터 멀어졌다. 그의 시체는 다음 날 발견됐다. 검시관의 말에 따르면 그는 과호흡으로 인한 심부전으로 사망했다.

63 북한산성 성벽 안에 도착한 후에야 포크는 왜 자신이 이 경로를 통해 북쪽으로 이동하고 있는지를 깨달았다. "이곳에 도착해서 왜 외국인이 한 번도 들어가 보지 못했던 이 멋진 피난처를 내가 볼 수 있게 되었는지를 알게 되었다. 천천히 조심스럽게 변수邊燧. 1861-1892와 군인은 그 장소의 강점에 관한 내 의견을 동양식으로 물어보기 시작했다. 어느 다른 요새에 현대적 계획이 어떻게 적용되어야 할지에 대한 조언을 구했다."(1884년 9월 29일 포크가 그의 부모와 형제들에게 보낸, 포크의 편지들) 포크가 폐쇄된 가마를 타고 이동했다는 것은 그가 이 중요한 군사 시설을 방문한다는 사실을 조선 정부가 비밀로 하고 싶어 했다는 것을 의미할 수 있다. 특히 정부의 보수적이고 친 중국 성향의 구성원들이 이를 반대했을 것이다.

따라 두 가지 빛깔로 치렁치렁하게 늘어뜨린 녹색 옷을 입은 왕의 관리들이 말을 타고 따랐다. 등 뒤로 검은 머리를 한 줄로 두껍게 땋아 내려뜨리고 흰 옷을 입은 소년이 그들의 말고삐를 잡았다. 또 다른 소년이 끄는 짐을 실은 말이 그 뒤를 따랐고, 이어서 내 수행원의 하인들 세 명, 왕의 관리가 따랐다. 모두 합해 19명이었다. 이는 실제 관리가 여행을 떠나는 경우를 감안하면 매우 작은 규모의 수행원이었다. 도시의 북동쪽 문을 지나서 우리는 변수Pyon Su와 무관을 만났다. 각각 네 명의 가마꾼과 한 명의 하인이 동행했다. 이렇게 12명이 더해져 우리는 총 31명이 됐다.[64]

이는 조선 고위 관리의 방식으로 여행하는 포크의 첫 번째 실제 기록이었다. 그리고 곧이어 쏟아지는 관심, 소동, 음식("밥") 등 모든 것이 그를 지치게 하기 시작한다.

송도[개성]에 머무는 동안, 집과 안마당은 언제나 병사들로 가득했다. 대여섯 개의 서로 다른 계급을 지닌 수장들과 부하들이었다. 그들 사이에는 끊임없는 다툼이 일어났다. 나를 훔쳐보기 위해 숨어드는 어린애들을 매질하거나 쫓아내는 소란이 항상 벌어졌기 때문이다. 내가 방문 밖에 나타나면 많은 사람들이 우르르 몰려들었다. 정원 건너편 70피트21m 정도의 거리에 '변소'가 있었다. 낡아서 다 쓰러져가는 헛간의 바닥에는 구멍이 뚫려 있었고, 구멍 주변에는 "쪼그려 앉아 일을 볼 때 필요한 돌" 몇 개를 모서리에 얹어 놓았다. '변소'에 갈 때면 한 명 또는 두 명의 병사가 반드시 함께했으며, 나머지 몇 명은 내가 가는 길을 열기 위해 낮고 긴 소리로 신호

---

64 1884년 9월 29일 포크가 그의 부모와 형제들에게 보낸, 포크의 편지들 중에서.

를 보냈다. 내가 화장실을 이용할 때마다 거의 매번 누군가는 발로 걷어차였다. 이 때문에 순전히 불쌍하다는 생각만으로도 나는 화장실에 가는 것이 완전히 싫어졌다. 내가 낮잠을 자길 원하면, "대인이 주무신다! 조용해라!"라는 고함이 터져 나왔다. 그런 다음에는 사람들에게서 오직 속삭이는 소리만이 들려온다. 그러다가 점점 고함과 울음소리가 커지는데 병사들이 서로 누가 소리를 내는지 추궁하느라 생기는 다툼 때문이었다. 결국 소란 때문에 대인이 전혀 잠을 잘 수가 없다는 것을 알게 된다.

가는 곳마다 비장裨將, Pijang과 중군中軍, Chung Kun이 끊임없이 찾아 와서 매번 내가 피곤한지, 잘 먹고 있는지 등등을 묻는다. 나를 맞이할 때마다 그들은 많은 수행원을 데리고 와서 가마를 탄 채로 의전을 갖춘다. 그들의 행차가 당도했다는 것은 앞서 달리는 하인(선발대)의 길게 끄는 외침 소리로 알 수 있었다.

20분마다 영문營門, yongmun의 대문에서 시간을 담당하는 남자가 길고 애절한 외침으로 시각을 알렸다. 밥은 대략 한 시간 간격으로 계속 들어왔다. 먹지 않으면 예의에 어긋날까 봐 나는 거의 숨이 막힐 때까지 먹었다. 정말로 나는 지나친 관심에 완전히 질려 버렸다. 가장 큰 골칫거리가 나에 대한 관심이었다.[65]

그런데도 포크는 10월 7일 서울로 돌아오면서 전체적으로는 "가장 행복한 여행"이었다고 가족에게 알렸다. 마음에 들지 않는 일도 어느 정도 있었지만, "나는 진기하고 특이한 조선의 모든 것을 색다른 방식으로 목격하고 경험했다. 그리고 이런 방식으로 조선을 바라보는 최초의 유럽인이나 미국

---

65 1884년 9월 29일 포크가 그의 부모와 형제들에게 보낸, 포크의 편지.

인의 입장에서 모든 신기한 것들을 그 이상으로 즐겼다."[66]

포크는 진정 "이런 방식으로 조선을 경험한" 최초의 서양인이었다. 조선 왕조의 관리와 동일한 방식으로 여행하고, 현지의 언어로 조선인들과 직접 교류하는 독특한 체험을 했다. 하지만 그가 조선을 두루 관통하는 광범위한 여행을 한 최초의 서양인이었던 것은 아니다. 1883년 11월 상하이 주재 영국 부영사 윌리엄 칼스William Carles는 패터슨Paterson과 모리슨Morrison 동료들과 제물포에 도착한다.

그리고 사냥(이는 실망스러운 일이다)과 광산 개발을 위한 표본 수집 목적으로 조선의 중심부를 관통하는 탐험을 시작한다.[67] 칼스는 1884년 3월 부영사의 자격으로 제물포에 돌아온다. 그리고 10월과 11월에 압록강으로 향하는 더 긴 두 번째 여행을 한다. 그는 나중에 《코리아에서의 삶Life in Corea》이라는 제목의 책과 공식 보고서에 이를 기술한다.[68] 그 사이 칼 곳체Dr. Carl Gottsche라는 이름의 독일인이 과학적 탐사를 목적으로 조선 정부의 요청에 의해 두 번의 긴 여행을 하고 있었다. 1884년 6월과 8월 사이에 포크가 여행했던 경로와 상당히 유사한 남쪽 여정과 9월과 11월 사이에 압록강으로 가는 북쪽 여정이었다. 이 여행으로 그는 조선에서 가장 많은 여행을 한 서양인이 되었다. 그는 1886년 베를린 저널에 자신의 관찰에 관한 간략한 과학 보고서를

---

66 1884년 9월 29일 포크가 그의 부모와 형제들에게 보낸, 포크의 편지.

67 나중에 칼스는 그의 여행에 관한 11페이지 분량 보고서를 출판했다. "1883년 10월 조선 중부 2개 지역의 여행에 관한 칼레스의 보고서 "Report by Mr. Carles on a Journey in Two of the Central Provinces of Corea, in October 1883," Foreign Office Papers, Corea, no. 1(1884)

68 "조선 북부 여행에 관한 보고서(Report on a Journey by Mr. Carles in the North of Corea)," Foreign Office Papers, Corea, no. 2 (1885); life in Corea (London: Macmillan, 1888

발표했다.[69]

칼스와 곳체 모두 과학자와 외교관으로서 공식 보고서를 작성했는 데 그들의 설명은 건조하고 생동감이 없었다. 칼스는《코리아에서의 삶》에서 이를 좀 보완했다. 앞선 보고서의 내용에 지역과 사람들에 대한 다양한 흥미로운 정보와 개인적인 세부 경험들을 곁들여 살을 붙였다. 그는 우연치 않게 그중 상당 부분을 포크의 사진과 글을 인용한 후 참조표시를 한다.[70] 그럼에도 포크의 진솔한 묘사와는 비교할 수가 없다. 정제되지 않은 표현이 있긴 했지만 포크의 여행기는 독자에게 조선 왕조 시절의 한국이 어떠했는지를, 그리고 저자가 무엇을 경험했는지를 훨씬 잘 느끼게 해 준다. 정부 건물들, 사찰, 산성, 그리고 백여 가지에 이르는 다른 것들에 대한 설명과 그 느낌, 색깔, 소리 또 여행 중 마주친 사람들과 그 대화에 대한 생생한 현장 보고가 담겨 있다.

서울로 돌아오고 나서 3주 후에 포크는 충청, 전라, 경상 등의 남쪽 지역을 도는 900마일의 여행을 위해 다시 짐을 꾸린다. 떠나기 전 그는 먼저 조선 정부로부터 통행증호조護照을 받아야 했다. 나라 안을 여행하려는 모든 외국인(중국인을 제외하고)은 이 서류가 필요했다. 그는 여행길을 따라 관청에서 여기에 날인을 받아야 했다. 또한 그는 민영익으로부터 받은 소개서를 가지고 다녔다. 민영익은 1883년 미국을 방문한 조선 사절단의 대표였고 조선 내에서 커다란 영향력을 가진 세력가였다. 여행 동료로서 포크는 다시 한 번

---

69 Carl Gottsche, "Land und Leute in Korea"[조선의 땅과 국민], Verhandlungen der Gesellschaji fur Erdkunde 13 (Spring 1886): 245-62. 포크는 여행 당시에 곳체의 광범위한 조선 여행에 관한 사실을 몰랐던 것이 분명했다.

70 "사진, 그리고 책에 포함된 정보의 대부분을 나는 G. C. 포크 중위에게 신세를 졌다. 그는 내가 1885년 초 서울에 있을 때 미국 공사관의 책임자였다." Carles, Life in Corea, vi

'묵'이라는 조선 관리전양묵와[71] "수일"정수일이라는 개인 수행원과 동행했다. 일행의 나머지 인원은 하인들이었다. 포크가 "경숙이Kyong Suki"라고 이름 붙인 말을 관리하는 소년과 또 한명의 소년이 있었으며(세 번째 말과 소년은, 여행 5일째에, 공주에서 지방 관리들로부터 포크가 받은 선물들이 쌓이면서 합류한다), 12명의 가마꾼을 포함해 총 18명의 일행으로 구성되었다. 짐으로는 5개의 트렁크모두 포크의 것, 세 개의 손가방각각 포크, 묵과 수일의 것, 카메라와 삼각대, 총기 상자[72] 그리고 돈 바구니를 가지고 다녔다.

마지막에 나열한 이 돈 바구니가 조선 여행에서의 독특한 항목이었다. 일상적으로는 물건을 구매할 경우에 액면가 1푼이나 5푼짜리 동전 또는 현금으로 거래가 이루어졌다. 포크가 여행할 당시 1푼짜리 동전 1,000개를 꿴 한 줄이, 3kg 이상 나가는 무게였는데 이는 겨우 1 US달러의 가치였다. 포크 일행이 여행하는 동안 숙식을 하기 위해 필요한 만큼을 운반하기 위해서는 적합한 크기의 돈 바구니와 이 무게를 감당할 말이 필요했다. 여행하는 도중에 다시 동전을 채우기 위해서 포크는 조선 외무 관청의 편지를 가지고 다녔다. 이 편지는 그가 지방 정부로부터 자금을 인출할 수 있게 해 줬다.

포크 일행이 말 그대로 돈을 바구니 단위로 쓰긴 했지만 1880년대에 조선을 여행하는 비용은 매우 저렴했다. 그는 한 끼의 식사를 위해 대개 20~30푼2~3센트을 지불했다. 60푼6센트은 무척 비싸다고 여겨졌다. 짐말은 한 마리당 매 10리대략 3.2마일, 514km마다 50~60푼5~6센트 정도의 비용이 들었다. 포크는 주로 숙박을 했던 시골 여관 즉 "주막"의 방값에 대해서는 전혀 언급

---

71 일기에서 포크는 '묵'을 "전양묵Chon Nyang Muk, 신사"라고 밝혔다.
72 포크는 일기에 총기 사용과 관련된 언급을 하지 않았고 사냥에 흥미를 보이지도 않았다. 이 점은 항상 사냥을 염두에 둔 윌리엄 칼스와 뚜렷한 대조를 이룬다.

하지 않았다. 이는 식사비에 숙박료가 포함되었기 때문일 것이다.[73]

포크에게 가장 큰 비용은 자신과, 묵, 수일을 가마로 운송해 주는 비용이었다. 보교步�. 포크는 "포케요pokeyo"라고 썼다라고 부르는 이 가마는 신분이 높은 조선인이 여행하는 가장 과시적이고 사치스러운 방법으로서, 말을 타는 비용의 대략 네 배가 들었다. 두 명의 "가마꾼"이 두 개의 장대로 가마를 지탱했다. 가마와 그것을 탄 사람의 무게를 고려했을 때, 가마꾼 일인당 전해지는 무게가 너끈히 40kg를 넘었으며, 이는 운송용 끈을 통해 그들의 손과 어깨로 전달되었다. 그것 때문에 각각의 가마에는 두 쌍의 가마꾼이 할당되었는데, 가마를 직접 들지 않는 나머지 한 쌍은 가마 옆에서 걸으며 필요한 경우 가마의 지지대를 들어 올려 동료들이 잠시라도 숨을 돌릴 수 있도록 어깨의 부담을 줄여 주었다. 이런 과정에서 보교를 탄 탑승자에게는 충격이 전달되었다.[74] 포크가 협상한 요금은 각 가마꾼에게 매 10리당 50푼이었다. 그래서 한 달 보름 동안 총 168,000푼이었다. 이는 대략 하루에 한 사람당 32센트였다. 이 비용으로 그가 얻는 대가는 당시 서양인들이 불편하게 여겼던 승차감이었다. 더 저렴한 선택지였던 말보다 모든 면에서 열악했다. 포크는 여행기에 불평을 남기지는 않았지만 전체 여정의 2/3 지점이었던 부산에서 부모에

---

73 1890년대에 조선을 네 번 여행한 이사벨라 버드 비숍에 따르면 "조선 여관의 요금은 터무니없을 정도로 낮다. 조명과 온돌을 포함한 방값으로 아무것도 청구되지 않는다. 나는 '집 안의 물품'을 모두 당연한 것으로 여기지는 않았지만 하룻밤에 100푼을 지불했다. 낮에 머물기 위한 방도 같은 비용이었다. 모두 완벽하게 만족스러웠다. 하루 세 끼를 먹는 여행객들은 사소한 경비를 포함해서 하루에 200에서 300푼을 썼다." Korea and Her Neighbors(New York: F. H. Notes 155 Revell, 1898), 125-2

74 릴리어스 H. 언더우드에 따르면 (4명이 2명씩 쌍을 이뤄 가마를 드는 데) 휴식을 취하는 가마꾼들은 매 10분마다 30초가량 잠시 가마를 들어 주었고, 두 쌍은 매 3마일4.8km마다 교대를 했다. 참조《상투를 튼 사람들 사이에서의 15년》Fifteen Years Among the Topknot (Boston: American Tract Society, 1904), 36.

게 보낸 편지에서, 그의 몸이 "끊임없는 가마의 돌발적인 움직임으로 고통을 받았다…. 하지만 이곳에서는 이 방법이 하루에 32마일51.4km을 여행하는 가장 멋지고 좋은 방법이다"라고 썼다.[75]

일행은 1884년 11월 1일 서울을 출발했다. 포크, 묵, 수일은 가마를 탔고, 말을 끄는 소년과 하인경숙이Kyong Suki들은 걸어서 뒤따랐다. 여행은 별다른 사건 없이 시작됐다. 간소한 짐으로 넓고 잘 관리된 길을 따라 남쪽 수원으로 향했다. 앞으로 여행 중에 만날 가장 잘 닦인 길 중 하나였다. 가마꾼에게 필요한 빈번한 휴식(그들은 적어도 한 시간마다 짧은, 그리고 점심을 위해서는 긴 휴식을 취했다) 장소에서, 포크는 길을 따라가며 목격한 지형과 사람, 물품에 관한 일지를 기록했다. 일지의 내용에는 강과 냇가의 깊이와 폭, 논의 상태, 신기한 돌무더기와 고대 유물, 그리고 그 밖의 수많은 것들이 포함됐다.

그러다가, 11월 3일 아침에 상황이 좀 더 흥미롭게 흘러가기 시작한다. 안성이라는 고을을 들어서자, 시장場이 열리는 날이어서 거리에 사람이 많았는데, 외국인의 모습을 보고 군중이 너무 심하게 몰려들어서 포크는 잠시 신체적 위협을 느낄 정도였다. "나는 정말 혼란 속에 버려진 것 같았다"고 그는 그날에 대해 적었다. 여전히 어느 정도 충격 속에서 빠져나오지 못한 채 "다녀본 조선 어느 곳보다 더 많은 호기심이 폭발했다. 정말로! 정말로! 힘든 여행이다"라고 기록했다. 그리고 다음 날에 "나는 몹시 피곤하고 외롭다. 때때로 내게 찾아오는 완전한 무력감이라는 이상한 감정을… 그들에게 잘 표현하고 싶다.

---

75 1884년 12월 1일 포크가 그의 부모와 형제들에게 보낸, 포크의 편지들. 조선 여행에 관한 1892년 논문에서 사무엘 모펫Samuel Moffett 선교사는 "관련 비용 때문에 그런 방식[네 명에 의해 운반되는 가마]으로 먼 거리를 여행하는 방법을 택하는 외국인은 많지 않다"고 말했다. 두 명이 운반하는 가마는 더 쌌다. "만약 다리를 포갠 채 하루 종일 약 2피트 상자 안에 앉아 있을 용의가 있다면… 외국인이 선택할 수 있는 방법이었다." 사무엘 A. 모펫, "조선 여행에 관한 제안들" The Korean Repository 1 (1892): 325-2

나는 두렵지 않았다(안성을 제외하고). 하지만 지금까지 어떤 단 한 명의 외국인도 이렇게 이교도들 사이에 스스로를 내던진 사람은 없었을 것이라는 생각이 들었다. 그렇지만 모든 세계를 통틀어 사람은 사람이고 이곳에서 느끼는 나의 이 무력감이 결국 나의 안전판이라는 생각이 들었다"라고 썼다.[76]

　11월 4일 밤, 포크는 서울에서 남쪽으로 100마일 거리의 공주에 도착했다. 다음 날 아침 그는 "감사"충청감사를 만났고 "중군"감사의 무관과 식사를 했다. 그리고 "두 명의 불교 승려와 오랜 대화를 하면서 조선과 인도 불교 사이의 유사점을 찾으려" 했다. 그리고 밤이 되어 "비장"지역 원로과 담소를 나눴다. 포크의 일기에는 조선인들과 나눈 이런 대화와 같은 중요한 사항이 가득했다. 가끔은 실제 대화 내용을 구체적으로 설명했다. 이는 정말 어디에서도 찾아볼 수 없는 독특한 자료다. 여기 1880년대 그 어떤 서양인보다 분명 한국어를 더 잘하는 포크가, 누구도 발견하지 못한 조선의 심장부를 여행하면서, 자신이 관찰한 바를 그저 수동적으로 기록만 한 것이 아니라 질문을 하고 해군 무관으로서 국가의 정보를 모으는 임무를 수행하고 그 이상을 추구하면서 적극적으로 정보를 찾았다. 그의 의문은 수많은 세부 기록 내용에서 명백하게 드러난다. 저 강의 깊이는 얼마일까? 이 마을에는 얼마나 많은 사람이 살까? 저 닫힌 누각 안에는 무엇이 있을까? 이곳을 관장하는 관리의 직위는 무엇일까? 이 단어의 의미는 무엇일까? 바깥 세계에 대해 당신은 얼마나 알고 있나? 포크만큼의 언어 능력과 호기심을 가진 다른 이들이 그와 동등한 수준의 전문성과 세심함을 가지고 조선과 그 민족, 문화를 조사하기 시작한 것은 훨씬 시간이 지난 후의 일이었다. 그리고 그때 조선은 이미 많은 변화

76　이 인용구와 차후의 모든 인용문은, 달리 언급되지 않는 한, 출판되지 않은 포크의 1884년 여행 일기에서 가져온 것이다. 이는 캘리포니아 버클리대학 반크로프트 도서관의 조지 클레이튼 관련 기록 일부분이다.

를 겪은 후였다.

여행을 떠난 지 두 주째로 접어들면서 그에게 주요한 골칫거리가 된 것은 화장실 문제였다. 예상했듯이 화장실을 찾기란 쉽지 않았다. 그러나 무엇보다 그를 괴롭힌 것은 사생활이 보장되지 않는다는 점이었다. 가마를 타고 다니며 좁은 의자에 갇혀 거친 흔들림을 견뎌내야 했고 벌레가 들끓는 더러운 방에서 수시로 잠을 자야 했으며, 추운 날씨에 씻을 물이 부족하고, 때로 기호에 맞지 않는 이상한 음식을 먹어야 했던 것 등, 여행 중에 그가 겪어야 했던 모든 불편들 중에서도 그에게는 사생활 침해가 가장 큰 고충이었다. 그는 견디다 못해 조선인들에 대해 아주 신랄하게 쓰고 있었다.

나는 오늘 아침 화장실을 갔다. 마당에 약간의 싸릿나무로 둥그렇게 둘러친 곳이다. 말로 표현할 수 없을 정도로 더럽고 터무니없었다. 거의 150명의 온갖 사람들이 세상에서 제일 무심한 표정으로 침묵 속에 서서 나를 지켜봤다. 수많은 여행을 통해 나는 거친 것에 익숙해졌지만, 사람들의 집요한 시선은 참으로 나를 고통스럽게 했다. 저들에게는 사생활과 예의라는 개념이 아예 존재하지 않는 것 같았다. "오 신이시여, 저들을 도와주소서!" 오늘 일은 내가 세상에서 겪었던 가장 최악의 경험이다. 이 끔찍한 땅을 떠나고 싶다는 생각이 불쑥 솟아오른다.(11월 7일)

나는 오늘 아침에도 몇 번 화장실에 가려 했다. 하지만 저 야만인들이 또 따라왔다. 심지어는 나를 앞서 갔다. 완전히, 철저히 품위가 무시된 채 사람들이 지켜보는 상태에서 나는 그 어떤 행위도 할 수가 없었다. 그래서 나는 화장실을 포기해야만 했다. 마침내 수일은 그릇을 가져왔는데, 나는 이를 이용해 아침에 세수를 하고 방에서 소변기로 사용했다.

−그사이 창문과 방문 종이를 뚫어 엿보는 무리들을 몇몇 아전이 때려 쫓아 내고 있었다. (11월 26일)

이런 신랄한 논평은 부분적으로 포크가 빅토리아 시대의 감성을 지닌 당 시의 분위기가 반영된 것으로, 서양의 우월성을 확신하는 인물이라는 점을 보여 준다. 그렇지만 공정하게 말하자면 19세기에 조선을 여행하는 것은 그 어떤 기준으로도 고되고 힘든 일이었을 것이라는 점이 강조되어야 한다. 그 리고 때로 신경을 거스를 정도로 강렬한 사람들의 호기심은 특히 견디기 어 려웠을 것이다.[77]

사실, 개방적 사고와 관용은 아마도 21세기 서구적 사고방식의 핵심 부분 이라고 주장할 수 있다. 그리고 이 점에 있어서는 19세기 사람들보다 요즘 시대를 사는 우리가 우위에 있다 할 수 있다. 이는 적어도 부분적으로는 세 계가 지역 고유성을 크게 상실했다는 사실에서 비롯되었다고도 할 수 있다. 오늘날 우리는 어디를 가더라도, 문이 달린 실내 화장실을 포함하여 편안할 정도로 친숙한 수많은 것들을 만난다. 그리고 낯선 곳에서 우리 존재 자체가 호기심이나 흥분을 불러일으키는 경우는 거의 없다. 외국 문화를 견뎌내는 것은 쉬워졌다. 서양 문화가 많이 확산된 요즘은 우리가 참아내야 할 것들이 훨씬 줄었기 때문이다. 그러나 외세의 침입이 있기 전 조선 왕조에서는 그렇 지 않았다. 당시 그 나라는 포크에게 완전히 낯설었고, 지금의 서구인이라면 더욱 더 그랬을 것이다. 만약 우리서구인가 그의 입장이었다 하더라도 그런 낯

---

77 이사벨라 버드 비숍은 포크와 비슷한 맥락에서 이렇게 썼다. "교양 없고 통제하기 힘든 사람들 의, 특히 여성들의 호기심"이라고 썼다. 그녀는 한 여관에서 호기심을 보이며 자신을 살펴보려고 몰 려드는 여자와 아이들에게 너무 공포를 느껴서, 네 번이나 방에서 사람들을 쫓아낸 후, 다시 방해받 지 않기 위해 권총을 손질하며 침구 위에 앉았다. (Korea and Her Neighbors, 126 and 127.)

선 문화에 대한 개인적 반응 역시 많이 다르지 않았을 것이다.

포크와 일행은 공주에서 남쪽으로 내려가 금강錦江을 건너 용안龍安, Yongan 에 이른다. 가마꾼은 추위 속에서 힘겨워한다. "익산에 도착하기 전에 눈이 서너 번 무섭게 쏟아졌다." 포크는 11월 9일 이렇게 적었다. "그리고 길은 형편없어서 끔찍할 정도였다. 나는 가마꾼이 가여웠다. 그들은 진정 용감하고 주의 깊게 우리들을 운반했다. 그들의 일은 지독하게 힘들었다." 여행하는 동안 포크는 가마꾼들에게 꽤 호감을 느끼게 된 것 같다. 그들 두 명에게 "베드로바위, Petee"와 "들창코Pugnose"라는 별명을 붙였다. 그리고 한동안 시간을 내어 그들의 전반적인 특징을 요약했다.

주로 술막(술집)과 막걸리(정제하지 않은 청주)에 대해 이야기한다. 그들은 부담(폐)되는 것을 용납하지 않았다. 예를 들어 (미리 앞서가서 임무를 진행하고 있어야 할 길라잡이들 중 뒤쳐져 있는?) 단 한 명의 길라잡이killajengi라도 눈앞에 보이면 성을 내며 날뛰었다. 그는 자신의 고객을 위해서라면 싸울 의지가 다분히 있으며 진정 충성스럽다. 일이 진행되어 나가는 방식에 대해 뭔가를 알고 있다. 길이 험하면 "제미chemi"라고 소리친다. (욕설). 하지만 불평이 많지는 않다. 굳센 노새처럼 강하고 참을성이 있다. 주인이 하루 이틀 숙박을 하거나 기다릴 때면 투전(카드게임)이나 술과 밥에 몰두한다. 진행하는 길을 막으며 얼쩡거리는 사람들에게는 욕을 퍼붓는다.

포크는 길라잡이와 나팔수에 대해 매우 다른 감정을 가졌다. 그들은 일행을 앞서가며 길을 열고 서둘러 식사와 숙소를 준비한다. 서울을 출발하면서부터 이 절차는 시작됐다. 지방 관청으로부터 그 다음 관청으로 호위대를 보내라고 명령이 내려간다. 고위 인사가 여행할 때 진행되는 일반 관행이었다.

이는 조선 정부 집단 내에서, 또 민영익의 친구로서 포크의 높은 위상을 보여 주는 것이었다. 포크가 특별히 불쾌하게 생각했던 것은 이 과정에 포함된 잔인무도한 행동들이었다. 11월 6일 마침내 일행이 노성Nosŏng에 도착했을 때 포크는 폭발한다. 그곳에는 그들을 맞을 준비가 되어 있지 않았다. "나와 함께였던 감사의 길라잡이는 이곳에서 큰 소동을 벌이기 시작했다." 포크는 이렇게 썼다. "그리고 마침내 해오던 대로 매질이 이어졌다. 두 명은 막대기로 사람들을 두드려 팼다. 나는 그 난리치는 것을 막기 위해 할 수 있는 일은 모두 다했다." 일행은 길을 따라 내려가 주막에 멈췄다. 그곳에서 길라잡이들은 "말도 안 되는 건방지고 잔인한 행동을 다시 시작했고 내가 모든 소동을 막을 때까지 계속됐다.—나는 묵을 시켜서, 주막에 도착하여 이제 일이 끝났으니 그만 입을 다물고 숙소로 들어가도록 그들을 몰아냈다. 나는 그들이 갑자기 몹시 당황했을 거라고 생각한다. 그들로서는 나를 위해서 한 행동인 매질이나 드잡이 짓들을 분명 내가 칭찬할 거라고 생각했을 것이기 때문이다." 포크는 조선의 고위 인사 자격으로 여행하는 대부분의 과정에서 이런 현실들과 씨름했다. 그렇지만 호위 역할을 하는 사람들을 그만두게 한 것이 오히려 현지인들의 강렬한 호기심에 스스로를 노출시키게 되어, 때로는 상당한 위기의식을 불러일으킬 만큼 군중이 몰려들기도 했다.

포크는 이제 조선의 남서쪽 끝으로 가는 여정의 절반쯤에 이르렀다. 매우 험난한 길을 여행하는 중이었다. 그의 일행들이 따라가는 "공공도로"는 실상 너무 좁고 험해서 황소가 끄는 수레조차도 지나가기 힘들었다. 실제로 바퀴가 달린 교통수단은 조선에서 많이 사용되지 않았다.[78] 육로 여행은 가마,

---

78 1883년 10월 한국 방문 때, 윌리엄 칼스는 서울 남대문에서 마포로 통하는 짧은 길목에서 소가 끄는 수레를 관찰했으나 다른 곳에서는 보지 못했다. ("Report by Mr. Carles," 4.) 고을과 마을에서 때때로 바퀴 하나로 균형을 잡는 보교가 사용되는 경우도 있었다.

말, 아니면 대개 걸어서 다녔다. 물품 운반은 말이나 황소의 등, 그리고 가장 빈번하게는 사람에 의해 이뤄졌다. 포크는 자신의 일기에 쌀과 종이에서부터 옷과 장독에 이르기까지 모든 종류의 짐을 지고 지나가는 많은 수의 짐꾼에 대해 언급했다. "거대한 짐을 지고 가는 이들을 보는 경우도 많았다." 그는 11월 14일 관찰한 바를 이렇게 적었다. "오늘 아침 목화를 가득 짊어진 25명의 짐꾼이 북쪽으로 가는 모습을 보았다. 각자는 가로 6피트180cm 세로 2½피트75cm 두께 14인치36cm 크기의 커다란 상자를 짊어졌다. 상자 안은 가득 차 있었다."

11월 10일, 포크는 전주에 도착했고, 그곳에서 다시 하루 동안 머물렀다. 그는 고을을 돌아보고 묵과 함께 사진을 찍은 후, 지방 주지사인 "감사"의 공식 거처로 가서, 온종일 호화로운 접대를 받았다. 포크는 자신의 일기를 매우 특별하게 만든 심미안으로 그 장면을 그림을 그리듯이 생생하게 묘사했다. 안쪽 마당으로 이어지는 세 개의 높은 문, 군인과 길라잡이들의 무리, 감사의 관저나 "영문營門"의 당당한 크기와 모습, 천장에 걸려 있는 거대한 네모난 등, 시렁에 전시되어 있는 여러 가지 모양의 창, 그리고 뒷벽에 걸려 있는 두 개의 커다란 병풍에는 "오른쪽은 거대하고 화려한 용, 왼쪽은 크고 용맹한 호랑이"가 그려졌다. 기생이 "사-사-아아!"라고 외치면 바깥 정원의 남자들이 이에 응답한다, "말 그대로 음식을 쌓아 놓은" 식탁이 들어오고 술을 따르는 젊은 여자가 권주가를 부른다. 그녀는 술을 "불로주"라고 부른다. 포크가 카메라를 꺼내자 참석했던 모든 사람들은 호기심을 이기지 못한다. 이어서 전라 감사의 찬사가 있었는데, 그의 겸양이 포크의 마음에 들었던 것 같다. 감사는 마지막으로 선물 수여식을 하고 답례로 "오페라글라스(오페라 관람용 작은 쌍안경)와 농사를 위한 씨앗"을 요청한다. 그리고 그곳에 있는 모든 색깔에 대한 묘사가 나온다. 병사들의 푸른 겉옷, 영문의 붉은 색이 주는 위압감, 춤을 추는 여인들의 녹색과 노란색과 파란색의 복장, 감사의 "검은 수염"과 "녹색, 연보라, 빨강, 주황, 파랑"의 비단 예복, 북drum은 "노랑, 파랑, 흰 비단 줄"로 장식되어 있고, "녹색 옷을 입은 소년들이 줄지어 서 있다." 또 "하얀색, 갈색, 검정, 노랑, 빨강색"으로 채색된 당잔칫상에 올리는 채색 사탕과 더미가 쌓여 있다. 초기의 조선에 관한 다른 서양인의 설명에는 어디에도 이와 같은 구절이 들어 있지 않다. 묘사에 특출난 그의 글쓰기 재능과 관찰한 부분에 대한 깊이 있는 이해라는 측면에서 조지 포크의 여행 일기는 한 마디로 타의 추종을 불허한다.

포크는 11월 12일 다시 길을 나섰다. 새벽 3시까지 전날의 사건을 기록하느라 "피로하고 눈이 쓰라렸다." 공주와 전주의 경험에 매혹됐으면서도 그는 점점 지방 관리의 환대를 피하려는 의지가 강해진다. 일정이 늦어지고 몹시 피곤하다는 것을 알았기 때문이다. 한편, 포크 일행의 위엄을 높이기 위해 도중 영문yongmun에서 보낸 호위대는 지속적으로 그에게 짜증을 불러일으켰다. 포크는 11월 14일 자신의 분노를 담아 글을 썼다. "호위대는 이곳까지 우리를 앞서갔다. 빨간 겉옷의 나팔수 두 명, 파랑과 흰색이 섞인 겉옷의 길라잡이 두 명, 그리고 아전 두 명이었다. 우선 그들은 길을 열기 위해 사람들을 언덕 위로 몰아내면서 나를 화나게 했다. 나는 이들의 행동을 완전히 막아 내지 못해 지쳐 갔다."

11월 14일 일행은 나주에 가까워지자 밤을 보내기 위해 주막에 멈췄다. 묵과 수일은 주인 방에 들었으며, 포크는 "단지와 상자들 그리고 자질구레한 온갖 것들"이 가득한 내부의 객실에 들었다. 포크가 배정된 방의 물건들을 둘러본 후 묵과 수일은 "메카케mekake, 일본어로 첩이라는 뜻" 즉, 첩의 소유물이라고 추정했다. 아내의 것이라고 보기에는 "너무 좋은 것들이 많아서(실상은 대여섯 개의 추슬한 물건이었지만 시골 조선 여성에게는 꽤 좋은)"였다. 그 여인은 나중에 묵과 수일을 위해 술을 들고 나타났다. 그녀의 방 안에 외국인이 자리 잡고 있다는 사실을 몰랐는지 "나를 보자 완전히 맥이 풀렸다. 그저 입을 벌리고 바라보기만 하더니 겁에 질린 표정이 되어… 나는 내 사진들을 그녀에게 보여 줬다. 아마 그녀가 흥미로워했을지도 모르지만 나를 본 충격에 자신이 본 것들에 대해 말할 정도로 정신을 차리지는 못했다. 수일의 생각이 맞았다. 그녀는 첩이었다. 그리고 아내는 아마 어딘가 누추한 곳에서 떨어져 사는 것 같았다."

여행 후반부에 이르러 포크는 조선 남자가 첩을 얻으면서 정실부인에게 심어 준 원한을 직접 목격하기에 이른다. 아내와 첩, 두 여자를 우연히도 그가 하룻밤을 묵었던 주막 앞에서 마주쳤던 것이다. 포크는 다음과 같이 기록했다. "아내가 다른 여자를 향해 욕하며 첩이 자신이 굶주리는 동안 남편의 돈을 모두 가져갔다고 말했다. 그들은 사람들이 쳐다보는 가운데서 끝없이 서로에게 욕설을 퍼부으며 활극을 펼쳤다. 그러더니 아내가 남편에게까지 달려들었다. 남편은 아내의 머리를 후려갈겼다. 그들은 그렇게 한 시간 가까이나 소동을 벌였다."

조선 여성들이 가진 극도의 수줍음은 포크가 여행 중에 반복적으로 목격한 바였다. 예를 들어 부산에 가까워졌을 때, 길에서 마주친 여자들은 "더할 나위 없이 아주 온순했다. 그들은 길을 벗어나 언덕과 둑 위로 숨어들며 얼굴을 가렸다. 심지어 숨기 위해 바위 뒤에 엎드리기까지 했다." 진주에서는 저녁에 그의 방으로 보내진 두 명의 젊은 아가씨가 그를 보고 너무 놀란 나머지 "묵의 방으로 도망쳤다." 포크가 마침내 그들을 진정시켰지만, 이후에는 오히려 포크 자신이 충격을 받고 말았다. 아가씨 한 명이 "뒤쪽으로 손을 뻗더니 방에 놓여 있는 단지인 놋쇠 그릇_{요강}을 가져와서…, 내게서 3피트쯤 떨어진 자리에서 1인치도 움직이지 않고, 자신의 치마 속으로 집어넣었다. 그리고 단지를 울리는 묘한 소리를 내면서 너무나 태연하게 아무런 이상한 일이 없다는 듯이 대화를 이어 갔다! 세상에 맙소사! 나는 낯선 나라들을 다녀봤지만 이런 일을 겪어본 적이 없다! 나는 충격에 완전히 나가떨어졌고 그녀가 곧 방을 나가자 기쁜 마음이 들었다."[79]

이 여자들은 성적인 상대로 포크의 방에 보내졌을 가능성이 높다. 그날의 일기에는 포크가 이 사건에 대해 언급하지 않았지만, 나중에 가족에게 보낸 편지에서는 다음과 같이 솔직하게 서술했다. "그 나라에 있을 때에 몇 번 관리들이 밤에 여자들을 보냈다. 그들의 집에서 내가 외로워서는 안 된다는 이유였다." 비록 포크가 조선 여자들에게 특별히 매력을 느끼지는 않은 듯이 보이긴 하나-그는 어느 여인의 노출된 가슴을 "호두가 매달린 문손잡이"를 닮았다고 언급했다-가족들에게 이렇게 편지했다. "한두 번 유혹을 받긴 했지만 다행히도 절대 무너진 적은 없었다."[80]

조선의 남서쪽 끝에 다다른 후, 포크는 해인사라는 사찰을 방문하기 위해 북동쪽으로 우회해서 부산으로 향했다. 그 절에 관해서는 너무나 많은 이야기가 회자되었다, 믿을 수 없이 어마어마한 식당과 까마득한 절벽 위에 매달린 화장실, 그리고 사찰의 솥이 너무나 거대해서 그 안에 배를 띄워 바람이 구석으로 밀어내면 밖에서는 배가 보이지 않는다는 등의 이야기로 미루어 볼 때, 분명 대단한 장소인 것은 틀림없었다. 하지만 이런 기대감이 쌓인 후에는 아마도 일행 모두가 절을 보고 실망스러워 했을 확률이 높았다. 포크가 관찰한 바에 따르면, 건물은 "낡고 우중충했으며 대부분 무너지기 일보직전으로 보였다. 하지만 실제로 그런 상태는 아니었다." 식당은 "웅장한 실패작"이었고

---

79 1885년 5월 25일 포크가 부모와 형제에게 보낸, 포크의 편지들. 기이한 외국인과의 잠자리를 피하려고 의도적으로 혐오행위를 한 듯(역주).
80 1885년 5월 25일 포크가 부모와 형제에게 보낸, 포크의 편지.

유명한 화장실은 겨우 25피트7.5m 높이의 절벽 위에 있었다. "묵은 몹시 넌더리를 냈다. 내가 반신반의했던 허풍들을 그는 정말로 믿고 있었던 것이다." 그런데도 포크는 승려들이 유쾌하다고 평가했다. 그리고 그가 본 건물들의 인상적인 그림과 팔만대장경 전체를 새긴 목판이 소장된 도서관장경각을 자세하게 서술했다. "승려들은 그곳에 목판이 몇 개가 있는지 알지 못했다. 각각의 목판과 시렁의 수로 가늠해볼 때, 나는 77,080개로 계산했지만[81] 확신할 수는 없었다. 분명 모두 합해서 80,000개가 틀림없었다." 그의 계산은 거의 정확했다. 실제 도서관에는 81,258개의 목판이 소장되어 있었다.

해인사를 떠난 뒤 포크는 큰 길을 따라서 오던 길을 되돌아 야로장터 Yari-jang-to 마을을 다시 통과하게 되었다. 이곳의 호기심 많은 장날의 인파 때문에 포크의 일행은 점심 식사를 위해 머물렀던 주막으로 피신할 수밖에 없었다. 벗어날 길을 뚫기 위해서 가마꾼이 군중들 사이로 긴 막대를 휘둘러야 했다. 이러한 상황이 다시 한번 포크를 경악하게 만들었으며, 그로 인해 순간적이나마 모진 마음을 먹게 되었다. 그는 흥분한 상태로 "친절을 베풀며 지내보려 했다. 하지만 소용이 없었다. 나는 묵과 수일에게 말해 이제부터 아전과 길라잡이를 구하라고 말했다. 그리고 원하는 대로 두들겨 패라고 했다. 그들의 모습은 불쌍하고 가련해 보이지만 저들 사이에서 안전하게 지내려면 심하게 대할 수밖에 없다." 그렇지만 포크의 결심은 그리 오래가지 못한다. 다음 날 길을 열기 위해 파견된 아전의 행동이 그를 다시 한번 혼란에 빠트린다. "중간에 5명의 아전을 만났다. 그중 우락부락한 두 명이 남자 둘을 논바닥에 내동댕이치고 늙은 여자 둘을 난폭하게 몰아냈다. 아! 이것이 여행하는 방법이다. 때리고 발로 차고 욕설을 내뱉고 호통을 친다! 대단한 나라다!"

---

81 이 부분에서 포크는 사소한 계산 실수를 하였다. 본문 내용 참조(역주).

합천을 통과한 후 포크의 다음 행선지는 성벽의 도시 진주였다. 그는 진주가 "조선에서 본 다른 어떤 도시보다 전체적으로 더 중국 분위기를 풍겼다"고 썼다. 11월 25일 오후 5시 30분에 도착하여 그는 고을 "목사"의 손님으로서 묵, 수일과 함께 객사에서 묵었다. 그곳은 "폭동만 일어나지 않는다면 군중이 나를 보기 위해 문을 부수는 것을 막을 수 있는 장소였다." 거의 4주나 되는 기간 동안 강렬한 호기심을 가진 조선인들 사이에서 종종 고립되는 경험을 했기에 포크는 심각한 긴장감에 휩싸여 있었다. 그리고 이는 다음 날 일기 첫 부분의 말투를 날카롭게 만들었다. 아침 식사 후, 그는 "작은 눈에 좁은 이마를 가진 호감이 가지 않는" 목사를 방문하기 위해 "거친 무리들 속으로" 들어갔다. 상견례를 하는 동안 목사가 영문 주변에서 어슬렁거리는 이들에게 난생 처음 서양인을 볼 수 있도록 허락하는 바람에 그들은 결국 우르르 방 안으로 몰려들고 말았다. 그 광경에 너무 화가 난 포크는 평소의 침착함을 잃고 목사에게 이런 행동은 무례하다고 말했다. 그 경험은 그를 "매우 낙담하게" 만들었다. "나는 그런 호들갑과 무례에 몹시 지쳤다." 그는 방으로 돌아온 후 이렇게 일기에 털어놓았다.

이곳은 많은 사람들의 시선을 피해 갈 수 있는 화장실이 없다. 그래서 육체적으로 몹시 불편함을 느낀다. 도저히 이런 굴욕 속으로 내 자신을 던져 넣을 수가 없다. 너무 심하다… 오늘 아침 영문에는 거칠고 더러운 무리가 목사와 내가 함께 있는 방 안에 마구 몰려들어 소란을 피웠다. 서로 다투고, 지저분하며 무례했다. 그런데도 목사는 이런 행동을 괜찮다고 생각하는 것 같았다… 신의 가호를 받은 우리 땅미국에서 훌륭한 가문의 피를 이어받은 장교인 내게 이것은 견딜 수 없는 일이다! 우리 대통령이 절대 내가 이런 모욕에 굴복하길 원하지는 않을 것이라 믿는다. 분명 아니다. 이런 상황을 그가 알았다면 절대 용납하지 않을 것이다.

내가 식사를 하는 동안 한 무리의 소란꾼들이 엿보려고 억지로 문을 열려고 한다. 모든 것이 혼란이고 소음이다. 내가 들은 바에 따르면 통영에서는 이런 행동이 더 많이 벌어질 것 같다. 나는 그곳에 가지 않을 것이다⋯ 이것은 내가 받아들이기 힘든 여정이다. 조선에서 내게 가장 먼저 흥미를 불러일으킨 곳이 통영이긴 하지만, 만약 그곳에 가야만 한다면 내가 독수리 문장이 달린 모자_{미군 해군 장교 복장}를 쓰고 있는 한 절대 이런 굴욕과 수모에 굴복하지 않을 것이다.

포크는 동료 서양인들처럼 경우에 따라 까칠한 인상을 줄 수도 있었지만 조선인들 사이에서, 특히 중요 인물에게는 좋은 인상을 주려고 항상 주의 깊게 행동했다. 그리고 그들과 좋은 관계로 지내면서 자기편으로 끌어들일 수 있는 능력을 자랑스러워했다.[82] 하지만 여기에 그것과는 완전히 다른 성격의 그 역시 존재했다. 높은 관직을 지닌 목사에 맞서며 구경꾼들의 무례함에 대해 불편한 심경을 토로하였다. 이를 더 잘 말해 주는 것은 통영을 그냥 지나치겠다는 그의 결심이었다. 그곳은 남해안의 주요 수군 기지로서 해군 무관으로 파견된 그의 신분에 비춰볼 때 특별히 관심을 둬야 하는 장소였다. 이러한 전후 사정을 고려한다면 점점 심해지는 그의 분노를 단순한 짜증으로 치부할 수는 없다. 포크는 지금 우리가 문화 충격이라고 정의하는 증상으로 힘들어 하고 있었다. 그는 지속적인 고통 속에서 우울해 했고 자신의 모습으

---

82 조선에서 첫 번째 여행 후에, 예를 들어, 포크는 가족에게 "그들_{조선인들}이 내게 친절한 감정을 품고 있다는 것은 명백했다. 모든 곳에서 내가 최고의 호감을 주었다는 것을 알았다. 내가 방문한 곳의 관리들이 이런 보고를 실제로 정부에 올렸다는 것을 알게 됐다."라고 썼다. (1884년 10월 10일 포크가 부모와 형제에게 보낸, 포크의 편지)

로 돌아가지 못했다.

포크의 일행은 진주에서 동쪽을 향해 마산, 진해, 그리고 김해를 지났으며, 11월 29일에는 드디어 부산항에 도착한다. 그의 표현을 빌리자면 그곳은 "아주 놀랄 만큼 많은 여성"이 있고 "대부분 완전히 일본인"이었다.[83] 여기서 포크는 일본 호텔에 묵는 동안 묵, 수일 그리고 가마꾼이 스스로 지낼 수 있도록 약간의 경비를 주고 풀어 주었다. 그는 다음 이틀 동안 부산에 머물렀다. 마을을 탐험하고, 서울로 상자들을 부치고(아마도, 그동안 받은 선물들이 담긴), 여러 통의 편지를 썼다. 여기에는 여행에 대한 전체적인 개요를 담은 가족에게 보낸 편지도 포함되었다. 길 위에서 보낸 지난 29일 동안 그는 목욕을 하지 못했다고 기록했다. "온갖 종류의 해충과 이를 뒤집어 쓴 채", "꺼림칙하고 더러운 오븐 같은, 조선의 작은 방에서 잠을 잤다." 그리고 "마치 무료 박물관에 전시된 다리가 세 개 달린 닭처럼" 끊임없이 시선을 받았다. 그런데도 그는 "완전히 건강한 몸으로" 부산에 도착했다. 자신에게 있었던 독특한 경험을 꽤나 자랑스러워하면서 긍정적인 모습을 보였다.

나는 외국인에게는 완전히 새로운 조선의 특징들을 많이 보았으며, 이에 대한 훌륭한 보고서를 만들고 싶다. 그런데, 내 첫 번째 여행과 서울에 관해 쓴 글에서 짐작할 수 있듯이 조선은 거대한 건축물이나, 부유하고 웅장한 유산이라는 측면에서 보면 대단히 경이로운 나라는 아니다. 그런데도 이 땅은, 지금은 찾아보기 힘든, 인류가 오랜 세월 어떻게 살았는지를 보여

---

83 1884년 9월 부산을 처음 방문했던 호러스 알렌Horace Allen은 다음과 같이 거의 동일하게 표현했다. "완전히 일본 마을." Horace Allen diary, September 14, 1884, Horace Newton Allen Papers, New York Public Library. 이 내용은 부산 왜관의 일본인 집단거주 지역의 특성을 나타낸 표현으로 부산 전체를 의미하는 것은 아니다(역주).

주는 보기 드물고 흥미로운 땅이다. 이미 발전된 다른 국가에서는 사라져 버린 오랜 문명의 특징을 볼 수 있다. 그리고 역시, 오랜 기간 변치 않고 전승된 조선인의 방식 그대로 지금까지도 면면히 이어져 오는 유적들이 있다. 거대한 크기의 불교 유적들, 바위에 새겨진 진기한 부조들, 고대로부터 민중들이 섬겨 온 민속신앙 등, 이 모든 것들을 보면서, 또한 이곳의 지리, 언어, 관습 등을 배우며, 나는 아마도 세상의 어떤 사람들보다 더욱 즐거움을 느꼈던 것 같다.[84]

누군가는 그가 분명 조선인들 사이에서 안절부절 못 하며 한 달 동안 고립된 이후여서, 부산에 거주하는 소수의 서양인들과 즐거운 만남을 가졌을 거라고 짐작할 수 있을 것이다. 하지만 전체적으로 보아 그는 그렇지 않았다. 그는 그 당시 설립된 세관과 관련된 서양인들을 "세관 깡패들"이라고 썼으며, 게다가 수다스럽고, 막돼먹고, 불경하며, "내내 보잘것없는 사람들"이라고 평했다. 또한 스미스소니언 협회를 대표해 조선을 방문한, 피에르 주이Pierre Jouy를 "불쾌한 외모"를 가진데다 자신의 말에 반박하는 방식이 "신사답지 못하다"고 썼다. 이처럼 포크가 조선인과 마찬가지로 동료인 서양인들에게까지 통렬한 표현을 쓴 것을 보면 비판의 기준이 공평하다는 것을 보여 준다. 또한 그가 지닌 내면의 모습도 엿볼 수 있다. 해군에서 경력을 쌓으며 구축한 원기왕성하고 쾌활한 겉모습 아래에, 즉 "누구라도 욕할 수 있고 술로 이길 수 있을 것 같은" 강렬한 콧수염의 정력적인 해군 소위의 이미지와 달리, 마음속으로 수줍어하고 쉽게 기분이 상하는 여린 심성이 숨어 있었다.[85] 그의 여행 일

---

84 1884년 12월 1일 포크가 부모와 형제에게 보낸, 포크의 편지.

85 프레드 하비 해링턴Fred Harvey Harrington, 《신, 돈의 악마, 일본God, Mammon and the Japanese (Madison: University of Wisconsin Press, 1966), 46.

기를 읽어 보면, 특히 그의 사생활을 조선인이 침해할 때의 반응은, 이런 그의 여린 성격을 가슴에 잘 새겨야만 이해할 수 있다. 포크가 다른 이들을 가장 가혹하게 표현할 때는 대개 당황스럽거나 기분이 상한 후였다.

12월 2일 다시 모인 포크 일행은 서울로 돌아가기 위해 출발한다. 그들은 반도의 중심부를 향하여 대략 북서쪽으로 직진했다. 부산에서 아침 반나절을 걸어 도착하여 처음 멈춘 곳은 성벽으로 둘러싸인 고을 동래였다. 외세의 영향을 강하게 받은 그곳 영문에서 포크는 "매우 유쾌하면서 외국인들과 친숙한 남자"인 동래부사의 접대를 받았다. 대접받은 음식까지 "완전히 일본식"이었다. 그렇지만 동래를 지나서부터 외세의 영향은 급격히 줄어들었다. 몇 마일이 지나자 포크는 다시 본래 그대로인 조선의 심장부 안에 들어와 있었다.

12월 5일 대구에 가까워지면서 포크는 그곳의 땅이 "대부분 비옥하지도, 생산적이지도 않고… 들판은 경작되긴 했지만 상당 부분 매우 돌이 많고 부분적으로만 벼가 심어져 있다."는 것을 발견하고 놀랐다. 이는 앞선 일기에서 반복적으로 언급했던 조선 지역 대부분의 농경지가 가진 높은 품질과는 대조되는 설명이었다. 예를 들어, 공주 북쪽은 "지금까지 봤던 가장 훌륭한 논이며 배수로가 완벽하게 구성됐다. 헛되이 버려진 땅은 전혀 없었다… 일본에서 봤던 어떤 비슷한 평야보다 더 나았고 정돈되었다." 전주로 가는 길목에는 "인생을 통해 봤던 가장 훌륭한 [평야] 중 하나… 방바닥처럼 평평했고 빠짐없이 잘 경작되었다. 들판은 거대했다… 이보다 더 나은 평야는 세계 어떤 나라에도 많지 않을 것이다." 나주 부근은 "웅장한 평야다. 방바닥처럼 평평하고 모두 잘 경작되어 남쪽으로 뻗어 있다. 나는 15~20마일24-32km까지 볼 수 있다. 폭은 거의 4마일6.4km 너비고 전체적으로 끊긴 곳이 없이 벼가 평면으로 깔려 있다. 진정으로 정말 보기 좋다… 멋진 정원 같은 평야다." 조선의 이런 풍요로운 농지는 포크에게 정말 인상 깊었던 모습이었다. 그가 여행하는 도중에 가장 좋은 느낌을 받았던 장면이었다. 그해 초 가족에게 보낸 편지에서 그는 이미 자신이 본 바를 이렇게 확신한 적이 있다. "의심할 필요 없이 조선의 부는 농업 방면에 있다."[86]

그러나 포크가 다방면에 걸쳐 기록한 그의 일기에서 반복적으로 지적했듯이 지독히 비효율적인 정부 시스템이 부를 낭비하고 있었다. 절대적으로 개혁이 필요했다. 농부가 정부 창고에 보관한 쌀은 지방 관리의 협잡에 1/3 이상이 사라졌다. 세금으로 징수한 쌀을 서울로 운송하는 배가 통째로 도둑맞았다. 뇌물을 받기 위한 "압박"이 횡행했다. 그리고 이 모든 것의 상층부에는 게으른 상류층인 "양반"이 자리했다. 정부에서 다달이 곡식을 받으면서도 아무런 일을 하지 않았다. 이런 "폼만 잡고 빈둥거리는 이들"을 제거하는 것이 개혁을 위해 필요한 첫 번째 단계 중 하나라고 포크는 제안한다. "일본의 경우에는 관리나 사무라이라는 짐으로 나라가 잔뜩 짓눌렸다. 교육받은 계층이었던 이런 이들 중 상당수는 생계를 뒷받침하는 수단을 잃어버린 이후 오히려 진보적이고 유용한 사회 구성원으로 다시 태어날 수밖에 없었다. 그들은 일본 최고의 남자들이 되었으나 나쁜 남자들은 좋지 않은 상황에 빠졌다. 각자 응당한 대우를 받게 된다. 따라서 여기 조선에서도 이런 조치가 실현되어야 한다. 나는 서울에 올라가면 이 부분에 대해서 강하게 이야기할 생각이다."

나중에 밝혀지지만 포크는 이런 이야기를 실제로 주장하지는 않았다. 12월 8일 상주 근처에서 정오가 되기 전에 휴식을 위해 일행이 잠깐 멈춰 서 있는 동안 그는 남쪽을 향해 급히 달려오는 전령으로부터 서울에서 쿠데타가 발생했다는 소식을 듣는다. 그는 이런 일이 일어날 거라 예상하고 있었다. 그의 조

---

86 1884년 8월 31일 포크가 부모와 형제에게 보낸, 포크의 편지.

선인 친구 가운데 서광범과 변수가 전해 준 이야기가 있었다. 지난 10월 김옥균이 이끄는 소그룹의 젊은 "개화파"들이 조선을 개혁할 수 있는 유일한 길은, 그 당시 민영익이 중심인 민씨 일족의 지배를 받던 정부를 전복시켜야 한다는 결론에 이르렀다는 이야기를 자신에게 했었다. 그래야만 일본에서 일어난 것처럼 급속한 근대화의 길에 제대로 들어설 수 있다는 것이었다.[87]

1884년 12월 4일(양력) 저녁에 쿠데타가 일어났다. 조선의 새로운 우정국 개막식을 축하하기 위한 연회는 저녁 10시 "불이야, 불이야" 하는 고함 소리에 중단되었고 민영익은 진화작업을 감독하기 위해 바깥으로 즉각 나섰다가 잠복하고 있던 개화파들이 휘두른 칼을 맞았다. 그는 심각한 상처를 입긴 하였으나 결국 살아남았다. 그러나 민영익의 아버지인 민태호를 포함한 다른 6명은 그렇게 운이 좋지 못했다. 김옥균과 서광범은 궁전으로 달려가 왕 고종에게 쿠데타를 보고한 뒤 왕을 재촉해 안전한 곳으로 피신시켰다. 그런 다음 왕에게서 편지를 받아 일본 공사관에 보호를 요청했다. 일본 공사 다케조에 신이치로竹添進一郎는 자신은 감기에 걸렸다며 2백 명의 공사관 경비병을 궁전으로 보내 군주를 보호했다. 이 움직임은 수도에 주둔하고 있는 1,500명의 중국 부대를 자극했다. 12월 6일 그들은 궁전으로 행진해서 수적으로 열세인 다케조에의 부대를 간단한 전투를 치른 후 제압했다. 한편, 일본인들은 김옥균, 서광범, 변수 그리고 몇몇 다른 공모자들과 함께 일본 공사관으로 물러난 후, 반일 폭동이 시내를 휩쓰는 사이 제물포로 가서 나가사

---

87 조선의 "진보적" 운동에 관해 추가적인 정보를 원한다면 이광린Lee Kwangrin의 여러 연구를 참조하라.《한국 개화사 연구Han'guk kaehwasa yon'gu》[A Study on the History of Enlightenment in Korea with Reference to the 1880's] (Seoul: Ilchogak, 1969):《개화당 연구Kaehwadang yon'gu》[The Progressive Party: 1879-1884] (Seoul: Ilchogak, 1973): 그리고《한국 개화 사상 연구Han'guk kaehwa sasang yon'gu》[Studies on the Ideas of Enlightenment in the Later Yi Dynasty] (Seoul: Ilchogak, 1979). 이광린은 각권의 뒤편에 영어 요약을 수록했다. 위의 영어 제목은 그가 정한 것이다.

키로 향하는 배에 올랐다. 이 쿠데타에 도쿄가 개입했다는 소문이 돌자 폭동은 걷잡을 수 없게 되었다. 30명 이상의 일본인이 살해되고 일본 공사관이 불탔으며 몇몇 서양인의 집이 파괴됐다. 서울의 외인 공동체는 피신을 서둘렀다.[88]

쿠데타에 관한 이 같은 세부 내용들은 남쪽으로 130마일208km 떨어져 있는 포크에게까지 아직 알려지지 않고 있었다. 그가 실제로 알고 있던 것은 서울에서 무언가 끔찍한 일이 발생했고 자신이 외국인이고 쿠데타의 주요 타깃인 민영익의 친구이기 때문에 몹시 위험할 수도 있다는 것이 전부였다. "내 상황이 지금 몹시 옹색하다"고 그는 12월 8일 밤에 썼다. "서울에서 380리 떨어진 이곳 조선의 한복판에 지금 눈이 내리고 있고 나는 지금 주변의 첩첩한 산길을 건너가야 한다. 충주를 지나 계속 가기에는 돈이 부족하다. 그래서 그곳충주 영문의 왁자지껄한 무리 속으로 들어가야 한다. 외국인을 싫어하는 악마 같은 인간들선비이 길 위에 있다… 나는 혼자 몸이고 이 땅은 무정부 상태가 되려고 한다."

다음 날 상황은 더욱 악화됐다. 겁에 질린 경숙이는 아침 일찍 말을 끌고 도착하여 두려움에 떨며 전했다. 길에서 만난 사람들이 말하길, 서울 근교에서는 외국인의 짐을 들고 다니다 발각되면 살해될 것이라고 했다는 것이다. 포크는 다음과 같이 적었다. "분명히 나는 위험에 빠져들고 있다. 이러한 상황에서 가마꾼들 역시 이 문제와 내 안전에 대해 의논하고 있다. 그들이 나를 버리지는 않을까 하는 불안한 생각이 나를 엄습한다." 충주에 나타나 얼굴이 노출되면 위험해질까 두려워, 그는 다음 날 아침 묵을 앞세워 먼저 충

---

88 1884년 쿠데타에 관해 더 이상의 정보를 원한다면 해럴드 F. 쿡Harold F. Cook의 다음 책을 참조하라. 《조선의 1884년 사건: 김옥균의 잡히지 않는 꿈과 그 배경Korea's 1884 incident: its Background and Kim Ok-kyun's Elusive Dream》(Seoul: Royal Asiatic Society, Korea Branch, 1972).

주부사에게 보낸 뒤 10,000푼의 현금과 도움을 요청하기로 결정했다. 또한 서울에 있는 미국 공사 루시우스 푸트에게 상황을 설명하는 편지를 썼다. 이런 조치를 한 후에도 그는 조바심을 쳤다. "믿을 만한 정보를 구할 수 없어서 행동 계획을 짜는 데 어려움이 있다. 내일 좀 더 정확하게 알 수 있기를 바란다. 오늘 밤 마음이 몹시 무겁다. 묵과 수일도 마찬가지다. 둘 모두 서울에 아내와 자식들이 있다. 하느님이 우리의 고난을 진정시켜 주시기를."

묵은 다음 날인 12월 10일 일찍 충주를 향해 출발했다. 나머지 일행도 잠시 뒤 9시가 넘어 뒤를 따랐다. 이른 오후에 도시에 도착하여 북문 건너편 주막에 묵었다. 이곳으로 묵이 나쁜 뉴스를 가지고 합류했다. 충주부사는 그와의 만남을 거절하며, 포크 일행을 돕기를 거부했다. 일행은 이제 현금이 부족한 상태로 취약한 상황에 직면하게 되었다. 그런 다음에 포크가 도착했다는 소식이 퍼져 나가자 많은 군중이 주막으로 몰려들었다. 이번에는 그저 단순한 호기심으로가 아니라 분노를 표시하며 공격적이었다. 일부는 포크의 방으로 밀고 들어오기까지 했다. "극도로 무례한 태도로 내가 미국의 장교라면 계급과 용무가 무엇인지를 따졌다. 단 한 사람도 나를 보호하거나 물자를 제공하라는 지시를 받은 것 같지 않았다. 아전 한 명은 술에 취해 억지로 내 방에 들어 왔지만 묵과 수일이, 두려움에 싸인 말투로 간신히 설득해 밖으로 내보냈다. 내가 '왜놈'[일본놈]이라는 말이 나돌았고 전체적으로 무척 걱정스러운 입장에 처해 있었다." 일행은 서둘러 출발했다. "나와 일행이 살해되어도 사람들이 상관하지 않을 것이라는 말을 듣자 겁을 먹은 두 명의 가마꾼이 빠졌다." 저녁 늦게까지 추위를 이겨내며 강행군을 하다가 자신들을 받아줄 만한 장소를 겨우 찾았다. 포크는 마침내 방에 자리를 잡은 후 이렇게 썼다. "오늘은 매우 불행한 날이었고 불안한 마음으로 초조하게 하루를 보냈다. 나는 진정으로 나의 정신적 안도를, 그리고 위험으로부터의 구원을 빌었다. 그리고 선한 주님이 힘든 나의 처지를 알고 내게 귀 기울이실 것을 나는 안다."

그날 밤 포크는 일기의 마지막 항목에 가마꾼들에게 아직 지급하지 않은 액수와 묵과 수일, 소년들의 수고에 대한 대가로 자신이 그들에게 약속한 금액을 기록했다. 이는 혹여 자신이 죽었을 경우 남겨진 일들을 처리하기 위한 지침으로, 다른 이들이 읽을 수 있게 기록해 둔 내용이었다.

포크는 그날 밤 옷을 입은 채로 자리에 들었으며 자다 깨다를 반복했다. 다음 날 아침 그는 조선인 복장으로 위장하기를 요청하는 묵과 수일의 제안을 거절한다. "왜냐하면 그것은 내가 일본인이라는 더 큰 오해를 불러일으킬 수 있고, 위장을 하더라도 주막에서는 분명 눈에 띄기 쉬워 더욱 조심스럽게 행동해야 하기 때문이다. 낮에는 폐쇄된 가마를 타서 내가 보이지도 않는다." 그날은 별일 없이 지나갔고 일행은 밤이 되어 장해원^{장호원}에 도착한다. 그곳에서는 포크가 지닌 민영익의 소개 편지가 따뜻한 환대를 받았다. 이것은 민영익과 포크의 관계가 골칫거리가 되지 않고 여전히 영향력이 있다는 것을 확인해 주었기 때문에 그로서는 참으로 다행스러운 일이었다. 앞으로는 쿠데타를 일으켰다가 결국 실패해 버린 개화파들과 포크의 유대 관계가 얼마나 부담으로 작용할지가 문제였다.

포크는 12월 11일 밤에 생각에 잠겼다. "민영익을 믿어야 할지 말아야 할지 아직 모르겠다. 그는 자신에게 칼을 겨눈 진보주의 정당^{개화파}을 아끼는 나를 싫어할 수도 있다."^{나중에 밝혀진 바로는, 조선에서 보낸 나머지 기간 동안 민영익은 계속해서 포크를 친구이자 협력자로 여겼다.} 마침내 12월 13일 불안의 먹구름이 걷혔다. 오후 2시쯤 일행이 인천에서 북쪽으로 여정을 계속하는 사이 왕 고종이 보낸 장교를 만났다. 그는 일행을 안전한 곳까지 보호하라는 명령을 받았다고 했다. "이것이, 이것이 바로 주님의 길이다!" 포크는 환호성을 질렀다. "주님의 말씀은 진실이다!" 그들은 수도의 남쪽 산꼭대기에 위치한 남한산성 성벽 안

피난처로 향했다. 해가 졌지만 횃불 빛에 의지해 잘 도착했다. 가마꾼은 눈길을 뚫고 힘든 길을 오랫동안 오른 후 완전히 지쳐 떨어졌다.

다음 날 아침 미국 공사관에서 보낸 존 버나도 소위가 도착했다. 그는 푸트 공사의 지시로 서울에서 내려왔다. 왕이 보낸 경호부대와 함께였다. 일부 검과 화승총으로 무장한 일행은 이제 400명에 달했다. 정오 직전에 출발하여 황혼이 물들 무렵 서울에 도착했다. 공사관에서 루시우스 푸트 그리고 그의 아내 로즈와 저녁식사를 한 후 포크는 11시에 자신의 방으로 갔다. "그리고 43일 만에 처음으로 침대에 몸을 눕혔다. 나는 지금 지금 안전하다. 그러나 조선에 깊은 상처를 준 사건들로 인해 마음이 무겁다."

"그렇게 조선의 내륙을 둘러보는 내 두 번째 여행이 막을 내렸다." 포크는 일기의 마지막 항목으로 이렇게 적었다. "멋지고 다채로운 경험 중 하나였다. 걱정과 불안 속에 900마일1440km을, 조선인의 삶 속으로 들어가 하나하나 세밀하게 살피며 지냈다크리스천의 마음으로. 이전에도 그런 적이 없었고, 앞으로도 다시는 볼 수 없는 모습일 것이다. 조선은 그렇게 내가 속속들이 꿰뚫어 본 모습으로 알려지게 될 것이다."

포크는 서울에 돌아와 자신의 집이 도난당한 것을 알았다. 모든 소지품이 사라졌다. 그리고 일본인 요리사도 종적이 묘연했다. 아마도 쿠데타 이후 벌어진 폭동 와중에 살해당한 것 같았다. 돌아갈 집이 없어서 그는 할 수 없이 미국 공사관에 머물러야 했다. 그곳에서 "목숨을 걸고 진행했던 여정"의 "긴장을 극복하기 위해서는 며칠 간의 휴식"이 필요했다.[89] 그는 곧 회복됐다. 그리고 자신의 여정에 대해 책으로 남기는 작업을 진지하게 고민하기 시작했다. 그는 1885년 1월 가족에게 넌지시 알렸다. "편지를 보내면서 드는 생

---

89 1885년 1월 5일 포크가 부모와 형제에게 보낸, 포크의 편지.

각은, 이런 조선에서의 내 모든 삶을 가족들이 샅샅이 알게 된다면 그것이 얼마나 이상하게 보일지를 생각한다. 나는 조선의 많은 것들을 보았으며, 이 모든 경험은 전 세계에도 새로운 것이다. 한 번의 작업으로 이 모든 것을 담아내려는 생각을 하면 혼란스러워질 정도이다. 나는 엄청난 분량의 책을 쓸 수 있게 될 것이다. 꽤 자신이 있다."[90] 이런 야심찬 계획은 9월이 되어서도 매우 생생하게 살아 있었다. 포크는 자신이 보낸 편지와 사진을 조심해서 보존해 달라고 부모에게 부탁했다. 그 자료들이 "조선에 관한 책이나 보고서를 쓸 때 매우 소중하게 쓰일 것"이라고 전했다.[91] 1886년 3월 그는 이렇게 밝혔다. 퍼시벌 로웰Percival Lowell이 당시 조선에 관하여 출간한 《고요한 아침의 나라》를 읽은 후 "사실에 관한 냉철한 설명이지만 어떤 식으로도 다채롭지는 않다."[92]

그러나 불행히도 포크는 그 책을 쓰지 못했다. 우선적인 문제는 시간이 부족하다는 것이었다. 1885년 1월 떠난 미국 공사 루시우스 푸트의 후임으로 포크는 미국의 조선 주재 단독 외교관으로 임명되어 곧 과중한 업무를 맡게 되었다. 후일에는 개인적 갈등이 저술하는 데 장애가 된 것으로 보인다. 여행이 끝나고 조선에 체류했던 나머지 기간 동안 그의 생활은 긴장의 연속이었고 불운한 상황이 계속해서 펼쳐졌다. 미 국무부의 지원 부족, 청나라를 달래기 위해 그를 굴욕적으로 소환한 다음 내팽개친 워싱턴 당국, 그의 야심찬 계획과 희망은 돌이킬 수 없을 정도로 상처를 받고 포크에게는 환멸과 쓰

---

90 1885년 1월 5일 포크가 부모와 형제에게 보낸, 포크의 편지.
91 1885년 9월 28일 포크가 부모와 형제에게 보낸, 포크의 편지들. 집으로 보낸 편지와 사진들은 그가 1884년 12월에 집을 약탈당했을 때 다른 모든 것을 잃었기 때문에 특히 더 중요했다. 그리고 이후에 또 다른 폭력이 발생해서 다시 모든 것을 읽어버리게 될까 두려워했다.
92 1886년 3월 13일 포크가 부모와 형제에게 보낸, 포크의 편지.

라림, 분노만이 남았다. 이런 마음 상태에서 그에게 책 집필에 나설 의지나 능력이 사그라진 것은 그리 놀랄 만한 일이 아니었다. 그는 마치 자신을 유배라도 보내듯이 일본에 정착했다. 그리고 얼마 남지 않은 인생의 기간 동안, 자신과 일본인 아내를 부양하기 위해 고군분투하느라 정신이 없었으며, 그의 노트, 사진, 가족에게 보낸 편지, 여행 일기 등은 한쪽으로 치워지고 잊혀졌다.

포크가 대단히 훌륭한 책을 쓸 수 있었을 것이라는 데에는 의심의 여지가 없다. 조선에 관한 저술로는 19세기 말이나 20세기 초에 쓰여진 서양 문헌들 중 가장 선두에 위치할 책이었을 것이다. 다음에 이어지는 그의 여행 일기가 이를 대변하는 증거다. 1880년대 조선을 방문한 그 어떤 서양 방문자들도 포크가 가진 것과 같은 언어능력, 문화적 지식, 호기심, 열정, 세밀하게 살피는 안목, 그리고 모든 것을 기록하려는 본능을 겸비한 이는 없었다. 최대한 넓은 범위를 탐색하고 몹시 힘겨운 여행을 일기에 적어 나가며 그는 보고, 듣고, 느끼고, 생각한 바에 대하여 생생한 현장 기록을 남겼다. 비디오카메라와 다큐멘터리 영화가 나타나기 이전의 시대에 남겨진 우리가 가질 수 있는 가장 귀중한 자원이다. 포크의 일기는 가장 실체적인 방법으로 그의 경험을 우리와 공유할 수 있게 해 준다. 오염되지 않은 조선 왕조 시대 순수 그대로의 조선을 그의 눈을 통해 볼 수 있고 이미 오래전에 사라진 은둔의 왕국을 그를 통해 여행할 수 있다.

본문에 관한 메모

포크가 일기를 썼던 두 권의 노트 후반부에는 "일반적인 참고사항"이라는 제목으로 된 일종의 부록이 있다. 그 내용은 추가적인 여담이나 단어 목록, 관리 명칭과 직책에 관한 정의, 문화적인 관찰, 역사적인 배경, 찍은 사진의 목록, 전해 들었던 이야기, 그리고 그 밖의 많은 것들을 포함하고 있으며, 다양하게 구성되어 있다. 이 책에는 그런 메모들 중 많은 부분이 포크 일기의 본문으로 통합되어 있다. 보다 논리적이고, 순서에 맞는 이야기를 전개하기 위해서이다. 나머지는 부록에 남겨 두었다.

포크는 한국어 단어를 영어로 음역하는 데 상당히 가변적이었다. 예를 들어 조선의 남동쪽에 위치한 항구 부산을 기록할 때는 "Pusan"과 "Fusan"을 동시에 사용했다. 이외에도 성城은 "sung"과 "song"을, 지방 정부의 하급 관리인 아전은 "achon"과 "ajun"을, 작은 고을을 다스리는 조선의 직책인 현감은 "hiengam"과 "hungam", "hyon-kam"을 동시에 모두 사용했다. 따라서 혼란을 줄이기 위해 위 단어들을 비롯하여 몇 개의 철자는 표준화시켰다.(위

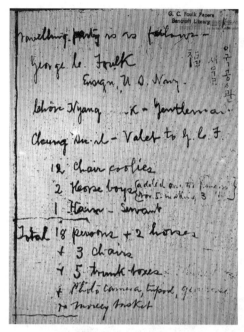

포크 일기 원본 첫 페이지의 일행 소개 내용

사례들은 "'Pusan", 그리고 "sung", "achon", "hiengam"으로) 대개는 포크가 가장 빈번히 사용한 철자를 기준으로 했다. 한국어를 발음 그대로 표현할 때 포크가 채택한 방식은 일기 전반에 걸쳐 일관성 있게 사용되지 않았고 "o"와 "u" 같은 친숙하지 않은 기호[93]를 포함하고 있어서 생략했다. 변동이 심한 포크의 대문자 사용은 그대로 두었다.

관련된 페이지에 등장하는 스케치와 지도는 포크의 일기에서 그대로 가져왔으며, 그가 노트에 그렸던 위치와 같은 곳에 옮겨서 수록했다.

---

93 그의 첫 번째 일기장의 뒤편에 실린 "일반적인 참고사항"에서 포크는 다음과 같이 발음 구별 부호를 사용했다고 설명했다. "여기에서 한국 단어를 영어로 표현하는 데 다음과 같은 음가音價를 가진 문자들이 사용됐다. 즉, ä는 father의 a, a 나 a는 tack의 a, o as o in hope: o or o as o in son or won: i as i in marine: ii as u in dude or rude: u or y nearly like oo in foot, sometimes approaches i as in in, also like u in put: e as e in they, also as e in met and pet."

조지 클레이튼 포크의
1884년 조선 여행 일기

포크가 조선 조사 시 사용한 1880년대 측정기기들:
오페라 망원경, 미군용 망원경, 해군용 나침반, 아네로이드 기압계
(온도계 결합식), 태엽식 회중시계

1880년대 유리원판 사진기와 삼각대

포크가 임시대리공사를 하던 시기(1885~1887)에 수행원과 함께 찍은 사진.
정수일(집사), 전양묵(통역), 포크, 고인수(전령), 전양묵과 정수일이 포크 조사 여행에 동참했다

우리 여행 일행은 다음과 같다:

조지 C. 포크[복구(福久)], 미국 해군 소위

전양묵[94], 양반,

정수일[95], 포크의 수행원,

가마꾼 12명

말몰이 소년 2명(12월 5일 공주에서 한 명이 합류하여 3명이 된다)

하인 1명

총계: 사람 18명, 말 2마리, 보교 3대

트렁크 5개, 손가방 3개, 사진기,

삼각대, 총기 상자, 돈 바구니

---

94 전양묵全良默은 양반으로 일본어 통역을 맡았다. 포크와의 여행을 총괄한 존재로 1888에는 일본 주재관으로도 파견되었다.

95 정수일은 서광범이 추천한 포크의 집사 역할을 한 사람으로 역시 일본어로 포크와 소통하였다.

1884년 11월 1일
한양을 떠나 삼남대로 남행길을 시작하다

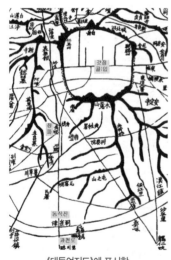

《대동여지도》에 표시한
1884년 11월 1일 포크의 일정
(서울 청계천 수표교 근처 갓점골입정동에서
출발-청파-동작진-과천집)

오전 8시 58분에 집[96]을 나섰다. 날씨는 맑고 깨끗했다. 9시 58분에 밥전거리 Pa-chon-kori에 도착했다. 단천 부사Tanchon Pusa[97], 두 문의 파운드 포砲, 기타 행렬의 바로 뒤편에서 우리 일행이 그 뒤를 따랐다. 10시 5분에 출발했다. 동작진銅雀津, Tongjiki 나루의 북쪽 강둑에서 북북서 방향으로 1/6마일266m 위치다. 모래사장이 2마일3.2km 넓이로 펼쳐졌다.

10시 33분 동작진 북쪽 강둑에 도착해서

96　포크의 집은 서광범 등의 제안으로 역관 등 개화파 인사들이 모여 살던 서울 수표교 근처 '갓점골' 즉, 입정동笠井洞에 마련하여 살고 있었다.

97　부사府使, Pusa: 지방 행정 장관, 단천은 함경도의 단천군端川郡

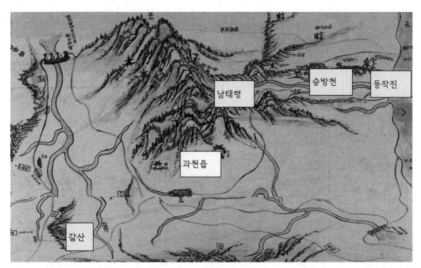

과천 지도에 표시된 지명에 포크의 첫날 행선지를 표기하였다.1872년 지방도(서울대 규장각 소장)

10시 40분에 동작 나루를 건넜다. 우리는 바로 계곡의 서쪽을 따라 관악冠岳, Kwanak으로 향했다. 11시 9분에 승방僧房돌Shung bang tol이라는 50여 채의 집이 모여 있는 바위투성이 지역의 맨 끝에 도착했다. 여기서 다시 부사의 행렬을 보았다. 그를 따르는 자들은 푸른 구슬이 달린 줄과 온갖 종류의 끈으로 장식된 붉은 색 옷을 입고 있었고, 허리에는 방울을 그리고 등 뒤로 나온 푸른 색 곤봉을 차고 있었다. 그 뒤로 부사와 두 명의 장수, 그리고 몇몇 하인들이 따라왔다. 그 다음에는 청동으로 장식된 외투를 입고 커다란 공작 깃털을 꽂은 작은 모자를 쓴 두 명의 동행이 말에 탄 채 뒤를 따랐고, 나머지 부하들은 발로 뛰며 주변에서 이들을 따라갔다. 승방돌은 서울에서 20리[96], 과천果川에서 10리 떨어진 곳이다. 한 줄기의 시냇물이 바위골짜기를 흘러 계곡의 끝자락으로 내려왔다.

　11시 17분에 출발했다. 동쪽으로 향했다가 다음은 남쪽으로 그리고 남동남 방향으로 틀었다. 그리고 11시 48분 평지의 가장자리에 도달했다. 12시 29분에 우리는 과천의 끝자락에 이르렀다. 그곳에는 300여 채에 가까운 집이 있었다. 과천은 사람들로 가득한 분주한 곳이다. 고을 북쪽 끝에 아주 예쁜 단풍나무 숲이 있고 커다란 주막과 쇠고기, 면직물이 많았다. 내가 본 가장 크고 바쁜 도시 중 하나였다.

12시 58분. 15분쯤 되돌아가 낮은 산등성이를 넘어 관악 계곡으로 갔다. 그리고 그때부터 다른 계곡으로 돌아 내려갔다. 읍내^{upna}[99] 위쪽의 과천果川, Kwachon 계곡은 사람들로 북적였다. 통나무 위로 타작하는 모습을 보았다. 1시 25분 갈뫼Kalmi, 갈산葛山에서 쉬었다. 이 근처, 뒤편과 서쪽으로 많은 마을이 있다. 그리고 평지 전체는 사람들로 잘 채워져 있다. 2시 10분에 우리는 수원水原에서 20리 거리인 사근沙斤내Sakunae에 도착했다. 여기서 북쪽으로 근접해 있는 길은 안양장安養場, Anyong Jang을 거쳐 큰 도로 쪽으로 나 있다. 안양장은 내가 지닌 지도대동여지도상에 거의 정확하게 표기되어 있는 것 같다.[100] 우리 옆으로 솜을 가득 실은 수많은 짐말들이 지나갔다. 우리의 모든 예비 식량은 갖춰져 있고, 지난번 여행을 나왔을 때 보다 쇠고기는 더욱 풍부하다. 벼를 수확하고 있고, 일부에서는 밀을 파종하고 있지만 주요 수확물은 김치

---

98 리里, ri 또는 li는 대략 1/2 킬로미터 또는 1/3마일. 포크는 일기 뒤편 일반 참고사항에서 "리ri는 서로 다르다. 서울에서 남쪽으로 갈수록 더 길어지고, 북쪽으로 가면 더 짧아진다. … 조선인들은 10리 단위 이외에는 거리 개념이 희박하다. 3, 6, 7리 범위는 알지 못한다."라고 설명했다. 현재 조선 시대 10리에 대해서는 4.2km설과 5.4km설이 존재한다.

99 읍내邑內, Upnye: 시내.

100 -이는 포크가 소유한 지도에 관한 몇 번의 언급 중 첫 번째다. 자신이 여행한 지역의 지도로 아마도 한국어로 되어 있을 것이다.
-포크가 소지한 지도는 1861년경 간행된 고산자 김정호의《대동여지도》로 포크는 지도의 정확성에 대해 수차례 언급하고 있다(역주).

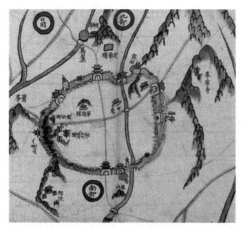

수원 화성 모습 /1872년 지방도(서울대 규장각 소장)

를 담그기 위한 배추이다.

3시 48분에 출발. 반 마일을 더 가면 낮은 지대를 따라 수원의 배수구역을 지나가게 된다. 북쪽에는 당집Tangchip[101] 과 비석들이 있다.

4시 20분 들판에는 벼가 쌓여 있고, 타작을 하고, 돗자리를 짜고, 묶어서 나르느라 사람들이 바쁘다.

5시 25분 수원의 영문營門[102] 을 마주보며 나는 그 문에 깊은 인상을 받았다. 길가의 숙박업소들은 더럽고 추울지라도 편안하고 조용할 것 같은 느낌이다.

오후 5시 29분. 수원남문장안문 밖에서 휴식을 취했다. 여기서부터는 길이 넓고 깨끗하다. 우리는 달빛을 받으며 다소 울퉁불퉁한 길을 속도를 높여 갔다. 그리고 6시 20분에 태황교太皇(橋), Tahan-kyo에 도착했다. 그곳에는 훌륭한 주막[103] 들이 모여 있었다. 이곳 이름은 근처의 다리 이름으로 불렸다.

낮 동안 내가 가장 인상 깊게 본 것은 농사짓는 모습이었다. 곡선으로 열이 지어진 비탈진 논둑에서 벼 베기를 하고, 소들이 이것을 집으로 날랐다.

---

101 당집Tangchip: 사당.
102 여기서처럼 그의 일기에서 포크는 때때로 조선 용어인 영문營門, yongmun을 관아를 의미하는 영문衙門, yamen과 같은 방식으로 사용했다. 지방 정부의 전체 관청과 거주지를 지칭했다. 그런데 전주에서처럼, 다른 곳에서는, 영문을 특별히 부지 내 정부 관리의 거주지를 지칭하는 단어로 사용하기도 했다.
103 주막Chumak: 지방 여관 또는 선술집.

시내에는 심지어 집 안까지 벼가 쌓였고 수확 후의 뒷정리가 진행되고 있다. 도로 곳곳은 나뭇가지와 잎으로 막혀 치워야 할 공간들이 즐비했으며, 타작도 원시적 방법으로 이루어지고 있었다. 곡물에는 얼마나 많은 먼지가 쌓여 있던지. 말과 소는 짚으로 만든 가마니를 덮고 있었다. 어디에나 비교적 많은 음식이 있다. 무명천, 채소, 장독 등 많은 물건들을 짊어지고 북쪽으로 가는 행렬이 이어진다. 조선에는 말이 많은데도, 소나 말보다 더 많은 남자들 Posang, 보부상들이 이것을 나르고 있다.[104]

서울 근교의 뚝섬을 건널 때 절이 하나 있었는데, 그 절의 화장실이 얼마나 깊던지, 용변을 본 후 이것들이 바닥까지 도달하려면 1년이 걸린다고 말할 정도이다.[105]

첫날 나는 무척 피곤했고 잠을 매우 잘 잤다.

---

104 보상褓商, Posang과 부상負商, pusang은 등에 보따리와 짐을 지고 다니는 도붓장수이다. 이들은 조선 왕조에서 유통되는 많은 상품을 실제 책임지고 있었다.
105 조선인의 허풍과 유머를 상징적으로 표현한 듯하다(역주).

11월 2일
수원을 떠나 진위를 거쳐 소사에 도착하다

8시에 일어나 9시에 출발했다.

9시 4분에 우리는 작은 나무들이 들어찬 거대한 숲 가장자리에 있는 큰 돌다리에 가까워졌다. 15리 거리에 왕의 무덤인 건릉Ch'han nung[106]이 있었다. 이곳은 웅장한 평야로 놀랍도록 비옥하고 인구가 많다. 도로와 가까운 마을은 많지 않지만 숲의 주변부에는 마을들이 제법 있다.

9시 58분에 아래쪽으로는 좁다란 논이 첩첩이 쌓여 있는 능선을 가로질러 오르기 시작했다. 산등성이를 넘어서 우리는 남동쪽 방향으로 남하하면서 벼농사를 하는 골짜기로 들어갔다. 이곳은 커다란 마을은 없고 작은 마을들이 많다.

나는 동쪽에서 북쪽과 남쪽의 산맥들을 바라봤다. 대략 15-20마일 떨어

---

106 Ch'han nung이란 표현은 수원에 있는 사도세자의 능인 융릉隆陵과 정조의 능인 건릉健陵 중 건릉을 표현한 것으로 추정된다. 발음이 '장릉'에 가까워 혹시 사도세자를 추증한 '장조'와 연결된 표현인지 검토가 필요하다(역주).

1872년 지방도 진위지도. 붉은색으로 표시된 길에 삼남로와 통하는 대로大路 通三南라는
표시가 있어 이 길을 따라 포크 일행이 진행하였음을 알 수 있다

진 것 같았다. 아마 조금 더 떨어져 있을 수도 있다. 이곳의 밀밭은 상당히
많은 고랑이 비어 약간의 쟁기질을 하고 있을 뿐이다. 10시 30분에 휴식을
취했다.

10시 45분, 골짜기는 넓은 평야로 열렸고 10시 50분에 오미나Omi-na, 오산천
烏山川 옆의 오미장Omi-jang, 오산장에 왔다. 북쪽은 높은 둑으로 둘러싸였고 300
여 채의 집이 있었다. 내가 본 가장 큰 장chang, 場[107]이었다. 평야의 서쪽 끝에
는 마을이 늘어선 언덕이 있었다. 평야는 평탄했고 경작이 잘 되어 있었다.
언덕은 다소 헐벗은 편이다. 좋은 나라다.

11시 5분, 평야의 남쪽 모퉁이에서 온전히 휴식을 취했다. 이곳은 오미장

107　장場, Chang: 시장. 조선 왕조에는 상설 상점이 많지 않았다. 왕국 내의 대부분 거래는 지방이
나 지역에서 정기적으로 열리는 시장에서 이뤄졌다.

동쪽에서 남동쪽으로 1.5마일의 거리다. 11시 23분에 출발했다. 여기서부
터 길은 북쪽과 남쪽 언덕 가장자리를 따라 더 높아졌다. 우리는 세 군데 계
곡의 정상을 지나 남서쪽으로 달려 분명 수원의 대평야를 만나는 것 같았다.
이곳에는(11시 50분에 휴식한 곳) 계곡 끝 오른쪽으로 두 개의 마을이 있다. 여
기 진위Chinwi, 振威경기도 평택시 진위면에 있는 태실마을Tashil maul이라고 불리는 곳
에 있다.

우리는 하나의 산등성이산마루를 지난 다음 진위 읍내에 들어왔다. 읍내에
서 반마일 남쪽에 새뚝거리Satuk-kori＝신제新堤 주막이 있다. 진위 평야는 매우
평탄했고 수로가 잘 형성됐다. 그리고 북쪽 언덕을 따라 몇 개의 마을들이
있었다. 진위에는 대략 120-150개의 집이 있었고 좀 가난한 지역이었다. 집
들이 좋지 않고 고르지 못했다. 마을이라기보다는 큰 장터처럼 보였다. 창고
처럼 보이는 집들이 있었다. 상점의 거래는 활발해 보였다. 장날일지도 모른
다. 상당히 많은 사람들이 거리에 있다. 관아는 고을 뒤쪽에 있는 작은 장소
로 공터 주변으로 오래된 담이 있다. 평야는 매우 비옥해 보인다. 지금까지
길은 무척 좋았다. 폭이 적어도 10이나 12피트3-3.6m 정도 너비였고 잘 관리
되고 있는 것처럼 보였다. 가장자리에 배수로가 있었고 금이 그어졌다. 둑이
높아 지형이 특이하거나 깊은 곳, 또는 바위가 많은 곳에는 칼자국이 난 막
대를 이용하여 길을 따라 금이 그어졌다. 칼자국을 내서 선을 긋는 것은 관
습일 수도, 미신일 수도 있다. 길이 잘 나 있어서 오가는 여행객이 많았던 것
으로 보인다. 우리는 다시 많은 짐꾼을 지나쳤다. 아마 천과 종이가 짐의 주
요 목록일 것이다. 하지만 쌀, 바구니 제품들, 조롱박, 감kaam[108] 또한 많이 운
반됐다. 크기가 서로 다른 쌀자루들이 모두 북쪽으로 가는 중이었는데 아마

---

108 감Kam: 감.

도 관리들의 집으로 향할 것이다. 모든 것들을 거의 (말이나 소가 아닌) 짐꾼들이 운반했다. 우리는 12시 12분쯤 진위에 도착했다. 모든 마을과 집, 그리고 길들이 지난번 여행보다 지금이 더 깨끗하고 높았다. 날씨가 추워졌다. 진위에는 높은 다리가 있고 얕고 깨끗한 물이 서쪽으로 흘렀다. 여름에는 분명 거대한 물줄기가 다리 아래로 흘러갈 것이다. 오미오산의 개울은 더 컸다. 그리고 홍수 때가 되면 물살은 더욱 커질 것이다. 태황교 이후부터 길 근처에는 높은 언덕이 보이지 않았다. 그 후부터 대체로 길에는 수목이 별로 없었다. 어제 우리가 건넌 계곡의 정상에는 부분적으로 나무가 있었지만 모두 크기가 작은 소나무, 전나무, 밤나무, 그리고 히커리북아메리카가 원산지인 낙엽 교목 같은 나무들이 보였다. 길가에 늘어선 나무들이 풍경을 너무 예쁘게 만들었고 (왕의 무덤인) 건능Ch'han nung에서 끝이 났다. 듣기로는 그곳으로 가는 길은 왕의 능행길에 적합하도록 나무를 줄지어 심고 더 넓게 만들었다. 25피트7.5m

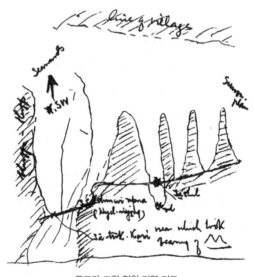

포크가 그린 진위 지역 지도.
Satuk-kori새뚝거리 등의 명칭이 보인다

나 될 만큼 넓고 평탄한 아주 예쁜 길이다.

벼를 타작하기 위해서는 완두콩이나 콩 등을 까는 데 사용되는 속이 움푹 꺼진 통나무 절구나 다른 둥근 통나무 위에 벼 다발을 내려친다. 옆에서 한 남자가 매트를 휘두르며 부채질을 하는 동안 콩과 완두콩 그리고 탈곡된 쌀이 바닥으로 쏟아져 내리는 모습이 인상적이다.

진위부터는 바다나 만灣이 전혀 보이지 않았다. 오후 2시 20분에 새뚝Satuk을 출발했다. 0여기서부터 남쪽으로 가는 작은 골짜기 두 개를 건넜다. 2시 52분에 언덕 정상에서 휴식을 취하며 간단한 식사를 했다. 여기까지 우리는 모래언덕 지역을 지났다. 이곳부터 남쪽 언덕들과 그 아래 지역은 북쪽 방향보다 대체로 더 가난한 모습이었다. 여기까지의 마지막 1마일은 내가 본 길 중 최악의 구간이었다. 이곳의 기압은 30.026, 온도는 화씨61도16℃이다. 3시 8분에 출발했다.

3시 53분에 우리는 칠원Chilwon의 동쪽 끝에 이르렀다. 주막과 30여 채의 집이 있는 작은 곳이었다. 점심 식사 이후로는 여기가 도로가에 상점이 있는 유일한 곳이다. 이 나라는 구릉이 많다. 길은 언덕을 따라 나 있는데 수원 평야처럼 벼를 재배하는 계곡이 서쪽 평야로 이어졌다. 마지막 길게 뻗은 길에서 나는 더 많은 바구니들을 봤다. 대나무로 만들어진 바구니 안에는 많은 감과 목화, 그리고 다른 물건들이 가득했다. 아마로 만든 물건은 면직물로 밝혀졌다. 칠원은 새뚝에서부터 20리였다.

4시 52분 우리는 소사Sosae, 素沙: 경기도 평택시 소사동에 도착했다. 듣자 하니 20개의 주막이 있는 곳이고 그 옆으로는 헛간들로 장터가 이루어진다. 우리는 수원으로부터 80리 거리에 있다. 다음 주막은 이곳으로부터 20리 떨어져 있다.

도로상에서 자루에 담겨 운반되던 쌀은 다른 목적들을 가지고 있다. 시내나 장터에서 판매하기 위해서일 경우가 있고, 일반적으로 소출의 절반은 도시나 다른 곳의 농장주에게 가는 경우도 있다, 또는 장터에서 대출해 주기 위해서 창고로 가는 경우도 있고 정부에 내는 세금일 경우도 있다. 마지막 두 경우는 고을 읍내로 간다.[109]

각각의 읍내에는 창ch'hang, 倉이라는 창고가 있다.[110] 이곳에서 세금으로 쌀을 받는다. 쌀 수확이 마무리되고 나서 사람들은 창ch'hang에 저장하기 위해 이를 읍내로 운반한다. 그중 일부는 전쟁이나 기근을 대비해 보관되는 것인데, 이는 말하자면 국민들이 정부에 빌려주는 대출이라 할 수 있다. 전쟁이나 기근이 발생하지 않는다면 그곳에 1년간 보관된 뒤, 식량이 가장 부족한 봄이 오면 백성들에게 다시 돌려줘야 한다.

지금 나라 안에는 정부에 빌려준 이 쌀에 대한 불만이 제기되고 있다. 백성들이 읍내의 창으로 쌀을 가져가면, 그곳의 관리들은 이 양을 계산하면서 가능한 한 가장 많은 양을 착복하려고 저울추를 높이 쌓아 눈금을 속인다. 봄이 되어 쌀을 돌려줄 때는 저울추를 덜어내고 자기들이 받았던 양이 그만큼이라고 우긴다. 이렇게 해서 쌀 전체 양의 1/3에서 절반쯤을 백성들로부터 갈취한다. 세금으로 쌀을 받을 때도 다시 같은 수법이 등장한다. 받을 때는 저울추를 쌓아올리지만 읍내 관리가 이를 왕에게 보낼 때는 저울추가 다시 내려간다.

---

109 그의 여행 일기 다른 곳에서 포크는 "고을Kol"을 "행정구역"으로 정의한다. 이곳에서 "고을 읍내Kol Upna"라고 한 것은 그에 따라 행정구역의 중심 지역을 지칭한 것으로 보인다. 일기에서 더 나아가 그는 이런 행정단위 마을의 중심지를 간단히 "고을Kol"이라고 언급하기도 했다. 포크가 휴대한 《대동여지도》에는 조선 지방 행정권역이 정밀하게 표시되어 있으며 특히, 색을 달리 칠해 이를 명확히 표시한 《대동여지도》였다(역주).

110 "창倉, Ch'hang"chang은 포크가 일기 1권 뒤편의 일반 참고사항에서 "읍내에 있는 정부의 쌀 창고"로 정의했다. 이는 "장chang", 즉 정기적으로 열리는 시장과 혼동되어서는 안 된다.

11월 3일
안성장에서 서양인을 보기 위해 몰려든 수많은 군중에 놀라다
"급한데 화장실은? 아무 데나 바깥에!"

아침 7시 35분에 출발했다. 나는 안성Ansung. 安城에 가기로 결정했다. 30리 떨어진 곳인데 장날에 가 보기 위해서였다. 소사素沙에서 남동쪽으로 4분 거리에 있는 남쪽 길로 접어들어 동쪽으로 꺾어졌다. 소사는 직산Chiksan, 稷山 경계 바로 안에 있었다. 바다를 면한 작은 만의 반대편이었다. 그 옆으로 4-5피트120-150cm 깊이와 25피트7.5m 너비의 개울이 서쪽으로 흘렀다. 이곳 평야는 총 6~8마일9.6-13km 넓이로 마룻바닥처럼 평탄했으며 땅 전체가 경작되어 있었다. 대개는 고지대 산물이 심어졌는데 밀이 상당히 많았다. 소사의 남서쪽에는 마을 하나가 있었지만, 남동쪽으로는 20에서 150 가구 정도 되는 마을들을 거의 모든 방향으로 볼 수 있었다. 지금까지 보아 온 공동묘지가 모두 언덕에 위치했던 것과는 달리, 이곳은 특이하게도 공동묘지들이 평야에 분포해 있었다. 소사의 동쪽으로 10리를 가는 동안 초원이 넓게 펼쳐졌다. 단지 몇 군데에만 벼농사가 되어 있었고 이곳저곳이 무너진 굳은 땅에는 모래가 깔려 있었다. 벼농사가 잘 된 것을 보면 토양은 그리 나쁜 것 같지 않다. 평야 전체에 인공 수로가 깔려 있고, 이곳저곳에 발로 밟는 디딜방아가 있는 원뿔 모양의 방앗간이 있었다. 이렇게 십 리 길을 가는 동안, 마지막 부분에는 논이 많이 보였다.

8시 45분에 평야는 동북동 방향으로 이어졌다. 그 방향에 바닥의 너비가 150피트45m 정도되는 개천이 형성돼 있었다. 개천 안쪽으로 거친 모래사장이 있었고, 그 사이로 여러 줄기의 시냇물이 흘렀다. 개천의 서쪽 면은(오른쪽은) 제방을 쌓았고 이 부분으로 가장 큰 물줄기가 흘렀다. 대략 15피트4.5m 너비에 3피트90cm 깊이였다. 제방에서 흘러나온 물은 방앗간과 논으로 흘러들었다. 이런 논들은 분명 길이가 5~6마일8~9.6km 이상은 될 것이다. 평야의 경사는 매우 규칙적이다. 들판들이 개울 위 8~10피트2.4~3m 높이로 올라가 있는 탓에 많은 양의 땅이 전체적으로 허비되고 있었다. 그러나 어디에도 나무들은 거의 보이지 않았다.

어젯밤 소사에 도착하기 전에 거대한 기러기 떼가 머리 위 서쪽에서 북쪽으로 낮게 날았다. 밤에도 종종 기러기 소리에 잠을 깼다. 오늘은 그들의 꽥꽥거리는 소리가 더 빈번했다. 정말 많은 새떼가 주변을 날아다녔다. 조선인들은 대체로 기러기를 건드리거나 잡아먹지 않았다. 때때로 새들을 잡아 집을 지키는 용도로 사용하는 경우는 있었다.

우리는 북동동 방향으로 계속 나아갔다. 9시 42분에 평야의 끝자락에서 휴식을 취했다. 이곳은 작은 계곡들이 모여 형성되었는데, 주변에 네댓 개의 마을이 보였다. 여러 갈래로 뚫린 길을 따라 사람들이 장터를 향해 모여들었다. 논이 풍부했지만 버려진 땅 또한 많았다. 여기저기 방앗간이 보였고 오리와 거위들도 많았다. 9시 47분에 다시 출발했다. 몇 개의 언덕을 넘고 북쪽 방향으로 안성을 향해 계곡을 다시 건넜다. 안성은 언덕에 기대어 위치했는데, 평야 쪽에 난 길 왼쪽 편으로 두 개의 미륵miryok상안성 아양동 석

안성 아양동 석불입상. 절단된 왼쪽 석불의 머리가 접합된 모습에서
포크가 지날 당시에는 분리된 모습이었음을 알 수 있다

불[111]이 있었다.

8에서 10피트 높이로 미륵불 중 하나는 머리가 사라졌다. 그 오른편의 얕
은 둔덕 위로 6층 탑이 서 있다.[112]

기단부가 2단으로 되어 있고 탑의 맨 윗부분의 상륜부 받침부분이 탑의
몸돌처럼 보여 포크는 6층으로 표시하였다.

다리를 건너 안성으로 들어서자 곧 장터가 나타났다. 매우 규모가 컸다. 4

---

111 미륵miruk은 미륵불 석상Maitreya Bodhisattva을 나타낸다. 불교신자들이 기원전 6세기에 살았던
고타마 부처Gautama Buddha의 후계자로 지구에 나타날 것이라고 믿고 있다. 그의 일기에는 은진Unjin
에 있는 전형적인 불상부터 모호한 인간 모양의 자연암에 이르기까지 다양한 미륵불이 묘사되어
있다.
112 안성 도기동 3층석탑으로 추정된다. 한국 석탑의 층수 헤아리는 방법을 몰랐던 포크는 이중
의 기단부와 상륜부까지 세어 6층으로 묘사하였다(역주).

천 명은 족히 될 만한 사람들이 내 주변에 북적였다. 나는 장터를 뚫고 지나간 뒤 다시 되돌아 걸어 나왔다. 호기심에 가득 찬 군중들이 엄청나게 몰려들었다. 그들은 내가 다리를 건넌 곳인 마을 끝까지 따라왔다. 다시 가마에 올라 10시 42분에 출발했다. 매우 흥미진진하고 신기한 경험이었다.

안성安城은 유명한 특산물이 있는데, 그것은 놋쇠 그릇과 접시 그리고 거친 재질의 조선식 모자이다. 이것들은 모두 안성에서 대량으로 만들어졌

안성 도기동 3층석탑

다. 내가 갔을 당시에 적어도 최소 500가구에 6000명 정도의 인구가 거주했으리라 생각한다. 나는 아침 일찍 장터에 가 있었는데, 수백 명의 사람들이 가축에 짐을 싣거나 잔뜩 짐을 짊어진 채 사방에서 몰려들고 있었다. 저녁이 되기 전에 북적일 사람들을 12,000여 명으로 추산하더라도 큰 무리는 아닐 것 같다. 나를 보기 위해 몰려드는 사람들 사이에서 한 소년이 넘어져 감을 떨어뜨렸고 순식간에 등을 밟히며 진흙탕에 머리를 처박혔다. 나는 사람들에게 둘러싸여서 2피트60cm 밖을 내다볼 수 없었다. 내게 적개심을 보인다거나 쏘아보는 기색은 없었지만 무례한 호기심은 놀라웠다. 나는 여기저기서 "쇳!irons!"[113], "제미chemi"[114]라고 외치며 웃는 소리를 들었고 온갖 종류의 호기

---

113 욕설 십(역주).
114 욕설 제기럴(역주).

심 어린 표정들을 봤다. 사진을 찍고 싶었지만 군중들이 너무 많고 이들이 무례한 탓에 전혀 시도할 수가 없었다. 나는 내 일꾼들이 군중을 해산시키려고 사람들에게 몽둥이질을 하는 것을 막느라 힘들었다. 그들은 몇 번이나 악당처럼 그들에게 다가가 한 사람은 어느 소년을 후려치고 다른 사람은 커다란 모자를 잡아채는 따위의 행동을 했다.

11시 3분에 휴식을 취하고 11시 10분에 출발했다. 우리는 안성에서 정확하게 남쪽 방향으로 좁은 골짜기를 지나 낮은 언덕을 넘었다. 11시 59분에 다시 휴식을 취했다. 내가 판단하기에는 여기까지 대체로 남서쪽 방향의 길로 왔다. 넓은 소사 평야를 향해 좁은 골짜기를 지나고 때때로 남쪽으로 방향을 틀었다. 우리는 안성으로 향하는 수많은 사람들을 지나쳤다. 나는 소나무로 만든 많은 그릇을

천안군 모습(1872년 지방도) 천안을 지나는 대로가 붉은색으로 표시되어 있다

보았는데, 대부분 직경이 15인치38cm 정도였다. 여기에서는─천안에서 50리 거리─노란 모래언덕에 놓인 두 개의 특이한 화강암 바위가 눈에 띄었는데, 이정표가 될 만한 다른 바위는 보이지 않았다. 안성의 상품들은 여러 종류의 곡물, 해초, 소금에 절인 생선, 감, 밤, 장작, 담배설대, 가죽, 주걱, 냄비, 쇠로 만든 물통, 면직물, 서울에서 보이던 도자기, 소, 황소, 짚신, 종이, 약초, 돗자리, 가마니, 그리고 쟁반 등이었다.

입장Ip-chang, 笠場장터에 12시 58분 도착했다. 마지막으로 뻗은 길은 구릉

지대였고 남서쪽 방향이었다. 낱알이 수북이 달린 벼를 심은 골짜기가 길을 따라 계속해서 펼쳐지고 있었다. 가다 보니 산을 끼고 서쪽으로 방향을 튼 듯했는데, 어느덧 야생으로 들어온 듯 느낌이 들며, 조선에서 가 본 어디보다도 호기심으로 들뜬 기분이 들기도 했다. 정말로! 정말로! 힘든 여행이다. 마을은 매우 많지만, 모두 비슷비슷했다. 보기 흉한 가축우리 같은 집들이 모여 있다. 오늘 화장실을 사용하지 못했고 찾아내지도 못했다. 나는 "아무데나 바깥에"라는 이야기를 들었다. 이곳은 천안Ch'honan, 天安에서 35리쯤 떨어진 곳이다.

2시 45분에 출발했다. 여기서부터 언덕과 작은 계곡 너머 몹시 구불구불한 길이 있는데 끝은 작은 마을로 이어졌다. 길은 대체로 남남서 방향으로 진행하였다. 3시 20분에 3분간 휴식을 취했다.

4시 15분에 쉬었다. 여기까지 언덕이 많은 지역을 넘어왔다. 여전히 남과 북으로 뻗은 산맥과 계곡을 따라 가고 있다. 이제 계곡의 끝 부분이다. 날이 춥다.

4시 50분에 쉬었다. 20분 전에 우리는 평야를 향해 열린 계곡으로 들어왔다. 산은 높고 웅장했다. 세 개의 높은 봉우리가 솟았다. 우리는 한동안 거의 직선으로 봉우리를 향해 다가갔다. 5분간 휴식을 취했다.

천안 삼거리의 1960년대 모습(천안시 자료실)
현재는 오른쪽 길에 삼거리초등학교가 들어서 있다

5시 25분, 천안 군수Kunsu의 영문 맞은편이다. 5시 34분 천안 삼거리의 주막에 도착했다. 안성의 위치로 볼 때, 조선 지도의 장소와 경로가 대체로 잘 맞았다. 오늘 여정 내내 나로 인하여 많은 사람들이 모여들었으며, 마치 내가 경이로운 호기심의 대상이 된 것처럼 따가운 시선을 받았다. 안성에서 이곳까지 오는 길은 좋은 길은 아니었다. 겨우 동물과 사람을 한 줄로 세울 수 있을 정도의 넓이였다. 이곳의 가옥과 사람들의 모습은 서울 근교와 별 다른 차이점을 발견할 수 없었다. 천안에는 150여 채의 집이 있으며, 남남서쪽으로 물이 빠지는 평야의 북서쪽 가장자리에 위치했다. 탁발승들은 구승求僧, Ku Chung이다. 그들은 일종의 냄비를 두드리면서 구걸하며 해질녘에 움직인다.

11월 4일 공주 사람들,
화륜선으로 왔는 사람whariunsun-uro wal-nun saram을
횃불 들고 맞이하다

흐리고 안개가 꼈다. 아침 8시 17분에 출발했다. 주막은 크고 비교적 깨끗했다. 주변에 거위들이 있다.

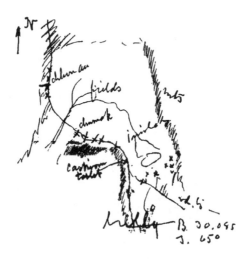

포크가 그린 천안과 주변 지역 지도.
Ch'honan천안, chumak주막 등의 표현이 보인다

9시 8분에 휴식을 취했다. 우리는 이 지점까지 남쪽으로 내려왔다. 그런 다음 구릉 지역으로 들어왔다. 바위가 몹시 드물었고 노랗고 거친 모래 언덕의 아래쪽으로 화강암 바위가 가끔 눈에 띄는 정도였다. 이곳은 남쪽으로 작은 계곡이 흘렀다. 구릉이 많고 주변은 거의 산악 지역이었다. 상당히 많은 사람들이 길 위에 있었는데 대개 남쪽으로 향했다. 짐꾼들이 동물과 쌀, 담뱃대 그리고 무언가가 든 상자(아마도 담배?)를 운반했다.

9시 50분에 김제역金蹄驛마을Chinge Yokmal[115]에 이르렀고 9시 56분에 남쪽 끝에서 휴식을 취했다. 우리는 9시 2분부터 계곡의 동쪽을 따라왔다. 마지막 15분 동안 계곡은 남서쪽으로 방향을 틀었고 이제 여기서 길이 갈라졌다. 한쪽은 서쪽으로 돌아서 북쪽으로 멀어졌다. 이 근처에는 수많은 마을이 있고 북쪽의 평야 위로 확연히 큰 마을들이 보인다. 계곡의 가장자리는 대체로 절벽이었다. 그리고 평야는 절벽 바로 아래까지 경작됐다. 논의 크기가 무척 컸기 때문에 논둑이 적어 더 많은 소출이 가능했다. 언덕에는 관목과 함께 나무가 많았다. 양으로 보면 소나무와 밤나무만 있는 것 같았다. 나는 주막에서 많은 양의 놋쇠 그릇을 보았고 길에서 상당히 많은 사람들을 봤다. 20채 이하의 가옥으로 구성된 마을은 별로 없고, 대부분의 마을은 가옥이 그보다 더 많았다. 바로 전에 휴식한 나는 11개의 마을을 보았지만, 그 마을들이 도로에 인접한 것은 아니었다. 바위가 좀 더 흔하게 보인다.

10시 4분에 출발했다. 남쪽으로 향하다가 약간 서쪽으로 틀었다. 이 부근은 경탄이 나올 정도로 경작이 잘 됐다. 지금까지 본 중에서 가장 훌륭한 논들판이 펼쳐졌고 배수로까지 완벽했다. 헛되이 버려진 땅은 전혀 없었다. 10

---

115 김제마을은 충남 연기군 소정면 대곡리 소정초등학교 주변으로 추정된다. 김제 명칭은 확인이 안 되었지만 초등학교 앞길을 '학교말길'이라고 표현하고 '역마을'을 '역말'로 줄여 부르던 흔적을 보여주어 흥미롭다(역주).

차령고개를 넘기 전의 원토마을. 현재도 원토라는 표현이 유지되고 있다

시 48분에 휴식을 취했다. 이곳은 계곡의 끝부분이다. 우리는 대체로 남쪽 방향으로만 왔다. 오는 동안 연달아 고을과 마을들을 만났으며, 만나는 골짜 기마다 내게는 인상 깊었다. 덕평德坪주막Tepyong chumak이라고 불리는 이곳은 관목이 많이 있으며, 산악 지역의 분위기가 풍긴다. 길 근처의 언덕이 1,000 피트300m 정도까지의 높이는 아니어서 기압계는 거의 상승하지 않았다. 이 것이 산속에 농경 지역이 풍부한 것에 대한 설명이 될지 모른다. 계곡의 바 닥이 매우 평탄하기 때문이다.

10시 57분에 출발했다. 서쪽으로 계속 나아가 바위투성이 골짜기를 벗어 났다. 11시 16분에 마을 근처에서 휴식을 취했다. 주변에 약간의 논이 보였 다. 구릉은 모두 모래로 덮였고 보기 좋은 풍경은 아니었다. 11시 20분에 출 발했다. 서쪽으로 계곡은 좁아졌고 작은 오르막길이 나왔다. 11시 45분, 주 막이 있는 마을인 원토Won-t'ho, 院基의 서쪽 끝에서 쉬었다. 주막은 일상적인 휴식처였다. 근처에 울타리를 둘러친 몇 개의 작은 마을이 있었다. 이곳은 계단식이었는데 어떤 곳은 600-900피트180-270m까지 올라갔다. 이런 광경은 조선에 들어와서 처음 보는 것이다. 앞서 반 마일을 오는 동안 길 오른쪽 부근 벼랑의 바위 속에서 녹색의 유황이 보여 구리의 흔적을 발견한 것 같았다(버나도우를 위한 기록).[116] 이쪽 지역은 바위가 더 많았다. 이곳 계단식 지형은 경작에 알맞은 토양이 조선의 서쪽 지역에서는 대부분 씻겨 내려가 계단식 논을 경작할 수 없을 것이라는 내 이론을 오히려 증명해 준다. 나는 길 바깥에서 오래되고 방치되어 있는 당집Tangchip 돌무더기를 한두 번 목격했다. 과거에 누군가는 그 옆을 한번쯤은 지나갔을 것이다. 당집 사당을 검사하면 광물학적인 결과를 얻을 수 있을지도 모른다. 서낭당에 쌓여 있는 돌들이 종종 먼 곳에서 오기 때문이다.

11시 52분에 출발했다. 기압은 29.95, 온도는 화씨63도17℃이다. 12시 8분 정상에서 간단한 식사를 했다. 12시 28분에 산 아래에 이르렀다. 분지에 30-40채의 집이 흩어진 작은 마을이 있다. 남쪽 방향으로 계속 나아갔다. 골짜기는 분명 언덕 위까지 촘촘하게 잘 경작되어 있었다. 경사가 가파르다.

1시 3분, 골짜기에서 흘러나온 시냇물을 건너(여기서 동쪽과 서쪽으로 갈라져 흐른다) 주막이 있는 곳인 광정역廣程驛, Kwangjong[117]에 들어섰다. 위에 기록한 공주公州의 고갯마루 이후부터 시작된 계곡의 이름이 광정이다. 거리는 몹시 좁았다. 오늘 나는 가장자리와 윗부분에 장식이 있는 철제 선정비를 몇 개 보았다. 언덕은 비교적 풀이 많았고 키 작은 소나무 군락을 약간 볼 수 있었

---

116 1884년 미국 해군 소위 존 버나도우John Baptiste Bernadou, 1858-1908는 스미소니언 협회에 의해 서울 미국 공사관의 "스미소니언 담당관"으로 임명된다. 그는 도자기와 그림에서부터 가구와 옷까지 많은 한국 문화 유물을 수집했다. 1884년 12월 쿠데타 당시 서울의 서구인들이 피난 왔을 때 공사관 방어를 지휘했다. 그리고 이후에 일본인 무리를 제물포의 안전지대로 이끌어 일본 정부의 훈장을 받았다.

117 충남 공주시 정안면 정안리에 위치한 역마을.

광정역의 이름은 현재 광정장터길로 남아 있다

지만 제대로 자란 나무는 정말 드물었다. 오늘 논둑은 무척 좁았다. 단단하고
깔끔하게 쌓아올렸지만 걸어 다니기에 너무 좁고 길었다. 들판은 일본의 그
것보다 더 넓었다. 오늘 지나는 지역은 일본에서 봤던 비슷한 골짜기 앞 들
판보다 더 정리가 잘 되어 있고 좋았다. 오늘은 당집 돌무덤이 무척 많았다.
일부는 굉장히 가지런히 정리되어 있었다. 돌무더기 중 하나는 작은 오두
막 모양으로 쌓았는데 그 안에는 돌 하나가 명판처럼 세워졌다. 그중 몇 개
에서는 기와 한 장이 보였는데 새끼줄에 매어 가져와서 그곳에 매달아 놓은
것 같았다. 내 생각에는 병을 이겨내기 위해서인 것 같았다. 우리가 방금 지
난 산은 무성산武城山, Mu-s'hong-san[118]이다. 이곳은 천안삼거리天安三巨里, Ch'honan
sam-gori에서 50리 거리다. 식사 이후 길은 괜찮았지만 군데군데 심하게 무너
진 곳이 나왔다. 송도Songto이후부터는 수레 등이 지나기에는 길 상태가 좋지

---

118   무성산Musong-san.

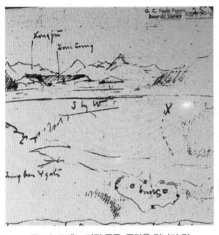

포크 노트에 그려진 공주, 금강을 건너기 전
맞은편 나루에서 바라본 공주Kongju와 산성SanSung: 공산성

않았다. 새뚝Satuk 부근을 제외하면, 오늘 식사를 한 장소의 해발 높이가 전체 경로에서 주목할 가치가 있는 유일한 것이었다.

2시 30분에 출발했다. 골짜기의 개울은 곧 남쪽으로 방향을 틀다가 살짝 동쪽으로 흘렀다. 그리고 우리는 남남서로 나아갔다. 이 지역은 벼농사가 드물었고 전체적으로 황량했다. 가옥이 거의 없었고 한두 개의 담배 밭이 있었다.

당집에서 몇 단의 지푸라기로 둥그렇게 만든 고리가 눈에 띄었다. 대여섯 개의 돌만 있는 완성되지 않은 당집을 봤다.

4시 7분에 쉬었다. 마을이 다시 나타났고 개울은 더 커졌다. 3시 19분 이전까지 길은 오직 남남서로 이어져 작은 언덕을 넘었다. 이 부근은 특이하게도 규칙적으로 산등성이가 나타나서 마치 고분이 늘어선 것처럼 보인다. 서쪽으로 화강암 능선이 북쪽과 남쪽으로 뻗어 나갔다. 주변에 소나무 숲이 몇 군데 있다. 이곳은 모란모로원毛老院, Muran[119]이라고 불리는

현재 금강변에서 본 공주 모습. 포크가 그린 모습과 유사하다

---

119 이곳의 지명 표기는 모로원이지만 현재도 모란으로 불린다.

포크가 건넌 금강과 공산성 북문(공북루)-남문길이 잘 나타난 1872년 공주 지방도

데, 공주에서 20리 거리다. 여기에는 내가 여지껏 본 중에서 가장 깨끗한 주막들이 줄지어 있었다. 각 주막은 크지 않은 규모로 아마 30여 채 정도 되는 것 같았다. 세 개의 군락으로 인접해 있는데, 아마 모두 모로원이라 불리는 것 같았다. 당집 나무에 붉은색과 흰색의 천조각과 함께 빨간 고추가 묶여 있는 것을 봤다. 앞장 선 일꾼이 여기까지 달려 내려왔지만 무릎만 까졌다. 4시 12분에 출발했다.

5시 14분에 쉬었다. 지난번 휴식 이후 대체로 남쪽을 향해 내려왔다. 평야가 아름다운 풍경으로 넓어졌다. 개울이 우리 발걸음을 따라 남쪽으로 굽이쳐 흘렀다. 15피트 넓이에 1피트 깊이었다. 5시에 우리는 두 언덕 사이의 틈으로 진입했는데, 나의 앞쪽으로 공주산성公州山城[120]을 볼 수 있었다. 그리고

---

120 산성sansong, 포크가 "산악 진지"라고 정의한 이곳은 전쟁 때 사용하기 위해 방어 가능한 언덕 지역에 지어진 성벽으로 둘러싼 장소다.

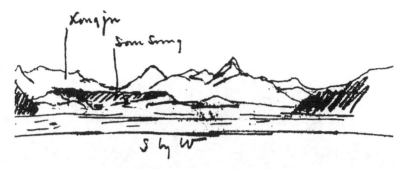

공주로 진입하기 전 금강변에서 그린 공주 지형 모습.
Kongju공주, Sansung산성 표시가 보인다

틈새 중간에 녹색 섬처럼 보이는 언덕이 있었다. 매우 넓은 들판과 제방이 주목할 만하다. 언덕 가장자리에 이르기까지 촘촘이 경작이 이뤄지고 있으며, 주변에 목화밭까지 더해져 틈새로 보이는 풍경이 아름다웠다.

5시 39분 금강錦江에 도착했다. 강은 거의 북서쪽으로 흘렀다. 강바닥은 폭이 1/5마일320m 정도였다. 북쪽 면에 있는 물줄기는 450피트135m 정도의 너비를 가졌으며, 점토로 이뤄진 높은 둑이 있었고 강바닥에는 모래가 깔렸다. 뱃사공은 강이 세 사람의 키 높이만큼(대략 15피트: 4.5m) 깊다고 했다. 강은 물결치지 않고 매우 잔잔했다. 나루터 위쪽으로는 약 6톤가량의 돛배가 보였다. 강의 남쪽 제방은 고운 모래로 이뤄진 상당히 낮은 둑이어서, 매우 평평하였으며 절벽실제 둑까지 이어져 있다. 물이 흐르는 속도는 기껏해야 2노트시속 약4km가 넘지 않아 보였다.

우리는 커다랗고 편평한 배를 타고 물을 건넜다. 일꾼들이 누군가를 시켜 가져온 횃불로 배를 밝혔다. 그런 다음 우리는 산성의 북문을 향해 모래사장을 서서히 헤쳐 갔다. 북문 바깥에는 오두막이 몇 채 있었다. 이 무렵은 날이 너무 어두워서 아무것도 보이지 않았다. 북문 안쪽에 멈춰 서서 횃불을 구하려는 소동이 있었지만 곧 출발했다. 우리는 왼편으로 가파른 돌길을 올라

공주 공산성의 북문인 공북루문

정상에 도착했다. 성의 남문을 지나자 경사가 심하고 험한 내리막길을 내려가 좋은 길을 지나 왼편으로 가서 시내로 들어섰다. 거리에는 커다란 새 집이 많았다. 마치 화재가 나서 새로 지은 것 같았다. 거리에서 우리는 수많은 횃불을 든 시끄러운 한 떼의 무리와 갑자기 마주쳤다. 그리고 나서부터는 양인洋人, Yang-in[121]이 도착했다는 소식을 들은 사람들로 거리가 가득 찼다. 우리는 빠른 걸음으로 (충청) 감영監營[122]의 오른편에 있는 객실로 들어갔다. 확실히 깨끗하고 질서정연한, 지금껏 내가 본 것 중 가장 훌륭한 관아였다. 방에는 깔끔한 돗자리가 바닥에 깔렸고 병풍을 드리웠다. 그 외에는 소나무 촛대가 가구의 전부였다. 영문에 오후 6시 35분이 되어 도착했다.

나는 오늘 어느 집 앞에서 원뿔 모양으로 짚을 엮은 모자를 쓴 사람이 밥

---

121 양인Yang-in: 서구인, 외국인.
122 영문衙門, Yamen: 지방 정부 관리의 거주지와 관청을 이르는 한자 용어.
본문에는 영문으로 되어 있으나 이곳은 충청감영이므로 감영으로 바꾸었음(역주).

pap[123] 그릇을 뒤적이며 이렇게 말하는 소리를 듣고 재미있었다.

"여기 화륜선으로 왔는 사람whariunsun-uro wal-nun saram이 있다!"

나는 광정역에서 하인을 시켜 민 참판[124]의 편지를 감사에게 보냈다. 그는 나를 만나기 위해 돌아왔는데 길을 5마일8km이나 벗어났다. 나는 무척 피곤하고 외롭다. 이 괴상하고 가련한 이교도들 사이에서 느끼는 완전한 무력감으로 내게 때때로 찾아오는 이 이상한 감정을 그들에게 잘 표현할 수 있었으면 좋겠다. 나는 두렵지 않았다(아마도 안성을 제외하고). 하지만 지금까지 어떤 단 한 명의 외국인도 이렇게 이교도들 사이에 스스로를 내던진 사람은 없었을 것이라는 생각이 들었다. 그렇지만 모든 세계를 통틀어 사람은 사람이고 이곳에서 느끼는 나의 이 무력감이 곧 내 안전판이라는 것이 내 생각이다.

비장裨將, Pijang이 전양묵을 불러 내가 무엇을 먹는지 등을 물었다. 그리고 내가 앞서 보냈던 편지에 대한 감사의 답장을 가져왔다. 그는 아직 내게 음식을 가져오지 않은 아전[125]이 몹시 잘못됐다고 말했다. 그는 감사에게 보낸

---

123 밥Bap: 쌀을 이르는 한국 단어, 그보다는 일반적으로 식사를 의미한다. 포크는 11월 10일 다음 도입부에서처럼 "저녁밥은 엄청났다. 그리고 조금 전 감사는 관리를 보내 내가 밥을 잘 먹고 편안한지를 물었다"(The evening pap was tremendous, and a little bit ago the Kamsa sent an officer to ask if I had papped well and was comfortable). 종종 이를 동사로 사용한다.

124 민영익(1860-1914), 조선 최고 지위의 귀족참판, champan이며 조선의 세력가. 1883년 미국으로 가는 조선 사절단을 이끌었다. 그리고 돌아와서 외무부의 고위직을 맡았다. 이어지는 몇 달 동안 그의 근대화와 개혁을 위한 열정은 서울의 정치적 현실에 부딪혔고 민씨 일족의 보수주의와 친중 입장으로 돌아섰다. 1884년 8월 그는 문관과 무관을 동시에 맡기 위해 외무부를 사직하며 민씨 일족에게 분명히 돌아갔다. 그의 아버지 민태호가 이끄는 내무부서의 두 번째 지위의 장관으로, 그리고 궁중 경비대대친군영의 지휘관우영사을 맡아 군대에서 개화파들을 몰아내는 데 이용했다. 나라의 진보를 막는 장애 세력으로 비쳐지면서 그와 그의 아버지 모두는 1884년 12월 개화파들이 일으킨 쿠데타의 표적이 된다. 민영익은 심한 부상을 입었지만 살아남았고 그의 아버지는 그러지 못했다. 민은 이후1905년 을사늑약체결에 조선을 떠나 상해에서 화가와 서예가로서 명성을 쌓으며 여생을 보냈다.

125 아전Achon: 지방 정부에 소속된 하급 관리. 포크는 때때로 이를 "Ajun"으로도 표기했다.

공주 금강–공북루

민영익의 편지를 가지고 있었다. 내가 원하면 돈을 주라고 감사에게 요청하는 내용이었다. 비장은 이곳에 돈이 없다고 말했다. 돈을 요구하거나 관련된 말을 하는 것은 전양묵이 상관할 바가 아니었다. 그런 일은 내가 직접 해결할 것이다.

아주 늦게, 9시 20분이 되어서야 식사가 왔다. 수일이 전해 준 바에 의하면, 내가 보낸 하인이 민영익의 편지를 감사에게 전달하러 갔을 때, 감영의 경비병이 감사에게 편지 전하는 것을 꺼려했다고 한다. 감사는 편지를 받은 즉시 횃불을 든 호위대를 보내고 숙소를 살피도록 명을 내렸는데, 수하의 아전들이 명을 받고 움직일 때까지 네 번이나 명을 내려야 했다는 것이다.

공주에서는 특별히 조사할 만한 것이 없어 보였다.

나는 원뿔형의 돌무더기 꼭대기에 돌 하나를 똑바로 세워 놓은 모습을 여러 번 봤다. 모두 오래되고 세월이 쌓여 거무튀튀하게 바래 있었다. 돌무더기는 4~12피트1.2~3.6m 높이까지 꼼꼼하게 쌓여 있다. 그것들은 조선의 다른 석조 구조물만큼 오래되어 보였다.

돌무더기와 관련하여 수일은 고대로부터 전해 오는 가난한 집안 사람들의 이야기를 들려주었다. 옛날에 어떤 가난한 집의 막내가 시키는 대로 가족들은 집으로 들어올 때마다 매번 무언가를 집으로 가지고 왔다. 그것은 다름

아닌 돌이었는데 가족들은 돌을 열심히 나르고 이를 원뿔 모양으로 쌓았다. 어느 날 근처에 사는 부자 친척이 와서 돌무더기 꼭대기를 바라봤는데, 꼭대기에 올라가 있는 돌이 바로 황금이었다. 황금이 탐난 친척은 가족이 가진 모든 돌무더기를 사겠다고 하며 자신의 재산을 내놓았다. 가족은 그에게 정상에 세워둔 상석의 돌만을 빼고 돌무더기를 모두 넘겨주었다. 황금이 없는 것을 알고 친척은 몹시 화를 내며 따졌다. 하지만 가족은 친척이 그저 돌무더기에 대한 대가로 싼값을 주었을 뿐이라며 금까지 사고싶다면 더 많은 돈을 내놓아야 한다고 말했다. 그런데 이것이 진정 이들 돌무더기들의 유래란 말인가? 이해하기 힘들다.

●

11월 5일
서울보다 좋은 집과 물건 그득한 공주를 둘러보다
조선 관리들의 장점,
음식을 함께 나누고 새로운 문물을 함께 즐긴다
조선의 인구 증가는 긴 평화와 기름진 땅, 좋은 기후 탓

8시에 일어났다. 내가 이른 밥을 먹고 나자 중군中軍, Chungkun[126]이 찾아왔다. 나는 그와 즐거운 대화를 나눴다. 그는 멋지게 차려입은 꽤 괜찮은 친구였지만 외국인에 대해서는 아는 것이 하나도 없었다. 감사와 만나기 위해 제복을 차려입고 감영으로 갔다. 거리는 사람들로 꽉 찼고 길라잡이들이 외치는 소리가 요란했다. 영문 부근은 아전과 온갖 종류의 화려한 복장을 한 이들이 군중을 이뤘다. 감사는 유쾌했다. 나는 그에게 웃음을 주었고 그는 밥과 차와 술을 내놓았다. 나는 통행증을 설명하고 돈 등을 요청했다. 사람들이 보여 준 호기심은 놀라웠다. 나를 보기 위해 도시 전체가 웅성거렸고 거리는 종일 사람들로 만원이었다. 조금 있다 거하게 차려진 밥상이 나타났다. 감사를 포함해 이곳 사람들은 앨러트호Uss. Alert가 금강에 다녀간 바에 대해

126　그의 가족에게 보낸 편지에서 포크는 "중군Chungkun, 中軍"을 "치안판사magistrate"로 정의했다. 1884년 9월 29일 부모와 형제에게 보낸, 포크의 편지들.

공산성 동문에서 바라본 공주 시내와 충청감영 자리 모습

현 공주고등학교 입구에 재현된 충청감영 포정사

아무것도 알지 못했다.

이는 조선 정부가 어떻게 일을 운영하고 정보를 전달했는지를 보여 준다.

나는 1푼짜리 돈은 거절당했지만 5푼짜리는 원하는 만큼 받을 수 있었다.

국립공주박물관 옆에 이전된 충청감영 선화당

압박은 의심 없이 자행되지만 누구에게나 다 통할 수는 없는 것이다. 그러나 조선 정부에게는 통했으며 그만큼의 가치가 있었다. 나는 감사에게 1) 전주에 가기 위해 필요한 현금과 도움, 2) 은진에 있는 모든 것을 볼 수 있도록 도와줄 것 3) 공주에서 가능한 것을 볼 수 있도록 도와줄 것 등을 요청했고, 이를 모두 약속받았다.

감영에서 내 앞에 차려진 식사는 매우 훌륭했다. 가느다란 국수와 쇠고기, 차가운 구운 고기, 튀긴 닭, 삶은 달걀, 얇게 썬 배, 밤과 감 등, 허기진 어떤 외국인이라도 만족할 만큼 잘 차려졌다. 접시 중 하나에는 익히지 않은 소의 위상 위에 역시 잘게 서며신 소의 폐가 날것 그대로 올라 있었다. 이것은 완전히 나를 쓰러뜨렸다!-모든 야만적인 음식에도 그렇게 흔들리지 않던 나로서도 충격이었다.[75] 감사를 앞에 두고 작은 방의 마루 위에서 나는 홀로 식사를 했다. 그동안 그의 부하 장교들과 눈처럼 하얀 머리카락과 턱수염을 지닌 노인들이 손에 닿을 정도로 주변에 가깝게 몰려들어 내 모든 움직임을 지켜봤다. 참으로 황당한 상황이었다.

이후 내가 숙소로 가기 위해 사람들 속으로 가게 되면서 길라잡이들은 사람들을 밀치느라 힘든 나머지 신음을 냈다. 결국 끔찍한 소리가 터져 나오고 구경꾼들을 향해 매질이 시작되었고 문 주변까지 내가 빠져나갈 길을 열기 위해 밀어 제치고 고함 친다.

지금껏 본 중에 여기 영문은 가장 크고 질서정연했다. 그곳 부근에는 그렇게 세련되지는 않았지만 웅장하고 으리으리한 것이 많았다. 화려하게 차려입은 사람들이 군중을 이루고 분주하게 움직이면서도 소리쳐 부르고 인사를 했다. 보기 드물게 영문 거리에는 네댓 개의 상점이 있었다. 그중 하나는 조선에서 본 가장 크고 아름다운 상점이었다. 그곳에서는 온갖 물건들이 팔렸고 조선산 아마와 면직물들이 쌓여 있는 가운데 외국산 면제품도 많이 있었다.

정오쯤 되어서 나는 시끄럽게 몰려드는 군중들과 아전들에 섞인 채 수일, 묵과 함께 가마를 타고 공주 관광을 나섰다. 우리는 북쪽의 산성으로 향하는 어느 거리를 헤치고 나아갔다. 거리는 겨우 반마일 정도나 아니면 그보다 조금 더 길어 보였다. 온 동네가 나를 보기 위해 나선 것 같았다. 이곳의 길라잡이들은 핑크색 겉옷을 보급받아 입었고 비교적 무척 조용했다. 그리고 사람들에게 매질을 하지도 않았다. 공주산성에서 나는 그 안에 거주하는 중군

---

127 "폐Lights": 가축의 허파. 포크는 익히지 않은 소의 위와 허파를 대접받는 것을 무척 기이하게 여겨 이를 강조하기 위해 여기서 역설적인 표현을 사용한 것으로 보인다. 그는 조선에 도착하기 직전인 1884년 5월 나가사키에서 처음으로 조선 음식을 맛본 뒤에 가족에게 보낸 편지에서 다음과 같이 썼듯이 사실 자신을 외국 음식에 대해 상당히 열린 마음을 가지고 있다고 여겼다. "평범한 외국인에게는 기이했을지도 모르지만 나는 무척 괜찮다는 것을 알았다. 일본 음식보다 유럽인의 입맛에 조금이라도 더 맞는 부분을 찾는다면 그랬다. 그럼에도 세상의 다른 곳에서 부딪히는 온갖 생활 방식에 나처럼 특이하게 편안함을 느끼는 다른 외국인은 거의 찾아보기 힘들 것이라고 생각한다." 1884년 5월 21일 부모와 형제에게 보낸, 포크의 편지들.

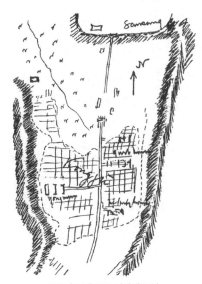

포크가 그린 공주 시가지 그림.
Kongju공주, yongmun영문(감영), Sansung산성 같은
표현이 보인다

을 만났다. 그가 앞장섰다. 남문에서 그가 10여 명의 장수와 함께 나를 맞았다. 그는 대문 근처의 벽으로 둘러싸인 안뜰의 정자로 데려갔다. 이곳에서 나는 평야를 잘 살펴볼 수 있었고 남쪽으로 펼쳐진 마을을 12초와 15초의 노출로 두 장의 사진에 담았다. 또 정자 안에서 중군과 그의 아들 사진을 찍었다.

이곳에서부터 우리는 오른쪽으로 내려가 산성의 바닥으로 갔다. 불과 몇백 야드1야드=0.9m 거리였다. 그런 다음 어느 사찰[128]에 이르렀다. 거기서 두 명의 승려와 오랜 대화를 하면서 조선과 인도 불교 사이의 유사점을 찾으려 했다. 금박을 입힌 2½피트75cm 높이의 불상이 있는 매우 작은 사찰이었다. 내부는 화려하게 채색고 약간의 그림들이 있었다. 그 앞에는 새로 바닥을 깔고 창호지를 바른 매우 큰 객실이 있었다. 그들은 내게 약산의 산스크리트어 문자가 쓰인 책을 보여주었

공산성의 남문인 진남루. 포크가 공주 시내로 진입할 때 통과한 곳이다

---

128 당시 공산안의 사찰은 1872년 지방도規장각 소장에 의하면 영은사靈隱寺다(역주).

공산성 쌍수정에서 공산성 내부와 금강을 바라본 모습. 포크가 방문했을 당시의 상황과
비슷한 모습으로 멀리 금강과 북문인 공북루. 왼쪽에 중군영과 각종 건물들이 보인다

다. 찬불가와 한자와 판독 불가인 것 등이 있었고 그런 종류로는 그곳에서 유
일한 책이었다. 승려들은 불교에 대해 뭘 좀 아는 듯했다. 나는 그들에게 인도
에서의 내 경험[129]을 이야기해주었다. 그리고 마침내 승려는 경기도 장단長湍,
Changdan에 있는 절에서, 산스크리트어가 가로로 길게 쓰여진 패엽경 다섯 권
이 줄로 묶여 있는 것을 봤다고 이야기했다(중요한 메모). 승려들은 나를 매우
마음에 들어 하는 것 같았다.

사찰을 떠나 강벽을 따라 북문을 넘어 산성의 서편으로 이동했다. 이곳에
는 중군이 살고 있었다. 그는 내게 진수성찬을 대접했다. 나는 사진을 찍었
다(23초, ½인치). 그리고 우리는 미국에 관해 긴 이야기를 나누었다. 나는 이

---

129 포크와 조선 사절단 일부를 6개월의 항해를 통해 조선으로 귀환시킨 트렌턴호Uss. Trenton는
봄베이와 콜롬보에서 1884년 4월과 5월 오랫동안 정박했다. 그동안 포크는 많은 사찰과 절터를
방문하고 인도 지역 종교에 관한 폭넓은 기록을 남겼다. 1884년 3월 26일과 4월 13일 부모와 형
제에게 보낸, 포크의 편지들.

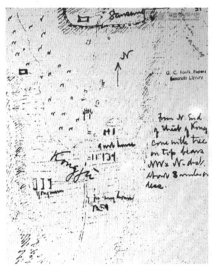

곳 강에서는 증기선이 거의 쓸모가 없을 수도 있다는 것을 설명했다. 미국의 지도를 그리고 각 지역의 산물을 설명했다. 그리고 석유왕 조니Coal Oil Johnny의 이야기를 하고 철도에 관한 대화를 나눴다. 이런 모든 것들에 대해 중군은 완전히 아무것도 몰랐다. 조선의 부와 관련된 그의 질문에 답하면서 나는 우호적인 무역 등을 할 때 그들이 얻을 수 있는 이익에 관해 잘 설명해 주었다. 그는 강한 관심을

공주 읍내를 묘사한 포크 그림(충청감영 쪽 시선)

보였다. 아마도 그는 생애 최초로 이런 이야기를 듣는 것 같았다. 내 이야기가 그에게 유익했을 것이라고 믿는다. 나는 중군의 독사진을 찍었다(11초, ½

조지 포크가 촬영한 공주의 중군
(From the American Geographical Society Library, University of Wisconsin–Milwaukee Libraries)

인치). 그러고는 우리의 숙소로 돌아왔다.

산성은 공주 방면으로 가장자리를 따라 굴곡진 언덕 주변을 울타리같이 에워싼 작은 성이었다. 오래되고 무딘 톱니 모양이었다. 경사가 가파르고 높았다(150피트가량). 4개의 문(동, 서, 남, 북)은 나무로 만들어졌고 지붕이 있는 구조였다.-아치는 없었다. 벽에는 구멍이 뚫렸다. 한두 개의 감시탑이 있었다. 승군僧軍들이 있는 절, 전쟁을 대비한 곡식이 가득한 구조물, 작은 무기와 화약이 보였다. 30여 채의 가난한 집이 있는 마을과 구조물이 북문 부근에 있었다. 북쪽이나 강 쪽은 벽이 낮았고 볼품없었다. 전체 성은 작고 약했지만 내가 본 다른 성들과 비교하면 훌륭했다. 강으로부터 공주 계곡으로 향하는 입구를 막는 것이 산성으로 북쪽에 위치한 강에서는 공주의 내부가 전혀 보이지 않았다. 산성은 의심할 여지 없이 남쪽으로부터의 공격을 대비해 지어진 것이 분명했다. 중군이 공주에는 충분한 병사(6,000명)가 있다고 말했다. 비록 총을 발사하기 위해 불을 붙이는 데 서투르다는 것을 인정하긴 했지만 매우 강력한 곳이라고 생각하는 것 같았다.

중군의 집 입구에 곤장과 창이 쌓여 있었고 부근에 사람들이 묶여 매를 맞는 형틀이 두 개 있었다. 오래되고 사용한 흔적이 가득했다. 중군이 말하기를 강 일부의 깊이가 5피트1.5m 정도밖에 되지 않는다고 했다.

공주(산성은 제외하고)는 3,700채의 집이 있고 대략 22,000명의 사람이 산다. 집들은 계곡 앞에 무리지어 모여 있다. 일반적으로 쌀을 재배하는 골짜기는 북쪽에 위치한 금강을 향해 열려있다. 계곡 입구 바로 안쪽과 오른쪽으로 절반쯤을 가로지르며 언덕이 펼쳐지고 있다. (언덕은) 거의 원형으로 보일 만큼 강을 감싸며 굽어 있는데다, 강 쪽으로 기울어져 마치 화산의 분화구같이 느껴지기도 한다. 그렇지만 높이가 너무 낮았다. 굴곡은 직경이 300야드275m가 되지 않았고 벽으로 둘러싸여 공주의 산성임을 보여 준다. 공주 읍내에는 겨우 두 개의 거리만 있는데 남북을 관통하는 길이 이곳으로 지나간다. 이 중 한 갈래는 고을 한복판에서 남쪽으로 뻗어 서쪽 가장자리에 있는 감영으로 이어진다. 이 거리는 기껏해야 15~20피트4.5-6m 정도의 너비였다. 불규칙했지만 꽤나 깨끗하게 비질이 돼 있었다. 서울처럼 개방된 하수구는 없었고 배수구 하나가 거칠게 덮여 있었다. 가옥은 조선의 다른 모든 곳과 거의 유사했지만 대부분이 서울의 집보다 높았다. 그리고 벽에서 바깥쪽으로 대략 4~5인치10-13cm 돌출된 지붕이 있었고, 사각형 기둥으로 지지되고 있었다. 곧게 세워진 건물의 정면 쪽으로는 대개 담장의 전체 길이를 따라가며 격자무늬로 장식을 하였다. 그리고 일부 가옥은 앞면 전체가 목재로 되어 치장을 잘 하고 있었다. 주택의 내부는 서울보다 넓었다. 그리고 청소가 잘 되어 있었다. 최근에 화재로 인해 새로 지어진 12채의 주택은 잘 다듬어진 목재로 만들어져 정면에 높다랗게 세워졌는데, 조선에서 본 최고의 주택이었다. 내부는 일반적인 가정의 가구 배치로 (밥솥을 앉히는) 부뚜막, 소목 세공품, 문 등이 있었다. 서울보다 더 나은 장인의 솜씨가 보였다.

수원이나 송도Songto처럼 가게나 상점이 많이 보이지는 않았다. 하지만 내가 본 상점은 지금껏 본 중에서 제일 나았다. 8군데는 무척 컸다. 전면이 20-25피트6-7.6m 길이로 상품들이 단정하게 정리되어서 정말 진열이 화려해 보였다. 이 가게들은 빗, 비단 장옷, 끈, 아마 목화 그리고 겹겹이 쌓인 무명천 같은 물건 등을 팔았다. 그리고 영국 면직물English cottons이 각 상점에 있었다. 또한 옻칠을 하거나 채색을 입힌 장롱과 상자들, 종이 공예품들이 있었는데 그중 일부는 채색이 매우 화려했다. 한복을 만드는 데 필요한 자질구레한 것들까지 포함하여 전체적으로 상당히 다양한 품목들을 구비하고 있었다. 곡물가게는 몇 군데에 불과했지만 비축품의 양은 많았다. 한 대형 상점에는 주물로 만든 무쇠 솥이 가득했으며, 숙소 부근의 종이모자 상자 공장에

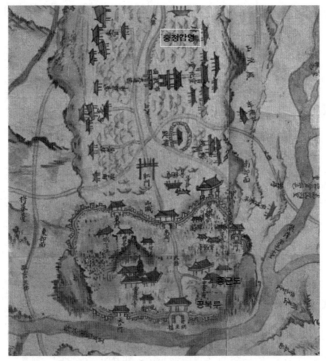

1872년 공주 지방도에 나타난 금강—공산성과 충청감영의 모습.
포크 일행은 금강을 건너 횃불을 든 공주 주민들의 영접을 받으며 공북루를 거쳐 남문을 통해
충청감영현 공주사대부고으로 진행하였다

서는 대량으로 만들어진 종이제품이 진열되어 있었다. 정육점에는 판매하기
위해 내장을 걸어두었다. 매우 혐오스러운 장소였다. 주막은 여러 곳이었고
규모가 컸다. 두세 군데의 장소에서는 짚신과 조악한 물건들, 곡물들과 함께
말린 생선, 해초 등을 쌓아 놓고 팔기도 했다. 하지만 상점의 수는 많지 않았
다. 이불 같은 상품 등, 일부 중국 제품이 상점 안에 있는 것으로 보아 중국인
들이 공주에 다녀갔던 것으로 추정된다. 하지만 외국인들은 아니었다.

감영 영문은 내가 조선에서 본 것 중 가장 컸다. 일반적인 구조였지만 더
크고 넓었다. 그래서 더 위풍당당했다. 공주의 일반 집들보다 훨씬 더 화려

했다. 관아 건물은 여러 채였고 모두 질서정연했다. 마당은 깨끗하게 비질이 되었고, 지저분했지만 구멍이 뚫려 있지는 않았다. 영문의 관리들은 화려하고 부유하게 차려입었다. 하지만 낮은 계급의 사람들인 나인, 군졸들은 다른 곳에 비해 누추해 보였다.[130] 내 숙소 주변에는 관리의 훌륭한 집들이 있었다. 내가 본 다른 어떤 고을보다도 이곳은 관리와 일반인의 처지는 더욱 차이나 보였다.

공주의 주산물은 (불을 밝히는) 초수지와 종이 제품이다. 서울 관리의 집에서 사용하는 초들은 모두 이곳에서 나온다. 내가 본 것 중 가장 눈에 띄는 종이 제품은 여자들의 바느질 도구 상자였다. 이 지역에서는 종이가 생산된다. 충청도와 전라도에서 생산되는 단감은 무척 크고 품질이 좋다. 서울에서 볼 수 있는 훌륭한 것들이다.

공주의 관리들은 감사, 판관 그리고 중군이 있다. 또 비장이 있는데 낮게 엎드려서 감사의 비서나 서기로 일종의 부관 역할을 하는 것 같았다. 감사[131]는 나이가 47세로 뚱뚱하고 못생겼으며 유학자의 모습으로 게을러 보였다. 장담하건대 분명 허약한 관리였다. 그의 임기는 약 2년이다. 판관이 보통 방문객을 받고 접대하지만 나타나지 않았다. 무관인 중군은 33세로 잘생기고 단정한 남자였다. 마찬가지로 아전도 매우 멋져 보였다. 일반적으로 감사를 제외하고 장교들은 매우 청결하고 잘 차려입었다.

나는 곤장이나 기타 등등에 관해 무척 많이 전해 들었다. 여기서 본 바로

---

130 포크는 "다른 곳보다 더 누추했다"에 원을 그리고 여백에 "불확실한"이라고 적었다.

131 당시 충청감사는 박제관朴齊寬. 1834~?이었다. 박제관의 자는 치교致敎. 호는 율암栗庵으로 1859년철종 10 증광 문과에 을과로 급제한 뒤 지방관을 지냈고 경기도 암행어사로 활약한 바 있다. 안동부사를 역임할 때 민란을 진압하였으며 동래부사로 있을 때에는 일본 사신과 통상을 교섭하였으나 실패하였다. (한국민족문화대백과사전)

는 서울에서보다 규율이 훨씬 강해 보였다. 서울에서는 관리들이 그렇게 잔인한 수단에 의지하지 않고 수하들을 부릴 수 있었지만 지방에서는 사람들을 움직이게 하려면 관아에서의 태형이 반드시 필요한 것 같았다. 그리고 실제로 항상 태형이 행해졌다. 그러나 해답은 오직 친절과 말로써 해결하는 것에 달려 있다고 생각한다.

관리와 백성들 사이에서 나는 이미 서울이 서구 문명에 눈을 뜨기 시작했음을 알 수 있었다. (그러나) 이곳의 사람들은 편견이 심하고 미신을 믿으며 극단적으로 무지했다. 서울은 문명이 발달한 지역으로 봐줄 만한 정도였다. 관아에서 늘 벌어지던 소란이 여기서도 일어났다. 온종일 이상한 울음소리가 합창을 하듯이 허공을 채운다. 감사의 명령, 관리가 접근하거나 멀어지는 것을 알리는 소리, 또는 군졸의 "에라! 이랴!" [132] 하며 관리의 앞길을 여는 소리, 또는 밤에 가마를 출발시키거나 땅에 놓을 때 가마꾼이나 군졸이 지르는 "타-아-아" 소리들이다. 외침이나 울음소리는 길고 컸다. 그리고 나팔 소리가 이어졌다. 징을 치고 피리를 불면서 문을 닫았다. 어젯밤 나루터에서, 중군의 숙소가 있는 산성 안에서 들려오던 시끌벅적한 소리는 대단했다. 이러한 모습들은 나로 하여금 조선의 다른 어떤 것보다 미개한 시대의 분위기를 맛보게 한다.

감사가 내게 상자 3개를 보냈다. 필기용 종이, 판지板紙, 그리고 인삼이었다. 중군은 궁내부에서 공식적인 진료 시 사용하는 알약을 한 상자 내게 주었다.

오늘 밤 비장이 내게 도장이 찍힌 통행증호조을 가져왔다. 내가 감사에게 부탁한 바였다. 또한 10,000푼의 현금을 승인한 외무부의 편지도 함께였다.

---

132 일반 참고사항에 나온 약간의 단어들: "예라, 이랴, 비켜라, 비키시오Pigip-shio, 비켜주세요, 비켜라Pigi-ora, 옆으로 움직여라, 소파라Sopa'ra, 비켜라, 길에서 나와라, 황소에게네 황소를 주의해라."

돈은 5푼짜리로 가져왔다.

나는 커피를 만들어 브랜디를 섞어 비장에게 줬다. 그런 다음 내 권총, 칼 등을 빌려줬다. 거울은 언제나 탄성을 자아낸다. 하지만 조선의 어느 곳에서 도 내 황금 견장에는 놀라지도 않았고 존경을 보여 주지도 않았다. 나이 든 비장은 오늘 밤 온갖 표정으로 무언가를 중얼거리며 앉아서 그것들을 바라 보고 또 바라봤다.

무언가를 보여 줄 때나 줄 때, 내가 이 조선 관리들을 좋아하는 한 가지 이 유는 각 관리가 그중 일부를 다른 사람들에게도 건넨다는 것이다. 커피를 끓 일 때마다 매번 절반을 마시고 나머지는 십여 명 이상의 방 바깥에서 어슬렁 거리는 이들에게 나눠 주었다.

조선 정부가 백성들에게서 받는 압박은 식량 공급이 정체된 상황에서 급 속히 증가하는 인구로 인한 것으로 보였다. 나는 지난 200년 동안 인구가 급 속히 증가했다고 확신한다. 여기에는 여러 가지 근거가 있다. 전쟁이 없었 고, 땅은 비옥했으며, 날씨는 쾌적했다. 그 외에도 비슷한 이유들이 있다.

정부 개혁과 관련해서는 첫 번째 조치 중 하나로 관리 계급의 숫자를 조 정할 필요가 있다는 것이 내 의견이다. 이는 육조六曹, yukcho의 서리sori와 다른 정부 부서의 관리들이 함께했을 때 가장 효과적인 결과를 얻을 수 있을 것이 다. 제한된 연금의 지출을 줄이지 않고서는 당장 개혁을 이뤄내기가 불가능 할 것이다. 이렇게 불로소득을 줄인다면 국가 재정이 증대될 것이다. 일본은 관리, 사무라이라는 짐으로 잔뜩 짓눌렀다. 이들은 교육받은 계층이었고 수 당이 단절되면서 오히려 진보적이고 정말 쓸모 있는 남자들이 될 수 있었다. 이러한 과정을 겪은 뒤 그들은 일본 최고의 남자들이 되었다. 그러나 나쁜 남자들은 좋지 않은 상황에 빠지게 된다. 각자 응당한 대우를 받게 되는 것 이다. 그래서 여기 조선에서도 이런 조치가 실현되어야 한다. 나는 서울에서

이 점을 강하게 이야기할 생각이다.[81]

한 가지는 내게 확실해 보인다. 만약 서울에서 반란이 일어나더라도 나라 전체적으로는 크게 동요되지 않을 것이다. 이곳의 그 누구도 서울에서 무슨 일이 벌어지고 있는지 관심을 갖는다거나 알고 있지 않았다. 혹은 오랜 세월 서울을 다녀오지도 않았다. 조선의 중심부 지역 국민의 생활이 취약하다는 내 이론을 뒷받침하는 증거다. 국가는 종족이라는 존재에서 떨어져 나온 한 부분이다. 이 정부의 통치 행위를 통해 판단해 보면, 무력으로 백성을 장악하고 유지하고 있음을 보여 주고 있다. 또 중국 문화인 관상학적 측면에서 봐도, 나는 평민들이 관리 계급과 심지어 생긴 것부터 다르다는 생각까지 하게 된다.

이곳에서 편지를 보내기 위해 푸트 장군에게 글을 썼다.[134] 그런 다음 자리에 누웠다. 피곤하여 눈이 다소 쓰라렸다.

133　일반 참고사항: 지방의 관리들, 감사, 동래의 부사, (공란)의 목사 그리고 경주의 포(공란)들만 과거를 치른 남자들Kwaga men이다. 관청을 맡은 과거 출신 남자들을 '실직Shilchik'이라고 불렀다. 다른 이들은 '남항Namhang'으로 과거 출신 남자들보다 낮은 계급이었다. 그들은 반드시 몸을 굽혀야 했다. 매우 대단한 존재는 아니었지만 그들은 그래도 양반Nyangpan으로서 정부에서 매달 세미를 받았다. 이들은 대단한 놈팡이들이었다. 양반이 이렇게 넘쳐나고 그들이 받는 세미가 작아서 자꾸 관리가 바뀌고 착취가 발생했다. 그들의 실제 업무는 언제나 알 수가 없었다.

134　루시우스 푸트Lucius Harwood Foote, 1826-1913. 새크라멘토에서 수습 변호사 자격으로 지방법원 판사1856-1860, 샌프란시스코 항에서 지방행정관1860-1865, 캘리포니아에서 부관 참모1872-1876로 재직했다. 이런 경력으로 그는 뒤에 "장군"으로 알려진다. 푸트는 1879년에 외교 단체에 들어가 칠레와 콜롬비아에서 근무했다. 그 후 1883년 2월 체스터 아서 대통령에 의해 주조선 초대 미국 전권 대사와 특사로 임명됐다. 푸트는 그 해 5월 12일 부인 로즈와 제물포항에 도착했다. 급여를 받지 않는 개인 비서 찰스 스쿠더와 일본에서 고용한 조선인 통역사 윤치호와 함께였다. 그는 1885년 1월까지 조선에 머물렀다. 미국 정부가 조선 내 대표부의 지위를 격하한 것이 그의 사퇴를 재촉했다.

11월 6일
계룡산을 지나며
조선 다음 왕조를 상징하는 '정쌀'과 '정돈' 이야기를 듣다

"상하게 때리는 것이 악을 없이 하나니 매는 사람 속에 깊이 들어가느니라"[잠언 20:30][135]

9시 13분에 출발했다. 중군과 비장이 참석했다. 관아에서부터 고을을 벗어나 강둑을 향해 동북으로 나아갔다. 이곳부터 네 개의 마을이 북쪽 둑 위로 보였다. 나룻배 하나가 강 반대편에 있었다. 한두 개의 돛을 단 정크선^{황포}돛배이 보였다. 강을 따라 동남동으로 방향을 바꿨다. 쓰레기가 여기저기 버려져 있다. 9시 46분 남쪽 둑 위의 언덕이 갈라지며 마을이 나타났다. 이곳에서 우리는 남남동으로 방향을 돌려 상에서 멀어졌다. 강물은 동북동으로 흘렀다. 9시 51분에 우리는 1/6~1/4마일_{270~400m} 너비의 규칙적인 형태를

---

135 잠언 20:30 "시퍼렇게 멍든 상처는 악을 깨끗이 없애나니 이와 같이 채찍도 뱃속의 여러 부분을 깨끗하게 하느니라."(킹 제임스 판본, 역주)

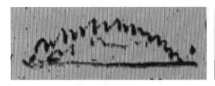

포크가 그린 계룡산 모습

노성에서 본 계룡산 모습

가진 계곡으로 내려갔다. 몹시 구불구불한 개울로 물이 흘렀는데 물고기가
무척 많았다. 나는 경기도와 충청도의 거의 모든 개울에 작은 물고기가 가득
하다는 사실에 주목했다. 이렇게 물고기가 많은 개울이 빈번하게 나타나는
것을 보면 물고기 먹이가 굉장히 풍부하게 공급되고 있다는 추론이 든다. 또
한 이곳에는 약간의 계단식 논이 있었다. 낮은 산에 나무는 보기 힘들었고
높이는 400-600피트120-180m를 넘지 않아 보였다. 작은 마을들이 대략 1/6
마일 간격으로 늘어섰다.

4분 동안 이곳 소개Sogae[136]에서 쉬었다. 10시 16분에 출발했다. 계속해서
언덕을 올라갔다. 길을 따라 내내 집들이 있었다. 분명 계곡 안에는 지금까지
1마일에 걸쳐 6개의 마을이 있었다. 10시 54분에 거사막居士幕, Kusamak[137]에서
쉬었다. 빨간 겉옷을 입은 관아의 길라잡이들은 무고한 백성들에게 행패를
부렸다. 그들은 돈을 지불하지도 않고 좌판에서 감을 집어먹고 한 명은 불쌍
한 사람을 두들겨 패기 시작했다. 이는 내 가마꾼인 들창코에 의해 중단됐다.
나의 기분을 불편하게 만들지 않으려 했기 때문이다. 10시 57분에 출발했다.

11시 20분에 우리는 산마루를 넘어갔다. 간신히 알아볼 수 있을 정도로

---

136   소개는 공주시 신기동 효포초등학교 주변 지역으로 현지 주민은 이곳 명칭이 소개-효개-효
포로 바뀌었다고 한다(역주).

137   거사막은 공주시 계룡면 기산리 거사막길 일대로 효포초등학교 앞에서 23번 국도를 따라
3.2km 거리에 위치하고 있다(역주).

낮은 능선이었다. 그리고 남쪽 방향으로 개울이 흐르는 계곡에 들어갔다. 중무덤이Chugun Muno-mi[138]에서 4분간 쉬었다. 이곳은 공주 안이다. 11시 46분에 출발했다. 언덕의 바위 모양새, 토양, 언덕의 방향을 보면 우리 뒤쪽에서 광물들이 발견될 수도 있다는 생각이 들었다.

12시 27분 우리는 경천역敬天驛, Nyung Chon Yok에 도착했다. 평야 북동쪽에 위치한 넓은 마을이었다. 다음 수도의 부지가 있다는 곳(계룡산)은 아마도 여기서 똑바로 북쪽이거나 살짝 북동쪽일 것이다. 오늘 유약을 바른 단지와 그릇, 온갖 모양과 크기의 솥을 짊어진 짐꾼들이 우리 곁을 많이 지나쳤다. 또한 종이를 짊어진 남자들도 있었는데 실제로 이곳 주변에는 마을들이 정말 많았다. 특히 서쪽 언덕을 따라 많이 분포되어 있다. 이곳은 노성魯城, Nosong에서 10리 거리다. 12시 37분에 출발했다.

1시 5분, 왼쪽으로 언덕이 끝나고 계룡산鷄龍山이 나타났다. 이곳이 다음 수도가 될 곳이라는 예언이 있었다. 아픈 사람들이 병을 치료하기 위해 기와나 쇳조각을 이곳으로 가져왔다. 그것들을 주우면 가져가는 사람이 즉시 병에 걸린다고 한다.

조선 다음 왕조의 이름은 정Ch'hung이 될 것이다. 그리고 모든 국민이 다 같이 세금으로 내는 쌀을 정쌀Ch'hung ssal, (돈은) 정돈Ch'hung ton 따위로 부를 것이다. 송도 시절에는 이쌀I ssal[139] 등으로 불렀다.

138　중무덤이는 거사막에서 2.7km 남쪽으로 내려온 곳에 위치한 명칭이다(역주).
139　포크는 여기서 고려 왕조를 언급하고 있다. 그 당시 수도는 개성에 위치했다. 다르게는 송도 Songdo, Songto로 알려졌다. 이를 승계한 조선 왕조는 이성계Yi Song-gye에 의해 세워져서 때때로 이Yi, I 왕조로도 불린다.
이 내용은 당시 정감록에 의한 정씨왕조의 출현과 관련된 인식이 조선 사회에 퍼져 있음을 보여 주는 흥미로운 내용이다. 특히, 이팝(이밥)이란 표현의 유래와 새로운 정씨왕조 출현에 따라 정쌀과 정돈 으로 바뀔 것이란 내용을 확인시켜 준다는 점에서 매우 흥미로운 기록이다(역주).

1시 20분에 휴식을 취했다. 신호소 하나가 노성산魯城山 봉화烽火, Mt. Nosong Pong-ha라는 이름이 적힌 깃발을 세우고 똑바로 서쪽을 향해 있었다. 일본 막사 하나가 이곳 위쪽에 있었다. 오래되고 무너져 가는 담이 둘러졌다. 휴식을 취한 뒤 1시 20분에 우리는 남쪽으로 짧은 거리를 걸은 뒤 서쪽으로 1마일쯤 돌아서 노성魯城에 이르렀다. 가난하고 작은 곳으로 이곳의 관리는 현감Hiengam이었다.[140] 나와 함께 온 감사의 길라잡이는 이곳에서 큰 소동을 일으키기 시작했다. 마침내 몸싸움이 이어지고 두 명은 몽둥이로 사람들을 두들겨 팼다. 나는 몽둥이를 멈추게 하려고 최선을 다했다. 내가 온다는 전갈이 이곳에 도착하지 않은 것 같았다.

노성 읍내를 떠나(이와 관련해 나는 이곳에 머물고 싶어 하는 묵을 엄하게 다뤄야 했다) 길로 돌아갔다. 읍내로 들어오기 위해 떠났던 길이었다. 그리고 주막에 들어갔다. 감사의 길라잡이들은 우리와 함께였고 내가 모든 행위를 중지시킬 때까지 그들은 그곳에서 다시 빌어먹을 무례함과 잔인함을 보여 주기 시작했다. 묵을 시켜 주막에 와서 이제 그들의 일은 끝났으니 입을 다물고 집으로 돌아가라고 말하게 했다. 그들은 갑자기 돌아갔다. 내 생각에 그들은 무척 당황했을 것이다. 분명 나를 위해 한 그들의 매질에 대해 내가 칭찬을 할 거라고 생각했을 것이기 때문이다. 그 뒤를 이어 곧바로 노성의 현감이 하급 관리들을 데리고 아주 급히 달려왔다. 그리고 우리 일행으로 꽉 찬 작은 상자 같은 방으로 들어와서 내가 온다는 소식을 몇 분 전까지 듣지 못했고 이제 방금 어느 작은 소년이 편지를 가지고 도착했다는 설명을 시작했다. 그는 묵과 수일을 통해 내게 읍내로 돌아가자는 설득을 하느라 무던히도 애

---

140 현감Hyongam: 고을 원님. 다른 조선 직위와 마찬가지로 현감을 포크는 다양한 철자로 표기했다. "Hiengam"이 가장 흔하게 나타난다.

를 썼다. 하지만 나는 딱 잘라 거절했다. 아직도 30리를 더 가야 하기 때문이었다. 그러자 그는 식사를 준비하라는 명령을 하고 우리가 먹는 모습을 보기 위해 머물렀다. 두 개의 상이 차려졌고 음식은 매우 훌륭했다.

현감은 고지식한 종류의 사람 같았다. 그는 노성에 6,000-7,000채의 집이 있다고 했다. 그는 세금으로 받은 쌀을 보내느라 무척 바빴다. 오늘 세 척의 조운선이 쌀을 싣고 서울로 향했다. 각각의 배는 그의 고을에서 600-700더미를 운반했다. 뒤이어 하얀 깃발이 걸린 정상의 봉화대에서 신호를 보냈다. 바람이 좋다면 돛배조운선 15일 안에 서울에 도착할 것이다. 그렇지 않으면 한두 달이 걸릴 수도 있다. 그가 말하기를 조운선이 통째로 사라지기도 한다고 했다.

3시 58분에 주막을 떠났다. 노성 읍내에서 온 4명의 길라잡이가 앞서 뛰었고 놋쇠 나팔을 든 두 명이 길을 열기 위해 때때로 애절한 곡조를 불었다. 나는 이 사내들이 공주의 악랄한 길라잡이들을 대신해서 앞장 서는 것을 보고 안심이 되었다. 나는 조선을 여행하는 동안 읍내의 길라잡이나 다른 하층 관리들이 큰 고을의 허풍쟁이들보다 훨씬 친절하고 조용하다는 것을 알아챘다.

4시 45분 서남 방향으로 뻗은 거대한 평야가 나올 때까지 우리는 남쪽으로 서쪽으로 내려갔다. 이곳에서 약간 휴식을 취하고 출발했다. 망원경을 통해 남서쪽 언덕에 있는 미륵상Miryok을 볼 수 있었다. 동쪽으로 평야의 맨 앞에 남북으로 이어진 가파른 물결 모양의 경사면과 산마루의 화강암 언덕이 있었다. 한 부분은 정말 놀라웠다. 무수히 잘린 단면과 굴곡진 윤곽이 분명하고 1,200-1,800피트365~550m 높이였다. 낮은 산마루의 일부는 마치 요새의 성벽처럼 보였다. 이곳의 평야는 부분적으로만 경작이 됐다. 첫 번째 펼쳐진 반 마일은 어느 정도의 초지와 무덤, 둔덕과 함께 잘 가꿔진 논이었다.

그리고 이어서는 매우 불규칙한 지형의 넓은 개울 바닥이 있는 풀밭의 고지 대였다. 우리는 6시 15분까지 이 평야를 횡단했다. 그 안의 마을 3개를 지났다. 이를 감안하면 평야는 적어도 7마일11.2km은 되는 것으로 봐야 한다. 그리고 서쪽으로 최소한 15~17마일24~27km은 펼쳐져 있다. 여기는 은진恩津벌 Unjin Pul이라고 불리는 조선에서 두 번째로 큰 평야인 벌판Pul이었다. 내가 보기에는 거의 모든 곳이 경작되어져야 할 것 같았다. 개울은 물이 많았고 무척 컸다. 군데군데에 꽤 많은 관목이 자랐다. 평야 너머로 작은 소나무들을 지나 살짝 오르막을 오른 다음 갑자기 내리막길로 은진으로 들어갔다. 그리고 관아 대신 주막에 숙소를 잡았다. 현감은 자리를 비우고 서울에 가 있었다. 그는 일본 요코스카에 3년간 머문 적이 있어 일본어를 할 줄 알았다.

평야에서는 길에 개울이 넘치고 날씨는 습도가 높아 완전히는 아니더라도 거의 통행이 불가능할 지경이었다. 어둠이 내리면서 길라잡이의 나팔 소리가 더 잦아졌다. 그리고 두 번째 마을 밖에서는 네 사람 모두가 높은 음정으로 시작해서 서서히 줄어드는 목소리로 "유-우-사아아Yu-u-saaa!"라고 외치기 시작했다. 마을에 들어서자 모든 것이 혼란스러웠다. 밖에서는 모두가 우리를 위해 횃불을 만들려고 애를 썼다. 우리는 횃불을 받아 그 빛에 의지해 개울을 건넜다. 세 번째 마을에서 다시 "유사有司, yusa"가 외쳐졌고 많은 횃불 전달자들이 나타났다. 은진 바깥에는 다른 새로운 것들이 있었고 멀리서 길라잡이들이 부는 비슷한 안도의 나팔 소리를 들을 수 있었다. 모든 은진 사람들이 거리에 나와서 실제 양인을 빤히 쳐다봤다. 한밤중에 나팔소리가 들리고 횃불이 너울거리는 모습이 기이하게 인상적이었다.

각 동네나 마을 사이에 거주하는 관리인 유사Yusa의 임무는 여행하는 관리에게 횃불을 공급하는 것이었다. 그는 그저 농부 중 한 사람으로 정부에 의해 1년 동안 무보수로 일을 맡게 된다. 한 집 한 집씩 차례로 이 힘들기만 하고 보상을 못 받는 임무를 1년 동안 수행한다. 횃불을 받지 못하면 관리의 길라잡이는 즉시 농부에게 매질을 한다. 예전에는 주막 사람들이 보수를 받지 못하고 관리의 짐을 운반해야 했다(식구들을 이용하거나 다른 수단으로). 그리고 관리들은 영문에서 식사를 했다. 세월이 지나는 동안 이런 모든 일들은 개선되었다. 관리들은 여행하면서 경비를 지급해야 하고 주막에서 식사를 해야 한다.

우리는 6시 35분에 은진에 도착했다. 나는 무척 피곤하고 추웠다. 다리가 아프고 온몸이 쑤셨다. 과연 나는 즐거운 시간을 보내고 있는 건가?

11월 7일
거대한 솟아난 돌, 은진 미륵을 만나다
- 주인에게 충성스런, 막걸리와 투전에 몰두하는 가마꾼들

포크가 그린 은진 미륵 모습

8시에 일어났다. 지난밤은 유난히 춥고 피곤했지만 꽤 잘 쉬었다. 이곳에서 하루를 머물겠다고 생각했지만, 조선인들은 미륵Miryok을 봐야 한다며 미륵에 대해서만 이야기한다. 그래서 나는 그것을 보고 나서 강경포江景浦, Kangkyong-pho를 거쳐 용안龍安으로 갈 계획을 세웠다. 나는 오늘 아침 화장실을 갔다. 마당에 약간의 싸릿대가 둥그렇게 쳐져 있는 곳이다. 말로 표현할 수 없을 정도로 더럽고 터무니없었다. 150명은 족히 될 만큼의 온갖 사람들이 세상에서 제일 무심한 표정으로 아무 소리 없이 나를 지켜봤다. 여행자로서 많은 사건을 겪으면서 분명 나는 일정 부분 거친 사나이가 되었지만, 그들의 집요한 시선은

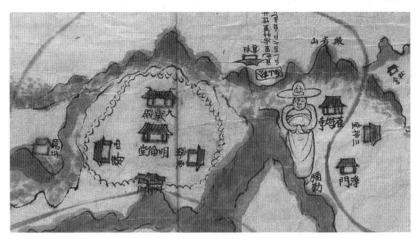

관촉사 은진 미륵이 그려진 은진 지방도/ 1872년 지방도(서울대 규장각 소장)

나를 고통 속으로 몰아넣었다. 저들에게는 사생활과 에티켓이라는 개념이 거의 존재하지 않는 것 같았다.

신이시여, 저들을 도와주소서. 오늘 일은 내가 세상에서 겪었던 가장 최악의 경험이었다. 이 끔찍한 땅을 떠나고 싶다는 소망을 불러일으켰다.[141]

은진恩津, unjin에서 미륵상을 향해 가려면 길은 대체로 북쪽 방향이었다. 풀이 자란 언덕을 넘어 굽이진 길로 5리 거리였다. 가는 길은 오래된 무덤으로 덮여 있었다. 그 사이로 벼를 심어 놓은 작은 계곡들이 있었다. 차츰 내리막길로 이어지더니 우리가 어젯밤 지났던 평야의 가장자리에 도착했다. 미륵상까지 가는 길에 바위는 보기 힘들었다. 미륵상은 남쪽으로 휘감긴 언덕의 윤곽선을 따라 펼쳐진 평야의 가장자리 끝에 있었다. 언덕 정상 부근에는 화

---

141 포크가 일반 참고사항에 기록한 단어들. "뒤퍼Tui-po: 화장실에 간다. 똥누Ttong-nu: 똥 싸러 간다(천박한 표현)."

포크 촬영 각도에서 촬영한 은진미륵 모습.
우측에 작은 석탑은 촬영 범위에서 벗어나 있어 나타나지 않았다

강암 바위들이 여러 군데 돌출되어 있었다. 미륵은 순수한 부처다. 평야 위로 솟은 작은 동산의 100피트30m가량 높이의 바위에 새겨졌다. 작은 동산은 튼튼하게 담이 둘려져 있었다. 그곳은 분명 요새화된 사찰이었을 것이다. 담은 반쯤 허물어졌지만 여전히 남아 있었다. 동쪽과 서쪽은 낮았고 입구는 무거운 돌문 형태였다. 승려들이 말하기를 한때 동쪽 문에서부터 반대편 언덕으로 넘어가는 다리가 있었다고 한다. 반대편은 사찰 벽을 넘어 강물이 들이쳐 폐허가 됐다고 했다. 미륵상의 이마에는 황금(그들의 말에 따르면) 명판이 있었다. 직경이 10인치25cm는 되어 보였다. 중앙에는 수정구가 박혔다. 나는 그곳을 6장의 사진에 담았다.

승려들은 미륵상이 고구려Kokoryoh 시대에 세워졌다고 말했다. 모자 부분이 무척 크고 아래 면으로 조각이 잘 되어 있었다. 북서쪽 구석은 부서졌지

1884년 11월 7일 오전 11시경 포크가 촬영한 관촉사 은진미륵
(From the American Geographical Society Library, University of Wisconsin–Milwaukee Libraries)

만 커다란 철제 고리로 아주 잘 고쳐놓았다. 수리한 부분이 보였지만 상태가 양호했다. 그곳에서 인도 문자는 발견할 수 없었다. 하지만 한 비석에 한자가 쓰여 있었다.[142] 이를 묵이 다음과 같이 읽었다.

- 고구려 시대에 한 농사를 짓는 소녀가 언덕 위에서 장작을 모으고 있었다. 그때 근처의 거대한 바위가 튀어 나왔다. 깜짝 놀란 그녀는 관아로 가서 이를 전했다. 관아의 관리는 이 내용을 정부에 보고했고 모든 사람들은 이것이 무엇을 의미하는지 의문을 품고 크게 동요했다. 마침내 이는 부처가 게시를 내린 것이라 해석하고 정부는 이 석상을 만들었다.

석상 부근 담 바깥에, 다른 작은 돌 조각품들이 있었다. 봉우리 위와 그 아

142　1743영조19년에 세훈 관촉사 사적비(역주).

래 평야의 작은 마을 부근에 잘려진 돌들이 많았다. 그곳에는 한때 큰 사찰이 있었을 것이다. 사진들은 담으로 둘러싸인 장소의 모든 주요 특징을 보여준다. 서너 명의 승려들이 주변에 있어서 질문을 했지만 별로 아는 것이 없는 것 같았다. 그곳에 선사시대의 흔적은 전혀 없었다. 그런 측면에서 파주坡州, Phaju의 석상[143]이 이것보다 우수하다. 승려가 말하기를, 내가 어제 동쪽 언덕을 따라 가면서 폐허나 무너진 담이라고 생각하고 주목했던 곳이 한때는 거대한 절이 있던 장소라고 했다. 담은 사라진 절의 잔해였다. 그곳에는 약간의 작은 석상과 기둥들이 남아 있다고 이야기했지만 가서 조사하기에는 거리가 너무 멀었다.

11시 22분에 미륵상에서 떠났다. 우리는 평야로 내려와 대략 북서쪽으로 진행하여 이곳으로 왔다. 미륵상 바로 아래 작은 마을에는 커다란 바위들이 쌓여 있었다. 마치 섬 같은 모습이었다. 그리고 여기 이곳은 땅이 높고 섬 같았다. 평야의 남쪽 방향 위의 가파른 경사나 바위 언덕을 보면, 승려가 이야기한 것처럼 한때 이곳에 아마도 큰 강이 흘렀다는 것을 알 수 있다. 나는 평야의 많은 인구에 깊은 인상을 받았다. 나는 마을을 스물세 개까지 셌다. 내 시야를 넘어선 이 평야의 다른 곳에 더 많은 마을이 있을 것이다. 은진 읍내에서 파견되어 온 붉은 옷을 입은 키가 큰 두 명의 남자가 때때로 긴 나팔을 크게 불며 우리 앞을 내달렸다. 이곳에 가까워지자 사람들이 동쪽 가장자리에 아주 많이 모여 있었다. 들어가면서 나는 그들의 숫자에 놀랐다. 이곳에 얼마나 많은 사람들이 사는지 추정하는 것이 불가능했다. 집들은 거의 모두 진흙과 뗏장으로 지어졌으며 무척 넓은 장소에 여기저기 흩어져 있었다. 분명 500-600채는 되어 보였다. 이곳에 들어서서 사람들을 제지하자 거의 폭

---

143 파주 용미리 고려시대 거불(역주).

동 단계가 되었다. 그들은 정말 난폭하고 통제가 불가능해 보였다. 때때로 그들이 내게 달려들지도 모른다는 생각을 하기도 한다. 이곳에서의 내 상황은 정말 부러워할 만한 것은 아니었다. 내가 글을 쓰는 동안 군졸과 하인들이 시끄럽게 떠들어 대고 대문 주변의 거리는 야만인에 가까운 사람들로 가득했다. 만약 이런 상태가 지속된다면 어떻게 견뎌낼 수 있을지 모르겠다. 이 부근에서는 소금이 생산되는데 이곳은 소금 상인의 집이다. 나는 이곳의 인구 규모에 큰 인상을 받았다. 가옥의 규모와 숫자도 엄청나다.

1시 12분에 출발했다. 이곳 근처에 배가 있었다. 1시 30분까지 남서쪽으로 가서 1시 32분에 오래된 돌다리를 건넜다.[144] 다리 위쪽으로 언덕에 세워진 요새가 있었다. 다리 위쪽을 약간 넘어가면 둥근 언덕에 풀이 무성했다. 화강암 바위가 돌출되어 있고 가까운 들판에 잘린 기둥도 약간 있었다. 1시 55분에 계곡의 더 넓은 부분으로 왔다. 2시 7분에 휴식을 취했다. 이곳 평야

강경 미내다리. 논산시 채운면 삼거리에 위치한 호서 지역 제일의 돌다리로 원위치에서 옮겨져 물가에 복원되었다. 포크가 지나간 다리로 추정된다

---

144 강경 미내다리(?)

는 작긴 해도 넓이가 12마일약 20km은 되어 보였다. 서쪽으로 너무 여러 갈래 길이 나 있어서 어느 길이 북쪽과 남서쪽으로 어지는지 말하기 힘들다.

2시 47분에 강경이Kangkyongi[145]의 남동쪽 끝에 도착했다. 2시 55분에 나루터에 도착해서 개울을 건넜다. 강둑은 수면 위로 15피트4.5m 높이에 물살이 거셌다. 20여 척의 돛배가 떠 있었다. 60-80톤 정도의 큰 돛배가 짐을 싣고 있었다. 나를 보기 위해 4백여 명의 사람들이 몰려나왔다.

4시 16분에 5분간 휴식을 취했다. 우리는 강을 따라 남남서 방향으로 왔다. 곧 빨간 겉옷을 입은 두 명의 키 작은 나팔수가 도착해서 나팔을 불었다. 그리고 은진의 나팔수는 빨간 외투를 벗고 물러났다. 그런 후 분홍색 겉옷을 입은 두 명의 나팔수가 기다란 나팔을 들고 추가로 도착했다. 그런 후 집사 chipsa가 빨간색과 노란색의 소매가 달린 파란색 겉옷을 입고 끝부분이 하얀색인 녹색 소매 옷을 입은 남자와 함께 나타났다. 나팔소리는 계속됐고 곧 앞쪽에 가마를 탄 현감이 보였다. 그는 돌아서더니 몸을 피하는 것처럼 보였다.

나는 4시 45분에 용안龍安, Yongan에 도착했다. 다시 몹시 피곤했다. 마을 전체가 나를 맞아들이기 위해 나섰다. 나는 관아로 안내됐다. 그곳에는 테이블이 있었다! 톱니 모양 등받이가 달린 의자가 4개 있었고 중국식 테이블 커버가 덮여 있었다. 이곳 용안은 금강 남쪽 제방 위 언덕에 위치한 대략 150여채의 집이 있는 작은 마을이었다. 주변에 나무가 많아 마치 한 폭의 그림 같았다. 나는 묵에게 편지와 통행증을 들려 현감에게 보냈다. 증기선 앨러트호 Uss. Alert가 좌초되었을 때 친절을 베풀었던 관리가 바로 이곳 현감인지를 알아볼 것이다. 만약 그렇다면 본국에 연락해서 그에게 감사를 표할 것이다.

묵이 관아에서 돌아와 전하기를, 이곳과 강경이Kangkyongi 사이에서 앨러트

---

145 강경은 강갱이 또는 갱갱이로 불렸다. 강의 가장자리라는 뜻으로 전한다(역주).

호^{USS. Alert}가 좌초되었을 때 용안 현감은 은진의 현감과 함께 촌장, 일꾼, 음식을 보냈다고 한다. 나는 제복을 입고 그를 방문하여 이 일에 대한 우리 정부로부터의 감사를 전할 것이다. 지금까지는 누가 도움을 주었는지에 대해 아무도 몰랐으니, 이렇게 하는 것이 내게는 적절하게 느껴진다.

현감은 타시카의 형제[146]를 불렀다. 이 젊은 남자는 매우 즐거운 얼굴로 열정적으로 통역에 임했다. 그에게서는 술의 효과도 약간 나타났다. 그는 나를 보고 기뻐하는 것 같았고 서양 문명에 열성을 갖고 있었다. 놀랍게도 그는 유럽 패션으로 만든 블라우스와 바지를 입은 소년을 보여주었다. 무척 재미있었다. 비록 옷이 잘 맞지는 않았지만 그 소년은 자신의 옷을 무척 자랑스러워하는 것 같았다. 나는 그가 겉옷에 달 수 있도록 해군 단추를 듬뿍 주면서 그와 군중을 기쁘게 했다.

현감은 말썽을 일으키기 쉬운 사람이었다. 그는 과장된 말과 행동을 할 것으로 보였다. 타시카의 형제는 근처 조세창고의 수세관이었다. "수세관은 쌀을 저장하는 창고를 관리하기 위해 주둔하는 관원의 명칭이었다. 각 조창漕倉에 한 명씩 배치됐다. 그는 전체적으로 타시카를 닮았다. 하지만 더 젊고 덩치가 컸다. 건전한 사고를 가진 남자로 나는 단번에 그가 현감을 몹시 귀찮게 한다는 것을 알 수 있었다. 그는 오래전에 나에 관해 들었다며 이곳에서 만나 무척 기쁘다고 말했다. 수일은 현감을 알았다(함께 일본에 다녀온 적이 있었다). 그리고 묵은 타시카와 매우 친한 사이였다. 그렇게 일행 전체가 내 방에 모여 매우 친근하고 즐거운 시간을 보냈다. 서울을 떠난 이후 다른 모든 장소에서 겪은 경험 이후에도 이것은 내게 놀라운 일로 느껴졌다. 현감은 쉽

---

146 당시 조선인들 중에는 일본 이름을 별칭으로 사용한 경우가 있었다. 본문 중 '타시카'의 실체는 확인되지 않았으나 개화파 인물로 추정된다(역주).

게 흥분했는데, 당장 조선에서는 실제로 좋은 관리로 평가받지 못하는 것 같아서 나는 그를 돕고 싶었다. 앨러트호Uss. Alert의 사람들에게 그가 베푼 친절을 언급하는 편지를 푸트 장군에게 써서 도와주려고 한다. 할 수 있다면 정말 그렇게 할 것이다. 이 관리들은 내가 내일까지 이곳에 묵기를 바랐다. 그들의 친절은 가장 빛이 났다. 방금 현감이 내 방의 생기를 북돋아 주기 위해 많은 꽃을 보냈다. 확실히 문명의 손길은 대단한 효과가 있다.

오늘 지나온 평야는 지금껏 내가 살면서 본 중에서 가장 훌륭했다. 어떤 곳은 넓이가 20마일32km은 되어 보였다. 그리고 미륵상 이후부터는 모두 마룻바닥처럼 평탄하며 전체가 경작되고 있었다. 들판은 거대했다. 길을 따라 어디에서나 25개 정도의 마을이 내 시야 안에 들어왔다. 대부분은 평야의 가장자리를 따라 배치되어 있었다. 인구도 엄청날 것이 틀림없다. 평야를 관통하는 운하 같은 개울이 흘러서 먼 곳까지 배가 다닐 수 있었다. 놀미Nolmi, 논산論山는 아마도 조수가 가장 높이 올라오는 지점일 것이다. 8피트2.4m 정도는 될 것이다. 주변으로 작은 톤수의 범선이 25척 보였다. 더 많은 배들이 강경이에 있었고 바로 그 아래에도 많았다. 쌀과 갈대들이 대부분이었다. 6~7피트1.8-2.1m 길이의 갈대는 벽과 담장을 짓거나 연료로 많이 사용했다. 그러나 넓다란 목화밭도 약간 있었고 고지대 작물을 기르는 곳도 꽤 많았다. 세계의 어느 나라에도 이보다 더 훌륭한 땅은 많지 않을 것이다. 여름에는 많은 부분이 물에 잠길 것이 분명했다.

공주의 판관은 강경이의 창고에서 세금으로 받은 쌀을 조사했다.

놀미논산 이후 나팔수들을 멈추게 하고 나는 매우 조용하게 마을들을 지나갔다. 강경은 넓은 곳으로 금강을 만나는 개울의 동쪽 둑 위 언덕에 대략 400채 이상의 집이 있다고 했다. 우리는 작은 나룻배로 어렵게 개울을 건넜다. 다 건너기도 전에 대략 450여 명의 사람들이 내 주위에 빽빽하게 몰려들었다. 개울을 건넌 후 우리는 1/8마일200m을 간 다음 언덕에 올라 사진을 찍고 방향을 측정했다. 논은 논둑을 사각형으로 쌓아 구별했다. 논둑은 대략 2~4피트60-120cm 규격이었다. 말들은 볏단 더미에 가려 거의 보이지 않았다. 몇몇 고을에서는 사람들이 낫으로 벼줄기를 베고 여럿이 함께 무리를 이뤄 노래를 부르면서 타작을 했다.

군졸은 몸이 비대한 빨간 겉옷을 입은 얼간이였다. 길 앞쪽에서 몸을 피하는 사람들을 향해 으르렁거리듯이 농담을 던졌다. 그들이 길 위에서 머뭇거리지 않아 한바탕 난장을 휘두를 기회가 주어지지 않았기 때문이었다. 일행은 시끄럽고 거칠었지만 농담을 많이 했다. 가마꾼들, 참견쟁이와 그 외 다른 사람들은 내 태도를 이해하고 나를 위해 군졸이 사람들을 때리는 것을 말렸다.

지쳐서 짐의 무게에 짓눌릴 때, 가마꾼들은 "아이고, 죽겠다O-ui-i-go, chuketta!"라고 말했다. 이는 "아이고(탄식!), 나 죽는다!"라는 뜻이다. "아이고"는 정말 흔하게 사용하는 감탄사인데 내뱉는 방식이 특이했다. "아-이"는 힘없이 낮은 음으로 시작하다가 "이" 부분에서 길게 목소리를 끌고, 그 다음 "고"는 비교적 높고 분명한 어조로 짧고 자연스럽게 발음했다.

가마꾼(보교꾼)

주로 술막과 막걸리에 대해 이야기한다.[147]

그들은 어떻게 판단할지를 기가 막히게 잘 안다. 그는 방해를 용납하지 않

---

147 술막Sulmak: 술집, 막걸리makkolli: 정제되지 않은 청주.

기산풍속도 '각읍수령모양에
묘사된 가마꾼의 모습. 포크의 가마꾼들도
비슷한 상황이었을 것으로 보인다

왔다. 예를 들어 한 명의 길라장이killajengi[148]
라도 나타나면 성을 내며 날뛴다.

그는 자신의 고객를 위해 기꺼이 싸우고
자 하며, 진정으로 충직하다. 나쁜 길이 나
오면 "제미"[149]라고 말하지만 그다지 불평을
많이 하지는 않는다. 군센 노새처럼 강하고
참을성이 있다. 주인이 하루이틀 숙박을 하
거나 기다릴 때면 투전카드게임이나 술과 밥
에 몰두한다. 앞에서 길을 막는 사람들에게는 심한 욕을 퍼붓는다.

---

148 일기 뒤편의 일반 참고사항에서 포크는 "길라장이killajengi"를 단지 "부사의 부하"라고만 정의
한다. 이는 "길 안내자"나 "길잡이"를 의미하는 속어로 쓰였을 가능성이 높다. (kil: 길, Jengi: 사람).
149 재미Chaemi: 흥미로운, 즐거운(편주).
이 표현은 편자의 주석과는 달리 앞서 제시된 욕과 관련된 표현인 '제길헐'의 축약어로 파악된다
(역주).

●

11월 8일
미 군함 앨러트호가 좌초되었던 용안 지역에서 하루 휴식하다
- 현감 부인의 성찬을 대접받다

밤에 비가 왔다. 잠을 잘 자지 못했다. 벌레 때문인 것 같았다. 비가 내리고 있어서 10시가 되어서야 일어났다. 가까운 곳에는 화장실이 없고 나를 지켜보려는 사람들이 많아 야산을 향해 탁 트인 공기를 마실 수 없었다. 이

강경과 용안 사이 금강 모습. 미군함 앨러트호Uss. Alert가 좌초되어 용안 현감 등의 도움을 받은 공간이다

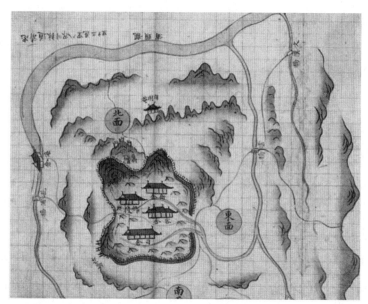

용안현 지도에 나타난 용안 모습과 세금을 모으는 조운선으로 운송하는 해창 모습(해동지도)

런 점이 나를 곤란하게 만든다. 어젯밤 소성치So Sungchi, 타시카Tashika, 푸트 장
군에게 편지를 썼다.

11시에 나는 제복을 입고 현감[150]을 방문해서 앨러트호Uss. Alert[151]의 선원들
에게 베푼 호의에 감사를 표했다. 숙소로 돌아오자 그가 거대한 모과와 약간
의 감과 배가 담긴 커다란 쟁반을 보냈다. 그리고 숙소에 꽃들이 늘어서 있
는 것을 발견했다.

---

150 《승정원일기》 고종 19년 임오1882 6월 4일무오 비, 5차 정사에서 김노완 등에게 관직을 제수
하였다. 한편 김노완은 서재필일기(1896. 1.)에 친구로 언급되고 있다(역주).
151 앨러트호Uss. Alert는 미국 해군의 1,020톤, 전장 60.88m, 전폭 9.8m의 철제 증기선으로 1883
년 10월부터 아시아에 배치되어 1884년 2월 일본 나가사키에 도착하여 동중국해와 황해 등에서
활동하였다. 따라서 배가 좌초한 사건은 1884년 2월 이후로 포크가 이곳을 방문한 11월 이전에
발생하였음을 알 수 있다(역주).

오늘 그와 주로 중국과 프랑스간의 전쟁청-프전쟁[152]에 해 대화를 나눴다. 그는 중국이 타격을 받기를 바랐다. 한 일본 장교가 프랑스가 중국과의 일을 마무리하면 조선을 빼앗으려 할지도 모른다는 말을 한 것을 그에게 알려주었다.

나는 오늘 이곳에 머물기로 결정했다. 길이 나쁘기도 했지만 특히 몸이 별로 좋지 않기 때문이었다. 나를 위해 돌무더기 주변에 낮으막한 가리개를 둘러 화장실을 만들었다. 스무 명의 조선인이 바깥에 서있는 동안 나는 이를 사용했다. 그들은 내가 옷을 추스르는 모습을 똑똑히 볼 수 있었다. 이는 내게 끔찍한 일이었다. 그들은 이런 식의 예절을 전혀 모르는 것 같았다.

오후가 되자 주변이 조용해져서 나는 마당으로 나갔다. 마당에 남아있는 몇 명에게 올가미 만드는 법을 보여 줬다. 그런 다음 마을 뒤쪽의 언덕에 올라 남서쪽으로 1마일1.6km가량 떨어진 강을 바라봤다. 강은 너비가 반 마일이 채 안 되어 보였고 장애물들로 여러 군데가 막혀있었다. 강바닥과 물길이 무척 좁고 구불구불했다. 능선 동쪽 길을 약간 따라갔다. 용안龍安 뒤쪽의 이 언덕을 따라 거대한 돌로 만든 옛 성벽 잔해가 있었다. 그리고 도랑 안에는 분명 사람의 손길이 닿은 거칠게 다듬은 둥근 돌이 있었다. 그 중 하나에는 특이한 둥근 구멍이 뚫려 있었다. 마치 철제 도구로 만든 것이 아니라 다른 돌로 두들겨 맞은 것처럼 보였다.[153] 낮은 산등성이가 언덕 위로 뻗어 있다. 이 위로 옛날에 쌓았던 성벽의 한쪽 면이 뻗어나간 것이 틀림없었다. 그 중간쯤에는 대문처럼 거대한 바위 두 개가 가까이 서 있었다. 그 아래에는 언덕의 협곡에 있던 것과 같은 둥근 돌이 있었다. 이곳은 요새화된 사찰이었을

152　1883-1885년 청과 프전쟁은 청과 프랑스가 베트남 북부 지역인 안남왕국을 두고 벌인 전쟁이다. 당시 프랑스는 중국의 속국이었던 이곳을 인도차이나 식민지에 편입했다(역주).

153　여백에 포크는 "기수旗手, flag pole holders"라는 표기를 추가했다. 이 돌은 포크가 묘사한 모양과 구멍으로 보았을 때 연자맷돌일 가능성이 있다(역주).

지도 모른다.

집으로 돌아오자 현감이 본청에 일종의 술상을 진수성찬으로 차려 주었다. 술잔에는 국화꽃을 띄워 향미를 더했다. 현감은 분명 럼주를 좋아했다. 보

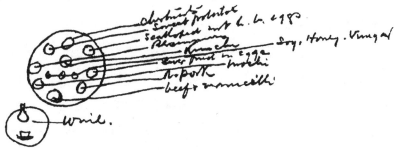

용안에서 제공된 음식을 그린 그림

밥
쇠고기무국
쇠고기 구운 것(작은 사각형, 얇다)
삶은 계란
익히지 않은 창자와 허파(간 천엽)
익히지 않은 쇠고기(얇게 저민 조각-육회)
소금에 절인 생선 토막
조리된 창자(일종의 계란반죽 옷이 입혀진 튀김)
무채와 나물
작은 그릇의 쇠고기국
김치
식초
‒‒‒‒‒‒‒‒‒‒‒‒‒‒‒‒‒‒‒‒
차가운 국수
구운 닭고기(전체 한 마리)
소금 조개(조개 젓) 차가운 굴
껍질을 깎아 얇게 저민 배
김치
감
화로 위의 뜨거운 요리(호두, 쇠고기, 콩, 버섯,
그리고 적어도 4가지의 다른 야채와 허브가 모두 섞였다-신선로)
‒‒‒‒‒‒‒‒‒‒‒‒‒‒‒‒‒‒‒‒
술(Sul)

기에 안타까웠지만, 변명을 해 주자면 이곳의 삶이 너무나 외로운 것 같았다. 마을은 100가구가 채 되지 않는 오래되고 매우 작은 곳이었고 감나무가 주변에 무척 많았다. 타시카의 동생은 오늘 나타나지 않았다. 내 생각에 관아 뒤쪽에 있는 언덕 북서쪽에 있는 그의 창고ch'hang[154]가 붐비는 것 같았다.

오늘밤 현감은 그의 아내(김씨 부인)가 준비한 커다란 진수성찬을 내게 대접했다. 실제로 무척 좋은 완벽한 성찬이었다.

수일이 말하기를 현감이 인기가 무척 많다고 했다. 사람들이 무수히 많은 나무 선정패를 그를 위해 세운다고 했다. 그는 이를 모아서 관아에 가져왔다. 내가 푸트 장군에게 보낸 편지가 그에게 도움이 되었으면 한다.

나는 어제 노성에서 긴 대나무를 나르는 일꾼을 봤다. 대나무 크기는 직경 2인치5cm, 길이 25피트7.5m가 넘는 정도이다. 그리고 짚을 꼬아 만든 새끼줄로 전체를 조심스럽게 감쌌다. 이것들은 서울로 운반된다고 한다. 궁전의 약

용안 동헌, 용안 현감 김노완과 포크가 만난 장소

---

154 조선 후기 조창인 용안 덕성창과 관련된 공간으로 추정된다(역주).

을 제조하는 곳에서 진액을 추출하여 이를 재료로 사용하는 것 같았다. 통틀어 대략 20여 개의 대나무 장대를 봤다.

●

11월 9일
용안을 떠나 익산을 거쳐 삼례에서 자다
- 서구 문물과의 만남을 거부하는 조선의 선비들
- 부패한 관리의 수탈에 저항해 서울로 퇴출시키는 백성들

밤에 다시 비가 왔지만 지금은 밝고 쾌적하다. 나는 어제 현감이 내 가마
꾼들에게 많은 쇠고기와 술을 보냈고, 또 이들이 모두 작은 방에 모여 실컷
들이키고 한바탕 거창한 싸움을 벌였다는 이야기를 오늘 아침에 들었다. 김
노완Kim No Wan, 金魯完, 현감은 내게 두 개의 삼신samshin, 조선산 두루마리를 선물했
다. 그가 묵에게는 약간의 인삼 그리고 수일에게는 망건mangum, 머리띠를 선물
했다는 것을 알았다.

9시 15분에 병사들, 나팔수들, 군졸, 현감 등등이 열을 지어 출발했다. 9시
53분에 휴식을 취했다. 평야를 넘어 남쪽으로 향했다. 길은 젖었고 날씨는
추웠다. 언덕에는 눈이 쌓였다. 오늘 아침에는 화장실에 가지 못했다. 10시
에 우리는 걸망장Kuul-mang-chang에 도착했다. 장터가 열려 있었다. 이곳에서
현감은 사람들에게 나를 소개했는데, 친절한 분위기였으며 나는 이것이 마
음에 들었다. 여기까지가 용안Yongan의 경계였고 현감은 병사들과 함께 돌아
갔다. 이곳에서는 개고기를 팔았으며, 몇 권의 책도 있었다. 여기서부터 우

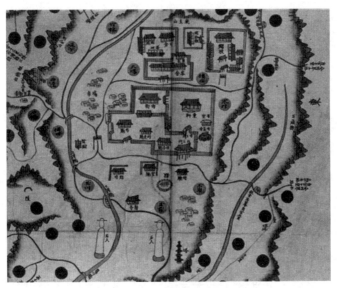

1872년 익산 지방도에 나타난 익산금마 모습

리는 언덕이 많은 지역을 지났다. 눈이 쏟아지기 시작했다. 춥고 불편했다.

11시 10분쯤 초라한 집에서 15분간 멈춰 있었다. 해가 나왔다. 그 후로는 길이 더 끔찍해졌다.

12시 35분에 우리는 익산에서 5리 떨어진 주막에 도착했다. 이곳에는 어제부터 나를 기다렸던 빨간 겉옷을 입은 6명, 나팔수 2명, 악단 6명, 깃발을 든 소년 2명 그 외 다른 사람들이 있었다. "뿌" 하는 나팔 소리와 함께 우리는 출발했다. 그리고 이어서 기이한 악단이 연주를 시작했고 진기한 행렬을 길게 이루며 익산으로 향했다. 지붕 위를 포함해 모든 곳이 사람들로 뒤덮여 있는 것 같았다. 이 지역은 대개의 다른 곳보다 더 많은 나무들이 우거지고 지형이 험준했다. 마을 남쪽 끝에서 나는 관아 반대편 집으로 돌진해 들어갔다. 긴 나팔소리가 시끄럽게 울리고 악단의 연주는 계속됐다. 드디어 화장실을 이용할 수 있었다. 밤에 앞서 커다란 "자쿠스카Zacuska"[155] 가 들어왔다. 나는 서둘러 움직여야 한다고 말하며 이를 취소시켰다.

오늘의 여행은 내가 기억할 만한 것이었다. 나는 이 모든 일이 얼마나 진기했는지를 고향의 친구들이 조금이라도 이해할 수 있게 잘 기록할 수 있기를 바랐다. 여기 익산Iksan의 관리는 군수였다. 내 반대에도 불구하고 용안 현감은 어제 이곳에 편지를 보내 나에게 이 모든 의식과 야단법석을 치르게 했다.

3시 5분에 출발했다. 익산 이전과 비슷한 형세가 지속되는 것을 보면서 계속 남쪽으로 향했다. 평탄한 언덕이 평야로 흘러드는 계곡의 개울에 의해 잘려져 있었다. 내 생각에 언덕 대부분이 북동쪽이었다. 이 험준한 지역 모두가 허비되고 있었다. 밀을 재배하면 될 것 같았다. 모든 계곡마다 마을이 많았고 유난히 가난해 보였다. 문득 지금까지 본 이 지역 집들이 대부분 뗏장이나 진흙으로 지어졌다는 것을 알아차렸다. 나무로 지어진 집은 몹시 드물었다. 작은 마을과 고을들이 북쪽 경기도나 충청도에 비해 별로 안 좋아 보였다. 그에 비해 장독과 그릇들은 품질이 더 좋았고 수량도 많았으며, 부엌 살림살이도 더 많아 보였다.

4시 10분에 누추한 작은 곳에서 휴식을 취했다. 그리고 남쪽으로 길을 계속 가서 5시에 삼례찰방도S'hum-nye chalpang-do[156]에 들어왔다. 장터가 열려 있었다. 주막이 꽉 차서 우리 세 명이 모두 한꺼번에 자야하는 가축우리 같은 방밖에 구할 수가 없었다.

오후 8시, 나는 오늘 조선의 이 지역에 대한 내 생각이 무언가 잘못됐나

---

155 자쿠스카Zakuska: 보통 보드카와 함께 주 요리 전에 나오는 전채 요리를 가리키는 러시아 단어.
156 찰방도Chalbang-do: 우체국으로 편자는 주석하였음.
찰방도는 조선 시대 정보 통신을 위한 말과 인력을 관리하는 '역참'을 다스리는 종6품 찰방이 있는 역참을 말함(역주).

는 느낌을 받았다. 지난 7일 노성을 떠난 이후 우리는 평야지대에 머물렀다. 인구는 의심할 여지없이 무척 많았다. 그런데도 내 기대와는 달리, 비록 벼는 풍부한 소출을 보여 주고 있었지만, 서울의 많은 조선인들이 이야기했던 이 지역의 풍요로운 상황이나 부유함에 대한 증거를 찾지 못했다. 사람들의 집과 옷차림은 서울에 비해 훨씬 열악했다. 목재가 매우 드물어서 집은 대부분 진흙으로 지어졌다. 심지어 지붕도 짚을 엮어 올리긴 했지만 진흙이었다. 전 세계와 비교해서 조선의 대체적인 집들이 가장 좋지 않은 주거지이긴 하지만, 이곳은 정말 비참하고 지저분했다. 아마 크기 측면에서도 다른 곳보다 가장 작은 것 같았다. 일꾼들은 내가 들어갔던 첫 번째 주막에서 안방 Anpang[157]을 쓰기를 원했다. 하지만 여자들이 몹시 화를 냈다.

오늘 길과 들판 주변에서 비석처럼 다듬어진 오래되고 커다란 돌들이 꽤 많이 눈에 띄었다. 특히 고대의 유물로 보이는 것들이 많았다. 이곳은 거대한 평야가 남쪽으로 갈라져 나온 지역의 북쪽 끝부분이었다. 오늘 우리가 지나가고 있는 험준한 지역에 의해 나뉘어졌다.

전양묵이 오늘밤 많은 관리들이 외국 문명에 반대하고 있다고 내게 말했다. 또 이는 많은 사람들의 공통된 믿음이라고도 했다. 심지어 지위가 매우 높은 이들도, 외국인들과 함께하거나 외국을 나갔다 온 경우에는 지역에서 소외되는 취급을 받는다고 했다. 그는 (그리고 수일은) 친구들이 자신에게 이에 대해 간곡하게 말한다고 했다. 한때 자신의 친구 중 한 명이 일본 군함 위에서 레모네이드 한 잔을 대접받았을 때 이를 거절하면서 정말 사악한 약이라고 말했다고 한다.

나는 조선에서, 단순히 몇 글자를 읽을 수 있는 데서 그치지 않는, 일반적

---

157   안방Anpang: 안쪽 방, 여자들의 숙소.

인 글 교육이 시행되고 있는지 확인하기 어려웠다. 책은 드물었고 독서하는 이는 거의 볼 수 없었다. 편지를 쓰거나 하는 따위의 행동도 마찬가지였다 (이는 다시 고쳐 쓸 수도 있다). 특정 사람들은 소양을 쌓기 위해 글 교육을 받기도 하겠지만, 실제 사용하기 위해서나 국가행정으로 이루어지는 교육은 드물고 제한되어 보였다. 나는 조선에서 편지가 무척 보기 힘들다는 점을 관찰했다. 그리고 읽거나 쓸 수 있는 이가 전체 인구의 1/10에도 미치지 못한다고 믿는다. 편지 교류가 너무 적어 당장 우체국에 보수를 지불할 수 있는 정도도 되지 않았다.

용안Yongan의 현감은 분명 주목할 만한 남자였다. 그는 15살 때 아내를 남겨두고 고향 평안도Pyongan-do를 떠났다. 서울에 와서 그는 서광범의 집에서 지냈다. 그곳에서 그는 도움을 받아 승진을 한다. 그리고 돌연히 조선의 남부 지역을 여행한다. 그는 일본으로 건너가 서양식 군사훈련을 받고 서울에서 이를 가르쳤다. 1882년 일어난 임오군란軍亂에 병사들이 쏜 총에 팔을 관통당한다. 병사들은 그를 도랑에 던지고 돌을 던진 다음 죽도록 내버려두었다.[158] 그러한 일을 겪은 이후에 그는 현감의 직책을 맡게 되었다. 하지만 여전히 군인의 몸가짐이 남아 있었다. 그는 작년에 용안Yongan에 왔다. 당시 기근이 휩쓸던 지역이었다. 그는 50,000푼의 현금을 사람들에게 나누어 주었다. 그는 사람들을 돕기 위해 최선을 다했고 탐관오리 짓 따위는 하지 않는 것으로 알려졌다. 최근 전주를 방문한 그는 먼저 팔십이 넘은 한 노인을 찾은 나음 감사Kamsa를 방문했다. 감사는 왜 자신을 먼저 찾지 않았는지를 추궁

---

158 1882년 7월 서울에 주둔하는 군대는 1년 넘게 급여를 받지 못해 불만이 팽배했다. 이에 정부가 모래가 섞인 품질 낮은 쌀로 보상하려 하자 반란을 일으켰다. 이는 정부와 일본에 대항하는 폭동으로 번졌고 왕궁으로 쳐들어가면서 절정을 이뤘다. 일본 공사관이 파괴됐고 일본인 여러 명이 살해됐다(편주). 이는 임오군란을 말함(역주).

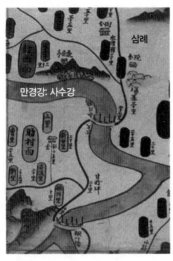
삼례

만경강: 사수강

삼례 지도

했다. 김노완 용안 현감은 그 노인이 문명을 알려준 스승이라 그럴 자격이 있다고 말했다. 이 노인은 지난 수년간 조선을 개방하고 외부 세계와 어울릴 것을 주창한 것으로 유명한 것 같았다. 김은 내가 그 노인에게 관심을 가지기를 바랐다.[159] 나는 그럴 것이다.

묵은 관리들이 부유한 백성을 불러 뇌물을 요구한다고 했다. 이를 거절하면 그들은 매질을 한다. 그리고 백성들이 아무리 기원을 해도 고통이 줄어들지 않으면 종종 나쁜 관리를 공격해서 서울로 돌려보내기도 한다고 말했다.

오늘 여행은 몹시고됐다. 익산Iksan에 도착하기 전에 함박눈이 서너 번 내렸고 그렇지 않아도 좋지 않은 길 상태가 더 끔찍해졌다. 나는 가마꾼이 불쌍했다. 그들은 충성스럽고 주의 깊게 우리를 운반했다. 그들의 일은 지독하게 힘들었다. 그들은 면으로 된 옷을 한 꺼풀만 걸치고 종아리는 드러냈다. 짚신을 신고 낡은 누더기로 발을 감쌌다. 오늘 온도가 화씨40도4.44℃까지 내려갔는데도 거의 벌거벗은 많은 아이들과 다리를 드러낸 맨발의 남자들을 다수 목격했다.

수일과 나는 속이 좋지 않았는데 아마도 오늘 익산Iksan에서 먹은 떡 때문인 것 같았다. 가슴이 뜨겁고 경련이 일었다. 내게는 새로운 고통이었다. 이

---

159 전주의 80대 개회를 주장한 노인의 실체는 아직 확인되지 않았다. 향후 구체적 인물 추적을 통해 확인하고자 한다.

번 주막chumak의 방이 얼마나 끔찍한지 글로 표현하기 힘들 정도였다. 비록 이런 말을 하면 누군가는 배가 불러 투정을 한다거나 속물 따위라고 부를지도 모르지만, 엉클 샘[160]의 하인이 오늘밤을 보내야 할 이곳보다는 노예의 땅과 배 안에 있는 개와 돼지가 더 깨끗하고 나은 집에 살 것이다. 이곳은 익산에서 20리, 전주에서 30리 떨어져 있다.

---

160 흰 수염에 높은 중절모를 쓴 키 큰 남자로 묘사되는 미국 정부를 이르는 말(역주).

11월 10일
사수강^{만경강}을 건너 전주에 들어서서
전라감영을 방문하다

지난밤엔 수많은 빈대들이 묵과 수일에게 달려들어 축제를 즐겼다. 그들은 개집 같은 곳의 끄트머리에서 온돌을 껴안고 잤다. 나 역시 벌레들에게 괴롭힘을 당했지만, 그래도 꽤 잘 버텼다. 밤에 다시 비가 왔고 오전에는 구

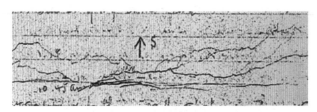

삼례에서 바라본 전주, 오른쪽 높은 산이 모악산(795m)이고
왼쪽 산은 고덕산을 표현했다

삼례에서 현재 바라본 전주

전주 '가리내'는 '갈려진 내'라는 의미로 전주천(왼쪽)과 삼천천(오른쪽)이 합류하는 곳이지만
서울에서 전주부성으로 가는 길에서 보면 '갈려진 시내'로 보인다

름이 잔뜩 끼었다. 이상한 날씨였다. 기온은 어제 화씨40도4℃에서 화씨55도
12.7℃ 사이를 오갔다. 기러기는 여전히 많으며 거의 언제나 그들의 울음소리
가 들려왔다.

　9시 23분에 길을 나섰다. 사수강泗水江, Sac-su-gang[161]에 9시 44분 도착했다.
물살이 거셌고 가장 깊은 곳이 4피트120cm였다. 서쪽으로 450피트135m의 강
바닥이 펼쳐졌다. 우리는 남쪽 둑에서 출발했다. 길은 대체로 남쪽이었다.
평야에는 방앗간과 많은 마을이 있었다. 이곳에서부터 동쪽과 북쪽으로 개
간되지 않은 거대한 평지가 펼쳐졌다.

　10시 45분. 우리 앞으로 전주全州, Chonju로 들어가는 입구가 펼쳐졌다.

　11시 8분에 우리는 전주 방향에서 남쪽으로 흐르는 급류에 이르렀다. 아
마도 사수泗水, Sac-su 강의 본류일 것이다. 가리내Kari-na 마을 주막을 지났다.

161　사수강이 만경강의 원 명칭임. 만경강이란 표현은 일본이 만든 표현임(역주).

남쪽, 동쪽, 서쪽 근처는 산이었고 눈이 덮여 황량하고 헐벗어 보였다. 가장 높은 봉우리는 대략 3,000-3,500피트900-1050m 정도였다. 지난 15분 동안 나는 치장이 잘 된 돌들선정비을 꽤 많이 봤고 철제 명판철제 선정비은 더 많이 봤다. 산비탈에는 약간의 소나무가 자랐다. 나무로 지어진 집 또한 더 많이 보였다. 나는 이곳 주변에서 매우 키가 큰 남자들을 일부 봤다. 적어도 6피트 180cm는 되어 보였다. 그리고 몇 명의 여자들도 봤다. 이 근처에는 계곡 아래쪽에 있는 방앗간에 물을 대기 위한 커다란 둑이 있었다. 오늘 아침에 다시 수많은 기러기를 봤다. 쪼갠 대나무를 나르는 남자들이 길 위에 있었다. 11시 18분에 출발했다. 여기서 전주까지는 10리 거리였다. 기압은 30.42, 온도는 화씨53도11.6℃, 바람은 남서풍이고 춥다.

산비탈에 위치한 마을이 무척 많았다. 늘 그렇듯이 길에서 떨어져 있었다. 조선의 고을과 마을은 서울과 연결된 큰길에서 떨어진 곳에 위치하고 샛길을 통해서만 접근하는 것이 규칙이었다. 장터는 큰길이나 근방에서 열리는 것이 허용됐다. 이는 중요한 사실이다. 당신은 많은 마을을 볼 수 있지만 외국인이 선택할 만한 큰길만을 여행해서는 절대 실제로 들어가 볼 수 없다. 내가 보기에는 정부가 장터를 마을로 옮긴 후 큰길을 수리하는 것이 나을 것 같았다.

여기서부터 길은 동쪽이었다. 개울이 흘러드는 새로운 계곡으로 오르는 길이었다. 우리는 자갈이 많은 평야에 들어섰다. 형편없는 경작지였다. 많은 사람들이 길 위에 있었다. 11시 50분에 우리는 멋진 나무들이 우거져 있는 숲전주 숲정이에 도착한 다음 추슬한 마을을 지나갔다. 이곳 너머에는 자갈이 많고 거의 경작이 되지 않은 평지가 있었다. 몇 개의 누각이 있었고 오래된 비석이 많았다. 전주의 성곽은 왼쪽으로 상당히 떨어져 있었다. 우리는 진흙투성이의 길고 좁은 거리에 들어섰다. 길은 대부분 초라한 헛간이 늘어선 거

19세기 말경 전주 모습(완산도형/한국학중앙연구원)에 나타난 전주 진입 도로.
오른쪽 숲을 지나는 길을 따라 서문을 지나 성의 남문으로 포크가 진입한 것으로 파악된다

리를 얼마 지나지 않아 동쪽으로 휘어지더니 12시 10분에 전주의 남문으로
이어졌다.

이 도시는 성벽안에 2,000여 채의 집이 있었다. 고을 전체는 7,000-8,000
여 채에 달했다. 거리는 비좁았고 정리가 안되어 있었다. 집들은 끔찍해 보
였고 상점은 드물고 초라했다. 우리는 구불구불한 길을 가다가 동쪽 끝의 커
다랗고 추레한 방이 있는 허름한 관아로 꺾어져 들어갔다. 시끌벅적하고 저
질스런 무리가 자신들이 감영에서 왔다면서 내 방으로 들어오겠다고 우겼
다. 많은 혼란이 있었고 나는 몹시 짜증이 났다. 전라감사를 방문할 준비를
마쳤을 때 집사가 전갈을 가져왔다. 감사가 안방Anpang으로 들어가서 나중에
감영으로 나설 때 내게 알려주겠다는 것이었다. 일종의 판관 대리 같은 이가
불렀다. 네, 아니오를 말하는 데 전혀 주저할 것 같지 않은 냉정한 표정의 조

1900년경 전주 모습. 포크가 언급한 남문인 풍남문과 나머지 성문과 성벽이 보이며 남문 뒤
왼쪽 부분으로 전라감영 건물들이 보인다

사관 같아 보였다. 그의 임무는 나에 대해 무언가를 알아내는 것이었다. 나
는 그에게 편안한 상황을 만들어 주고 싶었지만 그의 표정은 별다른 변화가
없었다. 그래서 나는 왕과 참판[162] 따위에 관한 이야기를 해서 그에게 겁을
줬다. 그것은 대단한 효과를 발휘했다. 그 이후 나는 묵과 함께 가마를 타고
감사를 만나러 갔다.

거리는 간단히 말해서 지독할 정도로 좋지 않았다. 우리 뒤를 호기심에 휩
싸인 거친 무리들이 따라왔다. 빨간 겉옷을 입은 관아의 길나장이 6-8명이
그들을 마구잡이로 밀쳐냈다. 관아의 두 군데 입구 주변에 본래의 의장을 갖
춘 수백 명의 군졸들이 있었다. 첫 번째 문 안쪽에 내 가마가 내려졌다. 묵과
나는 위압적인 안쪽 문을 향해 돌이 깔린 진입 도로를 걸어 올라갔다. 길나
장이들이 양쪽으로 줄을 섰다.

대문이 한가운데 열어 젖혀졌다. 내 앞에 거대한 관아가 있었다. 매끈한

---

162 포크는 여기서 참판이라는 높은 지위를 가진 민영익을 언급하고 있다. 참판은 조선 시대 행
정부서인 육조의 장관인 판서[정2품] 다음 지위인 차관에 해당하는 종2품 관직(역주).

전주전라감영 선화당(2020 복원) 필자 유리원판 사진 촬영(노출 3초 조리개1/3)
포크가 촬영한 사진 중 나주에서 물에 빠지며 손상되었을 사진을 포크 일기에 근거해 추정 촬영하였다
(선화당 현판이 걸리기 전 모습)

기와를 올린 높은 지붕과 기둥은 높고 당당한 기운이 서려 있었다. 본관에는 화려하게 옷을 입은 하급 관리들이 거대한 무리를 이뤄 서 있었다. 전체적으로 놀라운 풍광을 만들었다. 지금까지 조선에 있는 어떤 외국인도 보지 못했을 광경이었다. 동양의 오만스러움과 전제 권력의 느낌이 강하게 풍기는 장면이었다. 그런데도 깊은 산속 종족의 분위기가 섞여 있었다. 나는 맨 위 계단에서 모자를 벗고 화려한 예복을 치렁치렁 걸친 회색 수염의 나이 든 관리에게서 정중한 환영 인사를 받았다.

그는 손을 흔들어 나를 오른쪽으로 안내했다. 두 개의 방 안쪽에 감사가 서 있었다. 크고 검은 수염의 남자는 찬란하게 흘러내리는 비단옷을 입었다. 모자에는 뒤쪽으로 길고 빨간 술을 매달았고 앞쪽에는 공작 깃털을 한 다발 꽂아 장식했다. 나는 바깥문에서 고개를 깊숙이 숙여 인사하고 앞으로 나아가 그의 방으로 들어갔다. 이곳에서 나는 테이블 하나와 두 개의 의자, 두 개의 거울 그리고 시계 하나를 발견하고 놀랐다. 모두 화려한 스타일이었다.

1900년경 전라감영 포정루문(우측)과 남문인 풍남문(좌측)이 보인다.
포크가 방문했을 시기 가마 타고 포정루 문을 지나 전라감영으로 들어간 당시 상황이 그려진다

묵은 안쪽 문 바깥에서 몸을 엎드린 다음 통역을 하기 위해 내 곁에서 자세를 잡았다. 전라 감사의 태도는 절제된 표정으로 비판적이고 신중했다. 나는 의례적인 면담을 예상했지만 그의 태도가 좀 더 따뜻해지기를 바랐다.

대화는 익숙한 동양적 안부 인사와 예절을 갖춘 답변으로 시작됐다. 나는 왜, 어떻게 조선에 왔는지 그리고 무슨 일을 하고 있는지를 설명했다. 그런 다음 지금은 버려져 있지만 생산적으로 활용할 수 있는, 내가 봤던 땅들에 관해 이야기했다. 대화는 당연하게도 서양 문명에 관한 질문으로 바로 이어졌다. 그리고 내가 예상한 대로, 감사는 곧바로 조선은 수백 년 동안 쌀을 자족해 왔다고 자랑스럽게 이야기했다(쌀이 풍부하다는 점은 나도 인정했다). 그런 생각을 바꿔주는 것은 쉬운 일이었고, 나는 그렇게 했다. 내가 무역의 장점에 관해 설명하자 감사의 얼굴이 어두워지더니 지금까지 조선은 그런 일들이 가능한지 몰랐고 아주 서서히 다른 나라들처럼 되기를 바란다고 말했다. 나는 이번에 내가 큰 승리를 거두었다고 믿는다. 모든 대화는 언제나처럼 관

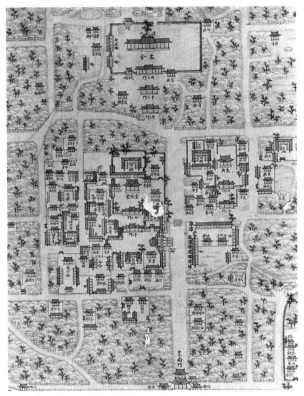

완산10곡 병풍도 중 길을 경계로 좌측 부분이 도청에 해당하는
전라감영 영역이고 우측이 시청에 해당하는 전주부영이다.
포크의 숙소는 윗부분의 객사로 추정된다

아의 다른 사람들이 북적거리는 앞에서 이뤄졌다. 그리고 그들은 감사 앞에
서 내 말에 동의하며 미소를 짓고 목소리를 높였다.

이런 대화에 앞서 나는 모든 내 서류를 보여 수고 통행증 등을 설명했다.
이때 감사는 내가 나주羅州, Naju에 가는 것을 극구 말렸다. 나는 이미 그곳에
가기로 마음을 굳혔기 때문에 가겠다고 이야기했다. 그리고 조선 증기선 회
사의 이익을 위해 강江이나 만灣을 살펴보고 싶다는 이유도 설명했다. 대화
의 후반부는 미국과 다른 외국에 관한 이야기였다. 감사는 이미 미국에 관

해 무언가 좋은 이야기를 들은 바가 있었다. 나는 우리나라의 크기, 상품, 유럽과의 무역 등에 관한 이야기를 들려주어 그와 다른 모든 이들을 놀라게 했다. 다음과 같은 질문을 받으면서 무척 황당했다.-조선의 음식이 미국보다 더 풍부한가? 미국은 조선만큼 좋은 나라인가? 그리고 내 앞에 놓인 음식들 (고구마, 밤, 감, 저민 쇠고기, 국수 따위를 차린 성찬)이 우리에게도 모두(그리고 차려진 것과 거의 비슷하게) 있고 다른 더 많은 것들 역시 있다고 이야기하자 놀라 탄성을 지르는 표정들이 여기저기에서 피어났다.

다음에는 한국어의특정 이름들이 영어의 같은 물건 이름과 닮았다는 이야기를 했다. seed씨, pear배, porridge보리죽 따위 같은 단어들이었다. 이것이 잔치에 흥을 돋웠다. 나는 앞서 감사에게 전주를 둘러보겠다고 요청했고 마

전주에서 포크에게 제공된 11월 11일 아침상 모습을
포크가 그린 그림

포크의 그림에 묘사된 전주 밥상 설명과 내용[112]
1 Rice & beans 콩이 들어간 밥 콩밥
2 Egg, beef & radish soup 달걀, 쇠고기 그리고 무를 넣어 끓인 국 쇠고기뭇국
3 broiled thick chicken 두툼하게 구운 닭 닭구이
4 3 Salt bean pork 된장 양념이 된 돼지고기 세 조각 맥적구이
5 Slices of cold beef 슬라이스 된 차가운 쇠고기 쇠고기 편육
6 Kimchi 김치 김치
7 Radish kimchi & red pepper 빨간 고춧가루로 버무린 무김치 깍두기
8 Slices of beef in egg wash 계란을 입힌 얇은 쇠고기 육전
9 Bean sprouts – cold & sour 콩나물 – 차고 시큼함 콩나물무침
10 Salt clams & oysters 짠 조개와 굴 조개젓과 굴젓
11 a duck soup – radish 무를 넣은 오리고기국 오리탕
12 a soft ??lark of eggs, radish 부드럽게 계란을 입힌 꿩고기 완자, 무 꿩탕
13 Cold beef – sliced and fired in oil 차가운 쇠고기-얇게 포를 떠서 기름에 지짐 불고기
14 Poached eggs 수란 수란
15 Fish raw – salt and cold 날생선 – 짜고 차가운 생선젓갈
16 Soy 간장 간장
17 Vinegar 식초 초간장

---

163 송영애,2019,〈포크Foulk의 일기에 기록된 전라감영의 접대문화〉,《한국콘텐츠학회논문지》,19(12)

지못한 답변을 받았다. 그는 내가 고을에 나가볼 수 있게 집사Chipsa를 보내 겠다고 했다. 나는 카메라를 꺼내면 사람들이 화를 낼지도 모른다고 말하면 서 사진을 찍어도 되느냐고 물었다. 그는 카메라에 대해 알고 싶어 했다. 그 러더니 자신의 사진을 찍어 달라고 요청했다. 그리고 그는 몇 장의 사진을 꺼내어 놓았는데 그것은 바로 미국 군함 앨러트호Uss. Alert와 앨러트호에 승 선했던 하웰Howell이 찍은 다른 사진들이었다. 이것은 내게 놀라운 일이었다. 그는 어딘가에서 독일인을 통해 그 사진들을 얻었다고 말했다. 이 날의 방문 은 행복한 모습으로 끝났다. 주변의 모든 사람들이 기뻐하는 것 같았다.

전라감영을 나선 후 나는 비교적 넓고 편안한 집으로 안내됐다. 서울에서 본 중에서도 최고였다. 그리고 수일과 내 소지품들도 그곳에 있었다. 내 방 문 동안 감사의 명령으로 옮겨 놓은 것 같았다. 저녁밥은 대단했다.

조금 전 감사가 관리를 보내 내가 밥을 잘 먹었는지, 다른 불편은 없는지 를 물었다. 나는 용안 현감이 찾아보라고 권한 개화파 노인에게 개화의 필요

전주시에서 포크 밥상을 재현한 모습

에 부응해 달라는 편지를 보냈다. 왜냐면 타시카 형제가 이곳에서 뵙기를 내게 요청했기 때문이다. 나는 감사가 자신을 위해 민영익에게 좋은 말을 전해 주기를 간절히 바란다는 것을 알아차렸다. 내가 만난 다른 관리들도 마찬가지였다. 아첨꾼들! 이곳 감영 방문은 매우 인상적이었고 잘 묘사를 할 수만 있다면 매우 재미있는 그림을 그려 낼 수 있을 것 같다. 아! 하지만 이곳은 어둠의 땅이다! 서울을 어둡다고 생각했는데 지금은 심지어 문명화된 곳으로 보일 지경이다!

11월 11일
전라감영의 위용과 조선의 전통문화에 감동받다

풍신한 잠자리에서 잘 잤다. 파리가 많이 날아다녔다. 8시에 일어났다. 늙은 철학자의 사위가 불렀다. 나는 곧 그를 만나겠다고 말했다. 그런 다음 그를 만나 그의 존경하는 장인의 말씀을 듣고 친밀감을 느꼈고 그래서 어제 존경의 표시로 편지를 보냈다고 말했다. 사위는 건장한 체격에 잘생긴 외모를 가졌다. 그리고 조용하고 공손했다. 그는 지금까지 외국인을 만나본 적이 한 번도 없다고 했다. 이는 내게 즐거운 사건이었다. 전라감영에서 전주 이남 지역에서는 5푼짜리 동전을 사용할 수 없다는 말을 듣고, 거기서 5푼짜리 동전 4,000개를 1푼짜리로 바꾸었다. 여기서 나는 나주(250리)까지 갈 수 있도록 감사에게 1푼짜리 5,000개를 더 요구할 것이다. 감사는 어젯밤 내가 잠자리에 든 이후에도 계속 술과 음식을 보내왔다. 광주[164]에서 가져온 편지에

---

[164] 여기서는 전라도의 남서쪽에 위치한 광주光州가 아니라 서울 남쪽 가까운 거리의 광주廣州 고을일 것이다.

대한 답례로 비장이 술 한 병과 품질이 좋은 감 한 바구니를 가져왔다. 9시에 아침으로 세이지 꿀, 밤, 감을 이미 먹었다. 10시에 어마어마한 밥이 도착했다. 감사가 특별히 내 가슴까지 닿는 상을 보냈다.

숙소 마당에(이곳은 관리의 집이다) 당집 하나, 굳게 닫힌 작은 정자 하나가 있었다. 그들이 말하기를 안쪽에 그저 약간의 그림이 걸려있다고 했다. 주변 땅바닥으로는 모두 붉은색 벽돌 가루가 뒤덮였다. 그리고 이 집의 주춧돌에 세워진 기둥들과 현관에는 모두 이 붉은 가루가 뿌려졌다. 당집에 축제가 열릴 때나, 아니면 집안에서 종교적인 의례가 열릴 때 이렇게 뿌려진다고 했다. 안에서 이런 행사가 진행 중이니 부정탈만한 것은-심지어 죽은 개나 황소를 본 사람 같은 경우에도-출입금지라는 표시였다. 정문에도 마찬가지 표시를 했다.

오전 11시에 문과 함께 사진 기구를 챙겨들고 어제 의견을 나눈 대로 사진을 찍기 위해 감영으로 갔다. 숙소에서 감영으로 다가가면서 우리는 곧 더

전라감영 선화당의 1920년경 모습
유리창 등 일부 모습의 변화를 볼 수 있으나 포크가 방문한 당시의 위용을 짐작케 한다

넓은 거리를 지나갔는데 그곳에는 낡고 무너져 내리는 많은 담과 건물이 꽤 넓은 지역에 흩어져 있었고 모두 감영에 속한다고 했다. 거리에서 왼쪽으로 돌아 우리는 고을의 문으로 곧장 이어지는 두 번째 넓은 곳에 도착했다. 이 거리 근처에 관아의 첫 번째 대문이 있었는데 늘 그렇듯이 높고 화려한 형태였다. 그곳에는 항상 길장나이, 병사 등으로 복잡했다. 이곳에 들어서면 대략 150피트 너머로 첫 번째 대문과 직각을 이루는 곳에 두 번째 문이 있었다. 그리고 100피트 더 먼 곳에 매우 높고 당당하게 세 번째 문이 서있었다. 두 번째 마당과 문 주변으로 커다란 모자를 쓰고 파란 겉옷을 입고 모여 있는 군졸의 무리가 대단했다. 두 번째 문에서 몇 명의 빨간 겉옷을 입은 남자들이 우리에게 오더니 감사가 안방Anpang에 있다는 말을 전했다. 하지만 우리에게는 자유롭게 행동할 수 있는 권리가 부여되었다고 설명했다. 우리가 본청으로 다가가자 거대한 문이 멋지게 열렸다.

나는 다시 감영 선화당의 압도적인 형태와 주위 환경에 충격을 받았다.

2020년 7월 복원된 전라감영 선화당 모습

1884. 11. 11. 오전 11시–12시경 전라감영 선화당 내부에서 촬영한 전라관찰사 김성근과 육방이속과 나인 모습
(국사편찬위원회 소장본)

100피트 길이의 거대한 건물이었다. 돌로 포장된 답도를 지나 돌기단 위에
세워진 웅장한 건축물이었다. 굴곡진 기와가 덮인 높다란 넓은 지붕이 수많
은 거대한 나무기둥에 의해 지지됐다. 기둥은 직경이 1½–2피트45-60cm 정도
였고 북돋은 석축에 놓인 주춧돌 위에 세워졌다. 건물이 올라앉은 석축 기단
은 대략 6피트180cm 높이였고 세 개의 돌계단을 올라가야 했다. 앞부분에는
전체적으로 화려한 붉은색이 칠해졌다. 최대 50피트15m 길이의 중간 부분
은 전면으로 완전히 개방되어 있고 깔끔하게 바닥이 닦여 있었다. 그리고 천
장 목재들은 밝은 색상의 세밀한 무늬로 장식됐다. 가운데에는 뒷벽에 기대
어 두 개의 커다란 병풍이 나란히 세워졌다. 오른쪽은 거대하고 화려한 용,
왼쪽은 맹렬한 큰 호랑이가 모두 화려하고 생동감 있게 그려졌다. 그 앞으로
중간 지점에 빨갛게 덮인 중국식 의자가 놓여 있었는데 다시 그 앞에는 대인
이 몸을 눕힌 자세로 기대어사용할 있는 두꺼운 매트와 커다란 매트(안식)가
놓여 있었다. 천장에는 4피트×4피트120×120cm 크기의 커다란 사각형 종이

1884년 11월 11일 포크가 촬영한 전라감영 선화당 사진에
나타난 병풍의 일부 모습을 근거로 2020년 재현한
전라감영 선화당 병풍과 전라관찰사 의자

등이 걸렸다. 한쪽 구석에 있는 기치대에는 창 하나와 흉물스런 쇠스랑처럼 생긴 무기가 세워져 있다. 전체적으로 단정한 곳이었다. 화려한 그림들, 붉은 색칠, 건물이 지어진 방식 등이 다른 주변 환경과 함께 한껏 고풍스러운 외관을 연출했다. 건물의 양쪽 끝부분은 아래 그림과 같이 세 개의 방으로 나뉘어졌다.

언제나처럼 마당과 툇마루에 모인 군중은 아래 문을 배경으로 그림 같은 경치를 이뤘다. 나는 가운데 마루에 올라 조금 둘러본 다음, 위 그림의 "a" 방으로 들어갔다. 그곳에는 빨간색으로 덮인 테이블과 의자가 놓여 있었다. 길게 끄는 외침이 허공을 갈랐고 이어서 감사[165]가 화려한 옷차림을 한 여러 사람들의 호위를 받으며 뒤편으로 들어왔다. 감사의 옷은 모두 비단이었다. 위아래로 녹색, 연보라색, 빨간색, 오렌지색, 파란색이 섞인 양단금·은색 명주실로 두껍게 짠 비단으로 만든 옷이었다. 그리고 다른 관리들의 옷 역시 색깔이나 품질에서 크게 다르지 않았다. 그는 내게 정중하게 인사를 건네고 이야기를 시작

---

165 당시 전라감사는 김성근金聲根, 1835-1919이다. 김성근의 자는 중원仲遠, 호는 해사海士. 1862년 정시문과에 급제하여, 이조판서·궁내부특진관·의정부참정 등을 역임하였다. 1910년 국권침탈 때에는 일제에 의하여 자작이 수여되었다. 서예에 뛰어났으며, 미남궁체米南宮體로서《근역서화징》에 글씨가 전한다(역주).

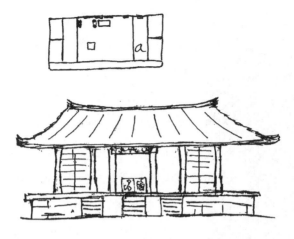

포크가 그린 전라감영 선화당 모습
중앙 현판의 '선화당宣化堂' 편액의 모습과 중앙에 위치한 호랑이좌측, 용우측의 모습을 그림으로 표시하였다

했다. 나는 그에게 은박으로 감싼 궐련 세 개를 선물했다. 그는 매우 기뻐하는 것 같았다. 그는 곧 중국과 프랑스에 관한 이야기를 시작하더니 내게 그 전쟁청프전쟁의 모든 내력을 물었다. 그는 거의 아무것도 모르고 있어서 나는 자초지종을 설명했다. 그러자 그는 일본과 중국의 사이가 좋지 않은 이유를 물었다. 나는 그에게 류큐 제도오키나와 섬의 문제를 말해 주고 앞으로 발생할지도 모를 중국과 일본의 전쟁과 관련하여 조선이 어떤 중요성을 가지고 있는지 설명했다. 그는 깊은 관심을 보였고 내가 말한 내용에 대해 이의를 제기하지 않았다.

쾌 많은 대화가 이어졌고 점점 동양적인 주제로 옮겨갔다. 그는 얼마 전, 전라도의 어느 산속 동굴에서 발견된 50년 된 종이와 관련된 이야기를 했다.[166] 거기에는 "나는 불교 승려 xxxx이다"라는 글에 이어 50년 전 날짜가 쓰

---

166   전라감사 김성근과 관련된 원등사 승려 해봉의 환생담에 관한 기록(역주).

포크가 만났던 전라관찰사
김성근 선정비(전주 전라감영)

여 있었고 이어서 "나는 (그 날짜)에 태어나서 전라도의 감사가 됐다. 그리고 내 이름은 ○○○(김성근)이다"라는 내용이었다고 말했다. 쓰인 날짜가 그의 계산에 따르면 자신의 생일의 해당 월과 일에 정확하게 들어맞는다고 말했다. 출생일을 따지면 자궁에 10개월이 아니라 11개월 있었다는 것이 납득되지 않는다는 것만 빼면 말이다. 그는 오래되어 노랗게 변한 종이를 내어놓았다. 그리고 나를 위해 번역해 주었다. 그는 이런 일이 불교적인 환생에 의한 것이라고 굳게 믿고 있었다. 그리고 이와 관련하여, 우리나라에도 이런 일이 있는지 등, 내 생각을 물었다.

감사는 내가 민영익의 적극적 후원을 받아 통행증을 지니고 왔다는 사실에 강한 충격을 받은 것 같았다. 이런저런 문제점을 이야기하면서, 감사는 제주濟州, Cheju 목사로부터 일본 배 두 척이 제주에 와서 많은 물고기를 잡아갔다는 보고를 받았던 이야기를 꺼냈다.[167] 일본인들은 어로권이 없음을 통고받자 제물포에 가서 허락을 받아오겠다고 하면서 배 한 척을 제물포로 보냈다. 그 사이에 나머지 일본 배는 긴 시간 활발하게 물고기를 잡아서 조선 농부들에게 팔았다고 했다. 전라감사는 이 부분에 대해 좋지 않게 생각하고 있었고, 중앙 정부로부터 어떠한 회신이나 지침도 받지 못한 점에 대해 의아해 했다.

---

167 당시 제주도는 전라도의 관할지였다(편주).

194

곧 관아선화당의 커다란 대청으로 연결된 방문이 열리고 키가 큰 6명의 토속 악단이 툇마루에 자리 잡은 모습이 보였다. 이어 어마어마한 가채를 머리 위에 올린 화려한 옷을 입은 나이 든(아니면 중년의) 여자 둘이 들어왔다. 한 명이 두 개의 나무패로 손뼉을 치듯 소리를 내자 네 명의 소녀가 어여쁘게 차려입고 열을 지어 뒤편에서 천천히 들어왔다. 각각 10인치25cm 높이에 적어도 18인치46cm 넓이의 머리카락 뭉치를 머리 위에 쌓아 올려 그 무게 때문에 고개를 똑바로 들 수 없을 지경이었다. 두 명은 녹색 치마를, 한 명은 어두운, 다른 한 명은 연한 푸른색 치마를 입었다. 치마는 길고 풍성했으며 뒤로 질질 끌렸다. 그리고 치맛단을 팔 아래 몸통까지 바짝 올려 묶었다. 치마 위로는 노란색 비단 겉옷을 입었다. 앞뒤 두 부분으로 나뉘어졌다. 빨강, 파랑, 녹색, 노랑, 그리고 하얀색의 띠로 이루어진 곧고 넓은 소매가 달렸다. 길고 축 늘어진 노리개와 두꺼운 붉은 끈들로 몸을 두르고 있었다. 소녀들은 무척 어렸다. 16-17세가 채 되지 않은 것 같았다. 몹시 창백한 얼굴에 그다지 예쁘지는 않았다. 악단이 기묘한 음악을 시작하자 뻣뻣하게 팔을 내민 채 천천히 미끄러지며 몸을 돌리는 동작으로 춤을 추기 시작했다. 마루 한가운데에는 노랑, 파랑, 그리고 하얀색 비단 띠로 장식된 커다란 북이 놓였다. 그 주변으로 무용수가 움직였다. 얼마간 한 줄로 움직이다가 다시 짝을 이뤄 마주보다가 등을 졌다. 그러더니 사각형으로 움직였다. 빨간 술이 달린 북채 네 쌍이 바닥에 줄지어 놓였다. 얼마 후, 소녀들이 줄을 이뤄 북채 앞으로 천천히 다가가, 자세를 바꾸다가 손에 주워 들었다. 시간이 지남에 따라 그들은 북 앞에 도달했고 다시 느린 동작으로 북 주변을 움직였다. 그러더니 곧 함께 북을 치기 시작했다. 매우 천천히 미끄러지는 듯한 무용수의 춤 동작은 30분 이상 계속되었다.

내가 앉은 곳에서 보는 광경은 지금까지 본 그 어떤 장면보다도 더 동양적이고 원시적인 색채를 띠고 있었다. 기묘하게 흥겨운 춤을 추는 소녀들, 우뚝한 기단 위의 관아 건물선화당, 용, 호랑이, 커다란 북, 붉은색 기둥, 창과 무기들, 알록달록한 옷을 입은 채 이리저리 움직이는 무리들, 문 옆에 초록색 옷을 입고 일렬로 선 소년들-이 모두가 모여 내가 묘사할 수 있는 능력을 넘어선 하나의 멋진 장관을 만들었다. 검은 수염과 밝은 눈으로 기품을 갖춘 감사가 위엄 있는 자세로 자리를 지켰고 그 옆에 홀로 앉은 내가, 그리고 화려하게 차려입고 그의 주변을 둘러싼 사람들의 무리가 그 효과를 더했다. 춤이 끝난 후 나는 카메라를 꺼내놓고 이를 설명했다. 그리고 조명이 무엇인지, 유리컵에 든 신비로운 약이 무엇인지 따위와 같은 질문들에 최선을 다해 대답했다. 참석한 대인들 전체가 아이들처럼 순진한 표정을 짓고 내 지식에 경외감을 느끼는 것 같았다. 감사는 신문물에 관한 대화를 나누면서 부하 관

전라감영-전라감사 김성근과 6방 권속.
1884년 11월 11일(양력) 오전 11시-12시경 전라감영 선화당 내부에서 포크가 촬영한 사진.
노출 시간이 약 28초 이상으로 눈을 깜박여 얼굴 모습들이 이상하게 나왔다
(from the American Geographical Society Library, University of Wisconsin-Milwaukee Libraries)

리들과 더 친밀한 태도를 보여줬다. 나는 기생과 감사, 전체 군중을 사진에 담았다. 모두 6장의 사진을 28-35초, $\frac{1}{2}$-$\frac{3}{4}$인치 노출로 찍었다.

그 뒤에 우리는 빨간 테이블로 돌아왔다. 내가 돌아갈 생각을 할 때 어떤 기생이 들어왔다. 가냘픈 체구로 들어오더니 내 앞에 무릎을 꿇고 "사-사-아아sa-sa-aaa!"라고 외쳤다. 이어서 마당에 있는 남자들이 목소리를 합쳐 길고 커다랗게 소리쳤다. 합창은 첫 번째 문과 두 번째 문 바깥까지 퍼져 나가며 반복되는 것 같았다. 그런 다음 방문이 열리고 말 그대로 음식을 쌓아 올린 상 두 개가 하나씩 들어왔다. 높이가 2피트60cm, 지름이 30인치76cm였고 작고 둥근 접시가 공을 들여 배열되어 있었다. 음식이 높게 쌓인 접시는 적어도 1피트30cm는 되어 보였다. 각 상에는 10명이 먹을 만한 음식이 올려졌다. 우리는 바닥으로 내려왔다. 나는 호랑이 가죽으로 덮인 두꺼운 쿠션 위에 앉았다. 각 상 옆에 놓인 놋쇠로 된 화로 냄비에서는 야채와 고기가 섞인 요리에서 김이 피어올랐다. 요리들은 전에 내가 언급했던 것과 비슷했지만, 하얀색, 갈색, 검정색, 노란색 그리고 빨간색으로 장식된 약간 톱니 모양의 달콤한 당과 더미는 엄청났다. 국수가 주 요리였다. 국화 모양의 튀긴 찹쌀떡 하나가 곁들여졌다. 이는 꿀에 찍어 먹었다. 술상도 마련됐다. 작은 기생이 잔을 가득 채우고 무릎을 꿇은 채 내게 권했다. 동시에 그녀가 길게 소리를 외치자 다른 세 명이 마찬가지로 목소리를 더해 점점 합창소리가 커지다가 수그러들었다. 이는 권주가였다.

"고대의 황제한 무제는
아침 이슬을 모아서 마시고 장수를 누렸습니다.
이는 술이 아니라 불로주입니다.

전라감영 선화당에서 춤추는 기생.
1884년 11월 11일 11시-12시경 포크가 촬영한 전주 기생 모습
(from the American Geographical Society Library, University of Wisconsin-Milwaukee Libraries)

마음을 다해 마시고 천세를 누리소서."[168]

나는 이 모든 것 큰 감명을 받지 않을 수 없었다. 나는 평화를 지향하는 문명국 미국 정부의 하급 관리로서 나라를 대표해 아직은 미개하지만 화려한 옷을 걸친 위대한 족장전라감사 옆에 앉아 있었다. 생기 넘치는 의상을 입은 그의 용사들과 춤추는 소녀에 둘러싸인 관아의 대청과 왕정 국가의 위엄을 보여 주는 다른 모든 기물들은, 보통 책에서만 볼 수 있었지만 지금 여기에서

---

168 - 이 내용은《가곡원류》등에 전하는 십이가사 권주가의 내용과 거의 같은 내용이다.
- 전주에서 불린 권주가와 가장 유사한 내용인 부산 지역 권주가는 다음과 같다.
잡수시오 이 술 한잔. 한무제 이슬받은 이 술 한잔 만년 잡수시오. 잡수시오 술이 아니라 승로반承露盤:이슬 받는 그릇의 것이오. 잡수시면 장수하오니라(역주).

포크가 찍은 기생 사진에 나타난
둑纛기 재현 모습과 포크가 사용했을 시점의
유리 원판 사진 카메라

는 현실이었다. 나는 제복이 아닌 단정한 캐시미어 정장을 입었지만 옷차림으로만 보면 정말 보잘 것없었다. 그러나 우리 문명은 내가 우리를 대표한다고 말해 주었다. 우리는 식사를 하면서 이야기를 나누었다. 그 사이 감사는 나를 보고 말했다. "나는 나이가 50인데 (서양의 문명에 대해) 아무것도 모른다. 너는 28살이고 나는 오히려 (나이는 많지만) 어린아이, 학생일 뿐이다. 많은 백성을 다스리는 높은 지위의 관리인데도 (새로운 과학과 문명에 대해) 아무것도 모른다." 이는 좀 이상한 말이지만 나의 가슴을 파고드는 말이었다. 나는 이 말에 무척 감명을 받았다.

우리가 식사를 하는 동안 무용수들은 이따금씩 긴 소리를 외치며 술시중을 했다. 그리고 관아의 수많은 남자들이 옆으로 비켜서서 지켜봤다. 식사가 끝난 후, 술상을 치우자 기생 한 명이 문간으로 나서더니 다른 소녀들과 함께 길고 높은 목소리로 외쳤다. "다 잡쉈소Ta-chap-susso!" 외침 소리는 관아의 남자들이 합창으로 받아 전해졌다. 특히 높은 음조였다. 장소의 분위기와 여흥은, 특징적인 장면마다 중국에서 내가 본 어떤 모습보다도 한없이 더 고상하고 적절했다. 이런 (토속적인) 유형으로는, 세상 그 어디에도 이것보다 더 인상적인 장소가 있을 것 같지 않았다. 전제적인 정치체제 속에서 경외심을 불러일으키기 위해 야만적이면서도 이보다 더 계산된 방법을 쓰는 곳을 찾기 힘들 것이다. 나는 오늘 (전라감영) 관아에서 겪은 경험을 나중에 특정 주제의 글로 풀어내기 위해 모든 창의력을 총동원해야 할지도 모른다. 그리고 크게 또는 전혀 과장해서는 안 될 것이다.

(눈이 몹시 아프다. 11월 12일 오전 3시. 이제 그만 써야 한다.)

나는 감사에게 작별을 고했다. 이곳까지 오면서 만난 다른 지역의 관리들과 모두 '악수'를 나눴다고 알렸다. 그는 6가지 선물 목록이 적힌 종이를 건넸다.-인삼, 두 종류의 부채, 빗 여러 개, 병풍 등이었다. 작별은 따뜻했다. 그는 우리가 서울에서 만날 것이라고 말했다. 그는 오페라 안경과 농사를 위한 씨앗을 원했다. 숙소로 돌아와 잠시 낮잠을 잤다. 그리고 어둠 속에서 사진 홀더photo holders를 다시 채웠다. 희한한 수작업이었다.[169]

그러자 밥이 들어왔다. 이윽고 자정이 되자 민 참판 댁에 있던 아전유일환, Yu Il Whan[170]이 직접 아주 훌륭한 술상을 들고 나타났다. 그는 자신이 감사 아래에서 아전으로 일할 수 있도록 민 참판에게 부탁해달라고 내게 요청했다. 나는 약속을 했고 민영익에게 긴 편지를 썼다. 눈이 빠질 듯이 아팠다. 오늘

---

169 이 내용은 카메라 홀더에 유리판 필름을 재장착하는 모습이다.
포크가 사용한 카메라는 유리 원판 카메라였다. 유리 원판 카메라 초기인 1860-70년대의 촬영방식은 매번 감광액을 현장에서 부어 촬영하던 방식인 습판방식wet collodion film photo이었다. 1870년대 중반에는 개량된 건판dry plate방식이 도입되었다. 건판방식은 감광액을 미리 유리판에 발라 말린 후 검은 암막통에 보관하다 사진을 찍기 전 유리판을 고정하는 카메라 홀더에 장착해 촬영하는 방식이다. 즉, 카메라 홀더에 미리 장착하면 장소를 이동해 촬영할 때 바로 홀더만 카메라에 끼워 촬영할 수 있어 편리하였다. 이 장면은 다음 날 촬영을 위해 기존 촬영 유리원판을 꺼내 암막통에 보관하고 새로운 유리판을 빛이 없는 상태에서 재장착하는 모습을 설명한 부분이다(역주).
170 유일환劉日煥, 1871년생으로 대한제국관원 이력서에 의하면 종두의양성소種痘醫養成所를 나와 1907년 대한의원 사무원 칠품大韓醫院事務員七品으로 재직하고 장수군수長水郡守를 역임하였다(역주).

은 정말 내게 멋진 하루였다. 비가 내려 고을을 둘러보지 못해서 전체적인 특징을 놓칠까 봐 걱정이 생겼다.

나는 각 감영Kamyon에 걸린 6개의 명판이 6명의 비장裨將, Pijang을 나타낸다는 것을 알았다. 그렇게 호방戶房, Hopan=호조 Hojo은 돈을 관리하는 식이었다. 각 감영은 그래서 그 자체로 하나의 왕국이었다.

나는 감사에게서 5,000푼을 받고 영수증을 썼다. 그는 나를 돕기 위해 나주로 보내는 여러 장의 편지를 써 줬다. 값어치가 나가는 선물은 묵과 수일에게 보내 놓았다. 감사와 아전에게서 잔칫상을 받았을 때도 음식을 덜어 묵과 수일에게 보냈다.

이곳 감영에는, 다른 곳과 마찬가지로 많은 여자와 매춘부, 기생이 있었다. 그들은 대체로 관아에 고용되었지만 민가에 나가는 것도 허용되었다. 서울의 궁전에서도 마찬가지였다.

조선의 매춘부들

은근짜Unkuncha: 은밀한 매춘부, 버려진 메카케めかけ 첩[171], [172]

---

171 메카케Mekakeめかけ: 첩을 의미하는 일본 단어(역주).
172 은군자Unkuncha, 隱君子: 은밀한 매춘부, 은밀히 숨겨두고 사귀던 기생이나 애첩愛妾.
은근짜는 기생의 등급 중 두 번째로 조선 말기에 이르면 기생이 일패一牌·이패·삼패로 나뉜다. 일패 기생은 관기官妓를 총칭하는 것으로, 예의범절에 밝고 대개 남편이 있는 유부기有夫妓로서 몸을 내맡기는 일을 수치스럽게 여겼다. 이들은 우리 전통가무의 보존자이며 전승자로서 뛰어난 예술인이었다.
이패 기생은 은근짜隱君子라 불리는 밀매음녀密賣淫女.
삼패 기생은 이른바 창녀娼女로 몸을 파는 매춘부(역주).

더벅머리Topongmori: 공개된 매춘부, 하지만 메카케.[173]

통지기Thongjiki: 서방질을 잘하는 계집종.[174]

사당Satang: 남자의 등에 업혀 다니는 시골 여자들,
주막의 가수이자 협잡꾼이다. 큰 고을에는 없다.[175]

색주가Sakchuka: 술을 파는 여자, 선술집의 협잡꾼, 집에서 몸을 파는 창녀로 보면 된다. 집에 머문다. 대개 이런 집들은 많은 수가 가까이 모여 있다. 각 집에 창녀가 한 명씩이다. 서울의 서문 밖에 많다.[176]

기생Kisang: 별감 가마꾼의 첩, 승지 사령의 첩. 이들은 두 종류의 길나장이가 빌려준다. 이 남자들은 기생 오입쟁이We-ipchangi다. 서울의 기생 오입쟁이는 가끔 여자들 문제로 큰 싸움을 벌인다. 그들은 대략 종로나 남대문으로 장소와 시간을 정하고 곤봉 따위로 구역을 다투며 싸운다.

173   정돈되지 않고 덥수룩한 머리카락 모양새의 머리를 하고 웃음과 몸을 팔던 계집.
급이 삼패三牌도 되지 못한 계집으로서 술집 여자나 갈보와 같은 여자(역주).
174   물통, 밥통 등 궂은일을 하는 여자 종을 낮추어 부르는 말로 서방질 잘하는 여자 종으로 찬
거리를 사러 시장에 나가 장사치, 한량패들과 눈이 맞아 놀아났다고 함(역주).
175   조선 시대, 경기도 안성의 청룡사青龍寺를 근거로 조직된 불교 여신도의 단체. 불문佛門에 헌
신적으로 봉사하고 염불에만 전념할 목적으로 조직되었으나 타락하여 속가俗歌를 부르며 웃음을
팔아 관중에게 돈을 구걸하는 등 그 폐해가 심하여 조선 말기에 금지되었다(역주).
176   색주가는 술집으로 접대부가 있고, 이들이 노래를 불러주는 곳으로 기원에 대해 몇 설이 있
으나 세종 때 중국 사신의 영접이나 조선 사신의 환송연을 벌이기 위해 서울 서대문 이후 서북 제
1로의 첫번째 원院인 홍제원弘濟院에 마련한 곳으로 중국 사신들도 이곳에 도착하면, 옷을 갈아입
고 서울로 입성할 준비를 하던 곳이다(역주).

11월 12일
전주를 떠나 금구 현감을 만나고
원평에서 맛있는 밥을 먹다

날씨가 흐렸다. 8시에 일어났다. 몸이 피곤하고 눈이 아렸다. 오늘 출발하려고 한다. 묵이 내 편지를 감사에게 가져갔다. 그가 돌아와서 말하기를, 감사가 자신에게 영어와 일본어를 가르쳐 주기를 원한다고 했다. 분명 우리가 도착한 때 이후 분위기가 바뀐 것 같다. 묵과 수일은 나와의 여행을 마치기 전에 완전히 새로운 생각을 가질 것이다. 나는 우리의 사고방식 등을 그들에게 이야기하며 상당히 많은 시간을 보냈다. 수일은 이런 이야기를 해서 나를 놀라게 했다. "나리, 제 몸 안에 빛이 없나요, 예를 들어 제 손에는?" 내가 말했다. "그렇다면 그걸 어떻게 알지?" 그는 온기가 있다고 말하며 몸짓(자신의 손을 가리키며)을 했다. 손을 문지르며, 그 온기와 움직임이 빛이 된다고 했다.

지위를 불문하고 어느 정도 교육을 받은 중간 계층을 포함해, 모든 자질의 조선 사람들에게서 듣게 되는 터무니없는 발언이었다. 이제 그는 내가 가르쳐 준 대로 '힘'에 대해 이야기한다. 그리고 그것이 무엇을 의미하는지 어느 정도 알고 있는 것 같았다.

필자가 유리원판 사진으로 촬영한 전주의 남문인 풍남문 (현재 석축 부분 보수로 홍예문 부분이
가려져 있음) 포크는 이 문을 나서서 금구 방향으로 향했다(노출 2초 조리개 1/3)

나는 길이 마르기를 기다리려고 출발을 약간 늦췄다. 나주羅州까지 90리였
다.[177] 10시 54분에 출발했다. 남문에서 서쪽 방향이었다. 11시 15분에 바위
투성이 언덕길이 나오면서 집은 더 이상 보이지 않았다. 이곳부터 서남 방향
으로 민둥산 사이로 난 언덕길을 넘었다. 그리고 11시 40분쯤에 우리가 전
주로 올 때 지났던 물길을 지났다. 서남서 방향으로 평야를 횡단했다. 다른
곳보다 나무가 더 많았다.

11시 54분에 휴식을 취했다. 계속 서남쪽으로 향했다. 이곳에서도 추수가
진행되는 것을 보고 놀랐다. 이곳까지는 모두 추수가 끝나 있었다. 상당량
의 벼들이 매우 가늘고 수확량이 적었다. 감사가 말한 대로 비가 너무 많이
내린 탓 같았다. 소나무 관목이 우거진 곳이 많았다. 이 부근 언덕이나 마을
에서는 해변이 보였다. 12시 45분에 좁은 길을 건너 아주 노란 모래 언덕으

---

177 전주에서 나주까지는 《대동여지도》 상으로는 약 250리이다. 이는 포크의 오기로 파악된다.

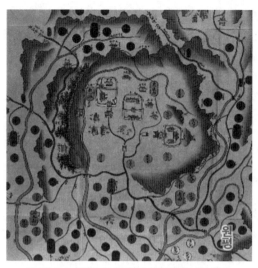

금구현 모습 오른쪽 아래에 원평 주막이 표시되어 있다.
1872년 지방도, 금구(서울대 규장각)

로 둘러싸인 구불구불한 협곡으로 들어섰다. 부근에 소나무 수풀이 무성하게 우거졌다. 정각 1시에 작은 마을에 들어오게 되어 두 명의 길나장이를 만났다. 바람이 불고 추웠다. 들어서기 전에 보니 군데군데 언덕에 붉은색 산언덕 마루가 톱니바퀴처럼 솟아 있었다.-무척 예뻤다. 벼 수확이 이제 막 끝나가고 있었다. 이곳 길은 무척 험하고 나빴다. 평야 중간 지대에 커다란 개울이 있었다. 전주에 들어서기 전에 봤던 개울이었다.

서남서 방향으로 계속 갔다. 계곡은 서쪽으로 꺾여 우리가 지나왔던 곳과 만났다. 그리고 남서쪽으로 넓고 보기 좋게 뻗었다. 이 지역은 거의 완만한 구릉이었고 언덕은 너무 낮았다. 이런 지역을 본 것은 처음이었다. 언덕의 산마루는, 매우 낮은데도 경작이 되지 않은 채 오렌지빛 노란색으로 방치되어 있었다. 12시 40분에 어느 마을을 지나갔다. 그곳에는 서울로 가는 길에 매일 볼 수 있었던 철-점토iron-clay 그릇과 단지가 무척 많았다. 이는 주황색 점토로 만들어졌는데 불그스름한 유약을 바른 단단한 항아리(옹기-역주) 같은 것이었다. 대량으로 만들어진 것이 틀림없었다.

2시 10분, 여전히 방향은 남서쪽이었다. 우리는 금구金溝, Kumku, 관리는 현령 Hienryong의 오른편을 지났다. 이곳에는 250여 채의 집이 있었는데 언덕의 한쪽에 아주 훌륭하게 자리하고 있었다. 뒤쪽에는 소나무 숲이 있었다. 지금껏 보지 못했던 둥치가 굵고 키가 작은 일본 소나무 숲이었다. 약간의 밤나무와 떡갈나무가 섞였다. 서울 이후부터 봤던 대부분의 어떤 지역보다 언덕이 더 많았고 컸다. 금구Kumku 뒤편의 일부 언덕은 정상까지 풀이 무성했다. 하지만 초목이 많지는 않았다. 일본 어느 지역에서도 찾아볼 수 없던 풍경이었다. 약간의 대나무가 보였다. 크지 않고 듬성듬성한 대나무 밭이었다.

종이나무닥나무, Talknamu는 찾아볼 수 없었다. 하지만 수일이 말하기를, 이 길에 없을 뿐이라고 했다. 산골짜기 안에 자리 잡은 집에서 닥나무를 약간 발견할 수 있었다. 이 집에는 목화 물레 가락이 있었다. 내 생각엔 떡갈나무를 깎아 만든 것 같았다. 이것들은 최종 사용처인 서울까지 보내지기 위해 북쪽으로 향한다. 밭들은 비옥하고 좋은 것 같은데, 이 지역의 쌀농사는 모두 부실해 보인다. 오늘 본 언덕들은(대체로 길 왼편으로) 800~900피트240-270m를 넘지는 않아 보였다. 하지만 길에서 남동 방향으로 높은 산악 지역이 한 군데 보였다. 2,000피트600m는 족히 되는 것 같았다. 전주에 오는 길에서도 이를 봤었다.[178]

이곳보다 10리쯤 뒤에서는 비교적 큰 농가들을 일부 봤다. 더 높고 넓은 터에 자리 잡고 있었지만 규모만 컸지 거칠게 지어진 일반적인 형태였다. 두 명의 길나장이가 나타났다. 그리고 5리를 더 가자 악단이 있었다. 나는 음악을 중지시켰다. 묵이 말하기를, 길나장이가 우리를 위해 좋은 주막을 찾았다고 했다. 이것은 내가 주장했던 바였다. 감사는 내가 말한 대로 편지를 읍내upna로 사전에 보내 길나장이가 우리를 도울 수 있도록 지원하라고 지시했

---

178 전라북도 완주군과 김제시에 걸쳐 있는 793m 모악산을 말함(역주).

금구현의 선정비(금구향교로 이전) 포크가 각 지역을 방문할 때마다 언급한 상당히 많았던
철제 선정비가 보인다(철제 선정비는 일제강점기 대부분 유출되어 사라짐)

다. 이곳에 오면서 나는 주막에 있는 관리의 말mal[179]을 발견했고 나를 위해
영문에 잔칫상이 준비되어 있다는 소식을 들었다. 그러나 나는 이곳에 머물
겠다고 말했다. 관리 한 명이 와서 함께 가자고 요청했지만 시간을 너무 많
이 소진해서 그럴 수 없었다. 이 문제로 당혹감을 느꼈다. 무례하고 싶지는
않았지만 그래도 소란을 떨거나 일정을 뒤처지게 하기 싫었다. 좀 서두르고
싶었다.

　금구金溝, Kumku의 현령이 주막으로 왔다. 그의 도착은 나팔 소리와 많은 외
침들로 알 수 있었다. 그가 오기 전까지 주막은 조용했고 나는 편안했었다.
그와 함께 엄청나게 많은 사람이 오고 주변이 소란스러워졌다. 요란스러운

179　말Mal: 말馬.

의전과 호들갑을 떨면서 오는 그를 보고 아마도 내가 금구 관아로 가지 않아 분노의 표시로 평소보다 더 시끄러운 행차를 하는 것이 아닐까 하는 생각이 들었다. 그가 내 방으로 불쑥 들어왔다. 그는 외국인을 전혀 만나본 적이 없는 사람이었다. 한 번도 본 적이 없음이 역력했다. 이곳에 일본인이 온 적은 있지만 서양인은 전혀 없었다는 말을 들었다.

그는 옷을 아주 단정하게 차려입고 하얀 턱수염과 콧수염을 기른 노인이었다. 갈색 누비 겉옷을 입은 모습이 단정하고 고지식해 보였다. 그는 중국식 인사를 건넸다. 그러더니 묵에게 대인Tai- in이 누구냐고 물었다. 나는 그에게 여송연을 건네고 어떻게 피우는지를 보여 줬다. 그는 증기기관차처럼 연기를 뿜어냈다. 나는 그와 편한 관계를 유지하려고 노력했고 전체적으로 분위기가 좋았다. 아주 짧은 시간에 그의 태도는 자연스러워지더니 내 옷을 살피고 미소를 지었다. 마침내 그가 내 모습이 맘에 들며 예절을 갖춰 기분이 좋다고 말하는 것을 들었다. 나 역시 나이 지긋한 친구가 좋았다. 그는 매우 위엄 있게 명령을 내려 "좋은 술chohun sul"을 가져오라고 했다. 그리고 문에서 사람들을 쫓아냈다. 하지만 사람들이 달아나지 않았다! 이 관리는 내가 만난 다른 사람들과 마찬가지로 조선인들이 서양 세계에 대한 일반적인 지식과 능력이 매우 뒤떨어져 있다는 것을 잘 보여 주고 있었다. 현령Hienryong이 술값을 치렀다.

4시 25분에 금구Kumku를 출발했다. 길나장이와 군졸이 앞서가며 나팔을 불고 기이한 소리를 외쳤다. 우리는 계속 더 남쪽으로, 대략 남남서쪽으로 가는 것 같았다. 남서쪽 방향으로 물이 흐르는 계곡의 끝을 넘었다. 언덕은 모두 무척 붉었다. 놀랄 만큼 빨간색이었다. 마을의 항아리들은 붉은 점토로 만들어졌다. 그 색깔은 내게 무척 인상적이었다. 희미하게 바이올렛 색조가 들어간 주홍색이었다. 작은 관목들이 무척 많았다. 마을의 길은 유난히 적막

했다. 아마도 계곡의 가장자리 아래쪽인 것 같았다.

　5시 50분쯤에 우리는 서쪽 아니면 남서쪽으로 흐르는, 꽤 넓은 개울을 가로지르는 둑이 잘 쌓인 커다란 나무다리에 이르렀다. 이곳은 대략 30여 채의 집이 있는 마을이었다. 그리고 다리를 건너자 우리는 갑자기 커다란 장이 열리는 마을에 들어와 있었다. 어둑해지자 유사Yusa를 부르고 횃불을 달라고 요구하는 길나장이의 고함소리에 소란이 일면서 사람들이 전부 나를 보려고 몰려들었다. 한 무리의 소년들이 뛰어다녔다. 뒤쪽으로 횃불이 일렁거렸다. 집의 초가지붕이 화재로 위험할 수도 있겠다는 생각이 들었다. 이미 날이 어두워져서 나는 하룻밤을 묵기로 하고 주막에 들어왔다-바로 이곳이다. 여기는 커다란 장터로서, 전주에서 50리, 나주에서 200리, 태인Thani 읍내에서 20리, 장성Changsong에서 120리 떨어진 원평Wonpyong이다. 주막의 마당이 넓었다. 훌륭한 방이 많았는데 내부가 지금껏 본 중에 가장 깔끔했다. 밥은 내가 원하는 만큼 깨끗하게 나왔고 맛도 좋았다. 이 길을 따라 강도가 많이 출몰한다는 말이 있다. 묵이 공주에서 비장에게 들은 이야기였다.

원평에는 현재 주막터에 인접한 동학농민혁명 시기 집강소가 남아 있다

오늘은 날씨가 줄곧 이상했다. 아침에는 바람이 불고 흐렸는데 이상하게도 기온은 따듯했다(화씨70-73도: 21-23℃). 그러더니 낮 동안에는 하늘이 파랗고 추워졌다. 오늘 밤은 더 따뜻하고 지금은 비와 눈이 함께 내리고 있다.

금구Kumku의 현령이 내게 두루마리 종이를 선물했다. 묵과 수일에게도 선물했다. 나는 오늘 금구Kumku에서 몇몇 인상적인 얼굴에 주목했는데, 더 둥그렇다는 점에서 일반적인 조선인과 달랐다. 그리고 가장 눈에 띄는 부분은 까만 눈동자와 두꺼운 속눈썹이었다. 또한 매우 말끔하고 부드러운 느낌을 주는 얼굴이었다.

11월 13일
아름다운 태인을 지나 정읍 군령다리 마을에 이르다
–좋은 집을 짓지 않는 이유: 관리들의 수탈이 무서워

6시 30분에 일어나서 7시 45분에 출발했다. 8시 25분에 언덕이 많은 지역을 내려다보며 간단히 요기를 했다. 이곳이 금구 고을Kumku Kol의 끝이었다. 8시 35분에 용안에서 온 사람들과 나팔수들이 내는 소리를 들었다. 나는 태인을 바로 지나치겠다는 전갈을 보냈다. 고맙다는 인사를 적은 편지를 관리에게 보냈다. 조금 더 가서 악단을 만났는데 나는 이들을 멈춰 세우고 뒤편으로 보냈다. 태인Thani, 泰仁은 크고 예뻤다. 넓은 계곡의 맨 앞부분에 곡선을 그리며 위치했다. 당당한 관청 건물이 많았고 지름이 450피트135m인 연못이 있었다.[180] 연못 서쪽 끝 중간 부분에 섬이 하나 있었다. 많은 마을이 평야의 가장자리를 따라 위치했다. 지붕에 쌓인 눈 때문에 더 잘 보였다. 관리는 내가 식사를 하기를 바랐지만 나는 고맙다는 인사를 보내고 한두 명의 길나장이만을 붙여 달라고 요청했다. 그리고 다른 길나장이들은 집으로 돌려

180 전라북도 태인 피향정 연못.

보냈다. 남서서 방향으로 계속 나아갔다. 1600-1700피트470-510m 높이의 황량하고 척박한 산맥을 따라 남쪽으로 흐르는 개울들이 있는 평야의 쇠스랑 모양 계곡을 건넜다. 오늘은 붉은 점토가 보이지 않았다.[181] 대부분 화강암 모래 지대였다. 언덕에 고구마와 다른 고지대 산물을 재배하는 밭이 약간 있었다. 길이 군데군데 몹시 좋지 않았다. 그리고 습도가 높고 추웠다. 길게 휘어지는 20피트6m 높이의 잘 만들어진 제방이 보였다.

태인 주변에는 다른 곳에서도 볼 수 있는 정도의 비석이 있었다. 텅 빈 형태의 철제 비석도 하나 있었다. 집 앞에서 문에 가로로 걸쳐 있는 새끼줄을 봤다. 사이사이에 찢어진 종이가 끼워졌다. 일본에서 볼 수 있는 것과 무척 유사했다. 고헤이gohei, 御幣[182] 형태는 아니었고 밧줄이 매우 작았다. 이곳에 10시 20분에 도착해서 5분간 쉬었다. 선두에서 평야를 가로지르고 있는 관리 한 명과 여자가 그림처럼 보인다. 작게 뭉쳐서 빠르게 달리는 일행이었다.

11시 10분에 휴식을 취했다. 이곳 부근의 산들은 서쪽과 서북서로 감겨 높은 산등성이를 이룬다. 목재로 쓸 나무는 무척 풍부했다. 그리고 산등성이 일부는 나무가 우거져 마치 일본의 언덕처럼 보였다. 나는 약간의 붉은 점토 언덕을 보았지만 어제만큼 붉지는 않았다. 아직 많은 벼가 논에 쌓여 있고 농부들이 일하는 모습은 그다지 많이 보이지 않았다. 언덕과 집, 논 주변, 길에는 눈이 얇은 이불처럼 쌓였다. 노란 대나무 모자를 쓰고 많은 일꾼 무리와 함께 북쪽으로 향하는 남자를 지나쳤다. 대나무는 보이지 않았다. 오늘 여기까지 우리 길은 대체로 서쪽이었다. 서쪽이 아니라면 대략 남서 방향이었다. 아마도 산맥을 돌아가기 위해서인 것 같았다. 여행은 불편

---

181 일반 참고사항: "100명의 농부 가운데 20명가량만이 논을 소유한다. 다른 이들은 대부분 관리인인 다른 소유자나 고을을 위해 농사를 짓고 반을 나누어 받는다."
182 일본 신사 금줄에 끼운 종이(역주).

할 정도로 추웠다. 하늘은 어둡고 쌀쌀했다. 다른 곳과 마찬가지로 이곳을 따라 과거에는 길이 잘 관리됐던 흔적이 보였다. 길을 따라 소나무가 일정하게 심어졌고 너비가 균일했다. 하지만 지금은 그런 흔적들만 남았다. 불규칙하게 좁아지고 너비는 대략 8피트2.4m 정도 되는 울퉁불퉁하고 좋지 않은 길일 뿐이다.

길 왼쪽 가까이, 대개의 경우처럼 세 개의 돌이 놓인 매우 큰 무덤이 있었다. 바로 옆으로는 커다란 소나무 숲이었다. 이 너머에는 일본 소나무에 둘러싸인, 이전에는 호수였던 곳으로 보이는 넓은 지역이 있었다. 일부 소나무는 두께가 거의 2피트60cm는 되어 보였다. 수일이 말하기를 소나무 숲과 호수로 보이는 장소는 모두 커다란 무덤에 속하는 곳이라고 했다. 나는 그가 정신이 나간 것 같았다. 주춧돌이나 다른 유물은 볼 수 없었지만 그 장소는 고대의 성이나 누각이 있던 터전 같이 보인다. 길은 이 소나무 숲을 통과해 북쪽으로 이어졌다. 그런 다음 둥그렇게 경사진 언덕을 올라 커다란 당집이 있는 고갯마루에 이르렀다.

11시 55분, 언덕마루를 넘어 아주 좋은 평야가 나타나고, 평야의 가장자리를 따라 많은 마을들이 보였다. 남쪽으로부터 들어오는 계곡의 맨 앞에 정읍Chongup 읍내가 있었다. 아주 거친 길로 평야를 가로질러 갔다. 어젯밤 주막에서는 눈이 가볍게 내려서 흔적만 볼 수 있을 정도로 얇게 쌓였지만 이곳은 깊이가 3인치7.5cm나 됐다. 그래서 길이 더 나빴다. 평야는 이전의 논과 마찬가지로, 볏단뭉치가 군데군데 보였다. 들판 가장자리를 따라 노적가리를 마치 벽처럼 쌓아 올렸다. 덮여 있지도 않았는데 다음 해까지 상하지 않고 그곳에 보관되는 것 같았다. 날씨가 춥고 눈이 내려 우울한 여정이었다. 12시 30분이 되어 영지원迎支院, Yon-chu-won, 주막에 도착했다. 주막에서 관리의 방석과 병풍, 베개를 발견했다. 우리는 이곳 부근에서 관아의 서리

sori[183]와 마주쳤다. 전주의 감사는 모든 읍내에 내가 온다는 것을 알린 모양
이었다. 묵이 말하기를, 감사의 편지에는 오직 길나장이만 준비해 달라고 명
했지만 읍내의 관리들은 공치사를 하기를 원하는 것 같다고 했다. 아마도 그
들은 손님을 접대할 기회를 얻으려는 것 같았다. 정읍Chongup 읍내의 관리는
현감이었다. 음식은 매우 깔끔하고 좋았다. 하지만 음식의 가격은 전주에서
보다 약간 더 높았다(30푼 정도). 서울 근교와 송도Songto에서는 70, 80, 100이
었다.

  낮잠을 자고 밥을 먹었다. 말과 관련해서 언쟁이 있었다. 3시 18분에 출발
했다.

정읍−장성 갈재 군령다리마을, 지도에 포크가 숙박한 군령점軍令店과 입암산성
그리고 갈재노령길이 보인다

---

183 일반 참고사항: 포크는 "서리sori"를 "하급관리"로 정의한다.

오후 3시 40분, 기압은 30.51, 기온은 화씨48도9℃다. 남쪽 길로 무덤과 벼 더미, 그리고 눈으로 특이한 모습의 마을들을 지났다. 6시 5분, 군령다리 Kunyong-tari 마을에 도착했으며, 이미 오늘 오전부터 계속 평야지대로 이어진 지역을 지나 남쪽으로부터 쭉 뻗은 커다란 계곡 안의 평야지대를 지났다. 그리고 앞쪽에는 우리가 따라왔던 산맥이 가로놓여 있었다. 이곳에서 산맥은 서쪽으로 방향을 틀었다. 이곳의 조선 지도대동여지도는 거의 정확했다. 우리 앞에는 분명 무척 높은, 날카로운 바위 등성이가 있는 두 개의 산봉우리가 기다리고 있었다. 길은 그 사이로 곧바로 이어졌다. 왼쪽남쪽의 산은 갓바위산Kapa-san, 입암산이었다. 북서쪽 구석에 날카롭고 높은 봉우리가 있었는데 형태가 말이나 요새처럼 생긴 거대한 바위였다. 그곳부터 동쪽과 남쪽으로 오래된 성벽정을 입암산성이 뻗어나갔다. 어떤 부분은 매우 높아서 적어도 40피트12m는 다 되어 보였다. 벽은 오래된 성城, sung의 일부였다. 한때는 안쪽에 사찰과 승려가 있었겠지만 지금은 비어 있었다. 나는 이에 대해 좀 알아보려 했지만 아무도 아는 사람이 없었다. 나는 육안으로도 이를 알아볼 수 있는데 가까운 마을 사람들조차도 그곳에 성sung은 전혀 없었다고 말했다. 서쪽 언덕

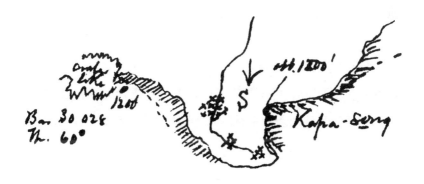

포크가 그린 정읍과 장성 사이 갈재노령 옆에 위치한 갓바위산성입암산성, Kapa-sung갓바(위)성 등이 보인다

에도 위쪽으로 성벽이 세워져 있는 것 같았다. 그리고 오래된 문mun[184]으로 보이는 곳도 있었다. 이 산에는 오래되어 무너진 분화구가 알아보기 쉽게 드러나 있었다. 이곳의 경로는 아래 스케치와 같다.

이곳의 이름은 군령軍令다리Kunyong-tari 마을로 의미는 '군대명령 다리'였다. 이곳의 위치는 아마도 역사적으로 매우 흥미로운 곳 같았다. 이곳부터 40리 거리의 다음 읍내인 장성Changsong은 "긴 성벽의 요새"라는 의미였다. 나는 쌀알이 달린 벼줄기가 들판이나 마을 근처 여기저기에 높게 쌓여 있는 것에 주목했다. 보호 시설이 전혀 없는데도 상하지 않는다는 것이 무척 특이했다. 사용될 때까지 그대로 놓아두었다. 그래서 타작은 당장 사용할 만큼만 이루어졌다. 이제야 나는 쌀이 이렇게 보관되어야 하는 이유를 알 수 있었다. 왜냐하면 집에 그 양을 저장할 만한 적당한 장소가 보이지 않았기 때문이다. 길 몇 군데에 소나무가 줄지어 있는 모습이 더 보였다. 이번 여행 동안 내내, 과거에 다리로 이용되었던 무거운 돌무더기의 잔해를 목격했는데, 예전에는 비록 작지만 좋은 다리였을 것이다. 이는 오래전 조선이 더 나은 형세였음을 보여 준다. 서낭당Sonangtang[185]은 대개의 경우처럼 전라도 지역을 따라 수없이 많이 분포되었다. 주로 고갯마루에 있었고 아래쪽에 있는 경우도 있었다. 태인의 어느 언덕 위에는 봉화탑으로 보이는 곳이 있었다. 오늘 지나온 개울에는 모두 다리가 놓여 있었다.-실제로 계속해서 있었다. 오늘 본 많은 다리가 지붕처럼 가팔랐다.

여기는 큰 주막이었지만 끔찍하게 더럽고, 벌레가 많았으며, 진흙투성이의 무너져 내릴 듯한 가축우리 같은 오두막을 모아 놓은 곳이었다. 나는 사

---

184 문Mun: 문門.
185 서낭당Sonangtang: 수호신을 모시는 사당.

람들이 감히 좋은 집을 지으려하지 않는다는 이야기를 들었다. 만약 그렇게 한다면 관아의 관리가 그들을 붙잡고 돈을 내어놓으라고 한다는 것이다.-냉혹한 강도들이다-. 나는 오늘밤 몸에서 약간의 거대한 이들을 발견했다. 군령다리는 장성에서 40리 거리다.

11월 14일
갈재노령를 넘어 여행길을 지켜 주는 미륵을 만나다
- 조선의 대표적인 주막 모습을 그리다

8시 45분에 출발했다. 기 압은 30.23, 기온은 화씨73 도23℃였다. 고갯마루 20피 트 아래는 기압 29.632, 화씨 56도13.3℃이었다. 북쪽을 바 라보고 사진을 한 장 찍었다 (노출 22초). 9시 38분에 고갯 마루를 출발해서 9시 54분에 아래로 내려왔다. 여기서 장

정읍과 장성 사이에 위치한 입암산성 모습
(1872년 지방도, 장성)

성長城, Changsong에서 온 아전과 나팔수를 만났다. 1/4마일400m을 더 가서 골짜 기 바닥 마을에 있는 미륵상Miryok을 만났다.[186] 15피트4.5m 높이로 세 부분으

---

186 전남 장성군 북이면 원덕리에 있는 고려시대 미륵석불.

장성 원덕리 미륵상 뒤로 갈재 밑의 노령터널을 통과한 호남선 철길과 입암산성이 보인다

로 이뤄졌다. 겨우 머리만이 인간처럼 보였다. 나는 긴 귓불과 ㅅㅅㅅ 모양의 이마 앞머리를 보고 부처라고 판단했다. 표정 역시 마찬가지였다. 모자는 가장자리에 가리비 조개껍질 무늬가 있는 평평한 돌이었다.

10시 55분에 마을에 도착했다. 작은 철제 선정비와 커다란 돌이 둔덕 바로 위에 있었다. 계곡 남쪽으로 내려갔다. 지역의 풍경이 산을 지나기 이전과는 상당히 달랐다. 풀이 우거진 둥근 언덕이 부드럽고 예뻤다. 그리고 모래 언덕이 거의 보이지 않았다. 토양은 검고 돌이 많았다. 소나무 숲이 무척 많았고 정말 큰 다른 나무들도 있었다. 풍경이 일본처럼 부드러웠다. 언덕은 정상까지 푸르렀고 산등성이에는 군데군데 나무가 늘어섰다.

11시 28분에 5분간 쉬었다. 11시 50분에 원뿔 모자를 쓴 두 번째 미륵상을 만났다. 이곳에 마을이 하나 있었다. 고갯마루를 넘어 중간에 탑이 서 있는 새로운 평야지대로 나아갔다. 두 번째 미륵상은 대략 10피트3m 높이였다. 전반적으로 첫 번째 것과 많이 유사했다. 하지만 크기는 더 작았다. 가슴 부분이 약간 조각됐고 머리 부분이 일종의 원뿔형이었다. 탑은 땅 위에 겨우

군령다리 마을에서 갈재(노령)을 넘어 장성
원덕리에서 만난 첫 번째 미륵상. 역자 유리원판 사진 촬영
(노출 3초 조리개1/4)

서너 층으로 이루어졌고 낡고 기울었다. 길에서 꽤 떨어져 있었다. 송도개성 부근에 있던 것과 닮았다. 고갯마루를 넘어 다른 계곡으로 들어갔다. 아래는 단암丹巖 찰방도였다. 이곳부터 우리는 남쪽으로 갔다. 그리고 1시 20분에 장성Changsong에 도착했다. 나는 한이hani 등에게 주막에 가겠다고 이야기해서, 그렇게 했다. 무척 작은 곳이었다. 지금껏 본 중에 가장 좋은 방이 있었다. 벽이 곧바르고 모두 도배가 되어 있었다. 주막이 관아와 가까웠다. 오늘 밀이 심어진 좋은 밭을 많이 봤다. 그리고 다른 건조한 제품들이 흔했다. 언덕에는 밭이 들어 앉아 있는 경우가 많았고 한두 개는 마치 고대의 테라스로 덮여 있는 것처럼 보였다.

오늘 아침 고갯마루를 떠난 이후부터 지역의 풍경에 가장 두드러진 변화가 온 것 같다. 언덕은 푸른색이었다. 모두 초록으로 덮여 있다. 경사면은 둥글고 부드러웠고 토양은 검은색이었다. 산비탈은 가팔랐다. 붉은 사암이 많이 보였는데, 특히 찰방도 이전의 고갯마루에 많았다. 주변에 화강암은 별로 없었다. 풀이 무성한 산허리 부분에는 검고 오래된 암석들이 무척 많이 튀어나와 있었다. 조선에서 본 중에 가장 쾌적한 지역이었다. 포근한 풍경이 그림처럼 예뻤다. 집들은 여전히 가난했다. 마을은 꽤 많았지만 규모는 작았다. 선암찰방도는 용안보다 훨씬 큰 곳으로 수백 채의 집이 있었으며, 집들은 읍과 떨어져 있었다. 다른 읍내의 집들과 크게 다르지는 않았다. 대나무는 길을 따라 꽤 많이 보였지만 크기가 작았으며, 집에서는 많이 사용되고 있는 모습을 보지 못했다. 오늘 아침 면화를 가득 짊어지고 북쪽으로 향하는 25명의 짐꾼을 봤다. 각자는 짐이 가득 찬 가로 6피트180cm 세로 2½피트75cm, 두께 14인치35cm의 큰 상자를 짊어졌다.

빨간 겉옷의 나팔수 두 명, 푸른색과 하얀색이 섞인 겉옷을 입은 길나장이 두 명, 그리고 아전 두 명이 우리를 앞서 갔다. 무엇보다 그들이 길을 열기 위해 사람들을 언덕 위로 몰아내는 것이 나를 화나게 했다. 나는 그들의 이런 행위를 완전히 막지 못했다. 음식이 관아에서 이곳으로 왔다. 젠장! 나는 식대를 치르고 싶었지만 어쩐된 일인지 마음대로 되지 않았고 이곳에서도 마찬가지다. 맨 처음 다과가 나왔다. 수프, 생강, 밤, 차가운 고기, 꿀, 감 따위가 나왔다. 그리고 이제 나는 반드시 밥을 기다려야 한다! 여행을 하려면, 관리들의 환대를 물리치기 아무리 어려워도 우선은 주막이 필요하다. 조용함을 위해서도 그렇다. 밥pap을 기다려야 한다. 나는 기분이 언짢다. 아마도 내 의지와 어긋나게 지나치게 대접받아서 그럴 것이다. 나는 값을 치르고 주막에 머물고 싶다. 관리들의 지나친 음식 제공과 소란 따위를 피하고 조용히 지내고 싶다.

장성Changsong의 부사가 편지를 보냈다. 3시 25분에 출발했다. 엄청난 인파가 몰려들어 소란을 피웠다. 이 부근에는 잘난 인사들이 꽤 많았다. 마을을 벗어난 후 나는 파견된 장교를 돌려보냈다. 관아 패거리들 없이 계속 갈 것이다. 어제와 오늘은 무덤에 주목했다. 인공적으로 심은 소나무 또는 소나무 숲에 둘러싸인 조용하고 평화로운 모습이었다. 오늘 많은 철제 선정비를 봤다. 오늘 이곳과 이전 곳에서 벽에 둘러싸인 작은 비석들이 많았다. 마치 작

동여도에 나타난 장성과 영신역원

은 정원 같았다.

3시 50분에 5분간 쉬었다 날씨가 흐렸다. 비나 눈이 올 것 같았다. 평야는 1.5-1마일2.4-1.6km 넓이로 작은 마을들이 많았다. 하지만 고갯마루 이전에서 본 것만큼 크지는 않았다. 남남서로 나아가서 월평장Wolpyong chang에 도착했다. 이곳은 두 부분으로 나뉘어졌는데 한 곳은 장터였고 다른 곳은 관리의 집처럼 느껴지는 백성들의 가옥이 모여 있었다. 매우 주목할 만한 일이었다. 서울을 제외하고는 일반 백성이 이런 집에 사는 것은 아직 보지 못했다. 월평장Wolpyong chang은 무척 컸다. 대략 200여 채의 집이 있었다. 그리고 좁은 평야에는 또 하나의 큰 마을이 있었다.

4시 28분에 이곳에 도착했다. 5분간 쉬었다. 그런 후 대략 남남서 방향으로 나아갔다. 그리고 5시에 외딴 주막에 도착했다.[187] 꽤 크고 깔끔했으며, 이곳에서 밤을 묵기로 했다. 색칠하지 않은 거친 나무로 지어진 단층 건물이었는데, 연기를 많이 쐬어 검은 빛을 띠고 있었다. 나는 이 주막을 모델로 삼아 스케치를 했다.

어린이가 그곳에 있었는데, 우리가 돌봐 주었다. 나는 안방anpang에서 단지

---

187 장성 영신永申 역원으로 추정됨.

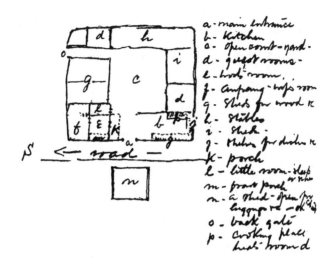

포크가 그린 조선 역원의 모습(장성 영신역원)

와 상자 그리고 온갖 잡동사니 사이에 자리를 잡았다. 묵과 수일은 주인 방을 차지했다. 내 방이 그리 좋아 보이지는 않았다. 곧 수일이 말하기를 이 집은 보통 시골 백성들보다 지위가 높은 사람의 소유고 (주인의) 배필beppin[188]이 내 방에 산다고 했다. 그는 그러더니 작은 화장대용 상자와 약간의 비단옷, 옷상자 따위를 가리켰다. 수일과 묵은 모두 그녀가 아내가 아니라 분명 첩일 것이라고 말했다. 그 이유는 그녀가 좋은 것들을 너무 많이 가지고 있기 때문이라고 했다(대여섯 가지 추레한 물건이었지만 조선의 시골 여자에게는 분명 좋은 물건들). 내 방 너머에는 마구간이 있었다. 그래서 마부들이 가끔 신경 쓰이게 했다. 하지만 우리에게 이제 그 정도는 문제가 되지도 않는다!

잠시 후에 목소리가 들리더니 '배필'이 들어오는 것이 보였다. 그녀는 묵과 수일에게 술을 가져왔다. 묵은 내게 그녀를 만나고 싶냐고 물었다(내가 그

---

188 배필配匹, Beppin, bae-p'il: 배우자, 인생의 동반자. 여기서는 첩을 의미.

녀의 방을 차지한 점에 대해 묵에게 사과를 전하라고 말했을 때). 그러더니 문이 열렸다. 그녀는 20대에서 40대까지 나이를 짐작할 수 없었다.[189] 얼굴이 얽은 모습이 배필처럼 보이지는 않았다. 하지만 커다란 하얀 치마에 보라색 재킷을 깔끔하게 입었다. 그녀는 귀한 손님인 양반nyangpan이 외국인이라는 소리를 듣지 못한 것 같았다. 그녀는 나를 보더니 완전히 맥이 풀렸다. 내 방문이 열렸을 때 그녀는 입을 반쯤 벌린 채 겁에 질려서 그저 쳐다보기만 했다. 묵은 그녀를 시켜 내게 술을 따르게 했다. 나는 술을 마셨다(그녀가 다가올 때, 바라보면서). 나는 "고맙소komapso"라고 말했다. 그래도 그녀가 움찔하며 놀라는 것 같지는 않았다. 그런 후 나는 그녀에게 외국인을 본 것이 이번이 처음이냐고 물었다. 그리고 그녀를 안심시키려고 노력했다. 하지만 짐작할 수 있듯이 내 의도대로 되지는 않았다. 나 같은 유령 앞에서 그녀는 침을 삼키지도 못하고 천천히 묵과 수일 쪽으로 물러났다. 나는 내 사진들을 그녀에게 보여 줬다. 아마도 그녀가 흥미를 보이는 것 같았다. 하지만 나를 본 충격으로 사진을 보고 무슨 생각이 드는지를 말할 만큼 여유를 찾지는 못했다. 수일의 말이 옳았다. 그녀는 첩이었다. 그리고 아내는 주인의 '배필'이 사는 여기처럼 안락한 곳이 아닌 다른 어딘가의 진흙 구덩이에서 살고 있을 것이다.

나는 오늘 단암찰방도 전의 고갯마루 이후부터는, 제방을 잘라 물길을 계획적으로 흐르게 해서 단 한 조각의 땅도 허비하지 않았다는 것을 알아차렸다. 내가 본 대부분 계곡의 비탈은 수력 방앗간을 만들기에 충분했다, 여기서 장성Changsong까지는 20리 거리다.

---

189 일반 참고사항: "조선 아이들은 엄마 젖을 무려 4년간 빤다. 이것이 여성들이 그렇게 빨리 늙는 한 가지 이유다."

11월 15일
나주에 도착했으나 푸대접을 받다

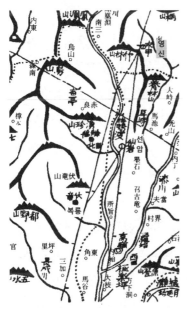

《대동여지도》에 표시된 장성-나주 길.
영신역에서 숙박하고 선암역과 복룡을 지났다

푹 잔 후 7시 40분에 일어났다. 이곳은 여주인인 배필이 사는 덕분에 벼룩이나 이 같은 벌레가 없었다. 8시 58분에 출발했다. 일꾼들은 밥을 두고, 다른 이들영신은 역말yokmal의 말 주변에서 소란을 일으켰다. 그들은 오늘 아침 밥에다 어젯밤의 식은 밥을 섞어서 주었다는 이유로 불평을 쏟아냈다. 배필은 이에 대해 하녀를 몹시 나무랐다. 다른 이들은 말 사료가 너무 비싸다는 이유로 소란을 일으켰다. 여기는 역말yokmal, 용말 yong-mal이고 정부는 관리들의 말 사료를 위해 특별히 토지를 할당한다.

우리는 남서 방향으로 개울을 따라 계곡을 내려갔다. 여러 군데에 보洑를 설치해 물을 막아놓았다. 그래서 호수처럼 보였다. 주변에 길들여진 오리들이 많았다. 9시 28분에 쉬었다. 그런 후 계속해서 개울을 따라갔다. 계곡이 좁아졌다. 안쪽에 경작지는 거의 없고 노란 풀이 자랐다. 이곳 부근 언덕은 경사가 급하고 전반적으로 소나무 숲이 우거졌다. 이번 길에는 큰 마을이 없었다. 이곳에서 개울이 동쪽으로 방향을 바꾼다. 이곳은 한때 나루터였다. 개울은 여전히 호수처럼 보였다. 100피트30m 너비로 바닥에는 돌이 많이 보였고 물고기가 많았다. 이곳에서 왼쪽으로 절벽 뒤쪽에 나무로 둘러싸인 마을이 있었다. 일본에서처럼 까마귀가 까악 까악 울었다. 지역의 풍경이 일본과 비슷했지만 그만큼 잘 관리된 것 같지는 않았다.

10시 2분부터 10시 10분까지 휴식을 취했다.

10시 10분부터 개울을 따라 동남동 방향으로 나아갔다. 그리고 10시 30분에 개울을 건넜다. 계곡의 북쪽이 경작되긴 했지만 일반적으로는 그렇지 않았다. 나는 한두 개의 마을만을 발견했지만 매우 작은 규모였다. 나주羅州, Naju에서 온 하인이 다리 위에 나타나더니 앞장섰다. 풍경이 푸근하고 예뻤다. 언덕 정상에는 나무가 우거졌다. 동남동 방향으로 정상이 구름에 휩싸인 큰 산이 있었다. 매우 상쾌한 날씨였다. 개울이 몹시 구불구불하고 얕았다. 대략 40피트12m 너비에 2½피트75cm 깊이로 흐름은 6노트 정도였다. 집이 적고 인적도 드물어 이 지역은 꽤 적막해 보였다.

10시 40분에 5분간 휴식 취했다. 여전히 남남서 방향으로 계곡을 내려갔다. 전체 길을 가는 동안 평야의 서쪽으로 많은 마을들이 있었다. 마을 부근으로 무척 예쁜 대나무 숲이 많았다. 길 옆으로 벼는 거의 보이지 않았지만 밀은 상당히 많았다. 어제부터 길을 따라 8 내지 10채의 집이 새로 지어지고 있었다. 술막Sul-mak=주막과 마을들은 이곳까지 모두 길에서 떨어져 있었고 일꾼들은 이에 불평을 늘어놓으며 화를 내기 시작했다. 북쪽으로 가는 한두 개의 면화 짐을 봤다. 이 근처는 집들이 높고 조금 더 좋았다. 주로 대나무 때문이었다. 이곳에서 11시 53분부터 12시 12분까지 쉬었다. 우리는 나주에서 30리 거리에 있었다.

우리는 남쪽과 동쪽으로 왔다-마지막 휴식 이후 이 새로운 방향으로 갔다-그리고 이전 계곡을 나와서 낮은 산등성이를 넘어 언덕이 낮은 지역을 지나갔다. 검은 토양에 주목했다. 농사가 잘 지어졌고 늦은 추수가 진행되고 있었다. 이곳부터 넓고 평탄한 평야를 넘어 낮은 지역을 통과해 남동쪽을 바라보고 나아갔다. 엄청난 수의 까마귀가-검은 새들-주변에 있었다. 작은 새들 역시 많았다. 오늘 아침에는 야생 오리들이 개울 주변에 무척 많았다.

1시 55분에 나주에서 10리 떨어진 주막에 도착했다.[190] 3시 잠깐 전에 나주 읍내에서 장교가 나타났다. 나는 배가 고프고 힘이 없었다. 3시 45분에 출발했다. 이곳부터 대체로 남쪽으로 향했다. 이 지역은 언덕이 많고 대개의 다른 고지대보다 훨씬 농사가 잘 지어졌다. 붉게 물든 모래 언덕이 있었다. 골짜기의 중간 지대는 허비되는 경우가 많았다. 집 주변으로 대나무가 매우 풍부한 숲을 이뤘고 서쪽 언덕 골짜기에 있는 밭 주변에도 많았다. 집과 마을들은, 대나무 울타리를 두

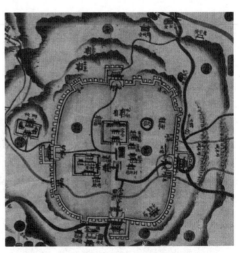

1872년 나주지방도에 나타난 나주읍성
포크는 위쪽 북문으로 진입해 가운데 객사에서 머물렀다

---

190 나주 청암靑巖역원.

른 일본의 시골 지역과 거의 똑같이 생겼지만 집을 지어 놓은 모습은 모든 면에서 이곳이 몹시 열악했다. 길은 상당히 좋았다.

낮은 언덕을 지나자 나주의 벽이 시야에 들어왔다. 북쪽 벽은 반 마일800m 길이, 20피트6m 높이에 사격을 위해 구멍이 뚫려 있고, 군데군데 무너져 내렸다. 이런 모습이 합쳐져 매우 예스러운 풍경을 만들었다. 성벽은 언덕을 따라 이어졌다. 바깥쪽으로 어느 정도 떨어진 곳에서 우리는 악단과 한 무리의 군중을 만났다. 나는 그들 모두를 멈춰 세우고 뒤편으로 보냈다. 성문 근처에서 나는 그 너머에 큰 도시가 있을 거라 기대했다. 하지만 이런! 아치가 있는 성문에서부터 조용한 들판만이 바라보였다. 겨우 몇 채의 집이 보일 뿐이었다. 성벽에 둘러싸인 지역은 1/2-3/4마일800-1200m의 사각형이었다. 서쪽과 남서쪽에 있는 작은 구역에만 집들이 지어져 있었다. 나주의 제조업에 대해 너무 많이 들어서 상점 같은 것을 볼 수 있을 거라 생각했지만 아니었다. 우리는 성문 근처에서 서쪽으로 지나가서 남쪽으로 큰길 하나를 통과했다. 나주 관아 건물들은 조선의 다른 곳과 비교해 매우 높았다. 그리고 숫자

2019년 복원된 나주 북문. 포크 일행이 진입한 문이다

가 많았다. 거리는 좁고 집들은 가난해 보였지만 대나무와 철이 사용돼 조금 나아 보였다. 그리고 몇 가지 작은 물건들이 여러 색깔로 장식된 것을 봤다. 하지만 평소와 다름없이 그렇게 좋지는 않았다. 나는 관아 북쪽의 커다란 관청[191]으로 안내됐다. 나를 따라 몰려드는 엄청난 인파들이 가까이에서 뒤따랐고, 큰 혼란이 이어졌다. 그리고 화려하게 차려입은 모든 아전들이 이곳에서 나를 보고 깜짝 놀랐다. 아무것도 준비되어 있지 않았다. 마루 같은 곳에 몇 개의 방석만이 급하게 깔렸다. 지난 40리 동안 나를 만나기 위해 마중 나왔던 사람들을 생각하면 매우 이상한 일이었다! 하지만 내가 전에도 언급했던 것처럼 이것이 조선식 스타일이라고 생각했다.

목사는 이곳에서 40리 거리의 장터에 세미稅米를 받으러 나가 있어서 자리에 없었다. 감사가 나에 관해 나주에 편지를 보낸 것을 알고 있어서 나는 민영익의 편지를 이곳에 앞서 보내지 않았었다. 나는 내일 편지를 전달하면 이곳에 한바탕 소동이 일어날 것이라고 생각했다. 나는 이곳의 아전이 하인인 경숙이에게 하는 말을 들었다. 일본 사람이 예전에 이곳에 왔었고 상당한 문제를 일으켰다는 내용이었다. 이곳에서는 내게 음식을 두 번 차려냈지만 보잘것없었고 매우 초라했다. 나는 이러한 내용을 포함하여 다른 것들도 목사에게 전할 것이다. 마을 끝에서 작은 석조 부처상 여러 개를 봤다. 고을로 들어가는 마지막 길을 가는 동안 서낭당을 거의 찾아볼 수 없고 비석도 없다는 것을 알았다. 이건 좀 이상했다. 아마도 비석들은 남문 밖에 있는 것 같았다.

나는 날카롭고 긴 외침 소리를 들었다. 목사가 자신의 고을로 돌아오는 것을 알리는 소리였다. 언제나처럼 나팔소리가 터져 나오며 외침 소리와 섞여

---

191 나주 객사 금성관錦城館(역주).

더 크게 들렸다. 나는 잠을 청했다. 묵이 들어오더니 내 통행증을 가지고 나가 목사에게로 갔다. 나는 일어나서 10시까지 그를 긴 시간 기다렸다. 그러고는 다시 잠을 청했다. 자정이 되어 떠들썩한 소리에 잠을 깼다. 나는 묵과 수일을 불러 그들을 질책했다. 첫째는 주인에 관해 목사에게 보고를 하지 않았고 또 내게 말하지 않고 통행증을 가져간 점이었고 둘째는 불러도 오지 않고 또 잠자리를 준비하지 않은 점, 그리고 밤중에 이런 소동이 일어나게 한 점 모두였다. 그들이 한 말은 목사가 말하기를 우리가 도착했을 때, 아마도 우리가 운이 없어서 자신이 자리에 없었고, 그래서 자정에 약간의 음식을 보냈다고 했다는 것이 전부였다. 나는 기분이 썩 좋지 않아서 음식을 먹지 않았다.

11월 16일
영산강 수계의 중심 도시 나주에 도착하다
-나주 사람들은 잘생겼다

수일이 내게 뜨거운 물이 담긴 큰 통을 가져다주었다. 그리고 나는 실제로 훌륭한 목욕을 할 수 있었다. 목욕이라는 것을 알지 못하는 나라에서 진기한 일이었다. 음식이 일찍 들어왔으나 하인들에게 나중에 가져오라고 말했다. 목사가 이를 본 후 더 많은 음식을 준비하라고 명령해서 아전들 사이에서 한바탕 소동이 일어났다. 10시 30분쯤 되어 밥에 앞선 음식이 들어왔다.

사각형 상에 꿀에 절인 신 오렌지와 죽순, 얇게 저민 삶은 달걀, 배, 감, 얇게 썬 차가운 쇠고기, 껍질을 벗긴 밤, 김치 한 접시, 쇠고기가 섞인 잡채, 국수, 깨[192]와 정과 한 접시, 꿀과 식초, 그리고 소주를 담은 놋쇠 주전자.

나는 합천 해인사陜川 海印寺, Hapchon Hain-sa에 가볼까 생각했다. 큰 규모의 불교 사찰이었다. 이곳에서 해인사로 갔다가 그곳에서 진주晉州, Chinju로 갈 생

---

192   포크는 깨kkae, 즉 참깨를 지칭했을 가능성이 높다.

나주목 관아 정문인 정수루(전남 문화재자료 86호)

각이었다.

(나주)목사[193]가 나를 만나기위해 오고 있다는 소식을 듣고 제복을 갖춰 입었다. 그런데 나중에 그가 집으로 가고 있다는 것을 알고 그를 따라잡으려고 서둘렀다. 그를 길거리에서 만나 영문에서 그와 면담했다. 커다란 곳간 같은 건물이었다. 높긴 했지만 다른 곳의 영문처럼 거대하지는 않았다. 이곳의 모든 관청 건물이 가진 특징이었다. 나는 먼저 그를 방문하는 것이 예의라고 설명했다. 그는 다소 진지한 표정으로 동의했고 나를 친절하게 대했다. 그는 본인 생각에 내가 좋아하지 않을 만한 나쁜 음식을 준 아전에게 내린 태형을 멈추게 했다고 설명했다. 나는 내가 방문했다는 이유로 어떤 조선인이든지 고통을 겪는다면 기분이 몹시 좋지 않을 것이라고 설명했다. 그는 자신이 모자를 쓰고 있는 동안 나는 반대로 벗어야 한다는 것에 놀라워했다. 나는 이 점을 충분히 설명했지만 어쩐지 나이 든 이 친구는 그 문제에 있어서 내가 외국이 아니라 조선식으로 행동하기를 원하는 것 같았다. 목사는 50세쯤으

---

193 당시 나주 목사는 박규동朴奎東이었다.

나주에 남아 있는 나주목 내아

로 키가 크고 강인해 보였다. 그는 이곳에 부임한 지 얼마 되지 않았다. 초록색 옷을 입고 다른 이들처럼 줄을 바짝 맸다. 방은 크고 단정했다. 걸상과 옻칠된 나무로 만든 (중국식) 옷장 따위가 많았다. 그의 하인들은 살벌한 그의 표정에도 불구하고 그에게 예절을 갖추지 않고 부주의하게 대해서 나를 놀라게 했다. 내가 만난 다른 모든 조선인들처럼 그는 조선의 지리를 잘 알지 못했는데, 다른 대부분의 사람들보다도 더했다.

영문을 나서면서 나는 목사에게 악수하는 법을 가르쳤다. 그런 뒤에 갑자기 지난 번 서울에서 만났던 내시가 내 앞에 서 있는 것을 발견했다. 그는 궁전을 둘러볼 수 있게 변수邊燧, 1861-1892, Pyon Su와 나를 안내해 준 사람이었다.[194] 이런 데서 그를 보게 되니 정말 기뻤다. 그가 반가이 인사하며 손을 내

194 1884년 8월 13일, 고종의 초대를 받아 포크는 변수를 안내자 삼아서 경복궁을 관광하게 됐다. "나는 [궁전의] 모든 곳을 봤다." 그는 가족에게 보낸 편지에 이렇게 썼다. "아마도 조선에 온 그 누구보다도 더 철저하게 살펴봤을 것이다. 그곳은 60에이커의 대지를 차지한 어마어마한 장소였는데 모두 벽으로 둘러싸여 있었다." 1884년 8월 12일 부모와 형제에게 보낸, 포크의 편지들.

밀자 고마운 마음까지 들었다. 그는 옛 고향을 방문하기 위해 이곳에 왔다고 말했다. 내가 밥을 먹고 난 이후 그가 나를 찾았다. 그는 무척 유쾌하고 정보에 밝은 친구였다. 그리고 여행을 정말 많이 했다. 내가 사냥용 칼을 보여 주자 그의 눈이 반짝였다. 조선인들은 이 칼에 대단한 관심을 보이는 것 같았다.

그가 여기 있는 동안 목사가 찾아왔다. 그는 일본인을 제외하고는 다른 외국인을 만나 본 적이 없었다. 그리고 내가 가진 모든 것을 어린아이 같은 호기심으로 대단한 흥미를 가지고 살펴봤다. 그는 내가 무엇을 가지고 있는지 몰랐다. 그가 납 연필을 보고 즐거워하자 나는 한 자루를 주었다. 목사는 옷차림이 그다지 단정하지 않았고 분명 사교적인 재치가 많지는 않은 남자였다. 그는 제물포의 참사參事와 같은 출신으로 비교적 태생이 천한 남자라는 판단이 들었다.

목사와 함께 마을을 관통해 남문까지 갔다. 그는 아직 이곳을 둘러보지 못했다면서 함께 가자고 했다. 우리는 남문을 올라가 경치를 구경했다. 물론 많은 무리의 길나장이들이 함께였고 그들은 되는 대로 사람들을 집 안으로 몰아넣었다. 그런데도 문간마다 호기심에 가득 찬 사람들이 가득했다. 실컷 구경하는 표정들이 모두 즐거워 보였다. 남문에서 바라보자 이곳은 꽤 넓고 아늑해 보였고 관청 건물은 일반 백성들의 집에 비해서 가늠할 수 없을 정도로 거대해 보였다. 우두머리 길나장이가 성벽 안에 2,000여 채의 집이 있다고 말했다. 내가 생각하기에는 과대평가 같았다. 그러나 남문 바깥쪽에 한 무리의 집들이 더 있었다. 아마도 400여 채 정도 되어 보였다. 그중 몇몇은 관청이었고 하나는 당당한 모습의 오래된 훈련용 경기장이었다. 그곳에는 현지의 실정에 적합한 두 개의 도로가 있었는데, 네 개의 대문으로 통하고 있었다. 길은 영문 옆의 사각형 공터에서 만났다. 그곳에는 오래된 선정비가 사당이 많았다. 모두 쇠로 만들어졌다(내가 본 바로는). 영문 바로 앞 동쪽으로

포크의 숙소로 사용된 나주 객사(금성관)

매우 높고 위엄이 넘치는 건물인, 객사客舍, Kaksa가 있었다.

나주는 특정 제품들로 널리알려져 있다. 주로 작은 밥상인 소반小盤, sopan, 베개, 책상과 걸상, 양초 따위였다. 대개 이런 물건들에는 옻칠을 했다. 칠기漆器는 오직 나주 고을에서만 만들어졌다. 검은색이거나 불그스름하거나 갈색이었다. 내가 본 모든 물건들은 얇은 칠이 되어 있었고 고르지 않았다. 칠을 너무 많이 한 것 같지만 매끄러웠다. 나주는 또한 최고의 부채가 생산되는 곳으로 유명했다. 통영統營, Tongyong, 대구大邱, Taku 등 다른 곳도 부채로 유명했지만 품질이 일정하지 않았다. 집안이나 거의 모든 다른 물건에서 전라도 사람들은 다른 데서 볼 수 없는 기교적인 솜씨를 보여준다. 무언가 일본을 닮은 듯도 하나 분명 품질이 더 좋지는 않았다.

서울 관리들의 집에 쓰일 제일 좋은 물건들은 오직 여기에서만 만들어지는 것을 볼 때, 이름난 상품들의 품목이 많은 것이 분명했다. 나는 이런 물건들이 만들어지는 장소를 찾아봤지만 쉽게 볼 수 있을 정도로 많은 것 같지

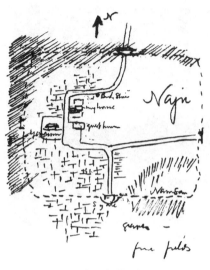

포크가 그린 나주 지역 지도

는 않았다. 그런 물건을 만드는 장인들은 자신들의 헛간에서, 한 명은 여기, 다른 사람은 저기 흩어져 각자 조금씩 만들어 냈다. 그런 류의 집들은 남문 바깥에 대개 위치했다. 물론 타 지방에서도 그런 물건들은 만들어졌다.

남문의 바깥 지역은 완만한구릉이거나 낮은 언덕으로 경작된 모습이 아름다웠다. 대부분은 밀이었다. 이곳이나 이 근처(하루 전)에서 다른 곳보다 더 많은 밀을 볼 수 있었다. 남쪽으로 1마일1.6km 거리쯤에 폭이 좁은 강江, 영산강이 있었다.-지도대동여지도[195]에 나와 있는 강이었다. 이곳에는 조수가 있었는데 조수 간만 차이가 대략 4-5피트1.2-1.5m 정도밖에 되지 않았다. 하지만 배는 나주에서 10리 안쪽으로 들어오지 못했다. 고을 서편의 언덕 기슭 부근 같은 곳 선착장이었다. 이곳에는 꽤 큰 배들이 쌀 따위를 싣기 위해 들어왔다(서울 세미稅米선은 아니었다). 개울은 동쪽과 서쪽으로, 내가 볼 수 있는 한도에서, 몇 마일 거리로 뻗었다. 강둑은 비옥하고 넓은 평야로 모두 경작되어 있었다. 그곳에서 나는 동쪽 방향으로만 마을을 9개까지 세다가 멈췄다.

이곳 사람들은 서울이나 충청도의 사람들과 다른 면을 보여 줬다. 가장 눈에 띄는 것은 평소 조선에서 보던 것보다 사람들의 눈동자가 더 검다는 것이

---

195 포크는 일기에 그린 지도가 아니라 자신 소유의 지도(대동여지도)를 언급한 것으로 보인다.

포크가 머문 나주 객사 금성관 유리원판 사진(2019년 가을 노출 2초 조리개1/3)

다. 앞머리는 칠흑같이 검고 두꺼웠고 속눈썹도 마찬가지였다. 일본 사람들
도 많이 그랬다. 전주부터는 키가 큰 남자들을 보지 못했다. 그들은 모두 각
장소와 관련돼 있는 것 같았다. 때때로 나는 이곳에서 매우 부드러운 타원형
의 얼굴과 준수한 용모를 가진 사람을 볼 수 있어 놀라곤 했다. 무척이나 잘
생겼다. 이들은 보통의 조선인들보다 더 작고 동그란 매우 검은 눈을 가졌
다. 분명하게 구분됐다.

　나주 전역에 걸쳐 몇몇의 볼품없는 상점만을 볼 수 있었다. 화려하지도 않
았고 정말 쓰러져 가는 오두막이었다. 쇠고기와 과일 혹은 국수, 아니면 약
간의 품질이 좋지 않은 종이 상자를 팔았다. 짚신, 종이 따위와 밝은 색의 작
은 비단 제품들이 있었다. 면직물을 만들면서 장대기를 톡톡 두드리는 소리
가 많이 들렸다. 많은 양의 면직물이 이곳에서 만들어지고 있다는 생각이 들
었다.

　남문에서 우리는 벽을 따라 대략 100피트30m 높이의 남산까지 갔다. 이곳

에서 나는 고을(노출 17초)과 목사와 군중의 사진(노출 17초)을 찍었다. 남문에서도 나주 고을 사진을 두 장 찍었다. 각각 16-17초의 노출을 사용했다. 저녁 상이 차려졌지만 우리는 먹지 않았다. 목사는 다른 손님을 맞기 위해 돌아가고 나는 숙소로 돌아왔다. 그는 남평Nampyong에서 내일 열리는 지역 감사local examination에 참석하기 위해 파견된 관리를 만나야 했다. 나는 숙소로 돌아와 조용히 밤을 보내고 일찍 잠자리에 들었다.

11월 17일
포크가 찍은 유리원판 사진들, 영산강 나루터에 빠져 깨지다

-포크의 가마꾼들, 나주에서 주막 여주인을 도와 패싸움하다

8시에 언짢은 기분으로 일어났다. 가는 비가 내렸다. 수일이 나를 깨우지 않았다. 어젯밤 가마꾼과 고을 사람들이 술집을 부쉈고 네 명의 가마꾼이 곤봉으로 심하게 맞았다는 이야기를 들었다. 두 명은 상태가 좋지 않았다. 그들은 돈을 내지 않는 아전과 싸우는 여자 편을 들었다. 목사가 불렀다.

어젯밤 나는 공주에서 받은 10,000푼에 대한 영수증을 쓰고, 공주로 함께 보낼 편지도 썼다. 그곳에 머무를 때 나는 외무부의 편지가 영수증을 요구한다는 사실을 몰랐으며, 공주 감사도 그것을 써 달라고 요구하지 않았다. 나는 이곳의 나주 목사에게도 10,000푼에 대한 영수증을 써 줬다. 그리고 민참판에게 보낼 메시지를 카드에 썼다. 내관Nae Kwan이 전달할 것이다.

목사는 아주 무지한 사람으로 센스가 전혀 없었다. 그는 나에게 거의 고래만큼 큰 물고기와 종이를 담은 커다란 바구니 등등을 보냈는데 당연히 내가 가지고 갈 수가 없는 것들이었다. 그는 농민 태생으로 아는 것이 없었다. 그리고 오직 엄청난 대식가로만 유명했다.[196] 오늘 아침 그가 불렀을 때, 나는 가마꾼이 일으킨 어젯밤 소동에 관해 미안하다고 말했다. 그는 그 집의 주인을 벌주겠다고 말했다. 나는 그 누구에게도 벌을 주지 말라고 말했다. 술집 여자가 목에 칼[197]을 쓰고 감옥으로 끌려왔다. 그리고 두 명의 가마꾼이 영문으로 끌려왔을 때 나는 떠날 준비를 마쳤다. 묵이 그녀를 석방해 달라는 편지를 썼다. 가마꾼이 말하기를 그녀는 어젯밤 소동과 아무런 상관이 없다고 했다. 가마꾼들은 술집이 그들의 숙소였다고 말했다. 그들은 잠을 자고 있었는데 한 무리의 술꾼이 와서 술을 마시고 돈을 내려 하지 않았다고 했다. 그때 가마꾼 중 일부가 끼어들어 어떻게 돈을 내지 않을 수 있느냐 등등의 말을 하며 따졌다. 나중에 그 무리들이 곤봉을 들고 와 가마꾼들을 두드려 팼다. 그리고 집을 거의 다 때려 부쉈다. 지금(10시 45분) 가마꾼 10명이 주변에 서 있다. 일부는 머리에 상처가 컸다. 막 떠나려는 참이다. 날씨가 흐리고 가벼운 비가 내렸다. 나주에서의 용무는 끝났다.

10시 53분에 출발했다. 11시 3분에 동문에 도착했다. 11시 20분에 동쪽 둑의 나루터에 왔다. 이곳의 강江, 영산강은 중심부가 4피트120cm 깊이고 물살은 3-4노트5.5-7.4km/시속로 북쪽에서 흘러들었다. 아마도 나주 이전에 우리가 따라왔던 물줄기들이 이 강의 지류일 것이다. 밧줄, 배, 그리고 나무다리가 있는 깔끔한 나루터였다. 남쪽 둑은 15피트4.5m 높이로 점토로 이루어졌고 양 옆으로는 훌륭한 들판이 있었다. 길은 평탄했다. 해가 나왔다.

11시 42분에 휴식을 취했다. 이곳에 오기 바로 전에 우리는 구릉 지대를

---

196 일반 참고사항: "다음과 같은 말이 있다. 관리들이 돈을 벌 수 있는 두 가지 좋은 자리가 있는데, 하나는 '선혜청 당상's'hon-ha-nang-ch'hong'이고 다른 자리는 나주 목사라고 했다. 가치가 높은 많은 물품이 그곳에서 만들어지기 때문이다."

197 목 둘레를 조이는 무거운 나무판. 때로는 가벼운 범죄자의 손목에도 채운다.

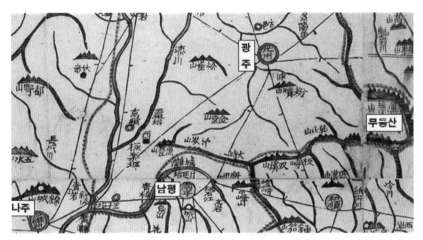

《대동여지도》에 나타난 나주-남평-광주

지났다. 길은 이름뿐이었고 여기저기에 약간의 대나무 숲이 조금씩 보였다. 길은 대체로 동쪽 방향이었다. 뻐기는 얼굴의 일본인 모습을 닮은 사람들이 길을 따라 지나갔다. 주변에는 암석이 보이지 않고 아직까지 마을은 나오지 않는다. 11시 46분에 출발해서 주로 동쪽을 향해 구릉 지대를 계속 나아갔다. 12시 10분에(휴식) 길을 조금 내려가서 남평南平, Nampyong 계곡의 가장자리에 도착했다. 광대한 평야가 펼쳐졌다. 마룻바닥처럼 평탄하고 모두 경작지였다. 남쪽 방향으로 뻗어 나갔다. 15-20마일24-32km 정도까지 내다보였고 거의 4마일6.4km 넓이였다. 완전무결하게 끊어지지 않는 벼농사의 지평선이 펼쳐졌다. 정말 보기 좋은 풍경이었다. 몇몇 큰 마을은 동쪽에 있었다. 나는 12개 이상의 마을을 셀 수 있었다. 잘 마른 길을 통해 약간 북동쪽으로 질러갔다. 평야는 훌륭하게 배수가 이뤄졌으며, 그 안에는 밭작물을 재배하는 돋워진 평평한 땅이 많았다.

12시 41분에(4분간 쉬었다) 우리는 평야의 동쪽 언덕 옆에 위치한 100여 채의 집이 있는 마을에 왔다. 이곳에는 오래된 거대한 나무(평야에 홀로 두드러진)와 동떨어진 바위들이 있었다. 평야에 흐르는 개울은 폭이 좁았다. 이곳은 조선에서 지금껏 본 가장 훌륭한 평야였지만 아마도 가장 크지는 않은 것 같았다. 이곳 너머 평야에서는 전부 고지대 산물을 재배했다. 봄밀과 함께 배추와 무가 무척 풍성하게 자란 아름다운 정원 같았다. 아마도 훌륭한 목화밭도 많을 것이다. 마지막 휴식은 평야의 서쪽쯤이었다. 가까운 곳에 강둑과 작은 개울이 있었고 그 이후부터 남평 읍내로 향하는 길은 전부 이런 정원 같은 멋진 평야였다.

1시 10분에 우리는 갑자기 읍내 북서쪽 바로 위에서 열리는 장터에 들어섰다. 장이 한창 열리고 있었다. 6,000명 정도로 가늠되는 사람들이 있었다. 갖가지 종류의 상품들을 팔았다. 큰 돗자리가 가장 눈에 띄었다. 나는 커다란 소동 없이 간신히 숨어들 수 있었지만 장소가 마음에 들지 않았다. 읍내 방향으로 가다가 가마꾼들이 길을 잃었다는 사실을 알았다. 우리는 돌아서서 장터의 동쪽 끝을 지났다. 그리고 개울을 가로지르는 커다란 다리를 건넜다. 동쪽으로 나주가 넓게 보였다. 개울은 얕고 물살이 끊겨 흐르지 않았다. 1시 20분에 도착했다. 묵은 사람들을 쫓아내는 악역을 담당하려 했지만 나는 그를 깔아뭉갰다. 그에게서 정나미가 떨어졌다.

이곳부터 서쪽으로 향했다. 1시 45분에 일꾼들에게 음식을 주기 위해 휴식을 취했다. 길은 장터를 오고가는 사람들로 가득했다. 남평의 관리는 현감이었다. 평야의 땅은 갈색으로 비옥했고 약간의 모래가 섞인 밭도 있었다.-윗부분은 작지만 뿌리가 실하게 달린 무가 자랐다. 나는 감탄할 정도로 참외와 고구마에 적합한 토양이라고 판단했다. 장터에서 상당히 많은 양의 고구마를 봤다. 휴식을 취하는 동안 많은 사람들이 소금을 운반하는 모습을 봤다. 모두 조선의 바다에서 나온 것으로 이곳의 소금은 대부분 영광靈光, Yong

Kang의 법성法聖, Papsong이 생산지였다.

2시 10분에 출발했다. 좁은 계곡을 올라 고갯마루에 2시 30분에 도착했다. 그런 후 예쁜 논이 있는 계곡으로 내려가 동쪽으로 방향을 틀었다. 북쪽으로 마을이 많았고 집들이 여기저기 흩어져 있었다. 길은 매우 높은 산 쪽으로 향하고 있었다. 무등산無等山, Mutun-san[198]이라는 이름으로 동쪽을 품고 있는 지세였다. 정상에 손잡이 같은 바위가 치솟았다. 이곳에서 2시 40분에 휴식을 취했다. 언덕에는 무척 풀이 많았고 노란색의 공터가 많았다. 일본과는 전혀 달랐다. 2시 44분에 출발했다. 곧 북쪽으로 방향을 돌려 낮은 고갯마루를 넘었다. 이어서(3시) 작고 매우 평평한 두 번째 언덕에 이르렀다. 그곳에서 동북동 방향으로 오르막을 올랐다. 그리고 언덕으로 방향을 돌려 다시 북동쪽으로 향했다. 3시 30분에 휴식을 취했다. 마지막 길을 가는 동안 바람이 거셌고 차가운 비가 쏟아졌다. 이곳은 광주光州, Kwangju에서 10리 떨어진 곳이었다.

3시 36분에 출발했다. 고갯마루를 건너 북쪽으로 올라 다음 계곡으로 건너갔다. 4시에 다시 차가운 소나기가 쏟아졌다. 내게는 무척 생경했다. 우리는 점차 올라가서 광주 방향의 비옥한 계곡으로 내려왔다. 4시 40분에 장터 옆의 마을에 도착했다. 8분간 쉰 후 우리는 북서쪽으로 향했다. 5시 8분에 찰방도Chalpang-do 너머 계곡에서 휴식을 취했다. 길은 실제로 무척 좋았다. "배가 너무 고파요, 나리"라는 소리가 들려왔다. 5분간 휴식을 취했다. 언덕을 넘어 찰방도의 동쪽을 지나서 길을 계속 나아갔다.

그리고 갑자기 평상다리 주막Phyong-S'hang-tari chumak에 도착했다. 우리는 5시 20분에 무척 기쁜 마음으로 주막에 들어갔다. 늘 그렇듯이 주막은 눈 뜨

---

198   무등산Mudung-san, 해발 1186m.

고 보기 힘든 가축우리 같았지만 이번에는 감사한 마음으로 들어갔다. 밥이 있고 잠을 잘 수 있는 안락한 쉼터였다. 결국 주막은 그렇게 끔찍하지도 않았고 더러운 가축우리도 아니었다! 1시간 뒤에 경숙이Kyong Suki가 짐을 가지고 도착했다. 나주 이후부터 우리는 그를 보지 못했었다. 그래서 나는 혹시 강도를 당했거나 다른 어려움에 빠지지는 않았는지 걱정을 했었다. 내 짐은 이 시골에서 매우 눈길을 끌어서 호기심이 많은 사람이나 강도의 이목을 끌 수 있었다.

나주에서부터 시작한 하루 동안의 여정이 내게는 힘이 많이 들었다. 나는 두 명의 가마꾼을 뒤에 남겨 놓고 싶지 않았다. 그리고 남평의 장터에 달려 들어가는 일이 즐겁지 않았다. 그런 상황에서는 언제나 최악의 패거리들이 있었고 술에 취한 사람들도 많았다. 나는 이곳에서 엄청난 호기심의 대상이었다. 이곳에는 외국인이 한 번도 온 적이 없기 때문에 수많은 군중이 몰려들기 마련이고 결국 아주 쉽게 소란이 벌어진다. 또 차가운 소낙비는 무척 음울하고 내게는 특히 생경했다. 겨울 하늘은 때때로 무척 어두워지면서 위협적으로 천둥이 쳤다. 오늘 수일이 일찍 깨우지 않았음에도 불구하고 나는 70리를 가겠다고 선언했다. 묵은 나주 목사의 사람들에게 내가 일찍 떠나고 싶어 한다는 말을 등한시하고 전하지도 않았다. 아마도 묵이 미워서 일행을 이끌고 70리 길을 강행했을지도 모른다. 그 역시 쉬지도 못하고 배가 몹시 고팠을 것이다.

남평은 우리가 지났던 비옥한 평야의 동쪽 가장자리에 있었다. 나주로부터 동쪽 방향이었다. 이곳은 무척 규모가 컸고 내 판단에 중요한 고을 같았다. 장터 옆으로 분명 350여 채 정도 되는 집들이 있었다.

나는 광주 고을의 크기와 모습에 꽤 큰 충격을 받았다. 위에 적은 것처럼

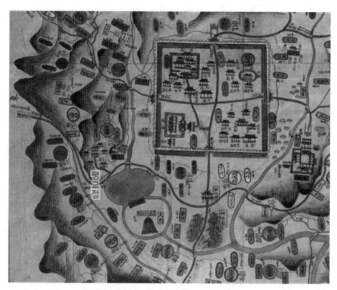

광주光州지도 모습과 평교점. 1872년 지방도

우리는 논이 있는 좁은 계곡을 지나 남쪽에서부터 이곳으로 들어왔다. 길은 고을의 평야와 직각으로 만났다. 내가 본 바로는 그렇게 큰 평야가 아니었다. 하지만 개간은 무척 잘 되어 있었다. 나주 이후부터 바로 전에 지나 온 평야와 계곡들처럼 산비탈에 완만하게 펼쳐진 밭이 많이 있었고 건조한 상태로 밀, 고구마, 목화 따위가 자랐다. 내가 판단하기에 우리는 평야의 머리맡으로 들어섰는데 오른쪽 읍내는 시야에 보이지 않았다. 읍내는 가파른 언덕 사이에 있는 평야의 좁은 부분 뒤쪽에 위치했다. 나무와 산울타리에 둘러싸인 낮은 집들이 거대한 마을을 이루며 넓은 지대를 채웠다. 우리가 평야에 들어선 곳의 바로 오른쪽, 폐허 같은 언덕 위로 7층 석탑이 있었다. 대략 15피트 높이였고 잘 보존되어 곧게 서 있었다, 이곳은 한때 사찰이었다. 우리는 오른편에 가려져 보이지 않는 읍내로부터 멀어져 평야를 건너 북동쪽으

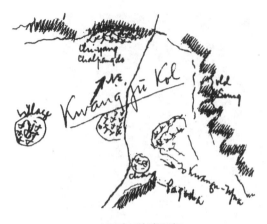

포크가 그린 광주 지도.
Kwangju-Kol광주골 등의 명칭이 보인다

로 갔다. 탑 바로 너머에 있는 빈 장터를 지났다. 이상하게 생긴 작고 낮은 창고들이 늘어섰다. 대략 150채는 되어 보였다. 평야 북쪽의 긴 언덕 위에는 매우 큰 마을인 찰방도 chalpang-do[199]가 있었다. 적어도 집이 350여 채는 되어 보였다. 그리고 그 이전의 장터 근처에는 또 다른 큰 마을이 있었는데 거의 찰방도만큼 컸다. 이 마을과 찰방도 사이에 펼쳐진 평야 위로 5-6피트 정도 돋워진, 가로수가 늘어선 좋은 길이 깔려 있었다. 찰방도의 가옥들은 고을 기슭 중간 부분에 있었고 마을을 따라 많은 비석들이 세워져 있었다. 평야의 동쪽에는 600-900피트 정도 되는 높은 언덕이 있었다. 그 중간쯤에서 나는 옛 성벽의 흔적을 볼 수 있었다. 더 높은 언덕 아래 가까운 곳의 낮은 비탈 정상에는 성벽으로 보이는 것들이 있었다. 아니면 진지처럼 보이는 아주 일정한 형태의 바위들이었다.-작은 왕관을 쓴 고깔 모양으로 보이는 산봉우리였다. 지금은 헐벗은 산비탈은 소나무들이 둥그렇게 둘러싼 잔디밭으로 채워져 있었다. 거대한 화환이 놓인 것처럼 보였다. 이러한 형세는 전주 이후부터 꽤 자주 볼 수 있었는데 눈에 두드러졌다. 광주 일대는 도시의 규모나 인구의 중요성으로 자리매김한 것을 봤을 때, 역사가 매우 오래된 고을로 느껴졌다. 흥미를 끄

---

199 선암찰방도.

는 유적을 찾을 수 있을 것 같았다.

나는 용안Yongan에서 봤던 것과 마찬가지로 구멍이 뚫린 또 다른 바위를 봤다. 한때 논에 흐르는 개울을 건너는 작은 돌다리의 일부였던 것처럼 놓여 있었다. 용안의 바위와 거의 유사한 형태였지만 크기는 조금 더 작았다. 구멍은 같은 크기였고 마치 두들겨 맞거나 닳아서 갈린 것처럼 보였다. 대나무가 무척 많았지만 모두 마을 부근에 있었으며, 정말로 큰 나무는 볼 수 없었다. 오늘 본 땅은 대체로 적갈색이었고 거의 모두가 논이었다. 넓은 곳이 많았고 깔끔하게 쟁기질이 되어 있었다. 밀이 무척 흔했다. 내가 봤던 서울로 올라가는 목화들이 이곳 고지대에서 나는 것이 분명했다.

이곳, 평상다리Phyong S'hang-tari는 비교적 단정하게 보이는 커다란 농가들이 있는 꽤 큰 마을이었다. 주막에는 좁고 긴 마당이 있다. 북적거리긴 했지만 추운 날씨에 충분히 아늑했다. 내가 차지한 곳은 약제사가 쓰던 방이었다. 이 주막의 주인이었다. 쪽지로 이름을 써 붙인 50개의 서랍이 있는 나무 궤약장가 있었고 앞에는 팔이 하나인 저울 접시가 걸려 있었다. 작고 칙칙한 방의 머리맡 위로는 약초가 들어 있는 150여 개의 종이 주머니가 걸려 있다. 모두 한자로 이름이 붙여졌다. 그리고 벽에는 몇 개의 뿌리 다발이 걸려 있었다. 이곳에서는 약국 같은 냄새가 났다. 정말 궁금증을 불러일으키는 주막의 방이었다! 크기는 가로 10피트3m, 세로 8피트2.4m였고 종이로 도배가 됐고 더러웠으며 방 전체가 글자로 덮였다. 수일이 말하기를 약들이 해충을 내쫓을 것이라고 했다.

경숙이Kyong Suki가 이곳으로 오는 길에 고생을 했다. 나주 근처의 나루터에서 말이 넘어졌고 수일의 가방이 개울로 튕겨나가 안에 든 모든 것이 물에 젖어 버렸다. 그렇지만 잃어버린 것은 하나도 없었다. 하지만, 정말 하지만, 그 안에는 나주 이전에 내가 사용했던 스무 장 가량의 사진판유리건판이 있었다. 내가 가진 거의 전부였다. 지금 바깥에서 물기를 말리고 있다. 지금 정말 짜증이 난다. 만약 사진을 구해내려는 온갖 노력에도 결국 망가진다면[200] 참 아내기가 정말 힘들 것이다! 이런 날이 다시는 없었으면 좋겠다. 지난 며칠 동안 정말 일이 잘 풀리지 않았다. 짜증나고, 춥고, 엉망이고, 배고프고, 졸리고, 더러웠다. 앞으로 몇 년 간 그리고 아마도 꽤 오랜 세월 동안, 다른 어떤 외국인도 내가 겪었던 이와 같은 여행을 견뎌내기 힘들 것이라고 확신한다.

남평 이후부터의 길은 눈에 띄게 좋았는데 10-12피트 너비였고 꽤 평탄했으며 대부분 배수로가 있었고 수리한 흔적이 보였다. 오늘 서낭당이 꽤 많았다.

---

200 -안타깝게도, 이 가치를 측정하기 힘든 사진들 대부분이 물에 젖어 실제로 망가졌다. 앞서 포크가 9월과 10월 조선 중심부를 통과하는 여행을 하며 찍었던 사진들은 1884년 12월 쿠데타(갑신정변)로 인해 집이 약탈당할 때 사라졌다. 포크의 친구 호러스 알렌 박사는 1885년 2월 12일 자신의 일기에 이렇게 기록했다. "포크 씨와 나는 오늘 약간의 사진을 찍었다. 최근의 이 사태가 발생했을 때 그에게는 지방에서 가져온 미현상 원판이 많았다. 그의 말이 강으로 굴러 떨어져서 그의 원판이 대부분 손상됐다. 더 좋지 않은 것은 그가 집에 없는 동안 벌어진 노략질이었다. 그가 국무부에 보고하기 위해 수집한 방대한 양의 소중한 보고서들과 서울 그리고 모든 지방 주요 고을들을 찍은 많은 양의 현상된 원판을 포함해서 모든 것을 약탈당했다. 그것들은 아마도 지금 창문 유리로 사용되거나 불빛에 비추면 분명 조선의 풍경을 보여 주면서 사람들을 놀라게 할 것이다."Horace Allen, Allen의 ilgi (H. N. Allen's Diary), ed. Kim Won-mo (Seoul: Dankook University Press, 1991), 440.
-역자가 직접 유리원판 사진을 재현하게 된 계기가 이 사건으로 파손된 유리 원판 사진에 대한 안타까움 때문이었다(역주).

11월 18일
담양의 사찰 터에서 만난 석당간의 신비로움에 빠지다

오늘 아침 나주에서 장교가 왔다. 우리가 얼마나 잘 여행하고 있는지를 살펴보기 위해서였다. 그가 말하기를 목사가 길나장이를 위한 전갈을 보냈는데 우리가 나주에서 남평으로 작은 길을 통해 가는 바람에 그곳에서 놓쳤다고 말했다. 날씨가 오늘 더 좋았다. 하늘이 밝았다. 상처를 입었던 가마꾼이 나주에서 도착했다. 한 명은 머리에 상처를 입었고 다른 이는 어깨에 멍이 들었다.

8시 10분에 출발했다. 북쪽으로 올라 언덕을 넘었다. 그런 다음 논이 있는 새로운 계곡으로 내려갔다. 8시 46분에 그 안쪽 마을에서 휴식을 취했다. 일꾼이 말하길 10리를 왔다고 했다. 언덕은 얇게 풀이 덮였을 뿐 벌거벗은 채였다. 아주 많은 사람들이 (광주)장터를 향해 목화와 닭, 짚신 따위가 든 작은 보따리들을 짊어지고 남쪽으로 가고 있었다. 우리는 이 길을 가는 동안 수백 명을 지나쳐야 할 것이다. 오늘 아침은 무척 추웠다.

언덕에서 내려온 지 10분 뒤에 평야에 들어섰다. 그리고 이를 가로질러서

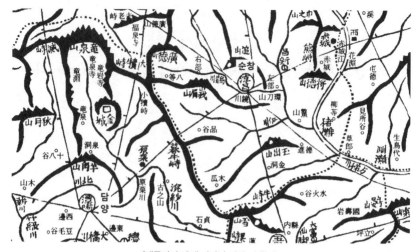

《대동여지도》에 나타난 담양–순창길

북북동 방향으로 나아갔다. 북쪽 가까운 곳에 장성산Changsong mountains이 있었다. 우리 여정(광주까지)의 동쪽 경계는 서쪽으로 이어져 장성의 언덕들을 만나는 것처럼 보였다. 평야는 여러 군데가 개울로 끊겨 있었고 생산품은 대부분 고지대 산물을 생산하였다. 길은 좋았다. 배수로가 있었고 다리들 역시 상태가 좋았다. 9시 38분에 이곳에서 5분간 쉬었다. 기압은 30.36. 온도는 화씨54도12℃였다. 어젯밤에 얼음이 얼었다.

북쪽으로 좁은 계곡을 올랐다 그리고 동쪽 방향으로 나아갔다. 계속해서 논이 있는 폭이 좁은 구릉지대를 지나갔다. 작은 고갯마루에서 10시 28분에 휴식을 취했다. 가마꾼들은 약간의 음식을 먹었다. 담양潭陽, Tamyang 읍내에서 10리 거리였다. 반 마일8km 넓이의 평야로 내려왔다. 그런 다음 작은 고갯마루를 넘어 담양 평야로 들어갔다. 읍내는 상당히 넓었다. 서쪽으로 세 개의 마을이 있었고 집들은 언덕 전체에 선명하게 늘어섰다. 우리는 북북동으로 나아가고 있었다. 담양은 장날이었고 모든 방향에서 군중이 몰려들었다. 11

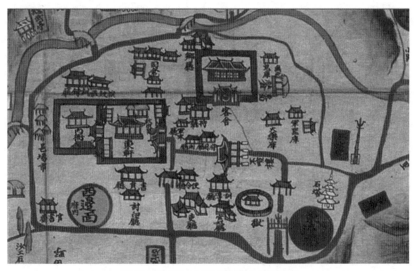

1872년 담양 지도, 포크가 담양을 지나며 언급한
담양 석당간과 담양 남산리 5층석탑(포크는 기단까지 포함에 6층으로 설명하고 있다)이 오른쪽에 그려져 있다

시 12분에 이곳에서 쉬었다. 고을 일대에는 그 어느 곳에도 없던 엄청나게 많은 양의 대나무가 있었다.

11시 30분 담양 관아로다. 똑바로 북쪽이었다. 담양읍내 중심에 있는 건물은 늘 그렇듯이 위풍당당했다. 고을 왼쪽으로 창고가 지어지고 있었다. 우리는 고을 가장자리로 가서 영문으로 이어지는 거리에 들어섰다. 그런 다음 오른쪽으로 방향을 급하게 꺾어서 북북동 방향으로 나아갔다. 골짜기가 점점 좁아졌다. 11시 40분에 상태가 좋은 6층탑에 도착했다. 그리고 그 부근에, 멀리서 볼 때 커다란 장대라고 생각했던 것이 서 있었다. 하지만 발견한 것은 매우 특이한 기둥이었다. 불교 유물이었다. 높이는 40피트였고 작은 종이 매달린 이중으로 주조된 반지 모양의 쇠고리가 얹혀져 있었다. 그 위는 쇠스랑처럼 뾰족하게 갈라졌다. 전체 기둥은 화강암으로 만들어졌는데 많은 부분이 서로 묶여 있었다. 커다란 철제 밴드로 마디를 두르고 조였다. 하지만, 위쪽 세 번째는 나무였는데 원통형으로 주조된 철로 꼭대기까지 덮었다. 돌로 된 부분은 8각형이었고 상당히 잘 깎았다. 석조 부분은 6개가 세워졌고 나머지는 철이었다. 밑단은 두 개의 커다란 돌기둥 사이로 엄청나게 큰 철제 쇠테가 조여져 돌기둥이 고정되었다. 줄무늬 따위가 새겨진 장식이 보였다. 두 번째 묘비석 같은 돌에는 이 기둥의 기원을 알 수 없다는 비문이 남겨졌는데 220년 전에 강풍에 무너진 석조 부분을 교체하기 위해 맨 윗부분 철조 부분이 세워졌다고 했다. 기둥은 오래되어 닳은, 작은 돌판 혹은 주춧돌 위에 세워졌다.

이 기둥은 탑 가까이에 있었다. 그리고 기둥과 탑 모두 들판의 수많은 작은 돌무더기로 둘러싸여 있었다. 길가의 몇 군데에서 마치 옷을 입고 건물 안에 있어야 할 것처럼 보이는 크지 않은 돌들을 봤다. 기둥과 탑 서쪽에, 다시 말해 북북동 ↔ 방향의 담양 쪽으로는 오래된 나무들이 두 줄로 뒤얽혀 쭉 심어져 있었다. 이 세 가지를 모두 종합해 보면 이곳은 고대의 거대한 사찰이 있던 절터라는 생각이 들었다.

담양 남산리 5층석탑

담양 전에서 얼마 동안 나는 담양 북쪽 산 위에 있는 성을 볼 수 있었다. 가까워지자 명백히 과거 화산의 분화구였던 곳에 있었다. 모든 방향으로 성벽이 뻗어 나갔다. 산마루는 대체로 헐벗고 바위투성이였지만 북쪽으로는 산림이 우거졌다. 남쪽 면은 북쪽보다 대략 300피트240m 정도 낮았다. 성은 남쪽으로 기울어진 모습을 했다. 동쪽과 남쪽 면에 있는 수직 형태의 바위들과 늘어선 모양이 명백히 분화구의 벽 구조를 보여 줬다. 성은 장성Changsong 산맥에서 다소 떨어져 있는 산 위에 있었다.

그곳에서 정 서쪽 방향으로 매우 가파른, 그리고 가파르게 끝나는 한 무리의 헐벗은 산들이 있었다. 이 성 안에는 소규모의 절과 승려가 있었다. 대부분의 성들은, 그리고 아마도 모든 오래된 성들은 낡고 닳은, 물에 씻겨 내려간 화산 분화구일지도 모른다는 생각이 들었다. 장성입암산성, 광주²⁰¹ 북한산성, 그리고 문수산성은 모두 분화구 형태를 보여 준다.²⁰²

탑을 출발하자 계곡이 좁아졌다. 그러더니 자갈이 많은 얕은 개울을 건너

담양 석당간

포크가 그린 담양 석당간 모습.
현재의 사진 모습과 거의 동일하다

---

201 포크는 여기서 남한산성Namhansansong을 언급한 것으로 보인다. 그의 일기에서는 요새 바로 남쪽에 위치한 광주 고을을 방문한 이후부터 "광주산성Kwangju sansung"이라고 이름 붙였다.

202 일반 참고사항: "서광범So Kwang Pom이 내게 말하기를 조선에는 400개의 성성벽으로 둘러싸인 장소이 있다고 했다."
산 정상의 능선을 둘러싼 형태의 산성은 전형적인 조선의 테뫼식 산성 모습이다(역주).

는 다리가 나타났다. 바닥에 돌과 흙을 가득 채운 수많은 대나무 바구니로 기초를 세운 길다란 다리였다. 다리를 건너서 역시나 돌이 아주 많은 평지로 들어섰다. 이곳 조금 너머에서 우리는 주막에 도착했다(밥을 먹기 위해 1시 45분에 멈췄다). 우리는 서쪽으로 오르는 좁은 계곡의 서쪽 가장자리에 있었다. 길은 장터를 오가는 사람들로 생기가 넘쳤다. 그들은 갖가지 짐을 들었다. 대체로 적은 양이었는데 특히 대나무 바구니가 눈에 띄었다. 노란색의 둥글고 작은 것부터 커다란 사각형인 것까지 매우 종류가 많아 보였다. 운반되는 것들은 목화, 쌀, 대나무 상자, 빗, 짚신, 닭, 면직물, 아마직 등등이었다. 또 말, 소, 황소도 있었다. 장날이면 집에서 막 입는 옷차림 그대로 길거리에 나와 남의 집 앞에 음식 화로를 놓거나 고구마 따위의 노점을 열고 앉아 있는 여자들의 모습이 인상적이었다. 비록 조선에는 가게나 상점이 거의 없지만 이 장이라는 시스템으로 무척 많은 거래가 이루어지는 것 같았다.

담양은 광주보다 작았지만 그래도 꽤 큰 고을이었다. 40-200채의 집이 있는 세 개의 마을이 서쪽에 있었고 반대쪽 계곡 건너편에 네 번째 마을이 위치했다. 오늘 내가 본 언덕의 높은 곳은 짧은 풀만 덮여 있었는데 지금은 거의 황무지처럼 보였다. 마을은 언덕 아래에 있었다. 그 옆으로는 대나무 숲이 있었는데 모두 재배하는 것처럼 보였고 때때로 무척 큰 규모도 있었다. 황무지인 언덕과는 대조적으로 대나무 숲의 연무가 낀 듯한 초록이 예뻤다. 담양 이후로 길을 따라 양쪽 둑 위에 짧은 간격으로 만들어진 작은 뗏장이나 돌 더미들을 관찰했다. 꼭대기는 빨간 흙으로 덮였다. 수일이 말하기를 이는 서울에서 새 관리가 올 때 길을 고르고 청소하는 것에 더해 예쁘게 단장하기 위해서 만들어진 것이라고 했다. 서울에서 왕이 행차할 때 집주인이나 다른 이들이 빨간 흙으로 길을 덮고 나무로 아치를 만든다(밧줄로 연결한다)고 했다.

2시 27분에 출발했다. 북쪽으로 5분간 나아갔다. 그런 다음 동쪽으로, 그리고 이후부터는 작은 계곡들이 있는 구릉 지대였다. 길은 괜찮았다. 3시 12분에 4분간 휴식을 취했다. 이곳부터 길이 몹시 구불구불했지만 대체로 북동쪽으로 붉은 흙이 많은 구릉 지대를 넘었다. 나는 붉은 모래언덕의 기슭이나 들판과 경사면에서 거대한 화강암들이 외따로 떨어져서 직선으로 늘어선 모습에 주목했다. 20리 전의 어떤 곳에서는 불교 사찰의 비석처럼 둥그런 거대한 돌을 몇 개 봤다.

이곳에서 3시 51분에 휴식을 취했다. 마을들은 이렇게 멀리까지 뻗어 있다. 새로운 집 몇 채가 길 위에 모여 있었다.

4시 15분에 산성, 4시 35분에 작은 장터의 서쪽 끝, 4시 55분에 북동쪽 끝에 다다랐다. 가마꾼들이 멈추고 싶어 했지만 내가 재촉했다. 그들은 하루에 90리 아니면 평균 80리는 가야 했다. 그래서 우리는 바로 출발했고 곧 무척 구릉이 많은 곳으로 들어가서 몇 개의 고갯마루를 지났다. 계속해서 오르막이었다. 5시 30분에 일꾼들이 다시 멈추기를 원했다. 100리를 왔다고 말했다. 나는 그들의 말이 확실하지 않고 아직 그만큼 오지 못했다고 말했다. 우리는 다시 오르막을 올라갔다가 가파른 계곡인 개고개Kaekoga를 내려와서 6시 3분에 개고개주막에 도착했다. 작은 마을의 조그만 주막이었다. 이 지역은 우리 뒤편으로 매우 언덕이 많았다. 이곳에 도착해서 방이 부족하다는 것을 알았다. 나는 어쩔 수 없이 가족을 내쫓고 안방을 차지해야 했다. 그들은 우리를 매우 친절하게 대했다.

순창淳昌, Sunchang 직전에서(4시 15분에) 우리는 매우 오래된 성이 있는 언덕을 돌아갔다. 서쪽 성벽이 무척 높았고 꽤 잘 보존된 부분들이 있었다. 하지만 다른 쪽은 무너져 내려서 돌무더기만 남아있었다. 우리는 성의 동쪽 면을 지나가다가 이를 살펴보기 위해 멈춰 섰다. 이쪽부터 도랑 하나가 위쪽 돌무더기로 이어졌다. 안으로 통하는 틈새가 있어서 문이 어디 있었는지를 보여 줬다. 언덕과 벽의 높이는 1에서 200피트 범위였다. 성 안에는 아무것도 없었다. 이곳은 호로미Holomi, 호리미(Horimi)처럼 발음된다산성이라고 불렸다.[203] 3시 57분에 이곳에서 휴식을 취했다. 우리는 계단식의 아름다운 좁은 계곡을 내려왔다. 산성이 있는 곳의 거의 바닥 부분이었다. 그리고 그 직전에 작은 방앗간을 돌리기 위해 보로 막아 놓은 개울이 있었다. 성에서부터 북쪽으로 나아가다가 얼마 지나지 않아 동쪽으로 방향을 틀자 순창이 시야에 들어왔다. 고을은 거의 동쪽과 서쪽으로 뻗어 있었다. 서쪽 끝은 언덕의 남쪽 가장자리였다.-고을의 북쪽으로는 언덕이 줄지어 늘어섰다. 고을의 남쪽 가장자리를 따라 성에서 봤던 개울이 흘렀다. 군데군데에 댐을 쌓아 넓은 저수지들이 있었다. 개울을 따라 잘 만들어진 담장이 있었고 오래된 커다란 나무들이 늘어섰다. 우리는 언덕에서 남쪽으로 방향을 틀어 마을을 어느 정도 돌아갔다. 고을에 들어서자 중간 부분에 다리가 있었는데 개울은 100피트30m 너비에 2피트60cm 깊이였다. 고을 안에서 우리는 개울 벽을 따라가다가 북동쪽으로 방향을 바꿨다. 그러자 곧 창고가 늘어선 넓은 공터에 들어섰다. 늘 보던 창고보다 더 작았지만 높이는 더 높았다. 이를 보자 서광범의 말이 떠올랐다. 그는 인도의 창고가 조선과 비슷하다고 말했다. 이곳부터 우리는 한참을 갔지만 그 장소를 완전히 빠져나오지 못했다. 고을에 도착하는 데 모두 21분이 걸렸다. 관아가 많았지만 특별히 웅장하지는 않았다. 백성들의 집은 유난히 잘 지어졌고 거리는 꽤 깨끗했다. 아마도 순창보다 작은 도시인 공주公州를 제외하고는 지금까지의 여행 동안 지켜봤던 다른 어떤 곳보다 전체적인

---

203 공식 명칭은 전라북도 문화재자료 제70호 순창읍 '대모산성'으로 순창에서는 '홀어미산성' 이라 부르는 곳으로 양씨 부인이 정절을 지키기 위해 성을 쌓았다는 이야기가 전한다. 포크가 정확한 지명 표기를 위해 신중히 채록한 모습을 보여 준다(역주).

순창 객사 모습

분위기가 상당히 좋았다. 이곳은 공주보다 컸고 나주보다는 세 배 정도 큰 것 같았다. 훌륭한 조선 고을이었다. 관리는 군수郡守였다.

순창은 미소miso, 일본 된장를 만드는 소스인 된장과 빨간 고추로 만드는 고약 같은 혼합물[204]로 유명했다. 조선에서 최고였다. 고을 앞의(남쪽) 계곡은 좁 았다. 그리고 동쪽 끝 뒤편에는 폭이 좁은 논밭이 펼쳐졌다. 이곳 부근 같은 평야는 본 적이 없었다. 하지만 주변의 많은 좁은 계곡은 산비탈 위까지 계 단식으로 경작이 잘 되어 있었다. 북동쪽 끝에 있는 고을 초소를 지난 후 우 리는 곧 많은 주막들이 모여 있는 곳에 도착했다. 첫 번째 주막의 뒤편 오른 쪽으로 돋워진 땅에는 탑의 상석과 일부분의 잔해가 있었고 그 근처에는 다 른 돌이 있었다. 그런 모습이 이곳이 한때 절터였다는 것을 말해 줬다.

경숙이가 아직 짐을 가지고 도착하지 않았다. 그리고 우리가 오늘 아침 출

204　고추장(역주)

포크가 그린 등잔 모습

발할 때 그가 역말yokmal, 역참마을에서부터 말을 얻었다는 소식을 지금 처음으로 들었다. 묵과 수일은 짐 운송계획의 변경사항을 내게 알려주지도 않았다. 망할 자식들! 아마도 낮은 신분의 사람들에게 모든 문제를 맡겨 버리는 것이 조선 관리들의 일처리 방식일지도 모른다. 하지만 나는 참을 수 없다. 이를 알았더라면 나는 순창淳昌에서 이곳으로 오지 않았을 것이다. 오늘 밤 내 방은 특히나 원시적이다. 방은 가로 10피트3m, 세로 9피트2.7m 크기로 늘 그렇듯이 진흙으로 만들어졌다. 그리고 조선 집에서 찾을 수 있는 자잘한 모든 것들이 다 있다. 한쪽 구석에서는 한 통의 술이 지글지글 소리를 내며 발효되는 중이다. 낡은 양말(버선)과 다른 옷들이 장대로 받친 선반에 쌓여 있고, 솜뭉치, 옷장, 낡은 돗자리, 바구니, 모자 상자 따위가 아무 데나 쑤셔 박혀 있었다. 몸을 누이면 공간이 얼마 남지 않았다.

11월 19일
남원 만복사 유적에 탄복하고,
광한루 오작교 이야기〈춘향전〉을 채록하다

잠자리가 편하지 않았다. 벼룩 같은 벌레들 때문이었다. 새벽 1시에 순창에서 군수가 보낸 길나장이 한 무리가 도착한 것 같았다. 나주 목사의 편지가 저녁 늦게까지 오지 않았다. 짐은 순창 근처의 역마을yokmal로 갔었는데, 오늘 이곳에 오기로 되어 있었다.

7시에 기상하여 8시에 식사를 했다. 수일에게는 더러운 물을 가져온 점에 대해, 묵에게는 내게 아무 말 없이 일을 처리한 점에 대해 따졌다. 짐을 옮기는 일에 대해서는 정말 화가 났다. 그리고 묵의 천치 같은 일 처리는 비난을 받을 만했다.

8시 53분에 출발했다(짐이 도착했다). 주막을 출발해서 길을 내려갔다. 그리고 동쪽으로 방향을 틀어 적성강赤城江, Coksong에 도착했다. 얕은 강을 나룻배로 건넜다. 그 뒤에 강을 따라 북쪽으로 짧은 거리를 나아갔다. 그런 다음 다시 동쪽으로 향해서 이곳으로 왔다(10시 40분에 휴식). 남쪽 강둑에 미륵바위가 있었다.[203] 대략 100피트30m 높이로 강둑에 가까웠다. 인간의 작품이라는 흔적이 아무것도 없었다. 그저 오래된 바위 두 개가 포개져 있을 뿐이었다. 완만한 산비탈 위에 솟아나와 있었다. 그 근처에 다른 바위는 보이지 않아서 자연의 변덕처럼 더 기괴해 보였다. 바위는 군데군데가 하얗게 보이고 머리라고 생각되는 부분에 다른 특징은 없었다. 미륵상의 북쪽에는 400피트 120m 높이의 짧고, 매우 오래된 암석들이 자리를 잡았는데 깎아지른 절벽 같았다. 그것은 마치 칼날처럼 날카로웠으며, 정상에서부터 가파르게 경사진 강둑으로 거의 수직으로 떨어지는 급경사를 이루고 있었다. 바위로 된 얼굴은 계단, 네모난 블록, 벽 따위로 보일 만큼 세밀한 직선 모양으로 거칠게 갈라져 있었다. 바위 층의 구조는 겹겹이 수평으로 층이 졌을 뿐만 아니라 수직으로 수없이 이음매가 어긋나서 부서져 있다. 산맥 남쪽 끝의 높은 바위 정상에는 당집Tangchip이 있지만, 내 망원경으로 볼 수는 없었다. 강의 북쪽 제방 위에 자리 잡은 평야에는 오래된 돌무더기가 많았다.

우리는 폭이 좁고 구불구불한 골짜기에 있었다. 토양은 비옥하고 색깔이 검었다. 대개 언덕은 완만했고 계단식 농경이 이뤄진 고대의 흔적이 많았지만 집은 거의 보이지 않았다. 관을 파는 가게가 어제와 오늘 여기저기에서 보였다. 내가 본 관은 집 앞의 열린 헛간 안에 서너 개씩 쌓여 있었다. 길이가 4-6피트 120-180cm로 직사각형이었다.

순창 체계산 미륵바위

---

205 순창 체계산 미륵바위화산용바위를 이름(역주).

겨우 1피트30cm 깊이에 1피트 넓이로 정말로 무척 좁았다. 소나무로 만들었으며 머리 부분에는 '상上'[206]이라고 표기되어 있었다. 5분간 휴식을 취했다.

우리는 일종의 계곡 중심부를 통해 이곳에 들어왔다. 다음 420피트126m 높이의 언덕을 넘어-나는 가마에서 내려 걸어갔다-11시 30분에 이곳에 내려왔다. 고갯마루 왼쪽 오르막에 오래된 성이 있었다. 여기서부터 길은 아주 구불구불하게 황량한 지역을 통과했다. 볼품없는 논이 있는 좁은 모래 계곡이었다. 언덕은 광물성 모래 바위가 드러나서 아주 하얗게 헐벗었다. 전라도는 대체로 나무와 목재가 매우 희귀했다. 충청도에서도 비슷했다. 이 길은 마을은 도로가 발달되어야 발전할 수 있다는 논의와 연결된다.

12시 45분에 우리는 계곡이 넓어지는 곳에서 두 개의 마을을 만났다. 언덕은 아직 모래가 많았고 헐벗었다. 12시 57분에 8분간 휴식을 취했다. 이어서 곧 북동쪽으로 방향을 틀었다. 1시 20분에 우리는 길 왼편으

남원 만복사지 석인상.
포크는 남원 만복사지 유적에 매료되어 시간을 할애해 관찰하고 내용을 기록하였다. 이 사진은 그가 찍은 4장의 사진 중 하나로 현존하는 독특한 석인상이다
(From the American Geographical Society Library, University of Wisconsin Milwaukee Libraries)

---

206 上: 위, 포크가 쓴 것처럼 관의 머리 쪽 끝을 가리킨다.

남원 만복사지와 석인상 모습. 석인상은 순창 가는 길로 사용되던 둑에 묻혀 있었는데
2015년 만복사지 경내로 이동하였다. 역자가 유리원판 사진 촬영 시도하였다

로 황량한 폐허에 도착했다.[207] 언덕 뒤편으로 400피트120m 정도를 왔다. 아래쪽에는 작은 사찰이 있었고 땅에는 수많은 불교 유물들이 있었다. 나는 네 장의 사진을 찍었다. 시간은 11-13초(해가 밝고 날씨가 좋았다)였다. 유물은 다음과 같았다. 절터로 다가가는 길의 왼편 들판에 두 개의 커다란 화강암 기둥이 있었다. 네모난 단면으로 두 쌍의 중심이 같은 구멍이 뚫려 있었다. 18인치46cm 크기로 서로 2피트60cm 떨어져 있었다. 그 앞으로 화강암 석상이 있었는 팔은 위쪽으로 구부리고 남쪽을 바라봤지만 몸은 북서쪽을 향하고 있었다.-정상에 3피트90cm 높이, 4피트20cm 직경의 대좌臺座가 있었고 둥그런 기초석이 놓였다. 한 곳에 네 개가 있었고 다른 곳에 더 많았다.

2시 10분에 우리는 남원南原, Nam won의 성벽에 도착했다. 그리고 2시 15분에 남동쪽 구석 근처의 성벽 바깥쪽에 있는 주막에 왔다. 점심을 먹는 동안

207　전라북도 남원 만복사지.

만복사지 석인상 습판 콜로디온 방식의 유리원판으로 촬영(노출 3초 조리개 1/3)하고
정착액에 넣어 유리원판 필름을 현상한 모습. 포크는 건판방식으로 촬영하였고
현상액을 소지하여 여행 중간 위와 같은 방식으로 현상한 것으로 파악된다

부사Pusa의 영문에서 온 한 무리의 장교가 화려한 옷을 입고 대기했지만 사람들을 제지하느라 늘 들어왔던 불평이 쏟아졌다. 사람들은 대단한 호기심을 보였고 유별나게 무례하다는 생각이 들었다.

남원 주변에서 나는 옷을 잘 차려입은 사람들을 특이할 정도로 많이 봤다. 그리고 키가 무척 큰 남자들도 많았다. 일부는 전히 유럽 사람의 얼굴이었다. 이곳이 크다는 것은 알고 있었다. 얼마나 큰지를 말하기는 힘들지만 남원읍성과 남문 주변에 적어도 10,000명의 사람이 있다는 판단이 들었다(성벽 바깥쪽에는 집이 없었다.)

11시 30분부터 남원산성Namwon sansung이 보였다.[208] 서울의 남산을 닮았다. 성은 작고 낡았다. 800-1200피트240-360m 높이였다. 1시 20분쯤에 나는 남

---

[208] 남원 교룡산성.

남원 만복사지에서 습판 콜로디온 유리원판 사진 촬영을 위한 이동형 암실과 물품, 약품을 준비한 모습

원 평야의 북동쪽을 볼 수 있었다. 고을 어귀였다. 처음에는 총을 쏠 수 있게 구멍이 뚫린 25피트 높이의 길고 훌륭한 성벽만이 보였다. 우리가 서 있는 길의 남쪽인 성벽 남서쪽으로 고개를 돌리자 평야에 커다란 고을이 자리 잡고 있었다.

나는 남원골에 들어오기 전에 봤던 불교 유적에 깊은 감명을 받았다. 유적은 매우 인상적이었고 자리 잡은 터는 컸다. (불상의) 받침돌에는 밑단 둘레에 연꽃받침 모양이 여러 개 솜씨 있게 조각되어 있었고 윗부분에 커다란 구멍이 나 있었다. 이는 직경이 2피트60cm로 잘 조각된, 네 개의 주된 주춧돌 사이에 있었다. 하나는 크고 더 거친 돌이었는데 직경이 2½-3인치6.5-7.5cm 구멍이 8개 뚫려 있었다. 탑에서 문자를 찾아볼 수는 없었다. 돌을 잘라 쌓아올렸다. 그 근처에서 나는 땅바닥에 낮게 깔린 부처의 얼굴을 보고 처음에는 사소하게 여겨 그냥 지나치려 했다. 하지만 가까이 다가가자 세상에서 흔히 볼 수 없는, 물결무늬 형상이 양각으로 장식된, 커다란 화강암 방패 모

| 남원 만복사지 석불입상(전면) | 남원 만복사지 약사여래 석불입상(후면) |

양 돌에 부처를 조각한 얕은 돋을새김 조각품이라는 것을 알았다. 타원형 방패 모양 돌의 윗부분이 끊어져 나가 6인치 두께의 단면이 드러났다. 석상의 아래 부분발 등은 땅에 묻혔다. 부근 사람들의 말에 따르면 사람 키 높이라고 했다. 땅 위쪽의 전체 높이는 6-7피트180-210cm였다. 그리고 타원형의 넓이는 7-8피트210-240cm 정도였다.

부처의 얼굴과 옷, 자세는 평생 본 중에 가장 흥미로운 것이었다. 진정으로 아름다웠다. 하루 종일 그 생각만 했다. 방패 모양의 광배, 불상 모양, 물결무늬 등 작품 구석구석이 세밀했

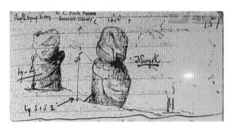

포크가 스케치한 만복사지 석인상.
포크는 이것이 새우 모습 같다고 하였다

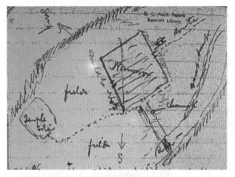

포크가 그린 남원읍성 모습
만복사지를 Temple site로 표시하였고 광한루 근처의
주막에서 숙박하였음을 알 수 있다

고 전체적 효과가 비할 데 없이 장엄했다. 그리고 디자인이나 작품의 특징이 전혀 동양적이지 않았다. 그리고 특이한 위치를 차지하고 있었다. 담에 둘러싸인 땅이 움푹 파인 곳 혹은 사각형 구멍에 똑바로 세워졌다. 분명 받침돌 위에 올려져서 때때로 본당에 들여놓기도 한 것 같았다. 그렇게 올려질 때는 틀림없이 장엄한 자태였을 것이다. 광배의 평평한 뒷면에는 얕은 세밀한 선으로 부처의 후광을 무척 훌륭하고 복잡한 그림으로 새겼다.[209] 선은 균일한 넓이와 깊이였다. 음영이나 조소 작업을 전혀 하지 않았다. 이 작품은 받침돌 동쪽으로 약 150피트45m에 있었다. 분명 이 장소는 무척 거대한 절이 있던 부지였다. 절에 다가가면 두 개의 화강암 기둥(앞에 적었다)이 나오고 팔의 위치와 반대쪽으로 얼굴을 돌린 폭이 좁은 특이한 석상과 다른 쪽에 머리 모양이 돌로 만들어진 두 번째 석상의 잔해

만복사지 석인상이 둑에 묻혀 있는 모습

---

209 불상의 광대후면에는 약사불이 음각으로 새겨져 있다.

가 있었다. 분명 새우 모양이었다. 앞의 것은 9피트270cm 높이, 뒤의 것은 4피트120cm 정도의 높이였다. 키가 큰 석상은 다른 어떤 돌보다 세월의 흔적이 많았다. 옆의 기둥과 함께 다른 어떤 것보다 더 오래되어 보였다. 기둥은 예전 담양Tamyang의 것들[210]과 동일하게 한때 상부 돌기둥을 떠받친 것 같았다. 이 유적들은 남원의 동문에서 겨우 1.4마일2km 정도 거리에 있었다.

남원 계곡은 북동남서 방향으로 뻗어 있었다. 우리가 420피트126m 높이의 고갯마루를 지나서 건넌 좁은 모래계곡들은 아마도 모두 남원계곡에 속할 것이다. 우리는 서쪽에서 들어왔다. 고을의 성벽은 높이가 균일했다. 25피트7.5m 정도였다. 그리고 네 개의 기본적인 나침반 방향에 거의 맞아 들어가는 사각형이었다. 벽을 따라 간격을 맞춰 사각형의 보루가 있었다. 하지만 전체적으로 균일하고 너무 높아서 벽 너머의 집들은 보이지 않았다. 마치 커다란 감옥이나 요새처럼 보였다. 벽의 옆면은 대략 3/4마일1.2km이었다. 그 이하는 아니고 아마도 1마일1.6km 정도였다. 성문은 성벽을 곧게 잘랐으며 지붕을 씌우지 않았다. 바로 안쪽에 집이 있었지만 벽에 가까이 붙어 보이지 않았다. 일꾼들이 몇 곳에서 벽을 수리하고 있었는데, 총안銃眼이 있는 부분에 회반죽을 바르고 있었다. 벽 전체가 아주 잘 지어졌고 질서정연하게 정돈되어 있었다. 성벽 안

1872년 남원 지방도

---

210 담양 석당간의 당간지주.

쪽의 하부 받침돌들은 크기가 아주 컸고 적어도 1톤은 되어 보이는 것들도 많았다. 남원고을 전체가 평야 높이에 있었다.

고을의 남쪽으로 반 마일 정도 되는 곳에 강이 흘렀다.[211] 그 남쪽 제방으로 가파른 언덕이 늘어섰다. 강과 고을 사이에는 두 개의 거리에 많은 집들이 있었다. 하나는 성벽 바깥쪽을 따라서, 하나는 남문에서부터 남쪽으로 이어졌다. 나는 남문밖Nam Ham Pak 근처의 뒤쪽 거리에 있는 주막에서 점심을 먹었다. 이 거리의 끝에는 오작교烏鵲橋, O-chak-kyo라는 돌다리가 있었고 그 부근에 광한루廣寒樓, Kwang-wol-nu라는 경치를 볼 수 있는 집이 있었다. 이곳에서는 강 건너 언덕들과 연못이 보였다. 이 다리와 집은 조선에서 무척 유명했다. 모두에게 알려진 전설적인 판소리의 무대였다.[212] 오늘 우리가 절터에 있을 때는 심지어 가마꾼마저 기생Kisang인 여주인공이 살았던 곳이 어디냐고 물었다.

주막을 오후 3시 5분에 떠났다. 무례한 군중들이 어마어마하게 몰려들었다. 그들은 이따금씩 나를 향해 조롱을 던지고 웃음을 터뜨렸다. 우리는 벽을 따라 동쪽으로 끝까지 갔다. 그런 다음 동문을 향해 북쪽으로 향했다. 그리고 다시 거기서부터 이어지는 길을 따라 동쪽으로 나아갔다. 비옥한 계곡을 올라갔다. 대체로 북동쪽이었다. 전체적으로 40피트12m 폭의 거대한 제방을 만나 동쪽으로 길을 돌았다. 강의 범람으로부터 북동쪽 평야와 고을을 지키기 위해 건설된 강둑이었다. 제방의 강 쪽 면은 20피트6m 높이로 경사가 졌다. 전체적으로 대략 사람 발 크기 정도의 매끄러운 둥근 돌을 이용해 잘 만들어졌다. 대체로 하얀색으로 대리석처럼 보였다. 강둑의 들판 쪽은 땅 위

---

211 남원 요천蓼川.
212 춘향Chun-hyang의 이야기. 후술된 남원 광한루 이야기 참조.

로 겨우 3-4피트90-120cm 높이였다. 하지만 들판은 강바닥보다 꽤 높은 위치였다. 이 넓은 강둑 위에는 풀이 자랐고 잘 자란 나무들이 많았다. 온전히 1마일1.6km을 채우고도 반 마일이 더 되어 보이는 길이였고 잘 만들어진 하나의 거대한 작품이었다. 집사의 감독 아래 제방을 따라 수리가 진행되고 있었다. 이곳의 강폭은 400피트120m 정도로 바위가 많고 평탄했다. 강은 3피트90cm 깊이가 되지 않는 두 갈래의 빠른 물살이 흘렀다. 각각 20피트6m 정도의 너비였다. 하지만 가끔은 거대한 양의 물이 흘러내려 오는 것이 분명했다. 강둑이 끝나는 곳에 많은 둥근 돌로 벽을 두른 오두막들이 모여 있었다. 이곳 강바닥 위로는 물살이 흐르는 몇 군데 움푹한 곳 안쪽에, 정말 아름답고 깨끗하고 둥근, 하얀 돌로 이루어진 믿기 어려울 정도로 평탄한 넓은 지역이 있었다.

3시 55분쯤에 우리는 개울의 두 번째 지류를 건넜다. 그 후로는 왼쪽 강둑을 따라갔다. 왼쪽으로 몇몇 나무 아래의 풀이 우거진 곳 위에는 낮은 탑이 외따로 서 있었다. 4개 층이 촘촘하게 맞물렸다. 그림같이 아름다웠다. 우리가 가고 있는 길은 이 근처에 있는 비룡고개Piryong Koga, 계곡물이 흐르는 강의 근원지를 향해 올라가는 것 같았다.

4시 3분에 휴식을 취했다. 남원에서 10리 거리였다. 그런 다음 동쪽과 북동쪽으로 계곡을 올랐다. 매우 좁았지만 아주 훌륭하게 계단식 경작이 이뤄졌다. 돌무더기가 많았다. 그리고 논 주변에 담장을 둘렀다. 집 주변에는 장작이 쌓여 있다. 4시 43분에 휴식을 취했다. 이곳 부근으로 계곡의 입구가 뚜렷하게 둥그렇게 자리 잡았고 그 안으로 세 개의 마을이 보였다. 오늘 덩치가 큰 남자들과 특이한 얼굴의 여자들을 일부 봤다.

5시 6분 우리는 성벽으로 둘러싸인 마을에 의해 쐐기를 박듯이 막힌 계곡의 끝에 다다랐다. 길은 계속 북동쪽 방향이었다. 지리산智異山, Chiri의 정상

남원 여원치 불상 모습, 포크 스케치

까지 긴 경사로를 올랐다. 전체 거리가 4리였다. 길 너머에서는 언제나 보기 좋은 모습이었지만 안으로 들어서면 좋지 않았다. 이곳 산들은 대략 1200피트 360m 높이라는 판단이 들었다.

가장 높은 지점을 넘어서자 바로 우리는 작은 마을에 도착했다.

그리고 여기서 산 정상에 있는 주막으로 들어갔다. 안방Anpang에 있는 사람들을 몰아내려고 한바탕 말싸움을 벌인 후였다. 나 때문에 모인 사람들이었다. 5시 50분에 도착했다. 나는 길이 무척 길고 힘들다는 점을 발견하고 무척 기분이 언짢았다. 그리고 묵에게 화가 났다. 반드시 필요한 길에 대한 예비 조사를 하지 않는 바보 같은 짓을 반복했다. 나는 그를 닦달했다. 하지만 평소처럼 효과는 그다지 없을 것이라고 생각했다. 경숙이Kyong Suki가 6시 30분쯤에 무사히 도착했다. 그나마 안도가 됐다.

남원에서 운봉을 넘어가는 여원치 고개 정상에 있는 불상(묘사된 부분은 손 모양 등이 약간 다르다)

오늘밤 장교와 길나장이가 10리 거리의 운봉雲峯, Unpong에서 도착했다. 어제부터 이곳까지는 나주의 장교가 함께했었다. 다른 이들과 같이 나와 함께 진주晉州로 가겠다고 했지만 나는 나주 목사에게 감사를 전하는 편지와 함께 오늘밤 그를 돌려보냈다. 편지에는 이제 운봉 사람들이 왔다는 따위의 말을 적었다. 이 나주의 장교가 묵과 수일에게(아니면 묵 또는 수일에게) 진주에서 돌려보낸다는 내 편지를 가지고 갈 수 있게 해 달라고 부탁했다. 수일과 묵은 이것이 괜찮다고 생각하는 것 같았다. 나는 조선에서의 일처리 방식이라고 짐작했다.

오늘 많은 돌무더기를 봤다. 아마 버나두Bernadou, 스미소니언박물관의 의뢰를 받아 조선에 온 해군 무관가 그렇게 신비롭게 이야기한 것들인 것 같았다. 그런 종류로는 세 가지 것들이 있었다.-첫째, 서낭당, 둘째, 오래된 건물의 벽, 그리고 셋째, 공터에 농부들이 만든 돌무더기였다. 두 번째 경우의 벽은 오래된 것일 수가 없었다. 돌들이 작고 둥글어서 그런 벽은 오래 견딜 수가 없기 때문이다. 그러한 돌 더미들은 오래된 건물의 확실한 증거가 될 수 없었다. 산성의 돌들은 오래된 것일 수도 있지만 그것들은 산 위에 있고 돌무더기와는 매우 달랐다. 계곡의 계단식 농경은 일본과 마찬가지로 이곳(오늘, 그리고 나주 이전부터)에서도 이뤄졌다. 버려지는 땅 없이 아름답게 만들어졌지만 밭작물이 더 많았다. 고을과 큰 마을은 오늘 거의 보지 못했다.

남원 광한루 오작교 이야기 〈춘향전〉

옛날 옛적에 남원 부사가 있었다. 그에게는 아이 때 이름인 이도령으로 불리는 아들이 있었는데, 그는 가장 아름다운 기생인 춘향이와 사랑에 빠졌다.

그들은 서로를 배신하지 않겠다고 약조를 했다. 그런 후 부사와 아들은 서울로 갔다. 그리고 새로운 부사가 남원에 내려왔다. 그는 백성들을 착취하기로 악명을 떨치는 나쁜 사람이었다. 그는 춘향을 원해서 그녀를 불렀다. 그녀는 응하지 않았다. 그가 묻자 그녀는 이유를 말했다. 그는 그녀에게 매질을 하고 감옥에 가뒀다. 그리고 5-6년을 가둬 두고 때때로 불러서 매질을 했지만 그녀는 흔들리지 않았다.

그동안 이도령은 이 소식을 들었다. 그는 과거시험을 통과하고 어사[213] 벼슬을 얻어서 세 마리의 말이 새겨진 마패를 품고 전라도로 파견됐다. 그는 거지처럼 더러운 옷을 입고 남원으로 내려왔다. 부사는 자신의 생일을 맞아 광한루에서 진수성찬을 차리고 잔치를 벌였다. 이웃 고을에서 관리들이 참석했다. 술, 여자, 밥, 그리고 시詩[214]가 있는 호화로운 잔치가 벌어졌다. 손님이 모이고 더러운 옷을 입은 어사도 참석한다. 부사는 서둘러 하인들을 불러 그를 쫓아내라고 한다. 하지만 운봉雲峯, Unpong의 영장이 어사의 신분을 반쯤 알아차리고 말한다. "그를 머물게 합시다."(그의 주장은 그도 부사와 마찬가지로 남자이므로 그 역시 이곳에서 즐기는 것이 당연하다는 것이었다.) 그가 말하길 자신의 차림새가 거지 같아서 한 명을 제외하면 어떤 기생도 그의 곁에 앉지 않는다고 말했다. 그가 어느 소녀가 곁에 있다면 술맛이 더 좋을 것 같다고 이야기하자 옆의 기생이 그를 의심했다. 그는 운봉을 팔꿈치로 쿡 찔렀다. "쇠

---

213 일반 참고사항: 포크는 어사osa를 "세금 따위와 관련된 속임수를 밝혀내기 위해 파견된 탐정 관리"라고 정의했다. 또한 "마을 관리들은 주택 따위와 관련하여 백성들의 상태를 알아보기 위해 마을을 조사하지 않았다. 내가 듣기로 이런 일은 행해질 수가 없었다. 관리들이 데려온 길나장이 수행원들이 농민들로부터 돈 따위를 뜯어내고 이는 많은 문제를 발생시켰다. 하지만 어사는 어디든지 갔다. 일반적으로 다 해지고 더러운 옷을 입거나 최악의 변장을 하고 때때로 음식이나 하룻밤을 구걸했다. 또한 그들은 서울 정부에서 파견되었다."

214 시Shi: 시詩.

고기를 좀 주시오." 운봉이 많은 양을 가져다주었다. 그는 다리를 뻗고 긴 소매로 고기를 쓸어버리고 관리의 얼굴에 국을 엎어 버렸다. 그는 시를 한 수 쓰겠다고 했다. 운봉이 그러라고 하자 그는 이렇게 썼다. "금잔의 술은 천인千人의 피요, 옥쟁반의 음식은 만인萬人의 기름이다. 음악은 백성들의 신음이다." 운봉을 제외하고는 아무도 이 시를 이해하지 못했다. 운봉영장은 "저는 이만 가보겠소이다, 여러분"이라고 말했다. 그는 말을 타고 채찍질을 하면서 자신이 왜 앞으로 가지 않는지 의아해 했다. 바로 그때 어사 역시 자리를 뜨고 그의 일행들이 쳐들어와서 부사와 군중을 두들겨 패고 일부를 잡아갔다. 부사는 바지에 일을 보고 말았다. 임실의 현감은 쥐구멍에 머리를 처박아서 사람들이 머리가 어떻게 사라졌는지 신기해했다. 어사가 의복을 갖춰 입고 돌아와 춘향이를 불렀다. 다른 기생들이 그녀가 쓴 칼을 벗겨냈다. 그는 모든 사연을 편지로 써 왕에게 보냈다. 왕은 춘향이를 어사에게 아내로 주고 관직을 내렸다.

여기까지는 이도령의 일생에 관한 아주 긴 노래판소리의 일부분이다. 전라도에는 위와 같은 이야기를 노래하는 직업을 가진 남자들이 많았다.

11월 20일
남원 운봉 여원치를 거쳐 경상도 땅 함양으로 들어가다
– 일본인이 급사한 관우 사당 이야기,
경상도 사람들 말투가 억세네?

8시 12분에 출발했다. 눈이 내렸다. 기압은 28.66, 기온은 화씨54도12℃였다. 우리가 가는 길은 서쪽으로 휘어져 있다. 고도는 1,200피트360m에서 대체로 일정했다. 몇몇 작은 마을과 잘 가꿔진 논 등이 있다. 남쪽 신은 고원보다 온전히 2,000피트600m 정도 더 높다. 9시 3분에 휴식을 취했다. 아주 조금 내려가자 지름이 1마일1.6km 정도인 훌륭한 평야가 나오고 서너 개의 마을이

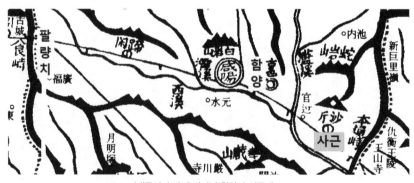

《대동여지도》에 나타난 함양과 사근내

보였다. 마을 하나를 지나자 전쟁의 신인 관군Kwangun 관우,관성제군關聖帝君을 기리는 전쟁 기념비가 있었다.[215] 그는 신격화된 중국 영웅이다. 그의 사당들에서는 물건을 훔칠 수가 없다. 도둑이 훔친 물건 쥐고 있는 동안에는 발을 뗄 수가 없기 때문이다. 수일이 말하기를 첫 번째 일본 공사가 서울에 왔을 때 일행 중 서너 명의 일본인이 (서울에 위치한) 관우關羽 사당을 보러 간 적이 있었다. 그러나 입구에서 그들은 몸이 몹시 아팠고 그 후에 사망했다고 한다. 이 일로 양국 사이에 커다란 소동이 일어났고, 심지어 전쟁 이야기까지 떠돈 적이 있을 정도였다는 것이다. 조선에는 이런 훌륭한 신들이 많다고 수일이 덧붙였다!

평야를 떠나면서부터 매우 바위가 많고 거친 산속 개울을 따라갔다. 인월 引月[216] 장에서 10시 10분에 5분간 휴식을 취했다. 작은 마을에서 열리는 소규모 장터였다. 고도는 여전히 1,000피트300m가량이었다. 개울 바닥에는 용암 같은 것이 깔린 것처럼 보였다. 대나무는 보이지 않았다. 눈발이 날리고 날씨가 차가웠다. 동쪽과 약간 남쪽으로 계곡을 따라갔다. 계곡은 옆으로 급격한 경사면이 있었고 폭이 좁았다. 고도는 여전히 높았지만 10시 55분부터는 우리가 지금 있는 내리막이 나타났다. 보이는 산들은, 지금까지 이 고원 1,300피트, 360m보다 3,000피트900m를 넘어 보이지는 않았다. 11시에 이곳에서 5분간 휴식을 취했다. 북쪽으로 운봉Unpong을 돌아갔다. 운봉을 보지는 못했

---

215 운봉을 지나 인월로 가는 도중에 위치한 기념비는 1380년 태조 이성계가 고려 장수로서 아버지로 상징되는 왜구를 격퇴한 승전 사실을 기념한 황산대첩비가 존재한다. 관우 관련 전각은 남원에 관성묘가 존재한다는 점에서 이를 전한 전양묵이 이 둘을 혼동하여 관우 기념비로 잘못 전달하였을 가능성이 높다(역주).

216 이곳의 명칭을 사무엘 홀리 교수는 Suol로 풀었지만 일기 원문을 확인한 결과 Inol로 확인되어 인월引月로 바로잡았다(역주).

다. 하늘이 눈을 뿌려 댔고 무척 추웠다. 날씨가 흐리고 음울했다. 집으로 돌아가고 싶었다.

여기서부터 길을 내려가서 곧 계곡을 가로지르는 오래된 성벽의 잔해를 지났다. 이 유적은 크게 중요해 보이지 않았다. 계속해서 내려가자 계곡에 면한 논이 보이기 시작했고 11시 50분에 고리실Korishil 주막에 도착했다. 이곳의 기압은 29.27, 온도는 화씨58도14℃였다. 주막에서 매우 깔끔한 밥을 먹었다. 장조림changjorim, 달구찌개talkyu chike, 닭찌개, 그리고 김치가 나왔다. 차려 나온 음식 전부를 배불리 먹었으며 무척 흡족했다. 두들겨 맞았던 보교꾼이 머리를 묶은 채 몸 성히 나타났다. 오늘 여행은 순전히 산길을 탔고 구비마다 모두 음산하고 황량했다. 10시 언저리에 우리는 경상도Kyongsang, province, 慶尙道에 들어왔다.

오늘 아침 출발하는 곳 근처서 허세를 잔뜩 부린 용龍 장대를 봤다. 나주에서 이런 것을 하나 봤고 오늘 아침 11시경에 또 하나를 봤다. 이 장식은 장대의 둘레로 나선형 점이 찍혀 있고 장대 위에 갈라진 나뭇가지가 올려졌다. 길이는 20인치50cm 정도였다. 조각된 머리 부분은 두 갈래의 나뭇가지였다. 나주에서 이 머리 부분을 나는 쓸모없는 물건으로 여겼다. 이 장대는 기이한 물건이었다. 이정표가 있는 곳에 세워진 이것들은 아마도 죽은 나무, 그리고 나뭇가지와 무슨 연관이 있는 것 같았다. 내가 본 것 중의 하나는 머리 하나당 네댓 개의 긴 갈대만을 가지고 있었다.

용장대 모습

우리는 오늘 아침 40리를 왔다고 들었다. 여정은 다음과 같았다. 나주羅州에서 남평南平까지 30리, 광주光州 30리, 담양潭陽 50리, 순창淳昌 40리, 남원南原 45리(이곳은 길이 좋지 않았다), 운봉雲峯 40리(우리는 이곳을 들러서 돌아왔다), 함양咸陽 50리, 사근Sagun, 沙斤 40리.

이곳부터 사근沙斤까지는 40리다. 오후 1시 33분에 출발했다. 1시 53분까지 계곡을 내려가서 휴식을 취했다. 우리 동쪽으로 계곡 가장자리에 두 개의 마을이 있었다. 나는 반암班岩 같이 빨갛고 단단한 돌로 이루어진 두껍고1피트 윤곽이 뚜렷한 지층을 일부 봤다(버나두 참조). 2시 1분에 4분간 휴식을 취했다. 기압은 29.415, 온도는 화씨52도11℃였다. 이곳 이후로 곧 우리는 개울이 있는 계곡을 벗어나 멀리 떨어진 논이 있는 곳으로 내려가는 두 번째 계곡으로 들어섰다. 2시 20분에 바위 사이에서 자란 커다란 나무 둥치에서 5분간 쉬었다.

3시에 북서쪽으로 함양이 반 마일800m 거리 남아 있는 지점에 이르렀다.(기압 29.26, 온도 화씨43도6℃) 함양에서부터 개울이 흘러들어서 우리가 따라온 개울과 만났다. 읍내 가까이 긴 돌담이 있었다. 그리고 길을 따라서 강속에 거대한 크기의 돌들이 있었다. 우리는 읍내 앞쪽 1마일1.6km 정도 거리

사근내역 자리인 함양군 수동초등학교

에서 강을 건넜다. 그런 다음 개울이 흐르는 좁은 협곡으로 들어갔다. 지도에 의하면 이 개울을 따라 진주晉州까지 갈 수 있었다. 이 지역은 산이 많았고 농경지는 보잘것없었다. 3시 36분에 4분간 쉬었다. 오늘은 밝고 쾌적했다. 하지만 추위는 여전했다. 나는 더 많은 장대를 봤다. 마을의 각 끝부분에 하나씩 있었다. 하지만 용 모양은 아니었다.

4시 13분에 사근沙斤 찰방도察訪道[217]에 도착했다.

길은 이 부근까지 계속 울퉁퉁했다. 이곳은 중요한 교차로였다. 350 내지 400여 채의 집이 있는 것으로 판단됐다. 모두 농가나 주막이었다. 집들이 내가 본 어떤 데보다 눈에 띄게 낮았다. 사용된 진흙은 석회를 섞어서 더 깔끔해 보였다. 음식은 훌륭했고 깨끗하게 차려졌다. 밥이 여자 그릇에 담겨 나왔다.[218] 우리가 묵은 곳에 어젯밤 눈이 왔고 오늘 아침에는 진눈깨비가 내렸다. 아마도 고도가 무척 높기 때문일 것이다. 오후가 되자 날씨가 맑게 갰다. 하지만 역시 추웠다. 우리는 오전 11시 50분 무렵까지 고원에 있었는데 이후 점차 이 근처로 내려왔다. 이곳은 산악 지대이고, 지리산智異山, Chiri-san이 우리의 남쪽에 있었는데 지금은 남서쪽에 있다. 조선에서는 높기로 유명한 산들 중 하나인데 내가 보기에는 6,000피트1800m를 넘지 않는 것 같았다. 내가 볼 수 있는 범위 내에서는 이 지역에 사람이 많지 않았다. 함양咸陽, Hamyang이 유일하게 큰 곳이었는데 200여 채를 넘지 않는, 길고 낮은 집들이 모여

---

217 경남 함양군 수동면 원평리에 있는 사근내역沙斤乃驛.
도찰방의 집무실인 '동헌'이 있던 자리가 현 수동초등학교이며, 기록상 관원이 60여 명, 관노 90여 명, 상등마 10마리, 중등마 2마리, 하등마 10마리를 보유하고 있었다. 숙박시설로는 사근원수동면 화산리과 광혜원함양군 남쪽 2리, 도현원함양군 동쪽 30리. 덕신원함양군 서쪽 20리. 덕평, 수원안의 남쪽 5리, 반락원안의 북쪽 10리이 있었다. 실학자인 이덕무1741~1793가 사근역 찰방을 역임하면서 기록한 '청장관전서'에 잘 나타나 있다.
218 포크는 이곳에 가장자리로 갈수록 가늘어지는 둥글납작한 그릇을 그려 넣었다.

있었다. 동서로 뻗어 있는 산맥의 구석진 곳에 위치했다.

조선에서 가장 큰 사찰인 합천 해인사海印寺는 여기서 북동쪽으로 120리 거리이다. 그곳의 국솥이 어마어마하게 크다는 이야기가 있다. 그 안에 배가 떠 있는데 바람이 강하게 불면 건너편으로 흘러가서 출발점에서는 보이지 않는다고 한다. 나는 그 사찰이 무척 보고 싶었다. 하지만 그러기 위해서는 진주로 가야 하는 이틀을 허비해야 했다. 어사Osa가 이 지역과 해인사에 있다는 것을 알았다(요즘 어사는 알려진 것처럼 익명으로 다니는 것이 아니라 너무 공개적으로 시찰을 다닌다). 그런 이유로 찰방Chalpang에서는 진주까지 달릴 말을 우리에게 주지 않으려 했다. 여행하는 관리는 비용을 지불하지 않고 찰방과 역말의 말을 선택한다. 그곳에 사는 사람들에게는 왕이 그런 업무의 대가로 땅을 무상으로 사용하게 한다.

오늘 밤 관아에서 나온 한 사람이 마을을 돌아다니며 소리를 질렀다. "불조심, 도둑 조심!" 나는 이것이 바로 조선의 관례라는 것을 알았다.

경상도 사람들은 매우 거칠고 말하는 데 활기가 넘쳐 시끄럽기까지 했다. 사령Saryong[219] 두 명이 오늘밤 함양에서 왔다. 내가 그들이 가는 큰길을 지나가지 않았기 때문에 그들은 나를 놓쳤다는 것이다. 내가 어떤 길로 가는지에 대해 지위가 높은 사람들이 하는 여행의 관례대로 앞서서 전달되었기 때문이다.

내가 본 용 장대는 서울이나 고을의 시험에서 관직을 따내는 데 성공한 것을 기념하기 위해 마을이나 가족의 구성원이 세운 것이었다. 학생들을 어디서나 '선비Sonpi'라고 불렀다. 이들은 서울에서 치러지는 과거시험에 참석하기 위해 전국에서 모여들었다. 누군가 성공하면 그의 가족들은 집 근처나

---

219 사령使令, Saryong: 길나장이 또는 하인.

조상의 묘지 옆에 '용 솟대'를 세웠다. 이 솟대는 벼슬이 작다면 크기도 작았다. 가장 흔한 소규모 솟대는 대략 8-12피트2.4-3.6m 정도밖에 되지 않았다. 나무기둥의 껍질을 벗기고 꼭대기에는 한쪽 끝이 두 갈래인 나뭇가지를 똑바로 올려 장식했다.

머리 부분을 조각한 나무 기둥을 이정표 삼아 마을에 세웠다. 그런데 오랜 세월 세워져 있는 동안 신물로 여겨지기 시작했다. 그래서 세월이 가면서 넘어지더라도 치우지 않고 미신적으로 숭배하게 되었다.[220] 그것들은 쓰러지거나 기울어지면서도 무리 지어 있었다. 묵이 말하기를 조선 사람들은 일반적으로 아주 오래된 어떤 물건에도 신이나 악마가 깃들어 있다고 여긴다고 말했다. 맞는 말이라는 생각이 들었다.

---

220 포크는 이곳에 장승changsung에 관한 글을 쓴 것으로 보인다. 보통 영어로 "악마의 기둥devil posts"으로 언급되는데 사악한 기운을 막기 위해 마을 입구에 하나는 남성 그리고 하나는 여성으로 쌍을 이뤄 세워진다. 마을 경계를 나타내는 랜드마크 역할을 했다는 점에서 보면 이정표里程標였다.

11월 21일
조선의 국가적 충절 기억법: 열녀문, 효자문, 충신문
– 백성이 기억하는 조선 정부와 관리들의 영웅 제거,
이순신과 임경업

아침 7시 30분에 일어났다. 기압은 29.87, 기온은 화씨60도15℃였다. 어젯밤에 벌레 때문에 몹시 시달렸다. 세 명의 야경꾼이 장작을 가져와 밤새도록 불을 지피고 앉아 있었다. 덕분에 나도 잠을 잘 들지 못했다. 8시 2분에 출발했다. 마을을 통과해 동쪽으로 갔다. 그리고 좁은 계곡을 북동북 방향으로 올랐다. 8시 52분에 휴식을 취했다.

10시 5분에 고갯마루에 이르렀다 기압 28.97, 기온 화씨46도(7.7℃). 출발지부터 이곳 고갯마루까지는 긴 경사로였다.

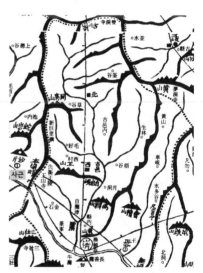

경상도 땅에 처음 진입하여 숙박한 사근역 주변 모습. 신거리다리가 있는 신거리령新巨里嶺이 우측에 보인다

길의 윗부분은 거칠고 상태가 나빴다. 우리는 160피트48m 높이의 고갯마루

함양 서하면 봉전리에 현존하는 효자비와 열녀비 포크 당시에는 돌문 형태였으나 현재 원위치에서 조금씩 옮겨졌고 비각으로 바뀌었다(사별한 남편을 따라 자결한 분성 허씨 열녀비)

로부터 길을 내려갔다. 그리고 지금 10시 13분에 휴식을 취하고 있는 이 가난하고 아주 작은 마을에 도착했다. 춥고 황량하고 으스스했다. 여기서부터 북동쪽으로 멀리 바위투성이의 높은 산봉우리들이 보였다. 주막에 화장실이 없어 오늘 아침 볼 일을 못 봤다. 그때부터 고마리마시타Komarimashita.[221]

이곳에서 내려가는 길은 몹시 끔찍했다. 11시 1분에 우리는 아주 작은 마을들이 모여 있는 곳에 도착했다. 돌로 만든 비참한 가축우리 같은 집들이었다. 두 군데에 각각 40여 채의 집이 있었다. 일꾼들의 발걸음이 느려지더니 행동이 무례해졌다. 오늘 그 중 한 명은 길에서 빨리 비키지 않는다는 이유로 남자 한 명을 난폭하게 때렸다. 이곳까지 길은 계속해서 북쪽이었다. 이곳은 길목장이Kil-mok-changi였다. 사근Sangun에서 30리, 해인사에서 90리 떨어진 곳이었다. 내려가면서 계곡이 조금 넓어졌다. 우리는 20 내지 40여 채의 집이 있는 네 개의 마을을 지나 12시에 무촌Yong-mal Buchon역마을에 도착했다. 그곳에는 대략 백여 채의 집이 있었다. 오늘 본 집들은 낮고 원시적이었으며, 거의 전체가 돌로 지어졌다. 이곳의 계곡은 폭이 반 마일이나 되지만

---

221 고마리마시타Komarimashita, 困りました:일본어로 곤란을 겪다 또는 "힘든 시간을 보냈다"는 의미(역주).

개울에 의해 많은 부분이 끊겼고 계단식 논
역시 마찬가지였다. 경작지가 이렇게 작은데
이 안에서 사람들이 어떻게 살아가는지 신기
했다.

포크가 그린 열녀문 모습

우리는 아래의 스케치 같은 돌문을 두 개
지났다. 길가에 있었다.[222] 이 문들은 남편
이 죽자 자살을 해서 충절을 지킨 아내들을 기리기 위해 세워졌다. (열녀문
Yolyo-mun: 남편에게 충절을 지킨, 죽음으로 그를 따라간. 충신문Chungshin-mun:
정부에 충성을 다한, 목숨을 바친. 효자문Hyoja-mun: 부모를 따르고 싶은 마음
에서 자살을 한.) 아내가 남편의 죽음을 맞아 칼로, 굶어서, 목을 매달아 자
살을 할 때 이런 행위는 정부에 보고가 되고 (중앙 정부의) 예조Yejo[223]는 공개
된 장소에 열녀문을 세우고 친척이나 친구들의 이름을 새겨 넣었다. 왕은 충
절을 지킨 관리나 여자들을 위해 글을 직접 썼다. 그러면 이를 집의 바깥문
에 내걸 수 있었다. 색깔은 빨간색이었다. 왕이 아니고는 그 누구도 이런 문
아래를 말을 타고 지나갈 수 없었다.

이번 주막에는 어느 정도 예쁜 아낙이 있었다.-가슴을 제외한다면, 내가
볼 때는 호두가 붙은 문손잡이처럼 보였다. 그녀의 집은 유난히 정리가 잘
되어 있었다. 장대 위 선반에는 바구니와 쟁반, 나무로 만든 궤들이 정리되
어 쌓였고 빨간 고추 다발과 긴 목을 가진 병들이 벽에 줄지어 걸렸다. 東동

---

222 함양 서하면 봉전리의 전세량효자비와 분성 허씨 열녀비를 말함. 현재는 목조 비각을 세워
보호하고 있음.
223 예조禮曹, Yejo: 의례를 담당하는 부서.

합천군 남상면 전척리 괘리마을 도로 옆 신거리다리 자리(멀리 강물이 보이는 곳이 다리자리).
합천댐 건설로 다리는 수몰되기 전까지 돌다리 위에 나무다리 형태로 유지되었다고 함

[224]이라고 표시된 주인의 모자 박스가 구석에 걸렸다. 장과 초[225]가 담긴 작은
항아리를 구석에 세워놨고 대나무 장대 끝에 옷들이 걸렸다. 요강yokwang[226]과
담배 상자가 옷상자 옆의 한 구석에 놓였다. 옷상자 안에는 넓은 하얀색 가장
자리가 있는 분홍색과 푸른색의 푸동[227]이 들어 있었다. 기름등이 세워졌고
몇 개의 조롱박 국자와 종이 상자, 세 부분으로 이뤄진 돗자리, 약간의 모래,
작은 체가 보였다. 그리고 벽에 걸린 종이 멜빵에는 성냥sung nyang이 쌓였다.
이런 물건들이 방 안에 놓여 있었다. 물건들이 특별히 가득한 방이었다. 천장
과 벽, 마루는 진흙이었고 종이로 도배했다. 그리고 상당히 깨끗했다.

---

224 東: 동쪽.
225 독Tok: 도자기 단지. 장醬, chang: 간장. 초酢, cho: 식초.
226 요강Yokwang, yogang: 요강.
227 아마도 부동futon이라는 일본어의 변형으로 보이며 그래서 침구에 관한 언급일 것이다.
f'tongs:布団 침구로 이것에서 파생된 표현이 방석을 부르는 자부동이다(역주).

이곳에서 거창居昌, Kocang 읍내까지는 10리 거리였다. 우리는 1시 55분에 출발했다. 이곳에서 두 개의 길이 북쪽으로 향해 있다. 하나는 북서쪽, 다른 하나는 거의 동쪽이었다. 우리는 두 번째 길을 택했다. 그리고 계곡 속 평지로 들어와 두세 개의 큰 마을을 봤다. 하나는 거창居昌 읍내였다. 우리는 이곳의 머리맡을 지나 남쪽으로 흐르는 100피트 너비의 얕은 개울에 도착했다. 2시 49분에 휴식을 취했다. 거의 1/3마일쯤에서 남쪽으로 방향을 틀었다. 그런 다음 평평한 다리신거리다리, himkori-tari, 新巨里[228]를 건넜다.

30개의 사각형 돌을 쌓아 만든 225피트67.5m 길이의 다리였다. 개울은 평균적으로 1피트30cm 깊이가 채 되지 않았다. 그런 다음 남동쪽으로 흐르는 다른 개울을 만날 때까지 다시 동쪽으로 나아갔다. 우리는 개울을 따라 올라가 좁은 협곡을 통과했다. 그곳은 50 내지 75채 규모의 마을이 있는 곳의 한복판이었다. 이상하게 구석진 곳에 위치한 마을이었는데 너무 낮아서 바로 반대편에 이를 때까지 알아보지 못했다. 15분 전에 돌무더기가 쌓인 벽으로 두른 작은 땅을 지났다. 30피트9m 길이에 8-10피트2.4-3m 높이였고 무덤처럼 무척 오래되어 보였다. 이곳 근처에는 25 내지 40채의 집이 있는 세 개의 마을이 있었고 매우 높은 산골짜기에 계단식 논이 개간됐다. 전체적으로 어둡고 거친 산골 마을이었다. 이 계곡은 동쪽과 약간 북쪽으로 뻗었다. 이곳에서 3시 52분에 5분간 휴식을 취했다.

나는 오늘 인상을 찡그리고 노려보는 사람들을 봤다. 그들 역시 시끄러웠고 또 보교꾼들을 무시했다. 대답하는 것도 거칠었는데, 이전에는 이런 경우를 만나지 못했고 그들이 싫었다.

---

228 거창군 남상면 전척리의 패리牌里:임진왜란 때 마을 앞 냇가 나무에다 많은 짚신을 걸어 놓고 위장하여 적의 침입을 막았다 하여 "신거리"라고 한다. 합천댐 공사로 옛 마을과 다리는 없어지고 지금은 길 위 높은 곳으로 옮겼다(역주).

동북 방향으로 계속 계곡을 내려갔다. 때때로 길은 좁은 절벽 가장자리를 지나야 했다. 말발굽처럼 굽은 곳에 위치한 작은 마을에서 4시 40분에 3분간 쉬었다. 1마일1.6km을 더 가서 왼쪽으로 방향을 틀었다. 그런 다음 바로, 돌을 쌓아 계단식 논을 잘 만들어 놓은, 아주 좁은 계곡을 올랐다. 그 너머로 좁고 구불구불한 끔찍한 길이 있었다. 길은 오르막으로 이어지다가 오른쪽으로 휘어지더니 고갯마루에 이르렀다. 부근 길 너머에 아주 잘생긴 소나무들이 많았다. 우리는 별 모양의 논이 있는 아름다운 계곡을 지나고 있었다. 그 안쪽에 마을이 있었다. 전체적으로 정말 예쁜 산골의 그림 같았다. 조선의 논으로 이루어진 들판은 경치를 더욱 돋보이게 했다.

고갯마루부터 우리는 또 다른 경사진 좁은 계곡으로 내려왔다. 그 안쪽 마을인 권빈勸賓, Kwenpong 역 마을[229]에 오후 5시 23분에 도착했다. 이곳은 꽤 큰 마을이었다. 75-100여 채의 집은 있는 것 같았다. 하나는 관청같이 생겼다. 늘 그렇듯이 역말 영역은 나머지 마을과 구분되어 있었다. 비록 끔찍하게 더럽고 누추하지만, 시리도록 푸른 구름, 눈이 쏟아지는 하늘, 어둠의 그림자가 드리운 좁은 계곡 때문에 일종의 안락함이 느껴지는 곳이었다. 나는 몹시 추웠고 이 오두막으로 기어들어갈 수 있어서 기뻤다.

내가 도착하자 커다란 소동이 뒤따랐다. 무례하고 야만적인 군중을 물리치느라 경숙이Kyong Suki가 말싸움을 해야만 했다. 그들은 나를 보기 위해 숙소로 몰려드는 행위가 부적절한 행동이라고 전혀 인식하지 못하는 것 같았다. 나는 마치 새로 잡혀 온 나약하고 신기한 동물이 된 듯했다. 나는 조선의 일반 백성들이 얼마나 터무니없을 정도로 예절이나 에티켓에 대한 감각이 없는지 다 표현할 수가 없다. 그들은 이러한 측면에서 볼 때는 순전한 야

229　권빈역勸賓驛-경남 합천 봉산면 권빈리(역주).

만인이다. 나는 밤중에 내 방에 들어오기 전에는 항상 먼저 말을 하라고 수일에게 당부해 놓았다. 그렇지 않으면 강도로 여겨 내 리볼버 권총을 사용할 수도 있다고 했다. 그는 동장Tongchang, 즉 마을 관리의 우두머리에게 내 지위를 설명하고 경비를 세우라고 지시했다고 말했다. 나는 나주 부근에서 도둑이 흔하다는 이야기를 들었다. 그리고 경상도는 불량한 사람들로 유명하다고 했다. 심지어 다른 지역의 조선인들조차 이곳에 대해 좋은 이야기를 하지 않았다.

오늘 수일이 조선 관리들에 대해 긴 이야기를 했다. 그가 말하기를 과거 오랜 세월 일반 백성들 사이에서 육체적으로 그리고 정신적으로 강건한 남자들을 제거하는 것이 이 왕조 정부의 관례였다고 했다. 그들이 정부에 대항해 힘을 쓸까봐 두려워서 그랬다는 것이다. 그래서 그런 남자들은 공포와 침묵 속에 살아간다고 했다. 만약 아무리 사소한 사유라도 그들에게 불리한 혐의가 제기되면 참수형을 당한다고 했다. '통영Tongyong, 統營의 영웅'은 나라를 위해 수많은 일본인을 죽인 후(백성들의 영웅), 결국 자신의 힘을 보여 준 행위로 목숨을 잃을 것을 알고, 일본 함대가 빤히 볼 수 있는 자신의 뱃머리에 서서 일본인의 총에 맞았다고 했다. 그렇게 해서 범죄자처럼 처형당하는 것을 피했다![230] 따라서 일본이나 중국과의 전쟁 때에는 강한 선량한 사람들이 패배하든 승산이 있든 간에 죽음이 그 결과라는 것을 알면서도 정부에 봉사

---

230 포크는 여기서 해군 사령관 이순신을 돌려 말하고 있는 것으로 보인다. 그는 1592-1593년과 1597-1598년의 일본 침략을 뒤에서 무너뜨리는데 핵심 역할을 했다. 이순신은 1598년 12월 전쟁의 마지막 전투인 노량해전에서 일본의 유탄에 맞아 사망했다. 훗날 조선의 민담에서는 장군이 고의로 갑옷을 벗어 버리고 일본인의 총격에 몸을 노출시켰다고 주장했다. 이전처럼 그를 체포하여 감옥에 가뒀던 정치적 분쟁의 타깃이 되지 않기 위해 차라리 죽음을 택했다는 것이다. See Peter H. Lee, The Record of the Black Dragon Year (Seoul: Institute of Korean Culture, Korea University, 2000), 212.

하지는 않을 것이라는 것이었다.

중국과의 전쟁 당시[231], 청나라 황제 한이Hani, 청 태종 홍타시가 두 명의 장군(조선인들)[232]과 엄청난 군대와 함께 송파松坡, Songpha에 주둔하고 왕은 [경기도] 광주廣州에 피신해 있을 때,[233] 전라도 옥과Okwa 지역에는 옥Ok과 김Kim이라는 두 명의 유명한 남자가 있었다. 옥이 김에게 말했다. "어젯밤 태양을 봤네. 왕이 큰 고난에 처했네. 그를 도우러 가세." 김이 말했다. "아니! 나는 가지 않겠네." 옥은 분한 마음에 말했다. "하지만 우리는 조선 사람이고 왕이 위험에 빠졌네. 왜 가지 않겠다는 것인가?" 김이 대답했다. "우리가 간다면 어떻게 해서든 우리에겐 죽음뿐이네. 조정은 우리 같은 백성의 도움을 원하지 않는다네." 옥은 김과 다퉜다. 그러고 최소한의 짐만 꾸려서 송파로 갔다. 그곳에서 중국淸 군대를 보고 소리쳤다. "한이!" 목청이 너무 커서 군대 전체가 흔들렸고 중국 황제는 무슨 일인지 알아보라는 명령을 내렸다. 청군에 소속된 두 명의 조선 출신 장군은 옥의 목소리를 알았지만 그들도 왕과 군대도 옥과 지역의 남자들을 이해하지 못한다고 말했다. 옥은 평야에 둥그렇게 진을 치고 있는 군대의 한 가운데로 달려갔다. 그리고 맹렬한 눈길로 주위를

---

231 청과의 전쟁인 병자호란1636을 말함(역주).

232 당시 청에 협력한 조선인은 1618년 강홍립 부대가 명나라 원병으로 파견된 후 1619년 광해군의 '관형향배觀形向背, 형세를 보아 행동을 결정하라' 밀지에 따라 후금에 투항한 상황에서 후금에 억류된 존재와 이괄의 난1624년 때 후금에 투항한 부류로 나뉜다. 여기에 언급된 두 조선 장수는 청의 1차 침입이 진행된 정묘호란1627년 때 함께 온 강홍립 등을 염두에 둔 표현으로 추정된다. 또는 이괄의 난 때 후금으로 도망간 한명련의 두 아들인 한윤과 한난일 가능성도 있다(역주).

233 이곳과 다음 단락에서 포크는 명백히 1627년과 1636년의 만주족의 침략을 언급하고 있다. 두 번째 침략에서 황제 홍타치Hung Taiji는 직접 군대를 이끌고 조선으로 와서 저물어가는 명 왕조를 향한 사대를 포기하고 자신이 새로 세운 청 왕조의 속국이 될 것을 왕국에 강요했다. 청나라 선봉대는 빠른 속도로 서울로 향했고 왕 인조가 서쪽 해변에 떨어져 있는 강화도의 피난처로 가는 길을 막았다. 인조는 그렇게 해서 서울 바로 남쪽의 광주 고을과 가까운 산악 요새를 피난처로 삼았다. 이곳이 오늘날 남한산성으로 알려진 곳이다.

둘러본 후 광주로 뛰어들었다. 이곳에서 궁지에 몰린 왕은 관리들과 회의 중이었다. 옥은 절을 올리고 자신이 누구인지를 설명하고 50 내지 100명의 병사를 주면 성 밖의 군대를 물리치겠다고 말했다. 이는 약속됐지만 관리들은 옥이 성공할 경우 맡게 될 벼슬을 두려워하여 약속만 하고 병사는 주지 않았다. 그러자 옥은 대문간에 놓인 바위에 머리를 부딪혀 자결했다. 김은 옥과에서 이 이야기를 듣고 말했다. "내가 그럴 거라고 말하지 않았나."[234]

청나라와의 전쟁[235] 시에 중국 군대청는 의주Oeju[236]로 들어올 수가 없었다. 그래서 이곳을 돌아 두만강Tumen-gang을 건너서 남쪽으로 함경도Hamkyong-do를 통과했다. 세 명의 왕자와 왕비가 강화도에서 잡히자, [조선]왕은 화평을 청했다. 그리고 청 군대는 왕자들과 함께 의주를 거쳐 돌아갔다. 의주에서, 그곳의 관리인 임Im, 임경업 林慶業은 대단한 남자였는데, 굴복하지 않고 전의를 나타냈다. 하지만 중국인들이 조선 왕의 편지를 보여 주자 굴욕을 당하고 무너져 내렸다. 나중에 이 남자는 중국으로 가서 중국과 다른 나라와의 전쟁에서 중국 황제에게 엄청난 공을 세웠다. 중국 황제는 많은 선물을 줬지만 그는 거절했다. 그리고 무엇을 원하느냐는 질문에 이렇게 대답했다. "세 왕자와 함께 조선으로 돌아가겠습니다." 이 요청은 승낙되었고 왕자는 돌아갈 수 있었다. 이후에 임도 뒤를 따랐다. 그 사이에 그의 엄청난 업적은 널리 알려졌고 즉시 김金 대신Kim Ta Shin, 김자점이 이끄는 조선의 관리들은 자신들보다 그가 왕 가까이에 자리할 것이라고 판단했다. 그들은 왕의 명령이라

---

234 이 사실과 부합되는 역사적 존재는 확인되지 않는다. 1636년인조 14의 병자호란 때 옥과 현감 이홍발의 창의와 연결된 김시업이 충청도 천안까지 북상했지만 강화되었다는 소식을 듣고 돌아오다가 스스로 목숨을 끊은 사실 등이 연결되어 만들어진 민간전승으로 추정된다(역주).
235 원문은 일본과의 전쟁으로 혼동하여 기술함(역주).
236 조선의 북서쪽 중국과 국경을 맞대고 있는 의주義州, Oiju 고을.

면서 그를 의주에서 체포했다. 그리고 차꼬를 채우고 칼을 씌워 서울로 데려와서 서울 종로의 종각 옆에 있는 옥獄[237]에 넣었다.-이 모든 일은 왕에게 알려지지 않았다. 낮은 계급의 간수가 임에게 그는 전혀 왕의 명령으로 이곳에 있는 것이 아니라고 말했다. 임은 족쇄를 부수고 감옥을 떠나 곧바로 궁궐로 갔다. 그곳에서 그는 왕을 만나 어느 정도 자신의 이야기를 할 수 있었다. 왕은 관리들을 불렀다. 그리고 그들이 자신들의 행위를 설명하지 못하자 집으로 돌려보냈다. 그들은 다시 임을 공격하기 위한 계획을 짰다. 그리고 임이 왕과 헤어져 궁궐 문을 나설 때 많은 무리의 무뢰배가 기습하게 만들어 그를 때려 죽였다. 그는 해골이 부서져 죽었다. 지금처럼 그때도 백성들은 임을 동정했다.[238]

오후 10시 30분에 노트 1권을 다 썼다. 마지막 장까지 완전히 채웠다.[239] 오늘 이 지역은 지금까지 다녔던 어떤 곳보다도 특징적으로 훨씬 더 산악 지형이었다. 계곡은 좁고 어두웠으며 경작이 가능한 곳에서는 계단식 개간이 이뤄졌다. 중첩된 산들이 만나 만들어진 좁고 깊은 분지에는 약간 큰 마을들이 있었다. 길은 실로 끔찍했다. 식사에 매겨지는 주막 요금은 다른 곳과 비

---

237 옥Ok: 전옥소 감옥을 말함(역주).

238 이 내용은 임경업 장군에 대한 민간전승을 소개한 것이다. 임경업이 청에 대항하다 병자호란 후 조선이 청에 항복한 후 청에 원군으로 파견되었다. 임경업은 명 공격에 비협조하다 결국 명에 망명해 명군과 함께 청에 저항하였다. 이후 명 붕괴 후 조선에 잡혀와 처형된 상황을 설명하며 김자점金自點이 결국 임경업을 죽게한 상황을 말한 것임.

239 그의 여행 일기 중 두 번째 노트를 여는 페이지에 포크는 다음과 같이 적었다. "이것은 두 번째 노트다. 11월 21일에 시작해서 조선의 내부로 들어가는 내 두 번째 여행에서, 사근 찰방도를 출발해 조선에서 가장 큰 불교 사찰인 합천 해인사를 가는 도중에 경상도 합천 고을 권빈Kwen pong 역말에 도착한 이후부터의 기록이다. 일행은 다음과 같다. 조지 C. 포크(미 해군 소위), 전양묵(신사, 조선인), 정수일(포크의 시종), 경숙이(하인), 서울에서 온 보교꾼 12명, 말구종 3명, 말 세 마리, 돼지가죽 트렁크 5개(포크), 총기상자 1개上同, 사진 카메라와 삼각대上同, 돼지가죽 트렁크 1개(수일), 천 가방 1개(묵), 손가방 3개(세 명의 상관에게 각 1개씩), 선물(관리에게 받은 종이, 병풍 따위)."

숫했다. 사람들은 호감이 가지 않았다. 그들은 거칠고, 시끄럽고 험상궂게 생겼다. 여기까지 오는 길은 대략 동쪽이었다. 아마도 약간 북쪽일 수도 있었다. 아니면 내 나침반이 말을 듣지 않는 것인지도 모른다.

이곳 사람들 말에 따르면 해인사海印寺가 60리 거리였다. 반면에 보교꾼들은 오늘 80리를 왔다고 말했다. 전체 거리는 120리여야 했다. 아마도, 내 생각으로는 그때 밥을 먹었던 부봉Pupong에서 그들이 길을 잘못 들었던 것 같다. 진실로 나는 조선의 황무지 한가운데 놓여있다. 상황이 완벽하게 안전한 것은 아니었지만 모든 일이 잘 풀려가기만을 바랄 뿐이다. 내가 겪는 어려움은 보교꾼들에게 교양을 심어 주는 일이다.-더욱이 만약 그들이 조선 관리들에게 하는 것처럼 나를 대해 주지 않는다면 곤란에 빠질 수도 있지 않을까? 이런 여행은 앞으로 상당 기간 어떤 외국인에 의해서도 이뤄지지 않을 것이라 확신한다. 말로 표현할 수 없을 정도의 노력이 필요하다. 그런데도 음식은 정말로 무척 괜찮은 편이다. 맛도 좋고 소화도 잘 된다. 나는 예전에 조선 음식의 모양새와 냄새를 견뎌낼 수 있을 것이라고는 거의 생각하지 못했다. 세상의 다른 어떤 외국인도 이 사람들 사이에서 나처럼 살아갈 수 없을 것이다. 아마도 믿기 힘든 이야기로 들릴지 모르지만 나는 임무를 잘 수행하기 위해 거칠어지려고 스스로를 내몰고 있다.

11월 22일
팔만대장경을 보기 위해 해인사를 찾아가다
– 해인사 솥에서 배를 탄다는 말이 허풍이라 실망했지만
조선에서 가장 훌륭한 사람들을 만나다

7시에 일어났다. 잠을 잘 잤다. 하나님 아버지께 감사드린다. 기압은 29.53, 기온은 화씨70도²¹℃였다. 수일이 커다란 물통을 가져왔다. 직경이 2피트60cm였다. 나는 세수를 했다. 이곳 사람들은 씻기 위해 겨우 찻잔만큼의 물을 쓴다. 8시 3분에 출발했다.

8시 33분에 오르막을 올랐다. 북동쪽 방향이었다. 우리는 약간 잘못된 길로 들어섰다가 10분을 허비했다. 길은 아주 좋지 않았다. 험준한 산길만이 이어졌다. 성벽에 난 구멍으로 두 개의 마을이 보였다. 20 내지 30여 채의 집이 있었다. 보교꾼의 발걸음이 느리고 힘들어 보였다. 9시 10분에 휴식을 취했다.

10시 10분에 8 내지 9개의 마을작은 규모이 모여 있는 곳에서 휴식을 취했다. 전체 합쳐서 200여 채의 집이 흩어져 있었다. 이곳 계곡은 1/8마일200m가량으로 다른 곳보다 더 넓었다. 그리고 빽빽하게 농경지가 개간됐다. 밀이 많고 담배를 심은 작은 밭들도 보였다. 감 5부셸곡물량의 단위로 약 36리터 정

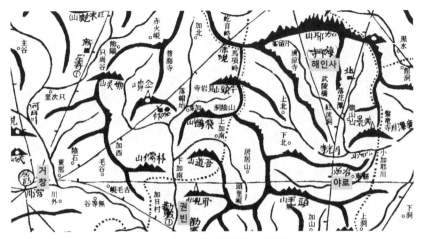

《대동여지도》에 나타난 권빈역과 해인사

도가 운반되는 것을 봤다. 오늘 날씨가 흐리고 음울했다. 조선 풍경의 황량
함은 사람들의 야만적인 상태와 합쳐져 견디기 힘들 때가 있다. 어사 한 명
과 합천의 군수, 그리고 다른 관리가 해인사에 있다는 소식을 들었다. 오늘
아침 길가에서 해인사까지 60리라는 소리를 들었다. 어젯밤 주막 사람들이
60리라고 말했지만, 만약 사근내에서 해인사까지 120리가 맞는다면 40리가
남았어야 한다.

10시 10분의 휴식 이후에 우리는 고갯마루까지 험준하고 긴 오르막을 올
라 10시 33분에 도착했다. 이런 높은 고도에서도 많은 논과 제법 큰 소나무
들을 볼 수 있었다. 하지만 마을은 없었다. 산을 내려와서 우리는 이 계곡으
로 들어왔는데 평상시보다 조금 더 넓은 듯했으나 여전히 좁고 어두웠다. 마
을 세 개를 지났다. 한 곳에는 40여 채의 집이 있었고 다른 곳들에는 30 내
지 40여 채의 집이 있었다. 정말 모든 경상도가 만약 이렇게 험준하고 모든
분지마다 마을이 있다면 인구는 꽤 많을 것 같았다. 집들은 거의 모두 돌과

합천 야로면 월광사지 동서삼층석탑이 개울 옆에 보인다

진흙으로 지어졌으며 마찬가지로 그 안에 사는 사람들도 아주 비참했다. 사람들은 분명 무척 가난하고 무지한 것 같았으며, 가엾은 것은 말로 표현하기가 힘들 정도였다. 사근沙斤과 거창居昌 부근부터 대나무를 보지 못했다. 길에는 관리들이 해인사에 간다는 이유로 붉은 가루가 뿌려졌고 고친 흔적이 보였다.-이는 약간의 새로운 흙이 이곳에 덮여졌고 제대로 수리한 것은 아니지만 뭔가 손댄 흔적을 보여준다는 의미였다. 그렇더라도 수리를 위한 경비는 아마도 꽤 클 것 같았다. 수리해 놓은 모습을 보면 "수리"라는 단어를 사용하는 것이 우스꽝스러웠다. 이런 끔찍한 길에 "길"이라는 단어를 사용하는 것도 마찬가지였다.

　10시 33분에 기압은 29.85, 기온은 화씨58도14.4℃였다. 11시 20분에 두 개의 마을을 지났다. 11시 45분에 야로장冶爐場터Yari-jang-to의 주막에 도착했다. 아직 왕골 방석이 놓여 있고 병풍이 쳐져 있는 것을 보면 분명 관리 한 명이 이곳 주막에서 밥을 먹은 것이 분명했다. 아마도 해인사에서 돌아올 때

합천 야로면 월광사지 동서삼층석탑

도 쓰려고 놓아둔 것 같았다. 이곳에서 해인사까지의 거리는 30리였다. 사근
내에서부터의 전체 거리는 140리였다. 내 나침반이 뵤끼[240]가 아니라면 길은
내내 지금까지 동북동 방향이었다.

　1시 38분에 출발했다. 분쪽으로 돌이 매우 많은 개울가의 골짜기를 올라
갔다. 2시에 오래된 두 개의 4층탑을 지났다.[241] 2시 35분에 휴식을 취했다.
2,500피트750m 정도 되는 산들이 앞에 있었다. 이곳에서 해인사까지는 20리
였다. 계속 개울을 따라 올라갔다. 길은 울퉁불퉁하고 좋지 않았다. 3시 12분
경에 지나쳐 간 곳에는 20에서 25채 정도의 집들이 모여 있는 마을이 하나
있었고, 이후 고도가 아주 높은 산 위에 위치한 서너 개의 작은 마을도 봤다.

240　뵤끼biyoki, 病気, びょうき: 고장나다(역주).
241　합천군 야로면 월광리 보물 129호 월광사지月光寺址 동서삼층석탑(역주).

해인사 홍류동 계곡의 바위에 새겨진 이름들

야로장터 이후부터 길은 계곡을 따라 북쪽이었다. 내내 좁은 길이었고 바위 바닥의 개울은 물이 많았다. 우리는 몇 개의 작은 마을을 지났다. 그리고 4시 10분에 계곡의 좁은 부분에 이르렀다. 이곳부터 협곡의 모습이었다. 개울 바닥에는 군데군데 거대한 바위가 있었다. 불그스름하고 하얀 모양이 마치 분홍색 바위에 눈이 내린 것 같았다. 무척 예뻤다. 커다란 중국 문자로 이름이 새겨진 바위도 있었다.[242] 그 주변으로 투명한 물과 다른 무너진 바위들이 있었다. 모두 무척 예뻤다. 길가로 역시, 간혹 키가 큰 바윗덩어리가 있었다. 성 같은 모양의 바위에도 이름이 새겨졌다. 일부는 무척 오래돼 보였지만 대체로 새겨진 이름들은 송도개성산성에서와 달리 멋지거나 위엄이 있지는 않았다. 8 내지 10피트2.4-3m 깊이의 작은 동굴을 지났다. 이곳에서 나는 많은 거리를 걸었다. 앞쪽으로 높다란 산들이 있었다. 그리고 그 뒤쪽으로도 산이 이어졌고 오른편으로도 약간 있었다. 이 봉우리들은 험준한 바위투성이였고 위압적이었다. 또 특이하게도 뾰족한 작은 바위들이 일렬로 줄지어

242 해인사 진입로에 있는 홍류동 계곡을 말함(역주).

김윤겸(1711-1775)의 해인사도
중앙의 중층의 대적광전은 포크 방문 시에는 단층으로 순조 때
화재로 전소돼 단층 건물로 짓기 이전 모습이다.

섰다. 가늘고 긴 바위들이 봉우리를 따라 튀어나와 있었다. 산마루는 길 위로 대략 2,000-2,800피트600-840m 높이였다.

오른쪽으로 돌아 첫 번째 산줄기에 들어서자 두 명의 길나장이를 만났다. 그리고 갑자기 합천군수가 나타났다. 자신의 가마꾼들이 운반하는 열린 가마에 엄숙하게 앉아 있었고 뒤로는 대단히 많은 젊은 승려 무리가 뒤를 따랐다.-서로 어울려 보이지 않는 일행이었다. 그는 회색의 누비 비단옷을 입었다. 그의 뒤편으로 안식보료, 직인, 테이블 따위의 짐을 실은 말이 따라왔다. 그가 다가오자 나는 우리 일행을 멈춰 세우고 옆으로 비켜서게 했다. 나는 모자를 들어 올리며 그에게 인사를 했다. 그는 멈추라고 명령을 내리더니 가마에서 내려 내게로 왔다. 그는 보교꾼들에게 고개를 돌리더니 통역을 찾았다. 나는 묵을 불러냈다. 그는 우리가 누구인지 알고 싶어 했다. 나는 묵에게 솔직하게 말하라고 했다. 그는 태도가 유쾌했고 나중에 진수성찬을 차려 주겠다며 합천으로 초대했다. 나를 만나 무척 재미있어 하는 것 같았다. 나는 그에게 명함 한 장을 주었고 그러자 그는 "평안한 여행이 되기를!"이라는 말과 함께 떠났다. 이런 야생의 산골짜기에서 기이한 만남이었다. 사실 그가 무리를 이끌고 너무 갑자기 나타나서 신기하기도 했다. 그는 키가 크고 강한 남자였다. 날카롭게

포크 방문 시점인 눈 오는 날의 해인사 풍광(해인사 제공)

각이 진 얼굴에 얇은 입술을 가졌다. 다른 조선인들처럼 그의 태도는 무뚝뚝했다. 그는 암행어사暗行御史를 보기 위해 해인사에 다녀오는 길이었다. 그가 불려왔을 것이라는 생각이 들었다.

우리는 이어서 계속 나아갔다. 좋지 않은 오르막길을 상당한 시간 동안 돌아가고 올라갔다. 마침내 5시에, 여전히 높은 산봉우리와는 꽤 거리가 있었지만, 절에 도착했다.

나는 절의 외관에 상당히 실망했다는 말을 하지 않을 수 없다. 조선의 절 치고는 꽤 컸다. 맞다. 그렇지만 오래되고 추레해서 볼품없는 모습이었다. 나는 왼쪽의 어느 건물로 안내되었고 사찰의 중앙 마당에서 약간 떨어져 있었다. 내 기대와는 달리(다른 곳에서 내가 본 승려들은 나를 보고 그렇게 흥분하지는 않았다), 이곳의 승려들은 나를 보기 위해 무리지어 몰려나왔다.

어떤 외국인도, 심지어 일본인이나 중국인조차도, 이전에 한 번도 이곳을 방문한 적이 없었다. 그래도 이 승려들은 질서가 있고 조용했다. 그동안 주막에서 타인들과 가졌던 불편한 경험을 돌이켜보면 이들 전체와 사랑에 빠질 수밖에 없었다. 회색 가사를 입고 말총 모자를 쓴 주지스님이 손을 합장하며 고개를 숙였다. 그들은 내 방으로 와서 매우 친절하게 좋아하는 음식 따위를 물었다. 예의범절을 잘 지켰다. 예를 들어, 각자는 "저는 어디, 어디의 누구, 누구입니다. 당신의 이름은 무엇이고 고향은 어디입니까?"라고 말하면서 조선 스타일로 "서로 안면을 트길" 원했다. 나는 그들에게 내가 겪었던 불교 관련 경험을 이야기했다. 그리고 이 이야기가 그들이 내게 보여 준 친근함에 화답이 되었다. 나중에 두 번째 무리가 들어왔다. 다른 절에서 온 방문객들이었다. 그 역시 조선 스타일의 격식을 고집했다. 예를 들어, "긴 여정에 어려움은 없었습니까?"라고 질문하면 대답은 "네, 감사합니다, 무사했습니다.", "인사를 합시다. 제 이름은 모모 입니다." "우리는 기꺼이 만국의 남자와 대화를 하고 싶습니다"라는 식이었다. 우리는 얼마간 불교에 관해 이야기했고 그들은 내게 세상에 불교가 없는 나라도 있느냐고 물었다!

승려들은 상 두 개를 들여왔다. 첫 번째는 세 가지 다른 떡들깨tul-kae, 콩khon, 참깨chang kae과 홍시, 그리고 튀밥을 입힌 커다란 쌀떡이었다. 이런 모든 "떡cakes"은 단순히 씨앗을 익혀서 집에서 만드는 팝콘 케이크처럼 서로 뭉친 것이었다.-매우 좋았다. 다른 밥은 고기와 달걀이 없는 늘 보던 절밥이었다.

어사御史는 이곳에 홀로 있었다. 그는 자신의 방에서 나오지 않았다. 그가 여기 있다는 것을 모든 이가 알고 있기 때문에 단순히 비밀스런 분위기를 지키기 위해서라도 그는 밖으로 나올 수 없었다. 승려들, 사람들, 심지어 묵까지도 그에 관한 이야기를 할 때는 목소리를 어색하게 낮췄다. 이곳에는 250명의 승려가 있었다. 그리고 더 많은 아랫사람들, 하인 등이 있었다. 내가 차지한 방을 지키는 이는 무척 잘생기고 밝은 눈을 가진 18세 정도의 소년이었다. 누군가 그에게 승려가 되지 않으면 이른 나이에 죽을 운명이라는 예언을 해서 승려가 됐다고 했다. 승려들은 불교 사찰의 이곳저곳에 여자들을 둔다는 말이 있었다. 그들을 "손님"이라고 말했다.

우리가 이곳에 온 후 얼마 지나지 않아 눈이 내리기 시작하더니 여전히 눈과 비가 오락가락 했다. 이 조용한 수행 장소는 기분을 좋게 해 준다. 승려들 역시 마찬가지였다. 조선의 다른 곳에서 생활했던 경험으로 인해 더욱더 그런 생각이 들었다. 승려들은 조선에서 가장 훌륭한 사람들이었다.

11월 23일
해인사 팔만대장경에 감탄하며 직접 확인하다
– 밥이 맛있는 야로장을 다시 찾았으나 밀려든 군중에 놀라다

8시에 일어났다. 내가 옷을 입지 않았을 때 방으로 침입한 몇 명의 젊은 승려들 때문에 몹시 화가 났다. 그들에 관해 주지스님에게 알리고 이런 행위를 멈추지 않으면 합천 군수와 이야기하겠다고 말했다. 절을 둘러보기 위해 방문했다.

(대적광전) 제단의 사진을 찍었다(30초). 그리고 본당의 (외부 모습) 사진을 찍었다(17초). 그리고 숙소로 돌아왔다. 밥을 먹고 12시에 야로冶爐장터를 향해 출발했다.

아래 스케치는 사찰의 대략적인 도면을 보여 준다. 표시된 건물 외에도 적어도 외따로 떨어져 언덕의 숲에 흩어져 있는 6개의 건물이 더 있었다. 사당과 승려의 숙소 등이었다. 모든 건물은 오래되고 우중충해 보였다. 많은 건물이 곧 무너질 것처럼 보였다. 그러나 실제 그렇지는 않았다.

그곳의 일반적인 분위기는 무척 허름했다. 애석하게도 깔끔한 모습은 찾아볼 수 없었다. 그 절에는 높이가 5피트150cm인 큰 대좌가 있었는데 그 위에

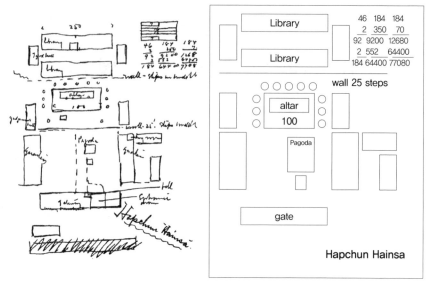

포크가 그린 해인사 경내 배치도.
우측의 숫자는 경판고를 헤아려 전체 경판의 숫자를 계산한 수식이다.
맨 마지막 계산에서 184×70=12880인데 12680으로 착각해 200매가 누락된 계산치를 보여 주고 있다.

네 개의 석상이 있었다. 두 개의 큰 석상은 5피트150cm 높이의 하얀 석가Sakya 상이었고 다른 것들은 두껍게 금박 입혔다.[243]

그것들 뒤로는 큰 칸막이가 있었는데 세 부분으로 나뉘어 천장까지 닿았다. 각각의 그림에는 15피트450cm 크기의 거대한 그림이 정사각형으로 그려져 있었다. 아마도 이런 그림들이 이 사찰의 주요한 특징일 것 같았다. 각 그림은 수많은 얼굴들과 인물들로 둘러싸인 부처를 상징하는 내용이었다. 음

---

243 현재 해인사 대적광전에는 일곱 불상이 모셔져 있다. 법당 안을 향하면서 볼 때, 왼쪽부터 철조 관음보살, 목조 문수보살, 목조 비로자나불이 모셔져 있고, 그리고 맨 가운데에 본존 비로자나불이 모셔져 있다. 다시 그 옆으로 목조 지장보살, 목조 보현보살, 철조 법기보살이 차례로 봉안되어 있다. 비로자나불과 보살상은 성주의 금당사金塘寺에 있던 것으로 금당사가 폐사되자 가야산 용기사龍起寺로 안치되었다가 용기사마저 폐사되자 이곳 해인사로 옮겨졌다. 따라서 포크 방문 시의 상황과 본당의 불보살상의 모습은 다른 내용임을 알 수 있다(역주).

해인사 대적광전,
포크가 방문했을 때 눈이 내린 상황이었다(해인사 제공)

영이 일체 들어가지 않은 엄버암갈색 천연 안료나 어두운 벽돌 느낌의 단색 배경에 흰 선으로 그려졌다. 사람들은 모두 호화로운 옷을 입고 보석으로 장식했다. 레이스가 달린 옷은 가장 복잡하고 세밀한 부분까지 놀라울 정도로 자세하게 잘 묘사됐다. 정말로 전체적인 균형감이 아주 훌륭했다. 가사가 몸에 달라붙는 모습이 효과적으로 표현됐으며 균형감이 자연스럽고 매우 훌륭하면서도 감탄할 만한 대칭을 이루고 선과 곡선이 아름다웠다. 일부 인물은 실제 크기였으며 부처는 두 배 크기였다. 모두 가사를 걸쳤고 숫자가 많았다. 그래서 각 그림 속의 레이스를 표현하는 데 어마어마한 노력이 필요했을 것으로 보였다. 동양에서 이런 그림들을 본 것은 처음이었다. 그리고 무척 훌륭한 작품이란 생각이 들

해인사 본당인 대적광전 내 비로자나상과 보살상 /후불탱화
포크가 본 불상은 흰색의 석가상으로 묘사되어 있다

해인사 팔만대장경판고

었다. 그림 속에 그려진 얼굴들은 감탄할 만했다. 사진을 찍어 보려 했지만 조명이 좋지 않았고 몰려든 승려들이 방해를 했다.

다른 커다란 그림들도 몇 개 더 있었지만 다른 곳에서도 볼 수 있는 것들이었다. 천장과 구석 위로는 그림과 함께 많은 인물들이 세밀하게 그려져 있다. 연단 위에는 많은 책이 있었다. 모두 한자로 된 책이었다. 북, 종 따위는 많지 않았고 놀랄 정도는 아니었다. 대좌 앞마루에는 돗자리가 깔렸다. 그림들은 백 년 정도 된 것이었다.[244] 연단 위에는 두 개의 화려한 명패가 있었다. 그리고 연단 뒤쪽으로 무척 오래된 그림이 있었다. 만신萬神이라는 이름이 붙었다. 사나운 얼굴을 한 용을 닮았다.

본당 뒤쪽으로 높은 벽이 있었다. 그 위로는 두 개의 긴 건물이 있었는데

---

244 현재 해인사 대적광전은 1817년 2월 1일 화재로 소실된 것을 경상도 관찰사 김노경 등이 1818년 중건한 건물이다. 따라서 포크 방문 시의 건물은 약 70여 년 된 건물이었다. 대적광전을 중건하는 데 큰 도움을 주었던 김노경의 공덕비가 해인사 입구 길상탑 부근 비석거리에 있다(역주).

해인사 장경각

길이가 각각 250피트75m로 대략 100피트30m 간격을 두고 나란히 섰다. 처마에는 바람에 시끄럽게 울리는 동종이 줄지어 매달렸다. 이 건물들 안에는 잘 나뉘어 정리된 선반에 글자가 새겨진 엄청난 숫자의 목판이 올려져 있었다. 불교의 전체 고전을 새긴 목판이었다. 대략 28인치72cm 길이에 10인치25.6cm 넓이였다. 모서리 부분은 철로 마감되었고 새까맸다. 앞 뒷면이 문자로 채워져 대체로 목판의 양쪽 면에 글자를 새겼다. 승려들은 목판의 숫자가 얼마나 되는지 알지 못했다. 각각의 선반과 그 안에 든 목판의 숫자로 추정하면 나는 77,080이라는 계산이 나왔다.[245] 하지만 확신할 수는 없었다. 모두 합쳐서 80,000개여야 했다.[246] 이 "도서관"은 이 절의 가장 놀라운 특징이었다. 목판

---

245 포크 수첩 원본에 나타난 팔만대장경 계산 시 일부 계산을 착각해 200매가 누락되었다. 따라서 포크 계산법에 의하면 77,080이 아니라 77,280으로 기록했어야 했다(역주).
246 포크의 추정은 정답에 가까웠다. 해인사의 두 군데 보고實庫에는 81,258개의 목판이 보관되어 있다.

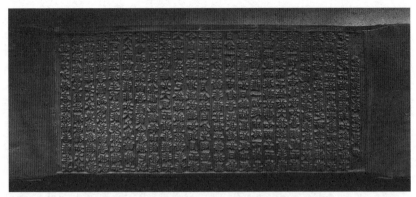

해인사 팔만대장경 목판 모습(해인사 제공)

해인사 범종각의 범종, 법고, 운판, 목어 4성물

은 아름답게 조각됐고 이 모두를 만들기 위해 들인 노력은 대단했을 것이다.

　사찰로 들어가는 정문건물로 이뤄진 문 아래 계단 너머에 큰 북과 종아마도 5피트 =150cm 가량, 그리고 나무 물고기가 있었다.

　이 외에 해인사에서 특별히 관심이 갈 만한 것은 없었다. 화려한 그림과

해인사 일주문 앞 당간지주에 새겨진
나무아미타불, 포크가 기록한 부분이다

도서관이 흥미를 끌 만한 두 개의 특징이었다. 여름에는 험준한 산골 계곡의 시원한 휴양지로서 분명 기쁘게 방문할 만한 곳이었다. 하지만 다른 의미로 관광을 위해서는 해인사가 만족스러운 곳은 아니었다. 나는 산스크리트어로 된 책이 있는지 여러 차례 물어 봤지만 이곳에는 한 권도 없었다. 산스크리어로 된 일부 찬가를 담은 책이 제작되었고 다른 곳에서도 본 문자들이 실려 있지만 진짜 인도 책이나 방대한 문자를 모은 책은 없었다. "경판고"의 목판은 중국 불교 문헌을 베껴 만들었다. 목판은 계속해서 사용됐다. 목판 전체가 대략 10년 전에도 사용됐다.

해인사의 유명한 화장실은 대략 25피트7.5m 깊이였다. 개울이 있는 계곡의 돌출된 선반 같은 바위 위에 세워졌다. 거대한 식당 역시 무척 과장된 헛소문이었다. 묵은 정말로 넌덜머리를 냈다. 나는 그가 헛소문을 정말로 믿었던 것이라고 짐작했다.

어사는 나타나지 않았다. 그는 어딘가에서 온 일부 아전들이 가져온 많은 선물뇌물을 받았다. 오늘날의 어사御史는 예전의 모습과는 많이 다른 것 같다. 과거에는 비참한 거지의 모습으로 걸어서 여행하면서 항상 변장을 하고 다녔다. 지금은 매우 화려한 모습으로 필요한 곳에 편지로 자신의 방문을 알리고 돈과 옷을 요구한다. 그는 비밀스럽게 행동하면서도 그가 주변에 있다는 것을 알리기 위해 주의를 기울인다. 뇌물을 받기 위해서이다.

해인사를 12시 46분에 떠났다. 눈발이 날렸지만 기분이 좋았다. 나는 보교꾼들이 재미있었다. 그들은 막걸리나 고기가 없는 절을 좋아하지 않는다. 그들이 휴식을 할 때 첫 번째로 원하는 것은 술이다. 하지만 이런! 이곳에 그들이 원하는 것은 없었다. 전체 일행이 그들의 기대에 부합하지 못한 해인사에 단단히 실망한 것 같았다.

바위 하나에 "나모아미타불namo-ami-ta-pul"이라고 표시되어 있었다.

2시 6분에 5분간 휴식을 취했다. 어제 3시 12분에 머물렀던 곳이다. 해가 나왔다. 밝고 쾌적했다. 2시 37분에는 어제 2시 35분에 휴식을 취했던 곳에 이르렀다. 나는 버릇처럼 생각에, 생각에, 생각을 거듭한다. 이 세상에서 행복을 바라는 것은 잘못된 것일까?

3시 37분 야로장터에 도착했다. 이곳에 도착하기 얼마 전 나는 대략 200명쯤 되는 대단히 많은 사람들이 우리 길로 몰려오는 것을 봤다. 그들이 장터에서 오는 것이라고 짐작했다. 야로장터 바깥쪽으로 평소처럼 마을들이 보였다. 안쪽으로 들어가면서 나는 빽빽이 몰려 있는 군중을 보고 깜짝 놀랐다. 모든 집들이 가득 찼고 거리에는-실제로 집 밖이나 안이나 거의 발 디딜 틈조차 없었다. 이 광경이 무척 인상 깊었다. 이곳은 허름한 집들이 모여 있는, 사람들을 찾아볼 수 없는 작은 마을인데 이렇게 많은 사람들이 빽빽하게 몰려들었다. 아마도 평소 사람들이 보이지 않았던 이유는 집안에 들어가 웅크리고 있기 때문일 수도 있다. 보이지 않던 사람들이 이렇게 가깝게 모여 있는 것은 분명 멋진 일이다. 야로장터에는 적어도 5,000여 명의 사람들이 있었다.

나는 어제 밥을 먹었던 주막으로 향했다. 매우 훌륭했던 곳이었다. 아무도 움직일 수 없을 정도로 집 앞이 장터 사람들로 꽉 막혀 있어서 간신히 들어왔다. 내가 그곳에 머문다면 주막이 무너지고 말 것이라는 사실을 알고는 떠나고 싶었다. 보교꾼과 묵, 수일은 상황을 온전히 파악하고 나가려고 했지만 문, 마당, 거리와 집에 사람들이 빽빽하게 들어차서 한 명도 움직이려 하지 않았다. 물론, 모두가 호기심에 몰려든 사람들이었다. 달리 방법이 없어서 나는 보교꾼이 긴 장대로 사람들을 두들겨 패서 몰아내는 것을 지켜볼 수밖에 없었다. 이런 방법으로, 그리고 사람들 사이로 돌진해서 우리는 겨우 밖으로 빠져나왔다. 그리고 재빠르게 마을 경계로 향했다. 그곳에서 다리를 건너고 나서야 일행은 한숨을 돌릴 수 있었다. 돌아보니 엄청난 사람들의 무리로 마을의 집들 전체가 거의 완전히 가려져서 보이지 않을 정도였다. 우리는 너무 서두르느라 큰길을 놓치고 말았다. 우리 일행은 군중을 피하기 위해 개울을 따라 산을 넘으며 믿기 힘들 정도로 나쁜 길을 도망자처럼 기어갔다. 그 길을 10리를 가서 이곳에 도착했다. 이곳이 어디인지 정확히 모르겠지만 야로장터에서 합천으로 가는 지름길이었다. 그들이 말하기를 합천까지는 30리가 남았다고 했다.

나는 전라도를 떠난 이후 만난 사람들에게서 타 지역과는 커다란 차이가 있음을 알아차렸다. 이곳의 사람들은 시끄럽고, 목청이 컸으며, 못생기고, 거칠었다. 모든 면에서 호감이 가지 않았다. 나는 그들의 무례하고 야만적인 모습을 견디기 힘들었다. 옷차림과 태도 역시 마찬가지였다. 나는 친절한 자세로 잘 지내 보려 했지만 효과가 없었다. 나는 묵과 수일에게 이곳부터는 아전과 길나장이를 구하라고 말했다. 그리고 원하는 대로 사람들을 때리고 후려쳐도 좋다고 했다. 그들의 상황이 가련하고 불행하지만 그들 사이에서 안전하려면 심하게 다룰 수밖에 없을 듯했다. 이곳에서 우리가 가는 길은 거의 남쪽이었다. 우리는 혹시 장터에서 경숙이와 짐이 도둑을 맞지 않았을지 걱정됐다. 아니면 다른 길을 탔을지도 모른다. 하지만 그는 멀쩡히 나타났다. 정말로 여호와께서는 나를 진심으로 도와주신다!

오늘 내려오는 길에 바위에 이름을 새기는 승려들을 봤다. 아마도 그들은 어떤 명령을 받거나 선물 따위로 그런 일을 하는 것 같았다.

나는 지금 방에서 주변을 둘러보고 있다. 밤을 보내야 할 이 끔찍하고, 더럽고, 음울하고, 처참한 구덩이를 어떻게 묘사해야 할지 방법을 찾지 못하고 있다. 돗자리 위를 커다란 벌레가 기어 다녔다. 나는 이 때문에 몸이 가려웠다(해인사에서 6마리 이상을 찾아냈다). 오, 제발, 말하기도 힘들다!

11월 24일
합천장에서 곤경을 치르고 삼가로 가다
- 맛있는 음식을 대접한 합천 군수, 조선의 지리를 모르는 관리들
- 과도한 관심과 무례하게 느껴지는 행동에 심신이 지쳐 가는 포크

7시에 일어났다. 술이 발효되고 콩에서 싹이 나는 공기 속에서 잠을 자느라 목이 따끔거리고 신물이 올라왔다. 정말 끔찍한 밤이었다. 7시 36분에 출발했다. 동쪽으로 700피트210m 높이의 길고 힘든 고개를 넘었다. 거기에서 남쪽으로 뻗은 계곡으로 들어와서 계속 따라 들어갔다. 이곳에는 네댓 개의 마을이 가깝게 모여 있었다. 여기까지 오는 동안에는 마을이 없었다. 여기서부터 계곡이 좀 더 넓어지기 시작했다. 그리고 남서쪽 앞으로, 경상도에 들어와서는 처음으로 평야 같은 땅을-굳이 그렇게 보자면-처음 봤다. 이 계곡은 폭이 1/5마일320m을 넘지 못했다. 고개 정상에서 시야가 닿는 데까지 둘러봐도 평탄한 땅이었으나 계곡의 바닥 또는 집의 흔적은 찾아볼 수 없었다. 온 천지가 산, 산, 산이었다.

이곳에서 9시 42분에 5분간 휴식을 취했다. 남서쪽으로 오자 곧 큰 개울의 왼쪽 강둑 위에 있었다. 전체 계곡이 1마일1.6km 너비의 바닥이었다. 하지만 개울은 겨우 200피트60m 너비였다. 가장 깊은 곳이 대략 6-8피트1.8-2.4m였다.

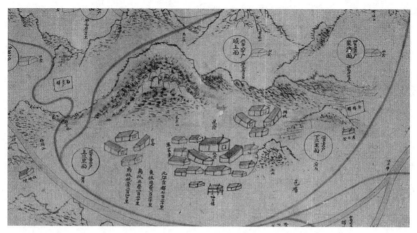

1872년 합천 지방도(규장각 소장) 중앙에 포크가 방문한 관아와 오른쪽으로 장터가 표시되어 있다

계곡은 호기심을 불러일으켰다. 개울 바닥에 의해 너무 크게 나빠져 있었다. 이곳에서 10시 32분에 3분간 휴식을 취했다. 강에서 서쪽으로 방향을 틀어서 합천陜川 읍내에 11시 5분쯤 도착했다. 장이 열려 있었다.

합천에는 타지와 유사한 집들이 300여 채 있었다. 관아는 북쪽 끝에 있었는데 작지만 붉은색으로 두드러져 보였다. 나는 관아로 안내됐고 곧이어 군수가 왔다. 약간 때 묻은 옷을 입었다. 물론 내가 왔다는 이유로 커다란 소동이 벌어졌다. 그리고 몇 분 안에 못생기고 무례한 생물들이 빽빽하게 모여들어 방을 둘러쌌다. 군수는 행동이나 예의범절이 무척 상냥했다. 하지만 예상했던 바와는 상당히 다른 관리의 면모를 발견했다. 그의 외모는 내게 무척 호감을 주었다. 술과 떡국, 익히지 않은 허파 따위가 바로 차려졌고 밥이 뒤이어 나왔다. 주 메뉴는 술인 것 같았다. 세 가지 종류가 있었는데 군수가 내게 마시라고 강하게 권했다. 그는 분명 술을 무척 좋아하는 것 같았다. 차려진 음식들은 모두 맛있고 좋았다. 나는 군수에게 민영익의 편지를 진주로 보내달라고 말하고 길나장이와 장교를 요청했다. 이 모든 요청을 그는 친절하고 신속하게 승낙했다.

나는 밥을 먹으면서 군수와 함께 있는 동안 이 장면의 부조리함을 떠올리지 않을 수 없었다. 갖가지 억양으로 크게 내뱉는 "가라ra's"가 끝없이 반복되는데도 불구하고 문은 계속 열린 채, 못생긴 야만인들의 무리가 나를 내내 지켜봤다. 군수는 가끔 창문을 열고 크고 맹렬한 어조로 자신의 [판독 불가] 상자를 요구하거나 대여섯 번의 "가라ra's"로 군중을 쫓아냈다. 하지만 그들은 몇 분 지나지 않아 다시 몰려들었다. 그러더니 군수는 김치, 종이, 담배 따위(나를 위한 선물)를 그들에게 가져오라고 했다. 모두 창밖으로, 분명 그곳에 있는 군중을 향해 소리치는 것이었다. 그가 명령을 내릴 때마다, 기이한 "예-후yee-hooh"라는 외침이 특정 무리들에게서 터져 나왔다. 무척 복종적이고 두려움이 깃든 소리였지만 그저 언어로 만든 바람 소리 같았다. 그리고 나는 군수가 명령을 내리다가 정상적인 대화로 돌아올 때 얼마나 재빨리 목소리와 태도를 바꿀 수 있는지를 보고 미소가 지어졌다.

군수는 경상도에 10년간 있었다. 그는 대구Taku의 판관pankwan[247]이었다. 그는 일본인들이 그곳을 방문했을 때 백성들의 호기심 때문에 많은 고충이 있었다고 한다. 그의 나이는 오십이었지만 젊고 힘이 세 보였다. 그는 멕시코의 달러를 본 적이 없었고 중국이나 조선 돈 이외에 어떤 화폐도 본 적이 없었다. 그리고 내가 준 시가를 보고는 도무지 어떻게 할 줄을 몰랐다. 나는 진주에서 동래東萊, Tongne까지 거리가 얼마나 되는지를 물었다. 그는 펄쩍 뛰더니 창문을 팡! 열었다. "진주에서 동래까지 얼마나 되느냐!" 그는 커다랗고 맹렬한 목소리로 마당의 전체 무리를 향해 소리쳤다. 대답이 없었다. "이런

---

247 판관Pankwan: 대구의 지방 수령.

빌어먹을. 거리를 아는 놈이 이곳에 하나도 없느냐?" 그러더니 애절한 목소리 하나가 무언가를 말하더니 결국 아무도 알지 못했다. 내가 예전에 만난 모든 조선 정부 관리에 대해 말했듯이 이 남자도 조선 지리에 관해 나보다 아는 양이 엄청 적었다. 그리고 조선을 많이 다녀보지도 않았다. 이 지역에 10년을 있었는데 부산을 가본 적이 한 번도 없다니! 나는 길나장이나 장교를 데리고 다니면 사람들이 몰려들어 무례하게 행동해서 얼마나 화가 났는지를 세심하게 설명했지만 만약 그들이 없었다면 여기까지 잘 꾸려오지 못했을 것이라고 말했다. 그가 말하기를 오늘 합천에서 열리는 장터를 지나갈 수 있도록 몇 명이라도 지원을 해 주겠다고 말했다. 그는 내게 담배와 종이를 선물했다. 나는 12시 58분에 출발했다.

행렬은 많은 무리의 불량배들^{군수의 군졸들}이 이끌고 있었다. 백성들보다 추하고 무례한 그리고 더 나를 화나게 만드는 무리들이었다. 내 보교꾼들이 가마를 가로막고 나를 지켜보려는 그들을 막기 위해 몽둥이를 휘둘러야만 했다! 이 모든 상황은 수천 명이 모인 장터에 다가가면서 그들이 든 몽둥이를 휘두르고 고함을 치는 사태로 이어지기 시작했다. 이는 당연히 시끄러운 소음을 일으켜 더 엄청난 군중이 몰려들었다. 하지만 보교꾼은 달리기 시작해서 공터를 가로질러 무리 앞쪽의 좁은 거리로 갔다. 그곳에서 나는 5명의 길나장이만 남겨두고 모두 돌려보냈다. 여기서부터 길은 남쪽이었다. 거의 직선이었다. 1시 25분에 3분간 휴식을 취했다.

2시 32분에 30여 채의 집이 있는 마을의 주막에서 휴식을 취했다. 우리는 400-1,000야드_{365-915m} 너비의 계곡 가장자리에 있었다. 이곳은 무척 비옥해 보였다. 길은 평소처럼 좁긴 했지만 상태가 훌륭했다. 5명의 길나장이가 앞서 가다가 지나가는 남자 두 명을 논바닥에 내팽개쳤다. 그리고 두 명의 나이 든 여자들을 폭력적으로 밀어제쳤다. 아! 여행하는 방법이 이렇다니.

두들겨 패고 발로 차고 욕설을 내뱉고 마구 밀어제치고! 정말 대단한 나라였다! 합천에서 피신하는 내 모습은 정말 웃음거리였다. 비록 내 여행이 국가 기밀이긴 했지만, 전체 장터에 내가 읍내에 들어왔다는 소식이 당연히 알려졌을 것이다.

오르막을 올라 고갯마루를 넘었다. 정상 부분이 합천陝川과 삼가三嘉 사이의 분기점이었다. 삼가는 합천 경계에서 25리 거리였다. 우리는 이곳에 3시 10분에 도착했다. 대략 15리를 가서 4시 50분에 평구平邱주막Phyong-gu[248]에 도착했다. 꽤 괜찮은 방이었다. 당연히 진흙으로 만든 방이었지만 새로 지었고 병풍이 있었으며 좋은 돗자리가 깔려 있었다.

오늘 사건에 관해 내가 원하는 만큼 모두 다 이곳에 쓸 수는 없다. 특히 내가 밥을 먹을 때 군수가 했던 행동, 무례하게 빤히 지켜보던 영문의 하인[249] 그리고 시장의 인파를 몰아낼 때 하인들의 터무니없는 행동들…. 나는 마음을 더 굳게 먹어야 한다. 내게 남아 있는 친절함을 버려야 한다. 지난 4일 간 조선인들의 무례한 시선에 얼마나 고통을 겪었는지를 쉽게 잊어서는 안 된다. 아침에 나는 더 이상 화장실에 갈 수조차 없다. 매번 한 무리가 따라오기 때문이다. 이런 백성들의 비참한 야만 상태를 방치하는 정부가 세상에 조선말고 또 있을지 의문이다.

해인사로의 여행은 지금 생각해 보면 큰 성과를 거두지 못했다. 시간을 크게 허비했고 이를 벌충하지도 못했다. 나는 진주에서 병사Pyongsa[250]를 부를

---

248 경남 합천군 쌍백면 평구리.
249 포크는 한인閑人, 즉 한가한 사람을 가리키는 것일 수도 있다. 이들은 정부로부터 적은 양의 쌀을 급료로 받는 상류층인 양반 신분의 무직 남성들이었을 것이다. 포크는 일기의 다른 곳에서 "이들은 대단한 놈팡이들이다."라고 적었다.
250 병사兵使, Pyongsa: 병마절도사의 준말로 지방군 사령관.

만큼만 머물다가 바로 부산釜山으로 갈 것이다.

경상도 사람들의 인상은 다른 곳의 느낌과는 사뭇 달랐다. 그들 대부분의 모습은 호감 가지 않는 못생긴 느낌이었다. 더구나 큰 덩치와 힘은 그들을 더 낯설게 만들었다. 의심할 여지없이 이 지방의 사람들남자들은 내가 본 다른 지방의 사람들보다 몸이 더 컸다. 나는 어마어마한 덩치의 남자들을 많이 봤다. 일반적으로 대부분 남자들이 컸다.

오늘 합천에서 묵과 수일은 외국인으로 여겨졌다.[251] 그들이 유럽식 장갑과 파이프 따위를 가지고 있었기 때문이다. 군수는 내게 약간의 양초를 줬다. 매우 사려 깊은 선물이었다. 나는 지금 양초 하나의 빛으로 글을 쓰고 있다. 둘개tulkae 컵[252]에서 큰 발전을 한 것이다.

---

251 일반 참고사항: "서울 사람들은 수도에서 멀지 않은 곳에서도 호기심의 대상이 된다. 자신이 사는 지역을 한 번도 벗어난 적이 없는 시골 사람들이 많다."

252 "둘개 컵tulkae cup"은 포크가 분명 등잔dungjan을 언급하기 위해 사용한 단어다. 조선 왕조에서 사용했던 간단한 기름 램프의 한 종류다. 작은 기름 컵과 그 안에 떠 있는 심지로 구성됐다. 포크가 그린 그림 참조.

11월 25일
안간에서 종이 만드는 것을 보고
진주에 도착해 기생들의 만수무강 노래를 듣다

6시 50분에 일어났다. 꽤 잘 잤다. 하지만 이곳 사람들이 밤낮으로 벌이는 소동 때문에 자꾸 잠에서 깼다. 7시 53분에 출발했다. 남쪽에서 약간 서쪽 방향으로 왔다. 길에서 총을 든 몇 명의 남자를 봤다. 사냥꾼들이었다. 여우 가죽을 든 남자도 한 명 있었다. 나는 어제도 여우 가죽을 봤다.

삼가 읍내의 기양루

8시 40분에 우리는 삼가三嘉 읍내 앞에 있었다. 읍내는 북쪽으로 1마일 너비의 계곡 중심부에 있었다. 동쪽과 남쪽 면에 작은 돌들이 일렬로 늘어선 벽이 있는 오밀조밀한 마을이었다. 전체 400여 채의 집이 있었다. 남쪽의 맞은편에는 두 개의 마을이 있었다. 한 곳에는 관리의 집이 있었다. 모두 합쳐 가까운 범위에 600여 채의 집이 있었다. 아마 집이 더 있을지도 모른다. 언덕은 꽤 경작이 잘 되어 있었다. 그리고 계곡 안쪽에 작은 개울이 흘렀다. 읍내는 놀라울 정도로 조용했으며, 사람 한 명조차 보기 힘들었다. 이곳에서 5분간 휴식을 취했다 .

9시에 우리는 계곡을 떠났다. 동쪽 방향으로 나아갔다. 고갯마루를 넘어 남쪽으로 갔다. 나는 우리가 낮은 고원 지대에 있었다고 생각할 정도로 한참을 내려갔다대략 400피트. 새로운 계곡으로 들어왔다. 9시 25분에 휴식을 취했다. 우리는 지금까지 8 내지 10개의 아주 작은 마을을 지났다. 기압은 30.23, 온도는 화씨53도11.6℃였다. 날씨는 청명하고 추웠다.

나는 어젯밤 마지막 담배 종이를 사용했고 마지막 시가를 합천 군수에게 주었다. 그래서 묵의 파이프를 빌려 조선 담배tambe를 피웠다. 왼쪽 방향으로 나아가 이 계곡을 벗어났다. 그리고 고갯마루를 넘어 다른 계곡으로 들어갔다. 그런 다음 남서 방향으로 나와서 지름길로 500피트150m 높이의 언덕을 넘었다. 아침 10시 30분에 정상을 걸어 넘어갔다. 산꼭대기에서 광대한 산맥 너머로 바라본 광경은 인상적이었다. 서쪽으로 지리산, 북서서 방향으로는 해인사가 있는 산이 보였다. 언덕은 대체로 둥그렇고 더 높은 산과 봉우리는 모두 암벽이었다. 나무는 드물었고 언덕은 모두 동일하게 풀과 소나무 관목으로 덮여 있었다. 언덕의 헐벗은 땅들이 너무 많이 드러나 풍경이 황량했다. 집 한 채가 보이지 않았고 이 광대한 지역 전체에 사람 한 명이 보이지 않았다. 그러나 좁은 골짜기에는 아주 작은 부락과 마을들이 늘어서 있었다.

하지만 너무 좁아서 그 안이 들여다보이지가 않았다. 대부분의 계곡은 폭이 몇 백 피트 밖에 되지 않았고 꽤나 평탄했다. 고지대에서는 밀을 상당히 많이 재배했다. 가끔 산 높은 곳에 있는 계단식 농경지가 보였다. 하지만 한군데 모여 있거나 규칙적이지는 않았다. 오히려 언덕이 끊겨서 더 들쑥날쑥해 보였다. 나는 많은 비석을 봤다. 특히 초라한 마을에 더 많았다. 마을 뒤쪽에 비교적 작은 대나무로 이뤄진 숲이 있었다. 일부 뒤쪽 마을은 그림처럼 자리 잡은 곳도 있었지만 대부분은 다른 곳처럼 좋지 않았다.

이곳부터 우리는 계곡 남쪽으로 방향을 돌려 안간安磵, Angan 주막[253]이라고 불리는 역마을로 갔다. 이곳 부근에서 종이가 대량으로 만들어지는 것 같았다. 하지만 박지라고 불리는 보통 품질의 종이만 생산됐다. 나는 이곳 부근 길가에 있는 공장을 살펴봤다. 모두 개울가에 위치한다고 했다. 물이 좋아야 좋은 종이를 만들기 때문이다. 나무에서 껍질을 벗겨 다발로 묶은 뒤, 개울에 던져 넣어 흠뻑 젖게 버려뒀다. 나중에 이를 꺼내 근처의 평평한 돌로 가늘고 작은 조각만 남을 때까지 두드렸다. 그 다음에는 통 속으로 던져 넣었다. 아주 거칠고 어설픈 일처리였다. 남자 한 명이 가는 대나무로 만든 작은 발을 물속에서 여러 방향으로 휘둘러서 종이 액을 얇고 평평하게 떠낸 후 통에 걸쳐 놓은 틀에 매달았다. 그런 다음 앞서 만든 종이 무더기 위에 뒤집어서 나무 롤러로 눌렀다. 그리고 대발을 떼어내면 종이가 남겨졌다. 종이 한 장 한 장 사이에는 짚을 깔았다. 이런 방법으로 그는 젖은 종이 뭉치를 만들었다. 이걸 집으로 옮겨 (쇠판에) 불을 지펴 펴서 말렸다.

오늘 어떻게 된 일인지 사람들이 좀 예의 바르게 보였다. 때때로 그들은 길에 관한 질문에 대답하기를 거부했다. 귀머거리와 벙어리처럼 행동해서

---

253 경남 진주시 미천면 안간리(역주).

무척 화가 나게 했다.

어젯밤 주막부터 이곳^{안간}까지 35리를 왔다. 언덕을 가로질러서 7리를 절약했다. 이곳부터 진주^{晉州}까지는 40리가 넘었다. 대략 45리 정도 됐다.

1시 7분에 출발했다. 길은 남쪽으로 대체로 좁은 계곡을 내려갔다. 북쪽 방향으로 1/3쯤 기울어진 암석층이 있었다. 어제도 두 군데를 봤다. 1시 50분에 휴식을 취했다.

2시 20분에 우리는 언덕 능선의 고갯마루에 올라왔다. 그곳에서 사진을 찍었다(13초). 고갯마루부터 우리는 거의 똑바른 남쪽 방향으로 계곡을 내려왔다. 계곡은 내려가면서 점점 넓어졌다. 3시 10분에 3분간 휴식을 취했다. 3시 18분에 장교 한 명과 길나장이 두 명이 도착했다.

3시 30분에 계곡이 넓어지더니 완만하게 경사진 평야로 이어졌다. 빨간 토양으로 아름답게 개간되었다. 주로 밀을 심어 놓았다. 이곳 이전의 계곡부터 남쪽 먼 곳의 입구를 가로질러, 둥근 산등성이를 가진 넓고 낮은 언덕이 많았다. 기울어진 고원 위의 매우 작은 언덕들이었다. 남쪽 높은 곳의 끝부분으로 언덕이 너무 많아서 마치 물방울처럼 보였다. 앞에 놓인 지역은, 비록 험준하긴 했지만 이 지방으로 들어와서 본 어떤 곳보다 낮아 보였다. 계곡이 넓게 펼쳐진 서쪽에는 가까이 모여 있는 농가들이 세 군데가 있었다. 모두 합쳐 200여 채 되어보였다. 그곳을 가까이 지나서 우리는 다시 구릉 지대로 들어갔다. 좁은 곳을 지난 후 산등성이를 넘고 나서 서쪽으로 향했다. 곧 서쪽과 남서쪽으로 가는 작은 계곡으로 이어지는 깎아지른 듯한 급경사를 내려갔다. 내리막은 총 200피트^{60m} 길이였다. 그리고 오늘 언급한 이전 길과 마찬가지로 그 앞의 오르막보다 더 경사가 심해서 나를 놀라게 했다. 내가 사진을 찍었던 고갯마루 이후부터 우리는 계속 내려가고 있었다. 그런 다음 아마도 50피트^{15m}를 올라갔다가 그곳부터 이곳으로 200피트^{60m}를 내려왔다. 이 지역은 합천 해인사나 그 근방으로부터 남쪽으로 점차 내리막으로 내려가는 것처럼 보였다.

이 가파른 내리막 직전에 나는 어느 정도 거리에서 보이는 바위 단층에 깊은 인상을 받았다. 이 단층들은 북서쪽 방향으로 기울어져 있었는데 특이할 정도로 뚜렷하게 구분되어 보였다. 지층들은 두께가 무척 균일했고 놀랄 만큼 온전했다. 내리막 직전에서 많은 지층들이 거의 수평으로 형성됐고 군데군데 보이는 단면은 규칙적인 직선으로 잘려 나갔다. 마치 폐허의 벽처럼 보였다. 대부분 암회색 단층이었지만 두꺼운 것들은 2.5피트75cm로 이는 매우 단단하고 매끄럽고 불그스름한 바위였다. 비룡고개 이후 지역의 지정학적 특징은 매우 특이하고 흥미로웠다. 특히 오늘과 어제 길을 따라오며 그런 생각이 들었다.

가파른 내리막을 내려온 후 남쪽으로 보이는 언덕은 무척 높아 보였다. 이를 보니 우리가 2시 20분부터 3시 40분까지 내려온 곳이 고원이라는 판단이 맞아 보였다. 계곡으로부터 남쪽에 있는 언덕들은 높이가 낮았기 때문이었다. 이 까마득한 내리막의 정상에서 본 풍경은 무척 예뻤다. 깊은 계단 형태의 계곡 너머로 아름다운 대나무 숲 등이 보였다. 그리고 안개 사이로 반쯤 숨겨진 진주가 서쪽 언덕 너머로 내

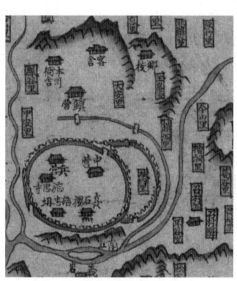

《여지도》에 나타난 진주성과 촉석루,
진주목 아사영문와 포크의 숙소인 객사

진주성 북문. 포크는 북쪽 성벽을 지나
진주목사 영문으로 진행하였다

다보였다. 계곡 안쪽의 커
다란 대나무 숲 몇 개를 지
났다. 조선에서 본 중에 가
장 크고 무척 아름다운 숲
이었다.

우리에게는 지금 두 명
의 장교, 두 명의 길나장이,
그리고 한 명의 사령이 있
었다. 나는 일행에게 조용
히 하라고 주의를 줬다.[254]

곧 병사(한 장군의 형제)가 사는 요새인 진주 성의 성벽이 시야에 들어왔고
우리는 가까이 다가갔다. 우리는 이곳의 북쪽 벽을 따라 지나갔다. 진주의
동쪽 절반과 이곳의 사이 길이었다. 그리고 북쪽 중심 거리로 올라가 진주
영문에 이르렀다.

고을은 줄지어선 언덕 아래로 성의 서쪽에 자리 잡았다. 나는 중심 거리
를 가까스로 조용히 통과하여 5시 34분에 영문진주목 아사에 도착했다. 전혀 소
란이 없었다. 나는 영문에서 떨어져 있는 객사로 안내됐다. 마당 앞에 영문
의 거친 무리들이 가득 들어차 있어서 안쪽으로 들어가기가 힘들었다. 나는
될 수 있는 한 방에 빨리 들어갔다. 군중들이 나를 덮치려고 문을 부수지 않
게 하기 위해서 거의 폭동 같은 실랑이가 벌어졌다. 나는 몹시 화가 나고 불
안해서 통영統營에 가는 것을 거의 포기할 뻔 했다. 묵에게 모든 서류를 맡

---

254 포크는 다음 어휘들을 일반 참고사항에 기록했다: "Tto-tul-ji man떠들지 마: 시끄럽게 하지
마라. Yoran hao요란하오: 시끄럽다. Wak-ja hoji-man왁자하지 마: 너무 크게 말하지 마라."

겨 목사[255]에게 보냈다. 만남 후에 내일 출발할 예정이며, 20,000푼이 필요하고, 그의 부하들 때문에 몹시 화가 났다는 등등의 전갈을 보냈다. 그는 모든 서류에 서명을 받아 곧 돌아왔다. 이전에는 나를 위해 그렇게 빨리 일이 처리된 적이 없어서 무척 신기했다. 목사는 살인자를 심문하느라 무척 바빴다. 그리고 어떻게든 하루 내지 이틀 정도 더 있어 달라고 부탁했다. 그러더니 "내일 아침 일찍 말을 보내겠다"고 덧붙였다. 아니 이런 일이! 그는 무슨 이유로 내가 머무르기를 원하는 걸까. 하지만 내가 그였다면, 수하의 거친 사람들에 대한 통제권이 없다는 것을 보이지 않기 위해 최대한 빨리 외국 손님을 치워 버리고 싶었을 것이었다.

약주 술yakchu sul[256]과 함께 떡 따위의 전채 요리가 나왔다. 장교가 20리 밖에서 나를 만났는데도 숙소에 관한 준비는 전혀 되어 있지 않았다! 한 무리의 여자들(내 짐작에 침모들)이 나를 위한 방을 만들기 위해 숙소 바깥에 나와 있었다. 방들은 천장이 높고 평소보다 많은 돗자리와 병풍, 훌륭한 촛대 따위가 잘 마련돼 있었다. 간단히 말해서 가구들은 서울을 벗어나 조선 어디에서 봤던 것보다 더 좋았다. 묵이 말하기를 통영은 큰 고을이고 통제사Thongchesa[257]는 감사와 동등한 높은 지위라고 했다. 그의 아침 휴식을 방해하는 새들을 죽이기 위해 500명의 남자들이 대기할 정도로 대단하다는 말이 있었다.

저녁 시간에 튀긴 쇠고기, 닭고기, 구운 죽순, 무국, 삶은 달걀 따위가 차려진 밥이 나왔다. 모든 것이 잘 차려진 밥상에 압도적인 크기의 밥이 올려졌다. 밤 10시에 두 명의 노래하는 소녀가 이곳으로 보내졌다. 그들은 묵의 방

---

255 당시 진주 목사는 1883년 7월 1일에. 임명된 김정진金靖鎭이었다(역주).
256 약주 술Yakchu sul: 약용 청주.
257 통제사Tongjesa: 지방 해군 사령관.

진주성도(부산대 박물관 소장)에 나타난 포크가 머무른
객사의 모습. 현재 롯데캐슬주상복합아파트가 위치하고 있다

에 숨었다. 내게 오기가 두려운 모양이었다. 결국 나는 그들을 방으로 들여서 사진, 거울 따위를 보여 줬다. 그리고 마침내 그들이 편안해졌다. 한 명은 19살, 다른 한 명은 20살이었고 비교적 예뻤다. 그리고 모두 때 묻은 옷을 입었고 손이 더러웠다. 그들은 무릎을 끌어안고 바닥에 앉았다. 절을 한다거나, 인사말을 하는 등의 예절을 차리지는 않았다. 일반적인 기생 같았다.

이 소녀들의 행동이 당돌해 좀 특이했다. 그들은 나를 위해 노래를 두 번 불렀다. 노래 한 곡은 다음과 같았다.

"남산Namsan은 만세萬歲요
북악Pukak은 만만세이고
한강은 만세 만세 만만세萬萬歲라.[258]
우리 선하신 왕께서 다스리는 동안
모든 백성은 평화와 행복을 누리리라."

---

258 포크는 이곳에 여백을 남겼다. 아마도 나중에 측정 단위를 기입하려 했던 것 같다.
이는 만년을 의미하는 만세萬歲이다. 조선 시대 서울에서 기우제를 지내는 대상으로 남산, 북악, 한강의 위계순으로 표현했던 사례와 연결되어 만세, 만만세, 만세만세 만만세 표현이 나온 것으로 파악된다(역주).

다른 노래는 다음과
같았다.

"놀아라, 놀아라 젊
어서 놀아라.
늙어지면 못 논다.
붉은 장미는 열흘을
붉지 못하고
달도 차면 기운다.
인생은 하룻밤의 꿈일 뿐이다."[259]

포크의 숙소로 사용된 진주 객사와 의봉루 모습

이곳에는 많은 소녀들이 있었다. 어제 진주 병사兵使는 소녀 20명에게 군

---

259 나중에 가족에게 보낸 편지에서 포크는 남쪽 여행 도중 만났던 두 명의 소녀들에 대해 회상했다. 아마도 진주에서 만난 이들 두 명인 것 같다. "내가 지방에 있을 갔을 관리들이 몇 번 여자들을 밤에 보냈다. 그들 집에서 내가 외로워서는 안 된다고 말했다. 한 곳에서 비교적 예쁜 두 명의 소녀들이 들어왔다. 늘 그렇듯이 처음에 그들은 짧게 자른 '빨간'(갈색) 머리카락을 가진 남자를 보자마자 얼이 빠졌다. 하지만 이후에 내가 거울과 약간의 사진 따위를 보여 준 후, 그리고 잠시 이야기를 나누자 그들은 편안해졌다. 그들은 나를 위해 노래를 부르고 이야기를 해 줬다. 갑자기 그들 중 한 명이, 가장 예쁜 소녀가 뒤쪽으로 손을 뻗더니 놋쇠 단지를 꺼냈다. 조선 요강이었다. 신분이 높은 소녀와 관리들은 집을 떠날 때 항상 이를 지니고 다녔다(하인에게 들려서). 그녀는 앉은 자리에서 조금도 움직이지 않고, 내게서 3피트 떨어져서 이를 옷 속으로 집어넣었다. 그녀는 요강이 울리는 소리를 만들어 내면서 전혀 아무렇지도 않은 표정으로 대화를 이어 나갔다! 이런 세상에! 나는 이상한 나라들을 다녀봤지만 한 번도 이런 일을 겪어 보지는 못했다! 이는 나를 완전히 무너뜨렸고 얼마 후에 그녀가 방을 떠나자 기쁜 마음이 들었다. 그녀는 아마도 내게서 무언가 잘못됐다는 신호를 본 것 같았다. 왜냐하면 나는 혐오감을 감출 수가 없었기 때문이다."(1885년 5월 25일 포크가 부모와 형제에게 보낸, 포크의 편지들) 포크가 여행 중에 이 소변과 관련된 에피소드를 유일하게 언급한 부분은 일반 참고사항에 짧게 남아 있다. "조선의 노래하는 소녀와 관련된 특이한 일이 있었다. 그녀는 일행 바로 앞에서 놋쇠 단지 내지는 요강yokwang을 다리 사이에 끼워 넣고 소변을 봤다!-맞지

관 복장을 입혀 다리를 벌린 자세로 말을 태워 언덕으로 매 사냥을 나갔다. 목사에게서 20,000푼을 받았다.

이곳의 소변기는 대부분의 영문에서 본 것과 같았다. 현관 한쪽 끝에 텅 빈 통나무가 모두가 볼 수 있는 장소에 놓여 있었다. 이 나라는 진정 예절과 규범, 교양 같은 것들이 행동이나 생각, 말 속에서 모두 존재하지 않는 것만 같다.

●

11월 26일
진주에서 통영길을 포기하고 동래로 방향을 바꾸다
─소촌역을 지나 반성역원에서 숙박하다

진주에서 소폰역현재의 문산 성당으로 가는 길이 표시된 《대동여지도》

 8시에 일어났다. 내 시계가 멈췄다. 지금 30분쯤 느린 것 같다, 추운 밤을
보냈다. 조촐하게 밥을 먹은 다음, 거친 군중에 둘러싸여 목사를 보러 갔다.
그의 관아 풍경은 평범했지만 마당에 50여 명의 병사들이 해진 깃발 따위를
들고 어지럽게 도열해 있었다. 안쓰럽고 추레하고 꼴불견인 무리였다. 일부
는 머스킷 총화승총을 들었지만 마치 구불구불한 미끄럼틀을 탄 채 장대를 흔

드는 꼴이었다. 상당히 많은 수의 사람들은 창이나 깃발을 들었다. 색이 바래고 누더기가 된 천 조각이었다.

목사[260]는 작은 눈과 좁은 이마를 가진 58세의 남자였다. 그가 마음에 들지 않았다. 우리 대화는 아주 평범했는데 그는 문명의 혜택을 받지 못한 남자였다. 나는 그에게 사람들의 무례한 행동 등에 대해 이야기했다. 그런데 나중에 그는 세상에서 가장 예의가 있는 나라가 조선이라고 생각한다고 말했다!! 오, 세상에!

목사 주변으로는 그가 부를 수 있는 모든 사람이 모인 것 같았다. 그리고 매우 화려하게 붉은색이 알록달록한 옷을 갖춰 입었다. 성을 포함한 모든 이곳의 모든 공간이 목사의 말과 태도로 봐서는 이렇게 이야기하는 것 같았다. "이곳은 ●●●[판독불가]의 대표 도시다. 위엄과 예의범절, 시와 아름다움 등등의 고향이다." 그러나 현실은 야만스러운 해적의 고향 같은 곳이라는 생각이 떠올랐다. 여자 같은 머리 모양을 한 약하고 나이 든 남자가 무지개 빛깔의 옷을 입고 좋다고 하면서 자신과 그 백성 역시 얼마나 비참하고 형편없는 상태인지를 알지 못했다. 그의 주변에 있는 흉악한 무뢰배 같은 무리들은 거의 야만적인 상태에 가까웠다. 내가 제복을 입지 않았다면 이렇게 기분이 나쁘지 않았을지도 몰랐다. 그러나 미 해군의 장교로서, 바로 이곳 조선 관료의 집 안에서 무례한 사람들의 눈길에 노출되고 전시되는 것은 굴욕이었다. 아마도 정신을 놓는다면 참을 수 없을지도 몰랐다. 거칠고 더러운 무리가 내가 목사와 함께 앉아 있는 방에 들어와 북적거리면서 소란을 일으켰다. 그들은 지저분하고, 무례하였으며 서로 싸우기까지 했다. 목사는 이를 괜찮

---

260 당시 진주 목사는 1883.7.1. 임명된 김정진金鼎鎭이었다(역주).

다고 생각하는 것 같았다. 사람들은 무조건 구경kukyong²⁶¹을 해야 한다. 그는 나를 호기심의 대상물로 만들었다. 일종의 야생 동물이 된 느낌이었다. 실험용 표본처럼 나를 전시했다. 좋은 집안에서 태어난, 신의 축복을 받은 땅미국의 장교로서 이런 상황은 내게 너무도 지나쳤다! 우리 대통령은 전혀 의도하지 않았을 것이다. 내가 이런 굴욕에 굴복하게 되는 것을. 아니다, 그가 만약 이런 상황을 안다면 절대 용납하지 않았을 것이다. 식사를 하는 동안에도 소란꾼들이 엿보려고 문을 강제로 열려고 했다. 모든 것이 혼란이고 소음이었다. 내가 들은 모든 정보를 종합하면 통영統營은 이런 행위들이 더 많이 벌어질 것이었다. 그렇다면 나는 그곳에 가지 않을 것이다.

나는 몹시 낙담해 있었고 오늘 아침에도 그랬다. 나는 무례와 소란에 지쳐 나가떨어졌다. 군중의 시선에서 벗어나지 않고 화장실을 갈 수 있는 방법은 없었다. 그래서 몸도 편하지 않았다. 나는 이런 굴욕 속으로 도저히 스스로를 던져 넣을 수 없었다. 정말 너무했다. 나는 통영을 포기할 것이다. 무척 아쉽지만 이곳에서 동래東萊, Tongne로 갈 것이다.

통영은 통제사Thongchesa가 있는 성, 또는 고을의 이름이었다. 진주에서 고성Kosong을 넘어 130마일210km 거리였다. 규모가 크고 중요한 장소였다. 통영은 말총모자, 부채 따위의 특산물로 유명했다. 통영에서 약간의 상자들이 북쪽으로 올라가는 것을 봤다. 붉은색으로 칠해졌는데 묵이 말하기를 왕을 위한 선물들이라고 했다. 진주 목사가 말하기를 통영은 진주보다 크다고 했다.

진주 관아에 따르면 30,000명의 사람들이 진주에 산다고 했다(35,000명에 이를 수도 있다). 큰 고을이었다. 경상도에서 가장 크고 중요하며 여러 생산물 따위로도 알려진 곳이다. 군사적 관점에서도 중요한 성이었다. 지방 정부의

---

261   구경Kukyong: 흥미를 갖고 지켜보기, 경치를 즐기기.

진주 촉석루

표본으로서 직접적인 지배를 받는 곳이다.

다음은 진주에서 흥미를 끄는 유명한 장소들이다—촉석루矗石樓. 누각, 청곡사靑谷寺, 의곡사義谷寺, 산성사[262]사찰들. 이는 남강南江에 아름답게 자리 잡았다. 강물은 놀랄 만큼 맑았다. 깊이는 12피트3.6m 정도 됐지만 바닥의 작은 돌멩이까지 들여다보였다. 성은 사각형으로 둘러싸인 장소였다. 강을 마주한 쪽이 가장 긴 앞면이었고 낮은 언덕 너머로 뻗었다. 이를 따라 가까운 간격으로 정자가 있었고 강가의 중간쯤에 매우 위풍당당한 관청 건물들이 모여 있었다. 이들 중 하나가 물 위로 솟아 있는 유명한 전망대인 촉석루였다. 맑은 강 표면 너머로 보이는 부드러운 잔디 언덕과 성벽, 휘어진 건물의 지붕이 무척 예쁜 그림을 만들었다. 고을은 성 뒤쪽 움푹 들어간 곳에 적절하게 자리 잡았는데 그 가장자리에는 아름다운 대나무 숲이 있었다. 성에는 집들이 가득했다. 대개는 정부 관리들의 집이었다. 이곳은 높은 직급의 군사령관 출신이나 병사Pyongsa가 지배했다. 이 성은 내가 본 중국 도시들을 떠올리게 했다. 사실 진주는 내가 조선에서 본 어떤 고을보다도 일반적으로 중국을 닮은 분위기가 더 많이 풍겼다. 성의 전면은 대략 반 마일800m 길이였다. 그 이상은 아니었다. 북쪽에 있는 문은 하나밖에 못 봤다. 하지만 다른 곳에 문이 더 있을 것이다.

밤이 10시쯤에 들어왔다. 나는 묵을 보내 목사에게 동래로 바로 가겠다는

---

262 산성사는 진주성 내 존재하는 호국사護國寺의 다른 표현으로 파악됨(역주).

1910년대 소촌역참마을 모습, 중앙 좌측
기와 건물이 소촌역참 건물로 추정됨(문산성당 소장)

말을 전했다. 이는 내게는 결정하기 힘든 선택이었다. 왜냐하면 통영은 아마도 조선에서 내가 처음으로 흥미를 느꼈던 지역이기 때문이다.[263] 하지만 독수리 모자를 쓰고 있는 동안(미군 장교 복장을 한 나로서)는 그 장소에 간다면 내가 다시 겪어야만 할 굴욕과 불명예를 감내할 수는 없었다. 물론 그들의 행위가 의도적인 것은 아니겠지만 그렇다고 그것이 나를 구원해 줄 수는 없었다. 나는 전지전능하신 하나님에게 동래에 가야 하는지 결정할 수 있도록 도와달라고 기도를 했다. [통영에] 가지 않겠다는 내 결정이 맞았다. 과거에도 그랬듯이 하나님은 내 기도를 듣고 도움을 주었다.

나는 오늘 아침 화장실에 가려고 몇 번을 시도했다. 하지만 무뢰한들이 따라왔고 심지어 앞서갔다. 나를 지켜보는 시선에 둘러싸여, 나는 품위를 지키며 그 어떤 행동도 할 수 없었다. 그래서 나는 화장실 가는 것을 포기했다. 마침내 수일이 내게 물통을 가져왔다. 오늘 아침에 내가 세수를 했던 통이었다. 그리고 나는 방 안에서 이것을 소변기로 사용했다. 이때 역시 몇 명의 아전이 군중을 두들겨 패서 몰아내는 와중이었다. 실제로 창문이나 방문의 구멍으로 안쪽을 엿볼 수 없게 충분한 거리로 몰아냈다. 목사가 나를 도우려고 하는 것은 의심할 여지가 없었지만 그가 이에 대해 큰 고민을 하지 않는 것은 분명하다는 확신이 들었다. 통영의 관리가 선량하든 그렇지 않든, 그곳에

---

263 통영Tongyong은 중요한 해군 기지여서 조선에 파견된 미 해군 무관 자격으로 포크가 "흥미를 가진 첫 번째 장소"였다. 특히 포크는 통영에 있었던 거북선을 확인하고자 했다.

간다면 내게는 또다시 곤란한 일이 벌어질 것이다. 관리가 선량하다면 그에게도 내가 가지 않는 것이 좋은 일일 것이다.

11시 30분에 출발했다. 강가 절벽에서 사진을 찍었다. 절벽 아래 동쪽으로 향했다. 그런 다음 강에서 방향을 틀어 넓고 비옥한 평야를 건넜다. 대여섯 개의 마을이 주변에 있었다. 남강Namgang에 12시 43분에 도착했다. 밧줄을 이용하는 나룻배가 있었다. 강은 5피트150cm 깊이에 350피트105m 너비였다. 물살의 속도는 5-6노트9.26-11km/h였다. 물이 투명했다. 이곳 북쪽으로 흘렀고 자갈이 섞인 넓은 모래톱이 있었다. 내 시계가 한 시간이 느려져 있었다. 우리는 진주晋州에서 90리 거리인 진해鎭海, Chinhae로 향하고 있었다. 진주에서 동래東萊까지는 250리였다.

나룻배에서 내린 후 우리는 들판을 건너 남동쪽으로 향했다. 그리고 마침내 평야는 좁은 계곡으로 이어졌다. 1시 20분에 기묘한 색깔로 물든 도랑 근처를 지났다. 위쪽은 녹색이고 아래쪽은 빨간색이었다. 무척 눈에 띄는 색깔이었다. 한 번도 본 적이 없는 광경이었다. 이곳은 다섯 내지 여섯 개의 언덕이 모이는 곳의 아래쯤 되는 부분이었다. 1시 30분에 우리는 소촌召村, Sochon 찰방도264에 도착했다.

적어도 500여 채의 집이 모여 있는 큰 마을이었다. 얕은 개울을 따라 자리잡았다. 규모가 컸다. 나는 갈색 머리카락을 가진 사람들의 숫자에 놀랐다. 거의 아이들이었다.265 지난 며칠 동안 나는 고향의 남자들과 상당히 비슷한

---

264 포크는 역참인 찰방도chalbang-do을 언급하려 했던 것 같다. 남동쪽으로 향하는 그의 여행 방향이 고을 동쪽 어딘가로 우체국을 위치시켰다. 진주에서 똑바로 남쪽이다.

265 아이들 사이에서 흔하게 보이는 갈색 머리카락은 영양부족에서 기인했을 수 있다. 포크는 일반 참고사항에 다음 글을 추가했다. "아이와 남자들은 가을과 겨울, 특히 추수 후에 쌀밥을 폭식했다. 그리고 봄에는 절반을 굶었다. 가을에 아이들의 배는 눈에 띌 정도로 컸다."

소촌역참 찰방관사를 그대로 사용한 문산성당 (진주시 문산읍 소촌길 문산성당)
내부는 역사관으로 사용되고 있음

얼굴에 턱수염이 난 남자들에 주목했다. 사람들의 덩치 역시 더 커 보였다.

진주 주변에서 나는 쌀을 많이 보지 못했다. 언덕은 낮았고 많은 곳에 계단식 경작이 이뤄졌다. 조선의 어느 곳보다 더 많은 고지대 농장이 있었다. 그리고 불그스름한 토양으로 무척 비옥해 보였다.

우리는 거의 동쪽으로 계곡을 올랐다. 대개는 논이었고 언덕은 완만하고, 풀이 난 채 벌거벗었으며 황량했다. 2시 45분에 계곡 끝의 고갯마루에서 풀을 지고 내려오는 소년들을 지났다. 앞쪽으로는, 진주 이전처럼 다시 매우 좁은 계곡들이 있는 구릉 지대가 나왔다. 400피트120m가량을 내려왔다. 오르막의 길이보다 더 컸나? 3시에 계곡 아래 20여 채 정도 집이 있는 작은 마을에서 5분간 휴식을 취했다. 사람들이 사령을 보고 으르렁거렸다. 말을 할 때는 완강하고 화가 난 말투였다. 차갑고 음울했다. 깎아지른 듯한 사암 바위가 있는 작은 골짜기를 올라가자, 그 다음에는 여러 개의 큰 마을과 많은 작은 마을들이 있는, 평범해 보이는 평야로 내려왔다. 평야의 맨 앞쪽 길 위에는 꼭대기에 종을 매단 용 솟대가 있고, 평야의 남쪽 중간쯤에는 두 번째 솟대가 있었다. 토양은 무척 붉었고 길 역시 마찬가지였다. 바위들은 북서쪽으로 놓여 있었고 작은 각도로 기울었다. 지층은 일반적으로 두껍지 않았다. 하지만 저수지 형태처럼 매우 규칙적이었다. 평야의 동쪽은 모래 언덕이었다. 그 뒤쪽 남북으로는 산맥이 자리 잡았다. 1,200-1,500피트360-450m 높이였다. 3시 45분에 이곳에서 5분간 휴식을 취했다. 그런 다음 남동남 방향으로 평야를 건너서 낮고 좁은 고갯마루로 들어섰다. 하룻밤을 지내기 위해 그곳의 주막인 반성班城 장터Pansong Chang-tho로 4시 20분에 들어갔다. 방 안에 병풍 따위가 있는 비교적 깨끗하고 단출한 곳이었다. 밥이 깨끗하고 훌륭했다.

7시가 되어도 짐을 운반하는 경숙이가 나타나지 않았다. 나는 그가 걱정됐다.

8시에 짐이 도착했다. 두 마리의 말과 세 명의 남자가 가지고 왔다. 경숙이는 말을 두 필밖에 얻을 수 없었다. 말 한 마리가 개울에서 뒹굴었다. 내 가방이 반쯤 젖었지만 손상된 것은 없었다. 정말 다행이었다. 물에 젖은 것은 수건, 종이 따위였다. 정말 이상했다.

진주에서 보교꾼들이 옷을 사기 위해 돈을 요구했다. 내가 돈을 내어주자 그들 7명은 솜을 채워 넣은 옷을 샀다. 나주에서 다친 덩치가 큰 보교꾼은 내내 행동이 불편했었다. 그는 느리고 말이 너무 많았다.[266] 이곳 아래쪽 지

---

266 이는 포크의 입장에서 문화적 오해였을 수 있다. 호러스 알렌이 24년 뒤에 쓴《한국의 풍물 Things Korean》에 따르면 이야기를 끊임없이 하는 것은 보교꾼이 힘든 노동을 잊기 위한 흔한 방편이었다. "다른 이들이 땅에 눈을 고정한 채 터벅터벅 걷는 사이, 그는 멋진 자세로 긴 이야기를 털어냈다. 그들은 흥미로운 이야기에 흠뻑 빠져들었다. 그렇게 계곡을 건너거나 산길을 오르는 것이 얼마나 오래 걸리는지를 잊었다…. 지루함을 잊게 하는 이런 방편이 없다면 모든 술집을 미리미리 찾아놓아야 했다…." 포크의 "말이 너무 많은" 보교꾼은 이런 방법을 실행하는 중이었을 수 있다.(Allen, 88.)

역에 관한 그의 지식 때문에 나는 그를 삼남Sam-nam[267] 남자로 여겼다. 그는 거칠고 잔인했다. 나는 이틀 전에 그를 뒤쪽으로 옮겼다. 오늘 아침 그는 발이 아프다고 불평하며 일을 그만둘 수 있게 해 달라고 요청했다. 나는 그에게 2,500푼을 줬다. 그는 진주에 남아 있다가 나중에 서울로 가겠다고 했다. 어쩐지 이번 일이 마음에 들지 않았다. 그는 악당일 수도 있었고 내 짐에 대해 어떤 계획을 세웠을지도 몰랐다.

---

267 삼남Sam-nam: 조선 남쪽에 위치한 충청, 전라, 경상 등의 세 지역.

11월 27일
진해를 거쳐 가장 아름다운 포구 마산포에 다다르다
-조선의 세금 징수 문제를 제기하다

마산포와 창원昌原이 표시된 《대동여지도》

　7시에 일어났다. 꽤 잠을 잘 잤다. 경상도慶尙道에 있는 주막치고는 정말 조용했다. 다음 고을은 진해鎭海였다. 사람들의 말에 따르면 이곳에서부터 50리 거리였다. 어제 우리는 대략 45리를 왔다. 만약 진주부터 진해까지의 거리가 정확히 90리라면 45리가 남았어야 한다.

　7시 30분에 출발했다. 500-600피트150-180m 높이의 규칙적인 계곡을 남동쪽으로 내려갔다. 계곡은 가장 넓은 곳이 반 마일800m이었고 중간쯤에 커다란 마을이 있었다. 집들이 길게 흩어져 자리 잡았다. 날씨는 아름다웠다. 나는 평야에 외따로 떨어져 똑바로 세워진 바위 두 개를 봤다. 이런 광경은 흔했다. 조선인들은 곳곳에 놓인 이상한 형태의 돌을 숭배하는 것 같았다. 언덕에는 나무 한 그루도 보이지 않았다. 매년 발생하는 지속적인 침식작용의 결과였다. 8시 18분에 이곳에서 4분간 휴식을 취했다.

어젯밤 수일의 파이프를 도둑맞았다. 어젯밤 주막에서의 밥값[268]은 60푼이었다. 이는 평소와 달리 무척 높은 가격이었다. 전주 이후부터 식사 대금은 50에서 20푼 사이를 오갔다. 그리고 최근에는 대개 30에서 20푼이었다.

8시 57분에 우리는 낮은 고갯마루를 넘어 두 번째 계곡으로 들어섰다. 두 개 이상의 계곡들을 지난 후 이곳으로 내려왔다(9시 14분에 5분간 휴식을 취했다). 9시 40분에 우리는 불규칙하게 쌓인, 커다랗고 긴 돌 더미 앞에 도착했다. 대략 12피트3.6m 높이로 풀이 덮였다. 그리고 그 가까이에 오래된 벽이 계곡을 가로질러 뻗었다. 지역 전체가 매우 고대의 모습을 간직했다. 9시 45분. 언덕 남쪽 면 위에 작고 오래된 성의 유적이 있었다.

이곳(10시)에서 진해의 해안 만곡부가 동남동 방향으로 눈에 들어왔다. 바위가 매우 많았다. 얇은 층을 이뤄 북서쪽으로 날카롭게 경사를 이뤘지만 어제보다 더 많이 끊기고 불규칙했다. 계곡에는 너무 지나치게 돌이 많았다. 작은 돌들이 커다란 무더기를 이뤄 험준한 언덕 정상에서 미끄러져 내렸다. 우리는 계곡 반대편에 있는 두 개의 커다란 마을을 지났다. 그리고 돌로 지어진 100여 채의 집이 있는 이곳 부근의 세 번째 마을을 지났다. 계곡은 아래쪽 해안으로 바로 이어졌다. 10시 34분에 5분간 휴식을 취했다.

---

268 밥값Pap-kap: 식사 대금.

포크가 그린 진해 지역 모습. 영미 주막을 표시했다

10시 59분에 우리는 계곡 북쪽 면 위에 있는 영미Yenmi 주막에 도착했다. 물에서 가까웠다. 나는 계곡 입구 부근과 만곡부의 해안에서 8개의 마을과 촌락을 셀 수 있었다. 이곳부터 만은 육지에 둘러싸였다. 돛배 한 척이 시야에 들어왔다. (그림 도면을 그리는 위치에서 볼 때 육안으로 4-5피트 정도의 크기?) 지면은 약간 경사져서 여전히 북서쪽 방향이었다. 아직 진해는 보이지 않았다. 여기서부터 10리 거리였다. 아마도 물에서는 보이지 않는 뒤편에 있을 것이다. 이곳에서 5분간 쉬었다. 해변에서 1.5마일2.3km 떨어진 거리에 섬이 하나 보였다.

이곳부터 우리는 언덕을 돌아 북동쪽으로 향했다. 그리고 동남동 방향으로 뻗은 계곡에 이르렀다. 왼편으로 100여 채의 집이 있는 역마을을 지나쳤다. 대각선으로 계곡을 건너서 진해의 남서쪽에 도착했다. 우리는 11시 45분에 주막에 왔다. 읍내에서 서쪽으로 반 마일800m쯤이었다.

이곳에서 남동쪽과 동쪽으로 낮은 해변을 따라 1마일 정도 길게 소금을 만드는 장소가 있었다. 바다에서 이어지는 작은 개울이 각각의 장소에 있는 여러 개의 소금밭으로 흘렀고 네모난 마당에 커다란 화덕이 있는 집으로도 이어졌다. 바닷물이 밭으로 흘러들어 땅에 소금이 가득 스며들었다. 그런 다음 이 흙을 화덕으로 보이는 곳 안에 집어넣었다.

이 주막은 작고 더러운 곳이었다. 하지만 밥은 훌륭했다. 아주 맛있는 작

포크가 마산 포구를 그린 모습.
island로 표시된 저도 섬이 그려져 있다

은 물고기, 이와시 iwashi, いわし[鰯]. 정어리 그리고 약간의 진주 소주를 먹었다. 소주로 배가 따듯해졌다! 1시 47분에 출발했다. 북쪽에서 뻗어 내려오는 계곡을 동쪽으로 건넜다. 이 계곡의 동쪽 가장자리에 진해가 있었다. 북쪽과 남쪽 마을

에 150에서 200여 채의 집이 있었다. 그런 다음 우리는 북동쪽으로 가서 마을의 북쪽 끝을 지나 황량한 계곡에 도착한 다음 이후부터 계속 따라갔다. 언덕들은 대략 300피트90m 높이였고 헐벗었다. 계곡은 매우 좁았다. 들판 여기저기에 아무렇게나 쌓인 돌무더기들이 많았다. 이곳에서 3시에 4분간 쉬었다. 그런 다음 우리는 북동쪽으로 갔다. 나는 고갯마루를 걸어서 넘었다. 그리고 논이 있는 계곡의 동쪽 가장자리에 도착했다. 그리고 4시 20분에 또 다른 고갯마루에 도착하자 갑자기 마산포馬山浦가 보였다. 무척 예쁜 한 장의 그림 같았다. 마을 근처의 언덕 바닥에 이르러 휴식을 취했다.

5시 20분에 마산포 창고 옆에 있는 크고 좋은 주막에 도착했다.

마산포는 경상도의 중요 항구였다. 조선에서 가장 훌륭하다고 알려진 항구 중 한 군데였다. 이곳에서 이 지방의 세금이 배에 선적됐다. 배에 선적될 세미를 모아 두는 곳해창 海倉은, 100피트30m 길이에 40피트12m 너비의 매우 거대한 석조 창고였다. 주막 주인이 말하기를 예전 인구 조사로는 이곳에

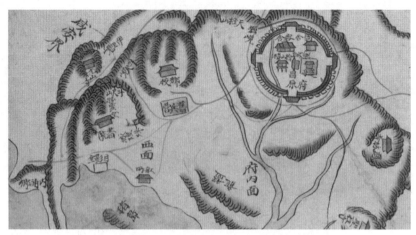

창원부에 속한 마산포의 모습, 앞에 저도섬이 보인다. 1872년 창원 지방도

3,700여 가구가 살았다고 했다. 하지만 지금은 더 많을 것이라고 했다. 내가

마산 조창 재현 모습(마산박물관)
포크의 설명에는 30mX12m 크기의 석조로 된 대형 창고로
언급되고 있는데 재현 모습에는 일반 건물로 되어 있다

항구를 봤을 때 거의 2마일 3.2km 길이와 1.5마일 2.4km 너비로 거의 남북 방향으로 놓여 있었다. 입구는 두 개의 섬으로 막혀 무척 좁았다. 주변은 모두 산이었다. 200피트 60m에서 500피트 150m 높이로 많은 골짜기에 의해 나뉘었다. 서쪽 면은 해안선을 따라 계단식으로 아름답게 개간이 되었다. 서쪽 면에는 낮고 넓은 해변과 들판이 있었다.

동쪽 면과 북동쪽으로는 가파른 언덕의 경사면이었다. 여러 척의 배가 보였지만 큰 배는 보이지 않았다. 항구는 갈라져 북쪽 언덕에서부터 동쪽으로 길게 이어졌다—무척 예뻤다. 항구의 크기는 나가사키 Nagasaki와 비슷했다. 그

광여도에 나타난 마산포 해창과 전선이 정박하는 곳임을 표시하고 있다

리고 모양새와 주변 환경도 무언가 비슷한 점이 있었다.

나는 오늘 밤 무척 피곤했다. 그리고 매우 추웠다. 어제와 그제 밤에 1/4과 1/8인치 두께의 얼음으로 논바닥이 얼어붙었다. 우리는 오늘 진해 주막으로부터 38리, 모두 합쳐서는 83리를 왔다.

조선의 세금

조선의 세금은 두 부분으로 나뉜다. 하나는 정기적인 과세다. 이는 돈, 쌀, 콩, 면직물, 비단 등으로 이뤄진다. 두 번째는 공물貢物 또는 "물건 올리기바치기"라고 불린다. 이는 궁전에서 필요로 하는 물품으로 쓰이고 또 왕이 신하들에게 선물 등으로 나누어 주는 데 쓰인다. 공물을 올리는 사람들은 대략 백여 개의 모임과 단체에 소속돼 있다. 각 사司는 특정 물품을 바쳤다. 이렇게 궁전의 연료로 장작과 석탄을 공급하는 곳을 공인貢人이라고 불렀다. 매우 규

모가 큰 단체였다. 다른 곳은 가벼운 생활용품 따위의 다른 물품을 공급했다. 원래는 공물을 공급하는 사람들이, 예를 들어, 특정 가치의 물품을 바치면 이는 왕이 받게 되고, 이에 대한 보답으로 그 물품 가치의 두 배나 세 배의 돈이나 쌀, 그리고 다른 세입 물품을 왕이 이들에게 돌려주었다. 공물을 바치는 사람들은 모두 등록이 되었고 각자에게는 할당량이 주어졌다. 만약 생산에 실패할 경우 체포돼서 매를 맞았다. 전에는 이익이 무척 커서대략 200% 공물을 바칠 수 있는 자격은 인기가 많았고 높은 금액을 받고 매매할 수도 있었다. 이런 남자들은 널리 왕을 위한 조달업자 역할을 했다. 그렇지만 최근에는 이 사람들에게 월별 보수가 지급되지 않고 있다. 그들은 공물을 바치지만 보수를 받지 못하고 그 결과 그들은 파산했지만, 그런데도 여전히 공물을 만들어야 한다. 이렇게 공물을 바치는 자격을 가진 사람들은 이것이 저주라는 것을 알았다. 일부는 공물을 만들어야 하는 집을 팔아서 권리를 버리고 싶어 하지만 모든 사람들이 두려워할 뿐이었다. 그들은 자격을 반납하려고 했지만—최근에 종이조합이 이를 시도했다—정부가 이를 받아들이지 않았다. 이렇게 공물을 만드는 모든 사람들은 서울에 있었다. 내게는 이것이 대단히 사악한 일로 여겨졌다. 정부가 거대한 강도가 되어 가고 있었다.

세금 관련 협잡: 고을 B에서 쌀 1,000 가마니가 서울로 향하는 배에 선적하기 위해 항구로 보내졌다고 가정해 보자. 아전이, 아마도 자신의 사익을 위해, 또 고을의 관리를 위해 동행한다. 배는 어느 조용한 곳에 정박하고 800 가마니가 팔린다. 그런 다음 빈 가마니는 모래가 채워진다. 배는 너무 많은 무게를 감당해야 하고 또 누군가가 뚫어 놓은 구멍 때문에 결국 침몰한다. 서울로는 나쁜 날씨 때문에 배와 쌀 1,000 가마니를 잃었다는 보고가 올라간다. 이것이 특정 부류의 사람들이 증기선蒸氣船을 극렬히 반대하는 이유다.

지역의 아전이 세금을 걷었다. 좋은 품질의 미렁miryong, 면직물이나 피pi, 비단이었다. 이를 팔고 장터나 다른 곳에서 구한 낮은 품질의 물건으로 바꿔치기했다. 이를 서울로 배달하면, 서리Sori는 품질이 나쁘니 다른 것을 가져오라고 말한다. 이렇게 궁지에 몰린 아전은 서리에게 음식 따위로 뇌물을 바쳐야 했다. 같은 방식으로 상류층 사람들에게서 압박이 내려왔다.

아전은 백성들에게 큰 두려움의 대상이었다. 그들이 백성들을 압박하는 역할을 대부분 담당했다. 경찰 업무 같은 일을 해야 하는 군인 등은 정부 예산으로 수많은 사람을 고용했고 언제나 대가가 지급되었다. 하지만 경찰 업무는, 백성들에 의해 저열하고 치욕스러운 일로 여겨졌다. 그래서 대개는 아전에게 돈을 내고 자신들의 이름을 명부에서 뺐냈다. 이는 실제로 일어나는 일이고 지금도 계속 일어나고 있다. 아전은 이런 수수료뿐만 아니라 그 이상을 긁어모으고 있다.

11월 28일
창원을 거쳐 김해에 다다르다.
조선에서 음식 맛있게 만드는 방법은?

마산-창원-김해를 표시한 《대동여지도》

8시 8분에 출발했다. 벌레들에 시달린 밤이었다. 밥은 150푼이었다. 엄청나게 비쌌다!!

마산포를 떠나면서 우리는 사진을 찍기 위해 북쪽으로 갔다. 남쪽과 남동쪽 방향으로 12초 노출로 사진을 찍었다. 이곳에서 동쪽으로 1/4마일400m가량의 산등성이 지점에 작고 잘 지어진, 그림 같은 성이 있었다.

이곳을 떠나면서 창원昌原, Changwon 계곡으로 들어선 곳 오른쪽으로 풀이 덮인 언덕 위에 고대 작은 성의 유적으로 보이는 성벽이 있었다. 곧 창원 계곡 안의 오래된 성이 시야에 들어왔다. 우리는 대각선으로 성의 북동쪽 모서리를 향해 접근했다. 성은 특이한 외관을 하고 있었다. 모두 10-15피트3-4.5m 높이로 두께는 1피트30cm를 넘지 않는 전체적으로 굉장히 긴 돌무더기의 모습을 보여 주고 있었다. 하지만 자세히 살펴보니 기반석은 크기가 컸고 작은 돌들은 분명 벽의 커다란 돌이 부서진 것이었다. 성의 안쪽은 커다란 들판들이 서로 연결되어 있었다. 각각은 오래된 성의 돌 더미로 둘러싸였다. 정말 많은 돌 더미(담장)가 성벽의 돌무더기와 함께 특이한 외관을 만들었다. 한때는 분명 높고 강한 성벽이었음이 틀림없었다. 묵과 수일이 말하기를 고대에는 이 성이 지금은 진주성이 하는 역할을 떠맡고 있었을 것이라고 했다. 창원을 서쪽에서 동쪽으로 통과해 지나갔다. 오래된 성벽은 기초가 15피트4.5m 두께의 거대한 돌로 이루어졌다. 장이 북쪽과 남쪽 거리에서 열리고 있었지만 아직까지는 조용했다. 우리는 매우 조용하게 통과하여 9시 55분에 영문 반대편에 도착했다. 창원의 동문 바깥쪽에서 10시 13분에 5분간 쉬었다. 바로 우리 동쪽으로, 우리가 떠난 고갯마루 옆에 50여 채의 집이 있는 마을이 있었다.

창원은 계곡 끝 가까이에 붙어 오르막으로 문설주같이 위

《여지도》에 나타난 창원부지도. 왼쪽 아래 조창과
선박 관련 선소가 표시된 마산포가 그려져 있다

치했다. 멀리서 보니 그림처럼 아름다웠다. 성벽에 둘러싸인 작은 곳으로 아마도 300여 채의 집이 있었다. 대나무 숲이 자주 보였다. 조선에서 내가 본 모든 대나무 숲은 마을 주변에 있는 별도의 공간에서만 숲을 이루고 있는 것으로 보아 따로 조성된 것처럼 보였다.

우리는 즉시 고갯마루를 넘었다. 그런 다음 동쪽으로 그리고 약간 북쪽으로 방향을 틀어 또 다른 계곡으로 들어갔다. 돌이 많은 개울에 의해 계곡이 자주 끊겼다. 많은 사람들이 각자 짐을 들고 장터로 모여들었다. 담배와 감, 짚신, 그리고 소, 황소, 송아지, 담배설대, 짐 나르고 있는 말들, 적어도 100여 개 이상의 수많은 야채 꾸러미들을 봤다. 이것들은 이미 장터로 옮겨져 쌓여 있었다.

작은 주막들이 모여 있는 이곳에서 11시 5분에 휴식을 취했다. 그런 다음 계곡이 1마일1.6km 넓이의 평야로 넓어지는 곳까지 동쪽으로 나아갔다. 진주 부근을 제외하고는 경상도에 들어와서 보는 가장 넓은 곳이었다. 이곳에서 우리는 곧 남동쪽으로 방향을 틀어 농가가 250여 채 정도 있는 커다란 마을로 들어갔다. 우리는 이곳을 지나 다시 동쪽으로 나아갔다. 12시 8분에 마을 가까운 곳에서 5분간 휴식을 취했다. 앞쪽 가까이 꽤 긴 경사로와 고갯마루가 있었다. 보교꾼들의 속도가 다시 느려졌다. 그들은 마을 안에서 심하게 발이 엇갈렸다. 길을 몰라서 대략 5 내지 8분을 허비했다.

여자들의 흉측한 젖가슴에 주목했다. 그들은 종종 머리에 커다란 짐을 이고 다녔다. 그리고 정말 온순했다. 그들은 (마주치는 사람이 있으면) 길을 벗어나 산과 제방 둑에 숨었다. 얼굴을 가리고 심지어 바위 뒤에 엎드려 숨기까지 했다.

긴 경사로를 올라 고갯마루를 넘었다. 그곳에서 비옥하고 훌륭한 모습의 평야가 건너다보였다. 많은 곳이 계단식으로 개간됐고 안쪽에 8-9개의 마을이 있었다. 한 곳은 크기가 컸다. 나는 고갯마루를 넘어 상당한 거리를 걸어갔다. 언덕의 남쪽 면은 500-1000피트150-300m 높이의 날카로운 능선으로 풀이 많았다. 이곳에서 1시 12분에 휴식을 취했다.

오후 1시 35분에 관창터주막에 도착했다. 특히나 더러운 주막이었지만 나는 훌륭한 밥을 먹었다(밥 짓는 모습은 보지 못했다). 이곳에서 수일이 이 이야기를 해 주었다. 매우 적절했다. 근래에 작고한 한 왕이 궁전을 거닐다가 자신의 식사를 준비하는 어떤 나인[269]을 보게 되었다. 그 궁녀는 무척 크고 아름답고 부드러운 감을 가지고 있었다. 그런데 감에는 먼지가 묻어 있었고 그녀는 이것을 어떻게 닦아낼지 방법을 몰랐다. 씻어 내거나 아니면 평소처럼 닦아내다가는 감이 터질 것만 같았다. 결국 그녀는 혀로 핥아서 먼지를 모두 훌륭하게 닦아냈다! 왕의 식사 시간에 다른 음식과 함께 그 감은 왕에게 올려졌다. 이를 보자 왕은 화가 나서 나인을 불러들였다. 그녀는 왕 앞에 몸을 엎드렸다. 그러자 왕이 질문을 던졌다. "맛있는 음식을 만드는 적절한 방법이 무엇이냐? 너는 당연히 이를 알고 있어야 한다!" 그녀는 군주에 대한 경외심과 예절을 갖추고 가장 겸손한 말로 대답을 했다. "가장 맛있는 음식은 그것을 먹는 사람이 그 준비 과정을 볼 수 없는 곳에서 만들어져야 합니다." 그러자 왕은 마음을 누그러뜨리고 기뻐하며 외쳤다. "그렇지Kurechi!" 그는 감을 물리고 이를 나인에게 선물했다. 이 우화는 모든 조선의 더러운 음식에 관한 평계에 지나지 않는다고 나는 생각했다.

3시 10분에 출발했다. 김해金海, Kimhae까지 대략 30리 정도 거리였다. 3시 40분에 낮은 고갯마루에서 휴식을 취했다. 그런 다음 계곡을 내려갔다. 골짜기는 점점 넓어지더니 남쪽 방향으로 뻗어 나갔다. 넓고 비옥한 훌륭한 곳

---

269 나인Nai-in: 나이 든 궁녀.

이었다. 이곳의 북쪽 끝으로 건너가서 고갯마루 하나를 넘어 마침내 4마일 넓이의 평탄한 평야에 이르렀다. 습지처럼 보였지만 대부분은 논이었다. 넓은 지역이 습지의 풀갈대로 덮였다. 등나무와 대나무 같은 단단한 나무도 보였다. 평균 9피트2.7m 높이였고 10-13피트3-3.9m에 이르는 것도 많았다. 곧고 빽빽하게 자라 꼭대기에는 무거운 씨앗 다발이 달렸다. 티머시(벼과의 다년생 초)같이 보였지만 더 많은 씨앗 송이가 달렸다. 이 풀을 땋아서 조선의 일반적인 돗자리를 만들었다. 땋아 놓은 한 가닥은 이 줄기를 6 내지 7개를 꼬아 만들었다. 지난 이틀 동안 이런 돗자리를 짊어진 사람들을 길에서 수없이 보았다. 이런 갈대를 기르는 밭은 실제로 무척 아름다웠다.

고갯마루 바닥에서 우리는 바다에서 150피트45m가량 이어지는 석호潟湖처럼 보이는 물가에 도착했다. 하지만 수초 때문에 물이 들어오는 곳과 나가는 곳을 찾을 수 없었다. 이곳에는 몇 피트 정도 높낮이의 조수가 있었다. 평평한 배로 석호를 건넜다. 석호를 가로질러 거대한 돌들이 늘어섰다. 전에 다리가 있었던 흔적이었다. 우리는 동쪽으로 2마일 정도를 나아간 다음 북동쪽으로 방향을 틀어 언덕 기슭 밑의 평야 가장자리를 따라갔다. 일반적인 구조의 많은 집들을 지나쳤다. 하지만 깔끔한 골풀 울타리와 정면에 마당이 있어 평소보다 훨씬 보기 좋았다.

장교와 사령이 한 명씩 나타났다. 나는 그들을 앞세워 주막을 준비시켰다. 그들은 익숙한 소란을 피우며 멀어졌다. 사람들을 심하게 몰아쳤다. 횃불whae270꾼들을 멈춰 세우고 달빛에 의지해 앞으로 나아갔다. 무척 아름다웠다. 5시 30분에 김해 남대문 밖 주막거리에 도착했다. 조선에서 유명한 곳이었다. 나는 영문의 관리들을 모두 해산시켰다. 그들이 주막에 머물면 소동을

270　"홰꾼Whae men": 홰 내지 횃불을 든 남자.

일으킬 것을 알기 때문이었다.

나는 이곳의 동쪽 개울(강)이 섬에 의해 좁은 두 부분으로 갈라진다는 것을 알았다. 하지만 둘 모두 넓지는 않았고, 동래東萊로 향하는 정식 길은 건너편에 있었다. 나는 이에 놀랐다. 왜냐하면 지도와 묵의 바보 같은 대답에 따라 나는 넓은 하구라고 생각했기 때문이었다. 그래서 진주 목사에게 부탁해서 나를 위해 배를 준비해 두라는 편지를 김해로 보내게 했다. 실제로는 전혀 필요가 없는 편지였다. 곧이어서 김해의 부사가 밥이 준비됐다는 전갈을 보냈다! 분명 또 흥청망청하는 잔치를 원하는 것 같았다. 나는 묵에게 모든 사정을 설명하는 편지를 들려 보냈다. 강은 쉽게 건널 수 있으므로 전혀 도움이 필요 없고 부사의 초청에 응하지 않을 수 있도록(식사 자리에 나가지 않아도 되도록?) 허락을 구했다. 부사가 말하기를 배는 어쨌든 준비를 했고 묵에게 개인적으로 말하기를 자신의 숙소 따위를 보여 주기 부끄러우니 배를 제외하고는 없던 일로 하기로 했다.

때때로 일본인들이 이곳에 왔다. 하루나 이틀 전에도 김해의 조선인들에게 돈을 회수하는 데 부사의 도움을 얻기 위해 4명이 이곳에 있었다. 성벽에 둘러싸인 이곳은 규모가 커 보였다. 우리는 이곳에 이르기 전에 흩어진 집들 사이를 10분을 꽉 채워서 걸었고 아직도 고을 밖으로 완전히 벗어나지 못했다. 이곳에서 부산釜山까지는 뱃길로 100리의 거리이며, 중간에 거치는 동래東

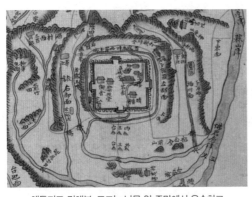

해동지도 김해부, 포크는 남문 앞 주막에서 유숙하고
불암창진(선바위강)을 건너 부산진으로 갔다

김해읍성 북문인 공진문/ 현재 김해 지역 읍성 부분 중 이곳만 복원되었다

萊까지는 80리 거리이다. 동래를 돌아가는 육로를 통하면 60리였다(내 생각에는 65리에 더 가깝다).

영문의 업무는 세부적으로 나뉘었다. 어떤 일에서든 각각의 기본적인 부분은 특정 개인에게 할당됐다. 만약 고을에 손님이 도착한다면 사령, 길나장이, 그리고 장교가 5 내지 10리 거리를 마중 나왔다. 대개는 10리였다. 다음으로 육각六角, 음악 악대이 마을 부근 5리 거리에서 정렬했다. 그 사이 방석이 준비되고 장작을 가져와 불을 지피고 공방工房 아전이 숙소를 정비했다. 그리고 음식을 담당하는 아전이 요리를 재촉했다. 한 명은 고기를 데우고, 튀기고, 다른 사람은 생선을 구웠다. 또 다른 사람은 국을 끓이고 다른 이는 김치를 준비했다. 총 감독관이 마지막 밥상을 점검한 다음 상을 운반하는 사람들이 이를 저택으로 가져간다. 이것을 준비한 모든 사람들과 함께 움직인다. 손님에게 선물을 하는 경우 물품 공급자, 상자 만드는 사람, 포장하는 사람, 묶는 사람 글을 쓰는 사람 등이 필요하다. 이러한 것들을 보면 관아의 임무가 얼마나 여러 단계로 나누어지는지를 알 수 있다.

나는 조선의 외딴 지역에서 오스트리아 성냥(아주 극소수)과 독일 바늘, 아주 미량이었지만, 작은 병에 든 염료를 봤다. 그들이 이곳에 왔다는 뚜렷한 증거였다. 가끔은 이 나라의 가장 외딴 지역에서도 2인치5cm가 넘지 않는 사각형의 작은 유리 조각이 문지방에 끼워져 있는 것을 봤다. 어젯밤에 나는 일본 구리 대야와 4인치의 사각형 유리 조각을 봤다. 오늘 밤에는 가로 14인치, 세로 5인치의 유리 두 장과 참선용 의자 하나를 봤다. 이런 것들은 내가 본 처음이자 유일한 일본 상품 도입의 증거였다.

●

11월 29일
김해를 떠나 부산 초량 왜관에 도착하다

김해에서 부산을 가기 위해 건넌 선바위강선암진이 표시된 《대동여지도》

　7시 23분에 출발했다. 동쪽으로 나아가 김해읍내 부근의 고갯마루를 넘었다. 그런 다음 평야의 가장자리로 언덕의 기슭을 따라 읍내로부터 동쪽과 동남 방향으로 나아갔다. 이곳의 평야는 이 지역에서 본 중에 가장 훌륭했다. 남쪽으로 시야가 닿는 곳까지 뻗어 있었다. 8시 15분에 우리는 다 허물어져 가는 강가의 주막촌까지 내려왔다. 그곳에서 언덕이 강가의 바위 절벽과 만났다. 우리는 배를 탔다. 네댓 척의 배가 있었다. 이곳의 이름은 선바위 강Son-pa-wi Kang, 선암, 仙巖이었다. 북쪽으로 흐르는 물살은 10명의 남자 키만큼 깊었고 1/4마일400m 너비였다. 조수의 높이는 6피트180cm였다. 대략 1마일 1.6km 아래 언덕 위에 작은 성이 있었다.

강을 건너서 우리는 밀이 심어진 평야에서 동쪽으로 나아갔다. 평야는 마룻바닥처럼 평탄했다. 남쪽과 서쪽 방향을 바라보자 반반한 황무지 너머로 작은 마을들이 점점이 보였다. 대나무 숲과 밭이 있었다. 8시 40분에 우리는 두 번째 강에 도착했다. 남서쪽으로 흐르는 물살은 가장 깊은 곳이 12피트 3.6m에 첫 번째 강만큼 넓었지만 모래톱과 모래섬으로 많은 곳이 끊겼다. 첫 번째 강은 깔끔한 제방이 있었다. 깊어 보였고 장애물이 없어 분명히 항해가 가능했다. 8시 40분, 이 장소에서 남쪽으로 평야 위의 작은 섬 부분이 보였다. 네 개는 작았고 하나는 긴 혹처럼 보였다. 산은 우리를 둘러싸고 있었지만 남쪽 방향이었다. 개울이 바다로 빠져나가는 곳이었다. 이곳에서(8시 40분) 우리는 하나 있는 평저선이 돌아올 때까지 8분을 기다려야 했다. 첫 번째 나루터의 개활지 부분은 개간되지 않고 풀만 무성했지만 비옥한 좋은 토양이었다.

오늘 아침 김해 근처에서 홀로 있는 일본인을 지나쳤다. 다 해진 그랜트 모자[271]를 쓰고 일본 옷을 입었다. 29일 전, 11월 1일 9시 이후로 보게 된 최초의 조선인이 아닌 사람이었다. 슬픈 모습이었다.

어젯밤 반 인치 두께의 얼음이 얼었다. 오늘은 더 따스했다. 약간의 국화가 피어 있는 것을 봤다.

---

271 카우보이 모자.

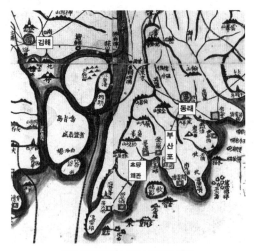

《대동여지도》에 나타난 포크의 여정.
김해-구포강-남창-모라-부산진-초량 왜관

이곳에서부터 동북 방향으로 나아가서 밀밭과 논을 넘어 언덕 부근의 평야에 엄청 많은 수의 촌락과 집들이 흩어져 있는 곳까지 왔다. 각각의 마을에는 대나무 숲이 있었다. 10시에 구포강仇浦江, Kupo Kang에 도착했다. 지금까지 물줄기의 원류였다. 250-300야드230-275m 너비와 깊이로 몇 노트 정도 되는 물살이 있었다. 반대쪽 제방 위에는 300여 채의 집에 더해 창고 건물이 있는 남창Nam Ch'hang이 있었다. 바로 북쪽의 동쪽 제방 위에는 전쟁 시기에 일본인들에 의해 지어진 왜성倭城, Yesong[272]이라고 불리는 오래된 진지가 있었다. 이곳에서 남쪽으로 대략 1마일쯤 되는 언덕 안쪽에 몇 개의 커다란 마을이 있었다. 그 뒤편으로는 각이 진 바위 등성이 틈새에 오래된 조선 성의 유적이 있었다. 사람들이 무리를 이뤄 우리와 함께 남창의 장터로 왔다. 기다란 띠를 매단 배들이 강 위에 떠 있었다. 밝은 분위기로 시끄럽고 즐거워 보였다. 이곳은 산이 물과 가까웠다. 남창이 산기슭에 위치했다. 항해가 가능한 강의 지류였으며 무척 중요했다. 우리는 동쪽 제방에 아침 10시 14분에 도착했다.

---

272 이는 1592-1598년 일본의 조선 침략을 언급한 것이다. 조선의 남동쪽 해변을 따라 그 당시 일본인이 지은 요새를 조선인들이 왜성waesong이라 불렀다.

남창 바로 아래쪽에서 강이 갈라졌다. 한쪽 지류는 남서쪽 내지는 남서서 방향으로 흘렀고 다른 지류는 남쪽 방향이었다. 엄청난 무리의 사람들이 이곳에 있었고, 모든 방향에서 몰려들었다. 하지만 주로 김해Kimhae에서 오는 사람들이었다. 소금과 돗자리 그리고 좋은 품질의 짐승 가죽도 많았다. 우리 뒤쪽의 평야는 정말로 많은 인구를 가지고 있는 것이 틀림없었다. 강의 이쪽 편은 양산梁山 고을Yangsan Kol 안이었다. 이 강은 서울의 강에 견줄 만했다. 더 크고 아마 항해하기도 더 편할 것 같았다.

남창南倉에서 우리는 강둑을 따라 남쪽으로 방향을 틀었다. 경작된 땅의 가장자리를 따라 강둑이 이어졌다. 나는 장터로 이어지는 끊임없는 사람들의 행렬에 감명을 받았다. 대개는 넷, 여섯, 열, 열다섯 명씩 무리를 지어 가는 여자들이었다. 거의 모든 이가 해초나 오리, 닭, 소금, 조개가 든 짐을 머리 위에 이거나 등에 짊어졌다. 모두가 중년이거나 중년보다 나이 든 사람들이었다. 그리고 나는 그들의 강한 체력에 충격을 받았다. 부산에 무척 가까워지고 있었지만 여전히 나는 커다란 호기심의 대상이었다. 그렇지만 절대 진주 지역에서처럼 몹시 무례하게 호기심을 드러내지는 않았다. 이곳은 내가 본 가장 풍요로운 평야 중 하나였고 많은 인구가 살았다. 사람들로 가득 차 분주해 보였고 좋은 배도 많았다.

무척 큰 마을인 모라Moron[273]의 가장자리인 이곳에 10시 52분 도착했다(휴식). 300에서 400여 채의 집이 있었다. 부산에서 30리 떨어진 곳이었다. 유리창이 있는 약간의 집들을 봤다. 여자들이 운반하는 많은 바구니에서도 일본의 영향이 보였다.

11시 9분에 출발했다. 남쪽으로 가서 곧 언덕 사이로 꺾어 들어갔다. 남

---

273 부산 사상구 모라동.

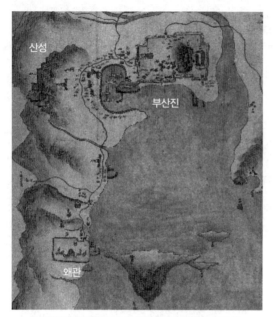

부산진 지방도에 나타난 부산진과 산성, 초량 왜관 모습.
1872년 지방도(규장각 소장).
포크는 점선으로 표시된 길을 따라 왜관에 도착하였다

쪽과 동쪽으로 빙 돌아갔다. 11시 42분에 4분간 휴식을 취했다. 부산까지 20리(내 생각에는 더 멀었다) 거리였다. 기름이 든 깡통을 옮기는 남자와 다른 일본인을 지나쳤다. 이곳부터 우리는 좀 더 남쪽으로 나아갔다. 그런 다음 곡저평야로 열리는 계곡에 도착했다. 이곳에서 우리는 작은 마을이 있는 동쪽으로 방향을 틀었다. 그리고 논이 있는 좁은 계곡으로 올라갔다. 계곡의 동쪽 산비탈 위로 오래된 긴 성(일본식)이 동서 방향으로 꽤 멀리 감아 돌았다. 우리는 성벽을 따라 이곳에 와서 오후 12시 23분에 휴식을 취했다. 성벽은 남쪽으로 방향을 틀어 언덕을 넘어갔다. 그 아래로 한 군데는 벽으로 둘러싸인 사각형의 작은 곳이 있었다. 아마도 조선 성일 것이다.

우리는 동쪽으로 험한 길을 나아갔다. 그리고 나중에 조금 남동쪽으로 무척 낮아서 알아보기 힘든 산마루를 넘어갔다. 1시 2분에 부산에서 5리쯤 되는 곳에서 휴식을 취했다. 그런 다음 남동쪽으로 돌아서 안쪽에 오래된 성벽이 있는 골짜기로 내려갔다. 그리고 1시 30분에 부산釜山 남문 밖Nam mun pak에 도착했다. 두 번째 마을을 통과한 다음 1마일쯤 더 가서 초량草梁, Choryong

356

개항 직후의 부산진 모습

에 도착했다. 이곳에서 나는 묵과 수일을 놓아 주고 수일의 친구 집에 갈 수 있게 해 줬다. 서울의 주요 인사가 일본으로 떠나기 위해 부산에 왔을 때 머무는 곳이었다. 나는 이곳에 머무는 동안 빈둥거릴 수 있게 묵에게 5달러, 수일에게 4달러를 줬다. 보교꾼들과 함께 가면서 나는 걸었다. 2시 30분에 거리의 남쪽 끝에 위치한 일본 호텔에 도착했다. 그곳에서 나는 보교꾼들을 묵과 수일에게 돌려보냈다.

　오늘 부산에 도착하자 이상한 생각이 들었다. 3년 전, 몸을 이리저리 피하며 몰래 이곳을 관광할 때, 내가 다시 반대편으로 와서 부산에 도착할 것이라고 어떻게 상상할 수 있었겠는가! 나는 거리를 알아볼 수 있었다. 맥[274]과 나는 조선인 구경꾼들을 뒤로하고 이 거리와 그가 '죠타Chota'라고 말했던 언덕을 걸었었다. 정말 그곳은 어떤 면에서 낯이 익었다. 그렇지만 나는 구체

274　벤자민 H. 버킹엄 중위와 월터 매클레인Walter McLean 소위.

적인 거리감이 없었고 보고서를 기억해 봐도 초량草梁에 관해 전혀 알아보거나 적어 놓지도 않았다. 나는 3년 전에 부산을 봤을 때 그 크기에 놀랐다. 우리가 진정 그 지역의 특성을 잘 파악했던 것일까?

성 바깥으로 장터가 열렸다. 정말 이상하게도 모든 장사치가 여자들이었다. 거의 300명의 여자들이 좁은 길을 따라 가득 차 거의 길이 막힐 지경이었다. 부산의 집들은 조선의 다른 곳보다 대체로 더 열악했다. 하지만 이건 외관상 그럴 뿐인데 크기가 더 커서 척박하고 딱딱한 느낌을 줬다. 그리고 붉은 돌과 진흙이 집을 짓는 데 사용됐다.

내가 야도Yado, やど[宿], 숙소에 도착한 후 곧, 전 약제사이자 세관 보조원인 크렙스Mr. Krebs[275] 씨가 나를 방문했다. 그는 무척 열정적이고 친절했다—그는 외로움을 타는 것 같았다—그리고 나를 만나 무척 기뻐했다. 그는 격렬하게 나를 환대했다. 나는 바로 식사를 했다. 29일 만에 처음으로 먹는 유럽식 식사였지만 맛이 좋지는 않았다. M. B. 사무원에 의해 쿠퍼[276]가 받아둔 내 우편물을 수령했다. 모두 좋은 소식이었다. 와인쿱Mr. Wynkoop 목사의 편지에 무척 감명을 받았다. 크렙스가 나중에 독일 세관원인 랜디트Mr. Landit 씨와 함께 왔다. 다른 세관 사람들과 마찬가지로 그들은 말이 많았고 질투가 심했다. 쩨쩨하고 비열했으며 세관 관리들에 대한 험담을 했다. 두 명 모두 멜

---

275 조선 세관을 설립하고 근무하기 위해 찰스 크렙스Charles Krebbs와 많은 다른 이들이 1883년 봄 묄렌도르프P. G. von Mollendorff와 함께 조선에 왔다. 크렙스는 세관에서의 자리를 잃고 묄레도르프의 1885년 해고에 이어지는 고난을 겪었다. 전 직업이던 선상 약제사 자리를 구하지 못해 그는 부산에 남았다. 그는 영어 학원을 운영하였으며, 죽을 때까지 술을 마셨다. 그는 1887년 2월 23일 그 곳에서 사망했다. (Robert Neff, "Americans and Alcohol in Choson," Korea Times, Dec. 31, 2004; additional information on Krebs received from Wayne Patterson from his forthcoming book on William Lovatt.)

276 찰스 헨리 쿠퍼C. H. Cooper, ?–1889일 가능성이 있다. 그는 1884년 조선 제물포에 첫 번째 미국 상점을 열었다.

렌도르프P. G. Von Mollendorff[277]를 좋아하지 않았다. 그를 무서워하기까지 했다. 하지만 스트리플링Stripling[278]은 가장 비열한 악마 같은 인간이라고 선언했다. 크렙스는 내가 관심을 갖는 서울 일들을 정말 잘 알고 있었다. 아마도 스쿠더Scudder[279]가 많은 이야기를 해 주었을 것이다. 크렙스가 말하기를 관세 사업이 이곳에서 번창하고 있다고 했다. 그들은 이제 업무처럼 그저 달러를 받고 있다고 했다. 부산은 바쁘고 번성하는 도시여서 지금까지 조선에서 한 달에 1,400달러를 거두어들였고, 부산 세관 사람들에게 한 달 급여를 지급하기 위해 1,200달러가 필요하다고 했다. 관세청은 이곳 은행에 3,000,000푼을 가지고 있었다. 그가 말하기를 P. G.멜렌도르프는 여전히 외무부서의 차관이고 관세청 사람들에 의해 그렇게 불리며 직접 서명을 한다고 했다.

나는 크렙스에게 가서 저녁을 먹었다. 무척 훌륭한 식사였다. 숙소에 11시에 돌아왔다. 커피를 너무 많이 마셔서 밤새 깨어 있었다.

---

277 묄렌도르프Paul Georg von Mollendorff, 1847-1901, 이전에 중국 정부에 고용됐던 독일인으로 1883년 조선 정부에 의해 고문으로 채용되어 국가의 관세청을 설립하고 관리했다. 조선을 러시아 보호국으로 만들려는 후속 시도는 1885년 9월 그의 불신임과 해임으로 이어졌다.

278 스트리플링Alfred Burt Stripling, 1838-1904, 묄렌도르프와 함께 1883년 봄 조선에 도착한 영국인으로 조선 세관 설립을 도왔다. 그는 이후 제물포의 세관장에 임명됐다.

279 스쿠더Charles L. Scudder는 루시우스 푸트의 급여를 받지 않는 개인 비서 자격으로 1883년 봄 조선에 동행했다.

11월 30일
부산 왜관에서 하루를 보내다
-거리에서 활기차게 행상하는 조선 소년들

거리에서 소리 지르며 감, 생선, 쌀 따위를 행상하며 다니는 조선 소년들의 외침에 햇살을 받으며 깨어났다. 진기하게 모음을 길게 빼며 대개는 일

부산포 초량화 지도에 보이는 왜관 모습(부분, 국사편찬위원회)

본어로 "이-와시-고자이마스(정어리 있습니다.)" 따위를 외쳤다. 그들의 목소리를 듣는 것은 기분이 좋았다. 일반적인 조선인들과는 너무 달랐다. 그것은 생명의 신호였다. 내가 본 다른 어떤 조선인보다 더 많은 에너지가 느껴졌다. 미국 공사관과 카네Kane[280]에게 편지를 썼다. 주이Mr. Jouy[281] 씨가 방문했다. 불쾌한 느낌을 주는 사내였다. 나는 교양 있게 대하려고 했지만, 그의 질문에 내가 솔직한 답변을 하자 그는 단호하게 반박을 했다. 정말 신사적이지 않은 태도였다. 그래서 나는 논쟁할 가치가 있는 문제가 아니라 서로 의견이 다를 뿐이라고 할 수밖에 없었다. 그는 곧 떠나면서 내게 도자기를 보러 오라고 다그치듯이 말했다. 나중에 크렙스가 포츠머스Mr. Posthumus[282] 씨를 데려왔다. 신사적인 분이었다.

마을을 조사하느라 오후 시간을 보냈다. 언덕에 있는 미야miya, みや, 宮, 신사에 올랐지만 기분이 좋지 않아 숙소로 돌아와 낮잠을 잤다.

6시에 크렙스와 함께 포츠머스 집에 식사를 하러 갔다. 그곳에서 포츠머스의 무스메(젊은 일본 여자)와 함께 머무는 이는 루스키Ruski 측량사였다.[283] 시끌벅적한 파티는 아니었다. 그녀는 몸이 좋지 않았다. 서울에서 내가 연락

---

280 무라세 카네Murase Kane, 1858-1936는 1870년대 후반 나가사키에서 조지 포크를 만났다. 그리고 그의 조선 임기 중 정기적으로 서신을 교환했다. 그들은 1887년 9월 7일 결혼했다. 포크에게는 첫 번째 결혼이었고 카네는 두 번째였다. 양아버지의 주 상속인이었지만 카네는 1893년 포크의 죽음 이후 재정난을 겪는다. 그리고 생계를 위해 포크의 조선 도자기 수집품을 팔아야 했다. 그녀는 분명 다시 결혼하지 않았고 78세의 나이로 사망한 후 교토의 포크 옆자리에 묻혔다.
281 스미소니언 협회의 피에르 주이Pierre Louis Jouy, 그는 1883년 봄 루시우스 푸트 미국 공사와 동행했다.
282 포츠머스O. Posthumus, 부산의 항무장港務長. 그는 1892년 홍콩에서 사망했다. 포크가 "Flischander"라는 기이한 표현을 쓴 이유는 포츠머스가 네덜란드인이라는 사실을 언급하기 위해서일지도 모른다.
283 무스메Musume: "딸"을 의미하는 일본 단어, 하지만 이곳에서는 젊은 일본 여자를 의미하는 데 사용됐다. 더 구체적으로는 정부情婦를 의미한다. 포크가 12월 1일 적었듯이 "모든 남자가 일본 여자와 살고 있다." 포크는 "루스키 측량사"의 이름을 밝히지 않았다.

하지 않았기 때문일 거라고 생각했다. 크렙스의 신성모독과 끊임없는 세관에 관한 언쟁이 나를 괴롭혔다. 11시에 숙소에 돌아왔다. 오카미상O-Kamisan과 대화를 나누고 잠자리에 들었다. 전혀 행복한 날이 아니었다.

12월 1일
부산 초량 왜관에서 일본인들의 염탐 대상이 되다

포산항견취도(1881경 제작)에 보이는
왜관모습. 앞에 절영도(영도)와 항구에
들어온 2척의 일본 스쿠너 범선이 보인다

9시에 일어났다. 바깥 100야드91m 거리에 있는 청어 상점까지 코트와 파자마를 입고 거리를 걸어가서 목욕을 했다. 인천에 보낼 상자들을 포장해서 선적했다. 내일 출발할 준비를 했다. 부산의 여각이 내 여권을 보기 위해 불렀다.[284]

사진들을 구매하고 크렙스, 포츠머스와 함께 식사를 했다. 음식이 훌륭했다. 모든 남자들이 일본 여자들과 살았다―전체적으로

---

284 일반 참고사항: "부산을 비롯한 항만과 해군 기지에는 역각Yok-Kak이라고 불리는 관리가 있다. 그의 업무는 외국인과 선박 등이 나타나면 어디서 왔는지, 용무는 무엇인지 등을 조사하는 것이다."

보잘것없는 사람들이었다. 오후에 주이를 만났지만 그를 방문하거나 그의 집에 함께 가는 것을 거절했다. 나는 그가 세관에 가서 내가 바보 같다거나 내 말이 어리석다는 취지의 말을 했다는 것을 알았다. 그는 분명 "쓰레기"였다. 나는 크렙스가 요청했던 로바트Mrs. Lovatt[285] 여사의 방문을 받지 않고 거절했다. 세관 무리에 끼어들면서 이미 큰 실수를 했다는 것을 알아차린 후였다.

염탐과 추문의 타깃이 되는 것은 별로 수지맞는 일이 아니었다. 일본인들이 내 정체를 알아내려고 안달복달했다. 부산에서 나는 끊임없이 감시를 당했다. 그리고 의심할 여지 없이 세관 무리와 일본인들에게 끔찍한 염탐의 대상이었다.

부산은 매우 깔끔하고 질서정연하고 예쁜 인상을 줬다. 그림 같은 풍경이었으며 완전히 일본 느낌이었다. 마치 정적에 빠진 듯이 가라앉은 분위기가 있었지만 그런데도 꽤 분주했다. 상점이 많고 규모가 컸다. 하지만 많은 상점이 서양 상품이 아니라 오직 일본 것만 팔았다. 두 척의 일본 스쿠너[286] 범선이 항구에 있었다. 약간의 버려진 집들도 볼 수 있었다.

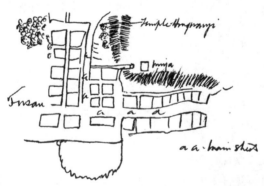

포크가 그린 부산 초량 왜관 모습. Fusan부산과 a a . main street라는 표현이 보인다

285　제니 로바트Jennie Lovatt, 부산 세관장인 윌리엄 N. 로바트William N. Lovatt의 부인. 그는 1883년 묄렌도르프에 의해 중국 세관으로부터 채용됐다.
286　네덜란드가 17세기경 설계해 만든 2개 이상 돛대에 세로 돛을 단 범선.

12월 2일
활발한 외국 문물이 들어온 동래를 지나 범어사 계곡에서 헤매다

8시 29분에 출발했다. 8시 50분에 주막에 와서 9시에 출발했다. 날씨가 맑고 추웠다. 어젯밤 역관이 동래 부사에게 내가 그곳에 도착한다고 알렸다.

(부산진)첨사僉使의 영문 입구 바깥에서 5분간 휴식을 취했다. 그런 다음 북북동 방향으로 나아갔다. 길이 단단하고 좋았다. 시내를 건너서(징검다리)

동래성 모습 1901년대

동래부 부영 아문

낮은 언덕을 통과했다. 그리고 동래東萊 계곡으로 들어갔다. 10시 20분에 읍
내가 북북동 방향으로 보이는 곳에서 휴식을 취했다. 초록색 감과 짐승 가죽
을 잔뜩 짊어진 여인을 봤다. 11시 3분에 동래에 도착했다.

　동래는 동쪽과 서쪽으로 산이 있는 바닥 부분에 위치했고 남쪽을 바라봤
다. 우리는 남문을 통해 들어가서 서쪽으로 나왔다. 일반적인 형식의 성벽이
주변을 에워싸고 언덕을 넘어갔다. 이곳에는 7,000명의 사람이 살았다. 이곳
과 부산은 담배 파이프를 만드는 곳으로 유명했다.

　(동래)부사[287]는 무척 유쾌한 남자였다. 외국인을 꽤 익숙하게 대했다. 나
는 그에게서 1,2000푼을 받았다. 또 비단옷과 사탕을 선물로 받았다. 그가

287　당시 동래부사는 조병필趙秉弼,1835-1908로 1883. 7-1885. 6까지 동래부사였다.
조병필의 자는 성필聖必. 호는 간산幹山. 시호는 문정文靖으로 1883년 참의교섭통상사무가 되어 임
오군란의 사후 처리를 하였고, 이 영향으로 동래부 민란이 발생하자 동래부사에 임명되어 난의 진
정에 힘썼다. 이조참의·대사간·좌승지·홍문관부제학·병조·이조·형조·공조의 참판 등을 역임하였
다.(역사용어 사전)

차린 상은 전반적으로 일본식이었다. 하인들은 질서가 있었고 영문은 깨끗했다. 모든 것에서 외국 문물의 영향을 볼 수 있었다. 어쨌든 부산은 의심할 여지 없이 전보다 더 활발해 보였지만 동래와 부산 백성들의 집에서 어떤 진전을 볼 수는 없었다. 여자들은 놀라울 정도로 많았다. 그들이 밥을 팔며 모든 가두판매를 담당했다.

2시 35분에 출발했다. 북북동 방향으로 계속 나아갔다. 언덕 왼편으로 곳곳에 오래된 성벽이 있었다. 골짜기는 1/4마일400m 너비였다. 계단식 경작이 이뤄졌지만 중간이 끊겼다. 마을은 보이지 않았다. 3시 30분에 범어사梵魚寺, Pumosa[288]에서 10리 거리의 작은 마을에서 휴식을 취했다. 이곳에서 대략 맞은편 배수로에 오래된 검은 돌무더기 같은 벽이 있었다. 북쪽으로 조금 더 가자 골짜기는 점점 돌이 많아지고 좁아졌다. 그런 다음 약간 서쪽으로 방향을 틀어 언덕의 깊고 그늘진 협곡으로 향했는데 그곳에는 바위가 많은 개울이 있었다. 나는 아주 높고 먼 곳에서 사찰 한 곳을 발견했다.

나는 길을 미리 잘 알아놓지 않은 묵의 어리석음을 질책했다. 밤을 보내기 위해 절을 찾아다니며 10리를 잃는 것보다는 작은 주막이라도 찾는 것이 나았다. 우리는 정식 길을 벗어나 북쪽으로 가는 산비탈을 건넜다. 5시 25분에 우리는 돌티Toltui주막[289]에 도착했다. 산중에 있는 두세 채의 집 중 한 곳이었다. 큰 강도 사건이 일어난 곳과 가까워서 사령은 내가 이곳으로 오는 것을 꺼려했지만, 나는 위험을 감수해야만 했다. 정돈된 작은 숙소로 들어오긴 했으나, 오는 중에 날씨가 매섭게 추워서 언덕을 넘느라 고통을 겪었다. 이 지역은 황량하고 볼품없었다. 동래를 나선 이래로는 집을 거의 보지 못했다.

---

288 범어사일 가능성이 높다.
289 부산 금정구 금정산성 인근 마을.

12월 3일
양산을 거쳐 밀양으로 향하다
-남편은 방관하며 본처와 첩의 싸움을 보다

8시 15분에 출발했다. 산맥 사이를 뚫고 험준한 골짜기 속으로 북쪽을 향해 나아갔다. 이곳까지 집은 없었다. 8시 45분에 휴식을 취했다. 그런 다음 이전처럼 계속 전진했다. 9시 15분에 우리는 양오미Yang-omi 평야로 나왔다. 대략 1과1/4마일2km 넓이로 무척 평탄했다. 남서쪽으로 펼쳐져 거대한 평야를 만들고 있었다. 우리가 따라왔던 북쪽 산을 따라 마을들이 있었다. 9시 28분에 휴식을 취했다. 평야의 머리맡을 가로질러 10시 13분에 황산역黃山驛, Whang-san 마을에 도착했다. 이곳은 우리를 양산梁山, Yangsan으로 데려다 줄 것이다. 길은 몹시 불규칙했다.

10시 25분에 우리는 1/4마일400m 너비의 멋진 강으로 나왔다. 물금勿禁, Mui Kum 주막에서 5분간 휴식을 취했다. 이곳은 양산에서 20리, 어젯밤 주막에서 40리 거리였다. 대로로 갔다면(양산) 어젯밤 주막에서 30리 지점이었을 것이었다. 우리는 지름길로 10리를 절약했다. 이곳부터 우리는 강을 따라 놓인 험준한 좁은 길을 따라갔다. 그리고 대략 북북서로 방향을 트는 굽이로 들

《대동여지도》에 나타난 양산을 거쳐 낙동강 물길 따라 밀양으로 진행한 길

어섰다. 강에는 모래톱이 있었지만 물이 잘 흘렀다. 여섯 내지 여덟 척의 고 깃배가 떠다녔다. 4피트120cm 흘수선의 배였다. 이곳에서 10시 58분에 휴식 을 취했다. 서쪽 면으로 작은 평야와 들판이 있는 집이 두 채가 있는 일종의 항구였다. 시야가 닿는 곳까지는 바위투성이의 헐벗은 산이 물가에 치솟아 있었다. 여름에는 무척 예쁠 것 같았다―멋진 강이었다. 만조로 강의 수면 이 가장 높은 때였다. 이렇다 할 뚜렷한 물살은 보이지 않았다. 작은 개울들 과 논이 꽤 단단하게 얼어붙었다. 그리고 찬바람이 강하게 불었다. 나는 강 에 상당히 충격을 받았다. 아주 훌륭한 물살이었다. 이곳은 낙동강洛東江(외국 에 알려진 이름)이지만 조선인들에게는 남강南江으로 알려졌다.

11시 25분에 주막에 도착했다. 언덕 안쪽 작은 평야를 건넜다. 거의 서쪽 방향으로 나아갔다. 약간의 담배를 제외하고는 모두 밀을 재배하는 밭이었 다. 이곳 근처에서 우리는 다시 산을 만나 강에 가까워졌다. 약간 좁지만 장 애물은 거의 보이지 않았다. 수일이 말하기를 대구大邱, Taku 등에서부터 김해 남창 창고까지 쌀이 강을 따라 운반된다고 했다. 여름에 강 위를 여행하면 늘어선 산들이 끊기다가도 다시 다른 산 위로 치솟으면서 그림처럼 아름다울 것 같았다. 나무가 보이지 않는 언덕이 엄청나게 많았고 또 놀라웠다. 오직 짧은 풀과 바위로만 덮여 있었다. 추위에도 불구하고 꽤 많은 사람들이 길 위에 있었다. 맞바람이 몹시 날카로웠다. 이 추위에도 젖가슴을 내놓은 여자들을 보고 나는 많이 놀랐다.

1시 37분에 출발했다. 강에 근접해서 길을 따라갔다. 길이 약간 굽어 있었다. 최고 수위선이 수면 위로 대략 4피트 정도 됐다. 2시 9분에 우리는 용당Yongtang이라고 불리는 작은 마을에 도착했다. 동쪽 방향에서 좁은 급류를 타고 내려오는 개울에 위치한 항구였다. 나룻배를 타고 개울을 건넜다. 대여섯 척의 배가 떠 있었다. 개울은 7피트210cm 이상의 깊이로 멋진 작은 항구가 됐다. 이곳에 있는 두 척의 배는 각각 70에서 90피트21-27m 길이로 짐이 실려 배가 깊숙이 잠겼다. 적어도 4피트120cm는 되어 보였다. 이곳 부근—위쪽—에서 강은 서쪽으로 날카롭게 꺾였다. 나는 가죽을 잔뜩 짊어지고 남쪽으로 향하는 남자들을 봤다.

짧은 거리를 가서 우리는 주막이 있는 마을에 도착했다. 앞에서 말한 강이 꺾이는 지점이었다. 양오미Yang-omi, 양산에서 오늘 장이 열렸다. 그곳에 가지 않아도 돼서 기뻤다. 분기점에서 막걸리makkolli를 마시고자 다시 휴식을 취했다. 우리는 비옥해 보이는 이곳 너머의 밀밭을 지난 다음 암벽으로 이뤄진 둔덕에 이르렀다. 길은 폭이 5피트도 채 안 되는 작은 시렁 같았고 80에서 100피트24-30m 정도 물가로 절벽을 이루는 화성암을 따라 나 있었다. 이 둔덕 위에서 우리는 아치형 누각 형태의 큰 문을 지나 3시 21분에 너머의 집에서 휴식을 취했다. 이곳 맞은편에는 큰 마을이 있었고 강은 서쪽으로 커다랗게 꺾여 흘렀다. 굽이치는 곳에 삼각주가 있었고 그 주변으로 두 개의 수로를 형성했다. 강은 깊어 보였고 물살은 대략 2노트 속도였다. 너비는 1/4마일400m로 물이 훌륭하게 흘렀다. 굽이치는 곳 너머 북쪽으로 큰 마을과 창고 건물을 볼 수 있었다. 이 집에는 8-10톤의 돛단배가 있었고 나룻배와 어부들도 보였다. 5분간 휴식을 취했다.

즉시 북서쪽으로 방향을 틀어 멋진 밀밭을 건넜다. 강 위로 12-15피트3.6-4.5m 높이였다. 나는 시야가 닿는 곳까지 9개 마을을 셀 수 있었다. 강가에는 마을이 하나도 보이지 않았다. 피라미드 형태의 날카로운 400피트120m 높이의 산을 향해 나아갔다. 강 위 서쪽 풍경이 멋졌다—밝은 태양과 연기가 피어오르는 마을, 반짝거리는 강이 보였다. 북쪽 강둑을 따라 경작지가 있는 것 같았다. 이 평야는 1마일1.6km 넓이로 정말 멋지게 개간되어 있었으며, 모두 밀밭이었다. 이곳 주변은 인구도 많고 살기 좋은 지역이었다.

4시에 주막에서 3분 동안 휴식을 취했다. 이곳에서 우리는 강을 떠날 것 같았다. 평야에서 북서쪽 각으로 강가를 제외하고 모두 산악 지역인 곳으로 나아갔다. 하루 종일 작은 수풀을 이룬 대나무를 봤다. 눈에 보이는 유일한 초록색이었다. 양산Yangsan 평야 주변에 많았다.

밀을 재배하는 좁은 골짜기의 오른편을 따라 곧장 북쪽을 향해 올랐다. 끝 부분에서 우리는 서쪽으로 방향을 틀었다. 고갯마루를 넘어 운하처럼 보이는 개울이 남쪽 방향으로 흐르는 넓고 평탄한 골짜기 안으로 내려왔다. 산기슭에서 우리는 주막에 묵었다. 4시 50분에 도착.

밥이 들어오기 전에 커다란 소동이 벌어졌다. 주막 앞에서 두 명의 여자가 날 선 다툼을 벌였다. 한 명은 "나무꾼"의 아내, 다른 이는 첩으로 보였다. 오늘은 이곳에서 10리 떨어진 밀양Miryang의 장날이었다. 그리고 이 두 명의 여자와 "주인"이 우연히 모두 길을 나섰다. 이곳에서 두 명의 여자가 만났고 아내가 다른 여자를 첩이라고 부르면서 달려들었다. 그러면서 남편의 돈을 모두 훔쳐가서 자신이 굶주린다고 비난했다. 그들은 군중이 지켜보는 가운데서 맹렬하게 싸웠다. 그리고 서로에게 끝없이 욕설을 퍼부었다. 그러다가 아

내는 급기야 남편에게 달려들었으며, 남편은 아내의 머리를 후려쳤다. 그들
은 한 시간 가량이나 소동을 벌였다.

●

12월 4일
그림 같은 밀양 영남루를 지나 청도에 이르다

– 영남루 이야기 〈아랑아씨〉

벌레에게 시달린 밤이었다. 빈대였다. 오전 8시 35분에 출발했다. 대략 2 마일3.2km 넓이 되는 밀밭의 동쪽 가장자리를 따라 북쪽으로 나아갔다. 점토 질 토양과 언덕 아늑한 위치에 작은 마을들이 많은 평탄하고 멋진 곳이었다. 개울은 넓은 모래 강바닥을 굽이굽이 흘렀지만 동쪽 면으로는 군데군데 무 척 깊은 곳도 있었다. 평저선들이 수면 위에 떠 있었다. 부근의 장터에서 많 은 사람들이 오고 있었다. 밀양密陽, Miryang이 시야에 들어왔다. 뒤쪽으로 언덕 위에 성벽이 있었다. 길은 무척 좋았다.

9시 13분에 4분간 휴식을 취했다. 그런 다음, 여전히 계곡의 북쪽 가장자 리 위를 나아갔다. 내내 밀밭이었다. 개울은 이곳저곳의 절벽 아래로 흘렀으 며, 절벽 아래는 무척 깊었고 푸른색으로 맑았다. 길이는 1마일1.6km가량에 300-400피트90-120m의 너비로 정말 호수 같았다. 수면 위에는 평저선들이 떠 있었다. 이곳 근처에 둑이 있었고 그 위로는 개울이 얕고 바위가 많았다. 이곳에서 10시 12분에 휴식을 취했다. 언덕 뒤로 성벽이 있는 그림 같은 집

밀양 영남루와 사찰

한 채가 보였다. 제방이 골짜기를 가로질러 놓였다. 이곳 너머 평원은 모래
와 돌이 많았고 말라붙은 개울 바닥으로 끊겼다. 밭은 보이지 않았다.

우리는 곧 지반이 불량한 곳 위에 많은 무덤과 7-8피트2.1m-2.4m 높이의 오
래된 둔덕이 있는 훌륭한 나무숲에 이르렀다. 이곳 오른편으로 골짜기가 동
쪽부터 뻗어 내려왔다. 그 모퉁이와 이 평원은 절벽 위의 영남루嶺南樓[290]였다.

두 층으로 이뤄진 100피트30m 길이였고 아래와 위쪽에 기둥이 있었다. 그
리고 매우 우아했다. 주변에는 지붕이 있는 기다란 다른 건물들이 있었다.
전체가 모여 그림 같은 풍경을 만들었다. 숲의 끝에는 한 무리의 집들이 있
었고 북동쪽에서 흘러오는 이곳 시냇물은 넓고 얕은 바닥에 자갈이 깔렸다.
개울은 누각 건물 바로 밑으로 흘렀다. 밀양 전면의 동북 방향이었다. 개울
동쪽 끝에 그 건물이 있었다. 우리는 다리로 개울을 건너 성벽의 남서쪽 모

---

290 포크는 분명 여기서 10시 12분에 휴식을 취하던 곳에서 보였던 전망대를 가리키고 있다.

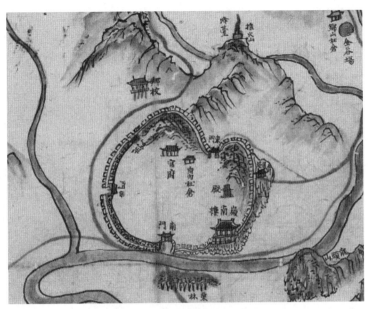

1872 지방도 밀양. 포크가 묘사한 것처럼 강변에 영남루와
산 위의 암자무봉암. 舞鳳庵 등의 모습이 보인다

퉁이 쪽으로 가서 10시 30분에 밀양으로 들어갔다. 무척 넓은 곳이었다. 성
벽 밖으로도 안쪽만큼 많은 집들이 있었고 적어도 나주 정도의 크기였다. 집
들은 가난해 보였다. 남문은 작았지만 위풍당당했으며 평야의 머리맡에 위
치했다. 영남루Yong-nam-nu 동쪽 언덕에 작은 절이 있었다. 여름이 되면 나무
와 개울, 그리고 많은 배들이 평야와 언덕을 무척 아름다운 경치로 만들 것
같았다.

10시 40분에 밀양 성벽 북서쪽 모퉁이에서 10분간 휴식을 취했다. 그런
다음 북쪽으로 가서 동쪽으로 방향을 틀어 밀양 언덕을 돌아갔다. 우리는 전
망대 동쪽에 있는 계곡을 올라가서 이곳에 이른 것 같다. 밀양의 북쪽은 대
략 300-400피트90-120m 높이의 오래된 성이 톱니 모양으로 만들어져 있다.

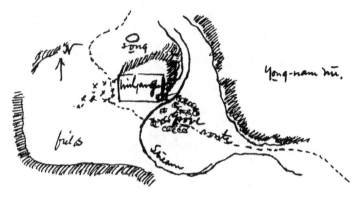

포크가 그린 밀양의 지도

밀양 동쪽의 언덕들은 많은 무덤들로 채워져 있고 지역 전체의 외관이 오래된 분위기를 풍겼다.

11시 15분에 5분간 휴식을 취했다. 계곡을 북쪽으로 올라갔다. 반 마일800m 넓이였다. 대개는 논이었다. 12시 6분에 세 채의 집이 모여 있는 곳에서 휴식을 취했다. 이곳은 상태가 좋은 석벽이 계곡을 가로질렀다─물막이였다. 벽으로 된 댐과 300-400피트90-120m 너비의 예쁜 호수가 있었다. 평야에 나무들이 있었다. 나는 종종 골짜기의 끝부분에서 나무들을 발견했다. 밭이 없고 돌이 많은 개울의 시작 부분이었다. 길 위의 이 지역에 마을은 보이지 않았다. 하지만 계곡 기슭에 작은 마을들이 많았다. 여러 산에는 종종 바위 지층이 두텁게 발견됐다. 정상을 따라 수평 방향으로 형성된 지층이었다. 이 지층의 기울기는 경미했지만 방향은 일반적으로 서쪽을 향해 있었다. 대나무 숲 주변으로 화환이 씌워진 무덤들이 있었다. 우리는 남자들이 배를 띄워 고기를 잡고 있는 작은 호수의 남쪽 면을 지났다. 계곡 기슭을 따라 북쪽으로 더 나아가 그 끝부분의 거대한 바위 무더기 옆에 위치한 유천榆川, Yuchon 역마을에 도착했다. 12시 50분이었다. 배필beppin 한 명이 이곳에 있었다. 때문에 아마도 음식 맛이 좋을 것이다.

밀양에서 온 남자 한 명이 말하길 역驛, Yok 아전이 관리가 그곳에 오지 않았다는 이유로 경숙이에게 말을 주지 않았다고 했다. 이는 나를 몹시 짜증나게 했다. 나는 통행증을 경숙이에게 보내 부사에게 보여 주고 말을 요구하라고 했다. 이는 아마도 역마을 사람들에게 일본인들이 부담을 주었기 때문일 것이다.

2시 47분에 출발했다. 골짜기를 돌아 나와서 언덕을 넘어 또 다른 좁은 계곡으로 들어갔다. 골짜기는 곧 왼쪽으로 꺾였다. 그 이후로 계곡의 오른편을 따라갔다. 이곳은 무척 좁고 작은 밤나무로 이뤄진 멋진 커다란 숲이 있었다. 그 사이를 뚫고 우리는 계곡의 개울가로 나아갔다. 3시 28분에 4분간 휴식을 취했다. 부산을 떠난 이래로 사람들은 오늘 특히 더 많은 호기심을 보였고 또한 무례했다.

북쪽으로 좁고 깊은 계곡 안쪽을 향해 들어갔다. 경치가 예뻤다. 산은 1,000-1,300피트300-390m 높이였다. 바위투성이였지만 매끈했다. 작은 마을이 협곡 안에 그림처럼 자리 잡았다. 개울은 40-70피트12-21m 너비로 얕고 바위가 많았다. 얼어붙어 표면이 매끄러웠다. 약간의 논과 산비탈의 경작지가 있었다. 주막이 있는 이곳에서 4시 5분에 휴식을 취했다. 규모가 무척 컸으며 원골Wuon Kol주막이라고 불렀다. 대여섯 개의 커다란 주막이 있었다. 일꾼들은 누구도 생각할 수 없을 정도로 경치를 희한한 방식으로 감상했다.

곧 골짜기가 넓어지고 집들이 나타났다. 넓은 계곡이 동쪽에서부터 뻗어 우리가 도착한 계곡과 만났다. 4시 45분에 우리는 길 왼편으로 청도淸道, Ch'hong-do 고을의 남촌南村, Nangchon 주막에 도착했다. 주막 뒤편 산기슭에 오래된 유적처럼 보이는 돌무더기가 보였다. 그러나 사람들 말에 따르면 그건 자연적인 돌들이었다. 이곳에서 동쪽으로, 여기서는 보이지 않는 산속에 사람이 없는 고대의 성왜성, 倭城, Ohei sung이 있었다. 주막에서 북동쪽으로 가까이에는 현무암 같은 바위가 이상한 형태로 절벽에서 튀어나와 있었다. 수직으로 가파른 경사면에서 튀어나와 안쪽으로 기울어진 위의 평지를 떠받쳤다. 산은 심하게 헐벗었다. 바위가 많았고 그 지역 전체가 어디선가 바위 유적이 새롭게 발견될 곳처럼 보였다. 이곳은 대구大邱, Taku에서 80리, 청도清道, Ch'hong-do에서 10리 거리였다.

경숙이가 짐을 실은 말과 함께 무사히 도착했다. 그의 고충은 단지 이전 역마을의 남자들이 밀양 너머로 오지 않으려 하는 것이었다. 그래서 경Kyong은 일꾼들을 시켜 짐을 유천 역마을까지 옮겼다. 그곳부터는 말에 짐을 실었다. 오래전부터 나를 괴롭히는 잠자리 친구를 찾아보자. 이곳 방 안에서 무언가 썩어가는 냄새가 난다. 조용한 곳이다. 하지만 호화롭지는 않다!

보고꾼들은 내게 무척 충실했다. 그리고 활기차게 임무를 잘 수행하고 있다. 그중 가장 뛰어난 작은 친구가 도박을 하느라 가진 돈 거의 전부를 잃었다. 이 친구들은 오직 투전tujon과 막걸리makkolli를 위해서만 살았다. 걱정하거나 괴로워할 만큼의 충분한 지식이 없어 보이는 조심성 없는 말썽장이들이었다. 그들은 지금 모두 따뜻하게 차려입었다. 나는 그들에게 진주에서 새 옷을 사라고 12,000푼을 줬다. 조선인들은 일반적으로 옷을 따뜻하게 입었다. 일본인들보다는 훨씬 나았다. 갈아입을 옷이 많지는 않겠지만 입고 있는 옷은 솜을 채운 것이었다. 두툼하고 따듯했다. 수일과 묵은 모두 나보다 더 추위에 잘 대비한 옷을 입었다. 정말 같은 상황의 어떤 외국인보다 더 따뜻한 옷을 입었을 것이다. (부드럽고 고운 비단은, 수일의 옷 같은, 너무 따뜻해서 옷을 입은 사람의 주변에 있는 이들까지 따뜻하게 해 준다고 한다―그렇다고 말들을 했다.)

밀양의 이야기, 영남루Yongnam-nu

옛날 옛적에 밀양의 부사에게 무척 아름다운 딸이 있었다. 그녀를 한 통인
通引, 'Ihoin[291]이 비밀리에 지켜봤다. 영문의 젊은 하인이었다. 그는 그녀의 유
모에게 뇌물을 주면서 아주 잠깐이더라도 그녀 곁에 머물 수 있게 해 달라
고 부탁했다. 유모는 승낙하고 부사가 오후부터 밤까지 영남Yongnam에서 거
창하게 잔치를 벌이던 어느 날 통인을 불러 소녀가 안방에 홀로 있을 것이라
고 말했다. 그가 방에 들어가도 그녀는 무슨 일이 벌어지는지 아무것도 모를
것이라고 했다. 통인은 방으로 향했지만 소녀는 그에게 곁을 허락하지 않았
다. 그 결과 그는 소녀에게 상처를 입혀 죽이고 그녀를 대나무 숲에 묻어 버
렸다. 부사가 돌아와서 난리법석을 피웠지만 시신도 살인자도 찾지 못했다.
시간이 흘러 부사는 자리에서 물러나고 다른 부사가 부임해 왔다. 도착한 날
밤 그가 영문에 촛불을 켠 채 홀로 앉아 있는데, 문이 열리고 끔찍한 모습의
귀신이 나타났다. 머리를 풀어헤치고 몸 전체가 붉은 피투성이였다. 괴이한
형체는 부사에게 다가와 그의 앞에 앉았다. 너무나 공포스런 나머지 부사는
그만 놀라서 즉사하고 말았다. 아침이 되자 아전이 평상시처럼 부사에게 왔
으나 그는 이미 죽어 있었다.

이후에도 차례로 네댓 명의 부사가 도착한 날 밤에 같은 운명에 처했다.
이런 일이 계속되자 마침내 어떤 관리도 밀양에 와서 살려고 하지 않았다.
결국 왕은 모든 관리를 소집해서 희망자를 찾았다. 체구가 작은 나이 든 남
자 한 명이 자원하여 새로운 부사로 임명되었다. 그는 유령이 나타났을 때
놀라지 않고 침착하게 물었다. "너는 사람이냐, 귀신이냐?" 귀신이 대답했다.

---

291 동인Tong-in: 소년 하인.

"나는 이전에는 사람이었다. 그리고 할 이야기가 있다. 앞서 부사들이 죽어 버려 하지 못했던 이야기다." 그녀는 통인이 자신을 끔찍하게 살해 하고 묻은 장소를 털어놨다. 아침이 되자 예전처럼 아전이 부사를 실어 나가려고 가마니를 들고 왔다. 하지만 그가 살아 있는 것을 보고 깜짝 놀랐다. 통인이 체포되어 사실을 자백했다. 그녀의 유해는 수풀 속에서 상하지 않은 채 그대로 발견되었다. 통인은 벌을 받아 처형되고 그 뒤로는 부사가 죽는 일이 없이 모두가 무사했다.

12월 5일
팔조령을 넘어 경상감영 대구길에서 고인돌을 발견하다
-대구약령장과 서문다리 근처에서 무당의 굿을 보다

비변사인방안지도에 나타난
청도-대구감영 노정

추운 밤이었다. 7시 30분에 출발했다. 북쪽으로 간 다음 북서쪽으로 방향을 틀었다. 계곡에는 돌이 많았다. 여기저기에 무더기로 쌓였다. 계단식으로 경작이 이뤄졌고 늘 그렇듯이 기슭을 따라 마을들이 있었다. 8시 5분에 휴식을 취했다. 이곳 근처에 무척 무덤이 많은 언덕이 있었다. 그 왼편—북쪽—으로는 작은 읍내였다. 250여 채의 집이 담을 두른 채 드문드문 흩어져 있었다.

8시 50분에 휴식을 취했다. 논으로 이뤄진 평야를 건너 왔다. 이전에는 밀과 고지대 산물이 나던 놀라울 정도로 돌이 많은 곳이었다. 평야는 서쪽으로 펼쳐져 1마일1.6km 넓이였다. 이곳에서 우리는 북쪽으로 향하는 좁은 지역으로 들어갔다. 9시 46분에 우리는 계곡 끝부분의 가파른 산길의 하단 쪽에 도착했다. 대략 1,100피트330m 높이의 팔조령八助嶺 고개Pal Choryong Koya였다. 앞으로 힘든 산길이 놓여 있었다. 언덕 정상의 집과 약간의 나무들이, 특히 멀리서는 거대한 검은 바위 같던 상록수가 눈에 두드러졌다. 날씨가 지독하게 추웠고 오늘 상당히 고통을 겪었다. 조선 관습에 따라 마을의 일꾼들이 기슭에서 우리를 고개koya 너머까지 운반해 주기로 되어 있었다. 우리는 이곳에서 그들을 기다렸다. 많은 소년들이 무리를 지어 바구니, 칼과 갈퀴로 무장하고 수풀 등을 헤치고 나갔다.

언덕을 걸어서 넘었다. 힘들고 거친 등반이었다. 우리를 저 너머로 태워다 줄 일꾼은 없었다. 고갯마루의 바람은 실제로 거세고 정말 차가웠다. 우리는 가로질러서 북쪽으로 뻗은 골짜기를 내려갔다. 입구에는 매우 돌이 많았다. 작고 큰 돌로 이뤄진 많은 오래된 성벽이 있었다. 바닥의 작은 마을에서 11시 10분에 휴식을 취했다. 이곳에서 다 헤진 누더기를 입은 두 명의 여자를 —한 명은 어제 봤던—봤다. 마치 석탄 구멍에서 나온 것처럼 까맸다. 특이했다. 젊은 여자들로 보였고 외모도 나쁘지 않았다.

대구大邱, Taku에서는 큰 장약령시, 藥令市이 열리고 있었다. 해년마다 열리는 규모가 큰 장으로 10일째 진행되고 있었다. 장터의 무뢰배들 사이로 들어가는 위험을 겪고 싶지 않았기 때문에 내게는 거북한 상황이었다. 나는 전반적으로 조선인들에게 쓰라린 감정을 느꼈다. 그들의 무례와

대구 수성못 과거 모습

대구 수성못 현재 모습

나를 일종의 진기한 수집품처럼 대하는 반 야만적인 행동으로 인해 그들에게 내가 가진 모든 배려가 무색해졌다.

형편없는 길을 계속 나아갔다. 이따금 돌로 지은 집들이 있었다. 12시 3분에 우리는 계곡 중간쯤에 있는 마을 반대편 주막에 도착했다. 이곳은 오동원梧洞院, Otong-won 주막이었다. 밥이 훌륭한 괜찮은 주막이었다. 1시 55분에 출발했다. 곧 자갈이 많은 거친 길을 통해 좁은 협곡을 굽이굽이 나아갔다. 종종 산이 끊겨 가파른 경사면이 나왔고 개울 바닥이 있었다. 바람이 거세서 여행하기가 힘들었다. 좁은 골짜기로 나온 다음 이곳 사방못Sapong Mok[292] 주막에 왔다. 20 내지 30여 채의 가옥이 있었다. 이곳에서 2시 58분에 5분간 휴식을 취했다. 이곳의 개울 건너편 산 북쪽 끝부분에 작은 성이 있었다. 수성壽城 산성Susong sansung이라고 불렸다.

3시 50분에 휴식을 취했다. 1마일 뒤편으로 계곡이 평야가 되어 열렸다. 몇 개의 커다란 창고와 두 개의 마을이 보였다. 평야에는 시야가 닿는 곳까

---

[292] 대구 수성못의 원래 이름으로 사방에서 물이 들어왔다고 해서 '사방못'이라 한다고 현지에서 채록.

《여지도》 대구 (부분)/ 규장각 소장

지 개울의 서쪽 둑을 따라 벽이 늘어섰다. 우리는 개울을 건넜다. 성벽 앞과 이 계곡을 따라 있는 모든 곳이 별 소용이 없음이 분명했다. 밭이 거의 없는 자갈투성이의 좋지 않은 땅이었다. 사람들이 거대한 무리를 지어 오고 갔다. 사람들의 무례한 행동 때문에 우리는 지나가는 데 어려움을 겪었다. 짐을 든 남자와 소년들은 길을 잘 내어 주려 하지 않았다.

북서쪽으로 둥그렇게 돌아서 나아갔다. 우리가 지나가는 들판 오른편 세 곳에 대략 250-300피트 간격으로 각각 서너 개씩 거대한 돌이 모여 있었다.

대구 상동 지석묘 사진

두 군데는 대략 원기둥 또는 정육면체 형태였고 세 번째는 평평했다. 앞의 것은 대략 가로 4피트1.2m, 세로 4 내지 5피트1.2m-1.6m였고 뒤의 것은 가로 8피트2.4m, 세로 5 내지 6피트1.5m-1.8m, 높이는 1, 2 또는 3피트30-90cm였다. 아마도 고인돌이나 한때 그런 역할을 했던 어떤 것이라고 생각했다. 많은 장소에서, 특히 평야의 남쪽 가장자리 부근에 더 많은 외따로 떨어진 거대한 돌들이 있었다.[293]

우리는 대구 성벽의 남동쪽 모퉁이로 다가가서 4시 34분에 다다랐다. 이곳에서 짐꾼과 황소, 소년들로 이뤄진 거대한 무리를 지나쳤다. 전체 평야가 사람들로 활기가 넘쳤다. 길의 왼편으로 고을 남쪽은 낮은 언덕들만이 보였다. 평야 전체가 완만하게 경사진 구릉이었으며 언덕은 낮았다. 고을은 평원 높이에서 잘 보였다. 멀리 뒤쪽으로 산맥이 보였고 가장 가까운 산은 북쪽이었다. 우리가 들어선 남동쪽 모퉁이는 빽빽하게 건물이 들어찬 분주한 거리였다. 그리고 이 길을 통해 고을의 전체 남쪽 전면을 지나쳐서 서쪽 문으로 돌아갈 수 있었다. 비록 다른 곳처럼 진흙 따위로 지어졌지만 집들은 대체로 규모가 있었고 대개 사각형으로 견고해 보였다. 거리는 무척 넓었고 주막이 많았다. 성벽 모퉁이들과 성벽을 따라 누각이 있었고 서쪽 대문ta mun은 약간 피라미드 모양으로 위풍당당했다. 하지만 서울이나 수원의 대문만큼은 아니었다. 성벽은 정말 깔끔하게 각을 세워 깎은 사각형 돌들을 쌓아올려 만들었다. 다른 곳처럼 총안銃眼이 뚫려 있었다.

남동쪽 모퉁이에서 서문까지 가는 데 10분이 걸렸다. 거리는 사람과 가축 무리로 내내 붐볐다. 서문에는 훌륭한 아치형 돌다리가 있었다. 두 개의 아

---

293 수성못 근처 신천 주변 1km에 걸쳐 수십 기의 고인돌이 존재하였음. 현재 이곳은 대구시 기념물 12호 상동 지석묘 군락을 말함.

대구 서문 달서문

치가 있고 매우 평탄하며 대칭을 이뤘다. 여러 부분에서 조선에서 본 다리들 중에 가장 최고였다. 개인지 호랑이인지 모를 머리 조각상이 아치의 중심 부분에서 길 높이로 돌출되어 있었다. 다리에서 주막을 찾기 위해 잠시(12분) 기다렸지만 아직은 이른 시간이라 나는 일행을 전진시켰다. 나는 이런 군중 속에 머무는 것을 좋아하지 않았고 보교꾼들은 술과 고기koki가 있는 고을 안이나 근처에 머물기를 원했다. 심지어 그들은 오늘 약속한 90리를 오지도 못했다. 그 때문에 나는 아침 6시 30분에 일어났다.

다리를 건너자 좁은 거리에 물고기, 북어pugoh[294], 해초 따위를 파는 사람들로 가득했다. 거길 지나쳐 장작 다발을 파는 남자들이 가득한 마당을 통과했다. 그 뒤로는 집들이 1/4마일400m가량 계속되는 곳을 지났다. 보교꾼들이 다시 한 번 멈춰 서려고 꾀를 부렸지만 떨쳐냈다. 우리는 8리를 더 나아가서

---

294 북어Pugo: 말린 명태.

대구 서문시장 모습 1900년대 초

5시 45분에 주막에 도착했다. 하루 동안 87리를 왔다. 보교꾼들은 오래된 막걸리에다가 고기가 없는 곳으로 오게 되어 무척 슬퍼했다. 나는 아침에 그들에게 소금에 절인 쇠고기 통조림을 줄 것이다.

대구는 크고 중요한 곳 같았다. 분명 전주만큼 컸다. 내 생각에는 더 큰 것 같았다. 수일 역시 그렇게 말했다. 가까이에 하나 내지 두 개의 작은 개울이 흘렀다. 서쪽 가까운 곳에서 방아를 찧어 개울을 통해 곡물을 낙동강Naktong gang으로 보내는 것 같았다. 현재 열리고 있는 장터는 어마어마한 규모였다. 모든 주막과 거리가 사람들로 넘쳐났고 모든 방향의 길과 길 위의 주막들 역시 가득 찼다. 이런 시장은 장이었지만 "(약)령令, yong"이라고 불렸다. 함흥Hamhung, 공주, 전주, 그리고 대구에서 해마다 겨울과 봄에 두 번 열리는 시장에 붙이는 이름이었다. 대구 '령'은 열 번째 달의 첫 번째 날에 열려 15일간 계속됐다. 모든 것이 대량으로 팔리고 교환됐지만 주요 판매 품목은 약초였다. 공주 령令은 아홉 번째 달의 스무 번째 날에 열리고 서른 번째 날에 끝

대구 감영의 정문 관풍루(대구근대박물관 제공)

났다. 이건 공식적인 일정이었지만 장터는 더 오래까지 이어졌다. 예를 들어 대구 령은 12 또는 13일째에도 여전히 끝날 기미가 보이지 않았다. 이런 령에는 팔도Pal-do[295]에서 사람들이 모여들었다. 대구에서 열리는 령이 단연코 조선에서 가장 컸다. 오늘 길에서만 틀림없이 4,000여 명을 봤다. 지금 당장에도 길 전체적으로 끊임없는 다툼이 벌어지고 있다.

대구의 서문西門, So-mun다리에서 나는 어느 집 대문 앞에 내리게 되었다. 사람들의 눈에 띄지 않은 채 그곳에 대기하고 있는 동안, 잘 차려입은 여인 한 명과 하인 한 명이 음식 접시로 가득 채워진 상sang을 들고 문간으로 왔다. 문 윗부분에는 바깥 너머로 새끼줄이 걸쳐졌고 이 중 하나의 끝부분에는 상록수소나무의 작은 가지 두 개가 매달렸다. 하인은 곧 사라지고 여인이 모퉁이를 마주보고 소나무 아래 서서 무언가 긴 이야기를 암송하듯이 노래 부르

---

[295] 팔도Pal-do: 조선의 "여덟 지역", 즉 조선의 모든 곳.

대구 감영공원의 선화당

는 어조로 빠르게 커다랗게 반복했다. 그런 다음, 코앞으로 8인치20cm 내지 1 피트30cm 간격으로 문을 마주보고 서서 한 번에 약간씩 술을 부었다. 그러고 그녀는 상을 치우고 들어갔다. 그런 다음 다시 누군가가 노래 부르듯이 조선 말로 무언가를 읽거나 기도하는 소리가 들렸다.

대구 주변 지역은 그리 많이 비옥하거나 생산적이지는 않았다. 이곳은 감영監營, Kamyon이 있는 장소라서 중요했다. 주변 평야는 개간됐지만 많은 부분이 돌밭이었고 일부분만 논이었다. 고을의 남쪽 6리 부분에 대구의 성인 달성達城, Tal-sung이 있었다. 지금은 그저 휴양지로 승려가 없었다. 안쪽에는 연못yuen-mot과 집새 누각이 있었다. 높이는 서울 남산의 성보다 낮았다. 대략 400-600피트120-180m였다. 내가 살펴보지는 않았다.

수일이 말하기를 대구 서문 다리의 여자는 샤머니즘[296] 퇴마사의 지도에

---

296 신도Shindo: 조선의 샤머니즘 관행을 근거로 형성된 고대의 영혼 신앙 체계를 일본식으로 표현.

따라 신도 영혼에게 제물을 바치는 중이었다. 병든 집의 주인을 치료하기 위해서였다. 이런 퇴마사들은 세 부류였다—장님Changmin, 일반적으로 눈 먼 남자, 무당巫堂, Muttang, 대개는 여자, 여복女卜, Yopuk, 눈먼 여자—장님과 같은 부류다. 이들은 점쟁이였지만 가장 흔하게는 여자들을 속이기 위한 속임수로 과거사를 이야기했다. 장민은 북과 징을 들고 서낭당에서 굿을 했다. 병든 사람들은 자신의 속옷이나 옷깃을 서낭당에 보내거나 가져가서 나무에 매달아 병을 없앴다.[297]

집에 병든 사람이 있다고 하자. 식구 중 한 명이, 거의 항상 여자가 장님이나 다른 퇴마사 중 하나에게 가서 이름 따위의 정보를 주면서 무슨 병인지를 묻는다. 장님은 작은 구멍이 뚫린 대나무 통을 가지고 있다. 이를 흔든 다음 안에서 대나무 조각을 하나씩 꺼내어 읽고 장님의 주머니에 넣었다. 그런 다음 그는 (귀)신[298]에 관한 이야기를 시작한다. 가령 당신 집 안의 어떤 (귀)신이 배가 고프다거나 화가 나 있고 그래서 당신은 특정 음식을 특정 방식으로 준비하고 바쳐야 한다는 이야기였다. 그런 다음 장님이 집으로 와서 사악한 영혼을 바로잡거나 가미(신)에게 바쳤으나 가미가 먹지 않은 음식을 먹을 수도 있었다.

[서울] 남산에서 나는 온갖 색깔로 옷을 차려입은 어떤 여자를 본 적이 있었다. 송도[개성]에서도 봤다. 그녀는 부채를 들고 징과 북 음악에 맞춰 춤을 췄다. 그런 다음 그녀는 몸속에 신을 받아들여 사람들의 질문을 받았다. 사람들은 손바닥을 서로 비비며 단조로운 음색으로 노래를 부르듯이 기도를 반복했다. 그러더니 춤을 추던 무당은 이제 하나의 신으로서 명령을 내린다. 나는 징과 북을 치는 소리를 종종 들은 적이 있으며 거칠게 춤을 추는 현장

---

297 일반 참고사항: "조선인들은 치명적인 전염병에서 비교적 자유로워 보인다. 아이들 사이에서 천연두를 앓은 흔적은 단 한 명에게서만 보였다.
298 가미Kami: 신이나 영혼을 뜻하는 일본 단어.

을 몇 번에 걸쳐 보기도 했다. 이런 모든 일들은 샤머니즘의 일부였다. 이를 통해 사람들은 대개 돈과 음식을 뜯겼다. 여자들은 종종 남자의 뜻에 반해서 이런 일을 했다. 남자들은 일반적으로 이를 바보 같은 일로 여겼다.

12월 6일
대구를 떠나 칠곡 가산산성을 지나다

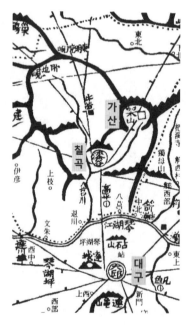

대구—칠곡—가산산성이 표시된 《대동여지도》

7시에 일어났다. 물이 너무 더럽고 막걸리 냄새가 나서 세수를 하느라 힘들었다—처음 있는 일도 아니었다. 밥이 지저분하고 형편없었다.

8시에 출발했다. 80-100피트_{24-30m} 너비의 개울을 건넜다. 개울은 대략 서남 방향으로 흘렀다. 개울 바닥은 무척 넓고 모래와 돌이 많았다. 그런 다음 서쪽으로 계곡을 올랐다. 매우 척박하고 돌이 많고 건조했다. 그리고 모두 작은 개울들로 이어졌다. 서쪽으로 뻗은 언덕들은 비교적 낮고 노랗다. 9시 10분에 우리는 200-300여 채의 집이 있는 고을에 도착

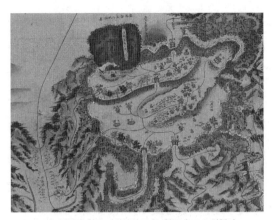

1872 지방도 칠곡 가산산성 모습. 왼쪽에 포크 일행이
지나간 '대로大路'가 선으로 표시되어 있다

했다(휴식 없이, 빠른 속도로 나아갔다.) 이곳에는 멋진 외관을 가진 관아와 여러 관청이 있었다. 한 남자가 칼을 쓰고 관아로 끌려가고 있었다. 칼의 모양은 늘 보던 대로 갈색의 길고좁은 형태였다. 고을 바로 너머 3리쯤 되는 곳에 또 다른 90 내지 100여 채의 집들과 함께 영문을 닮은 건물인 역말역마을: 역참, 驛站이 있었다. 이 두 곳은 모두 낮고 노란 언덕 아래 골짜기의 서쪽 면에 위치했다. 이곳 분지는 대략 반 마일 넓이였다. 이곳까지 20 내지 40여 채의 집이 있는 다섯 개의 마을을 지나왔는데 이곳 분지 안에는 더 많은 마을이 있었다. 평야에는 논과 밀밭이 있었다. 계단식 경작이 넓게 이뤄졌고 황무지도 많았다. 사방이 보이는 언덕이 비교적 낮았다. 어젯밤 주막부터 이곳까지 길가에는 마을이 없었다.

10시 5분에 휴식을 취했다. 길은 좁았지만 충분히 평탄하고 좋았다. 마을들은 이곳까지 여기저기 흩어져 있었다. 이곳 계곡의 끝부분은 절반 이상이 돌로 가득 찬 여름철 개울 바닥과 같았다. 마을들은 작았지만 두드러지게 길에서 약간 떨어져 언덕을 따라 위치한 경우가 많았다. 오늘 아침에 화장실에 가지 못한 탓에 나는 몸이 불편했다.

11시에 주막이 모여 있는 곳에서 15분간 휴식을 취했다. 이곳은 동면東面, Tong Myun(동쪽 면Myun) 주막이었다. 길 가까이 동쪽 언덕 위로 350피트

45m 높이 지점에 오래된 성이 있었다. 꽤 큰 성이었다. 가산산성架山山城, Kasan sansung[299] 안에는 별장別將, Pyelchang[300] 과 작은 군 시설이 있었다. 성벽은 낮아 보였으며 주변 언덕은 헐벗고 갈색이었다. 길은 마지막 구간에서 무척 지루 했다.

우리는 서쪽으로 굽이진 길을 나아간 뒤 좁고 험준한 계곡을 점차 올라 갔다. 그런 다음 갑작스럽게 짧은 내리막을 내려가서 12시 10분에 작은 분 지에 도착했다. 그곳에는 40 내지 50여 채의 집이 있는 주막촌이 있었다. 이 분지를 내려다보면 입구가 없는 것 같았다. 우리는 이곳에서 3분간 휴식을 취하고 북쪽으로 방향을 틀어 계곡의 목 내지 출구를 벗어났다. 그 이후 살 짝 경사진 길을 통해 중간이 끊긴 지루한 계곡을 내려왔다. 무척 좁았다. 3 리쯤 전에 작은 주막이 있는 곳을 지났다. 그리고 1시 14분에 이곳 주막에 도착했다.

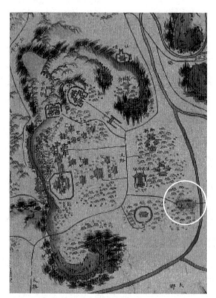

칠곡읍내 모습.
장내거리로 보이는 장시 표시가 보인다
(1872년 지방소, 규장각 소장)

오늘은 매우 추웠다. 얼어붙는 것 같았지만 다행히도 바람은 거 의 불지 않았다. 대구 이후부터의 지역은 매우 지루하고 볼품없었다. 칠곡漆谷, Chilkok과 가산Kasan의 산성 은 간신히 예외였다. 길 위에 무척 많은 사람들이 있었다. 우리 앞쪽 장내거리Chang-na Kori에 장이 열렸 다. 이곳부터 20리 거리였다. 우리

299 경상북도 칠곡군 가산면 가산리에 있 는 조선 시대 석축 산성 사적 제216호.
300 별장Pyolchang: 특수 지휘관.

가 지나친 읍내는 인동仁同 고을Intong Kol에 속했다.

3시 10분에 출발했다. 계곡은 점차 넓어졌으며, 군데군데 멋지게 계단식 경작이 이뤄졌다. 집이 모여 있는 곳 세 군데를 지났다. 한 곳에서 길이 갈라졌다. 우리는 오른쪽 길을 택했다. 다른 길은 인동 고을로 이어졌다. 지층이 선명했고 북서쪽 12-15° 각도로 기울었다. 장소에 따라 바위 가장자리가 거대한 벽처럼 보였고 지층은 분리되어 있었다. 3시 50분에 5분간 휴식을 취했다.

4시 20분에 장내 거리에 도착했다. 장은 규모가 작았으며, 400여 명 정도가 모인 듯했다. 작고 볼품없는 시장이었다.

바로 그 너머에서 우리는 서쪽에서 북쪽으로 흐르는 개울을 건넜고 곧 또 다른 작은 장터인 이곳에서 4시 35분에 휴식을 취했다. 오늘 오후 길을 따라 있는 서쪽 언덕이 점점 낮아지더니 낮은 지형이 유지되었다. 인구는 많아 보였다. 그리고 주변에도 사람이 역시 많았다. 여름에는 이 골짜기들이 예쁠 것 같았다. 경작지는 대단해 보이지 않았다. 장터에 이르기 전에 동쪽으로 성벽을 봤다. 분명히 오래된 것이었다.

이곳에서(4시 35분) 묵이 다음 30리 동안 주막이 없다고 알려주었다! 이 사실은 나를 몹시 노하게 만들었다. 우리는 오늘 겨우 65리를 왔을 뿐이다. 그런데 묵이나 수일 모두 지난밤에도 그렇고 오늘 낮에도 역시 우리가 갈 길에 대해 무언가 알아낼 만큼 충분한 선견지명을 발휘하지 못했다. 내가 이 사실을 점심 이전에만 알았더라도 식사를 포기하고 오늘 95리를 전진했을 것이다. 나는 묵과 수일을 앉혀 놓고 카인처럼 화를 냈지만 조선 관리들의 일 처리 습성에는 아무런 소용이 없었다. 내가 의탁하고 있는 보교꾼들에게 순한 자세로 굴복해야만 했다.

이곳은 규모가 크고 편안한 주막이었다. 밥을 먹고 잠깐 잠을 잤다. 그러나 평상시만큼 편안하지가 않았고 음식 맛도 좋지 않았다.

12월 7일
칠곡을 떠나 도개를 거쳐 낙동나루를 건너다
-햇꾼아-아-아--, 오라, 오라 건너선다!

《대동여지도》에 나타난 해평과 낙동.
도로에 표시된 10리 표시가 5개로 50리가 떨어졌다는
포크 기록이 이 지도에 근거하고 있음을 보여 준다

6시 30분에 일어났다. 날씨가 흐렸다. 오랫동안 잘 잤다.

7시 40분에 이곳(여기는 읍 장내거리 Uye Chang-na Kori였다)을 출발했다. 사람들이 뒷간Tinkkan까지 따라와서 나를 엿봤다. 정말 화가 났다.

길이 거칠게 계단식 개간이 이뤄진 낮은 구릉 지대를 넘어갔다. 집이 겨우 한두 채 보일 뿐이었다. 100피트30m 넘는 언덕은 보이지 않았다. 골짜기들이 서쪽으로 뻗었다. 길을 가는 내내 눈이 내렸다. 시야가 막혀 멀리 볼 수 없었다. 중

간쯤에 나무가 가두리 장식 모양으로 자란 작은 호수를 지나쳤다. 기온이 낮아서 눈이 녹지 않았다. 8시 48분에 휴식을 취했다. 9시 5분에 길을 내려가서, 강을 향해 3-4마일4.8-6.4km 길이로 펼쳐진 평탄하고 비옥한 평야의 남동쪽 모퉁이에 도착했다. 개간이 잘 이뤄져 있었다. 대부분 논이었지만 밀밭도 있었다. 평야에 집은 보이지 않았다. 우리는 평야 동쪽 가장자리의 언덕들을 따라갔다.

9시 40분에는 강과 가까이 나란히 자리 잡은 낮은 지대에 있었다. 동쪽으로 200여 채가 되지 않는 집들이 있는 작은 마을이 있었지만 관청처럼 생긴 사택이 많았다. 그런 다음 9시 48분에 우리는 일반적으로 멋진 큰 주막들이 있는 곳인 커다란 주막거리에 도착했다. (이곳은 읍내에서 20리 거리의 해평海平, Hapyong[301] 장 또는 주막이었다.) 이곳 북쪽으로 1000피트300m쯤 되는 높이의 산들이 있었다. 이곳에서 2마일3.2km. 거리의 서쪽 강둑에는 언덕이 많았다. 동쪽에는 또 다른 마을이 있었다. 이곳에는 30 내지 40여 채의 집이 있었다. 계곡 건너편 고을과 이곳의 좋은 집들로 판단할 때 풍요로운 지역 같았다.

계곡을 올라간 다음 낮은 분수계分水界를 지난 다음 한 군데를 또 넘었다. 계곡이 서쪽 방향으로 열리면서 곡저평야가 나왔다. 길이 낮아지면서 구릉지대로 이어졌다. 아래쪽으로 언덕들이 잘 보였다. 가장자리로 목화가 무척 많았다. 지금까지 조선의 다른 곳에서 본 것보다 더 많았다. 모든 방향에서 볼 수 있었고 사람들이 이를 따고 있었다. 해가 나왔다. 하지만 바람이 강해서 몹시 추웠다. 우리는 모두 추위에 시달렸고 여행은 힘들었다. 강을 끼고 계속 나란히 가야 하는 것 같았다. 백여 채가량의 많은 집이 있는 커다란 세 마을과 비석들이 모여 있는 곳에 가까이 놓인 길을 지났다. 전체적으로 경상

---

301 경상북도 구미 지역의 옛 지명.

도에서 가장 번창한 모습과 가장 좋은 농장이 있
는 곳이었다.

10시 58분에 휴식을 취했다. 해평Hapyong에서 낙
동洛東, Naktong까지는 50리였다. 곧바로 강이 보이
는 지점에 도착했다. 우리는 비스듬히 다가서고

1872년 지방도에 나타난 의구총

있었다. 반대편 강둑 산비탈에 대략 100여 채가량의 집이 있는 마을이 있었
다. 네다섯 척의 배들이―여울용의 작은 배 한 척, 작은 돛단배들이 강둑에
계류되어 있었다. 깨끗한 강바닥은 반 마일800m 너비였다. 중간에 대략 200-
30060-90m피트의 개울이 조용하고 부드럽게 흘렀다. 물살은 크지 않았다. 양
쪽 나머지 강바닥은 기막히게 곱고 평탄한 모래였다. 모래 위로 바람이 규칙
적으로 일었다. 그 이후로 강을 계속 따라갔지만 우리가 끊임없이 건너는 절
벽이나 언덕 뒤편으로 종종 사라지고는 했다. 강둑을 따라 평탄한 농경지가
있었지만 대개 우리는 그 뒤편에 있는 불규칙한 지형의 산길을 걸었다. 마을
하나를 지났다. 12시 10분에 우리는 도개 고개Toi Koga 주막에 도착했다. 꽤
많은 사람들이 길 위에 있었다. 소와 말, 짐을 가지고 장터를 오갔다. 몹시 춥
고 불편했다.

우리가 점심을 먹은 도개고개 주막에는 아주 유명한 개를 위한 묘비석이
있었다.[302] 옛날 옛적 한 조선인이 술에 만취해서 도개고개에 온 뒤 풀밭에서
잠들었다. 그의 담뱃대에서 잔디로 불이 옮겨 붙었다. 풀밭에 불이 난 광경
을 본 그의 개가 멀리 달려 나가 꼬리에 물을 묻힌 뒤 이를 빗자루처럼 이용
해 불을 껐다. 개는 이 행동을 여러 번 반복해서 불을 껐지만 지쳐서 그만 죽
고 말았다. 그의 주인이 이를 보고 그곳에 개를 묻고 그를 기리기 위해 비석

302 경북 선산군善山郡 도개면桃開面 임동林洞에 있는 의구총義狗冢.

도개 의구총 의구비義狗碑

1872년 지방도 선산善山지도에 표시된 의구총義狗冢

을 세웠다.

2시 14분에 출발했다. 강둑을 한동안 따라갔다. 그런 다음 산에서부터 흐르는 물이 빠져나가는 좁은 계곡을 건넜다. 일부분은 개간이 되었지만 대부분은 강바닥이어서 버려져 있었다. 오늘 고지대 산물을 무척 많이 봤다. 보교꾼이 막걸리에 잔뜩 취했다. 3시 16분에 5분간 휴식을 취했다. 우리는 한 시간당 15리를 가는 속도로 쉬지 않고 빠르게 이곳에 도착했다.

3시가 되기 이전에 우리는 다시 구릉 지대 안에 있는 강가에 가까이 왔다. 30-40여 채의 집이 있는 마을 세 개를 지났다. 3시 53분에 짧은 길이의 강둑을 가까이 지난 다음 우리는 낙동洛東, Naktong 나루터에 도착했다. 이곳 이전에서 끝난 개울은 150피트45m 너비에 8피트2.4m 깊이였다. 개울 바닥은 너비가 1마일1.6km이었다. 나루터의 개울은 450피트135m 너비에 16피트4.8m 깊이로 물살이 거의 일지 않았다. 호수 같은 수역이었다. 낙동은 북쪽 강둑 위에 있었다. 수일이 말하기를 배들이 이곳에서부터 바다로 나간다고 했다. 내가 이 강을 본 바에도 그럴 것 같았다. 물살이 느리고 잔잔하며 깊었다. 여름에는 무척 큰 강을 이루고 이곳은 수면이 6피트1.8m 이상 그리고 더 올라가면 좋을 것이다. 낙동은 아마도 300-350여 채의 집들이 있었다. 몇 군데로 나뉘어 여기저기 심하게 흩어져 있었다. 아마도 큰 장터가 있는 일반적인 종류의 마을이었다. 무척 널리 알려진 이름으로 강江에도 같은 이름이 붙여졌다. 이곳은 상주尙州, Sangju 고을과의 경계 지점이었다.

우리는 나루터에서 바로 산을 올라갔다. 험준한 골짜기였지만 주막을 찾지 못했다. 버려진 곳만 있었다. 우리는 계속 나아가야만 했다. 점점 날이 어두워지자 홰꾼Whae Kun, 화군, 火軍이 모습을 드러냈다. 그리고 횃불에 의지해 매우 빠른 속도로 그림처럼 나아갔다. 이는 매우 즐거웠다. 보교꾼들이 이 야단법석을 즐겼다. 캄캄한 밤중에 앞쪽에서 "홰꾼아-아-아Whae Kun-a-a-a"라는 소리와 함께 "오려, 오려 건너선다! 멀다Oryo, Oryo Kut-no-sunda! Muldo" 따위의 외침이, 횃불의 함성이 되어 들려오는 것이 인상적이었다. 길은 좋았다. 낮은 언덕 위로 굽어 돌아갔다. 6시 20분에 우리는 주막이 모여 있는 섬골S'hom Kol 에 도착해서 밤을 보낼 숙소로 정했다.

보교꾼이 말하기를 우리가 오늘 105리를 왔다고 했다(낙동부터 25리). 주막 사람들은 110리라고 했다. 나는 완전히 지쳤고 무척 추웠다. 주막은 몹시 원시적이었지만 크기는 컸다. 이 부근의 유일한 연료는 짚과 풀뿐이고 그래서 집을 데우기가 어려웠다. 방이 무척 눅눅하고 추워서 나는 행복하지 못했다. 주막 사람들이 말하기를 이곳은 서울에서 480리 거리였다(지도에 따르면 500 리였다). 그리고 상주까지는 20리였다.

나는 오늘 다시 두드러지게 북서쪽으로 이루어진 지층을 여러 군데에서 봤다. 5시쯤에는 길 왼편 언덕 위에서 몇 개의 거친 바위기둥을 봤다. 8 내지 10피트 높이로 나란했다. 그리고 그 부근으로 각이 지고 낮은 다른 바위들 이 무리지어 있었다.

경숙이가 오전 12시 20분이 되어도 짐을 가지고 나타나지 않았다. 불쌍한 녀석!

12월 8일
상주길에서 조선을 뒤집은 '갑신정변' 소식을 듣다!

8시에 출발했다. 또다시 화장실이 없었다. 거의 서쪽으로 계곡을 내려 갔다. 우리는 바로 상주尙州로 가는 길을 택했다. 평야가 넓어지더니 계곡 의 입구를 지나 상주를 향해 서쪽으로 나아갔다. 8시 55분에 나원Nawon 주 막에서 10분간 휴식을 취했다. 이곳에 마을이 하나 있고(80여 채의 집) 계곡 건너에 하나가 더 있었다. 1마일 전쯤에서 우리는 40피트12m 너비의 얕은 개울을 건넜다. 땅은 척박해 보였고 고르지 않았다. 오늘 몸 상태가 좋지 않았다.

10시 11분에 휴식을 취했다. 주로 논이 있는 1마일1.6km 너비의 비옥한 계 곡을 서쪽으로 돌았다. 하지만 많은 부분이 강바닥으로 버려져 있었다. 이곳 까지 겨우 하나의 마을이 있었다. 우리는 계곡 끝부분에 있었다. 곧 빠져나 갈 것이다. 이곳 주변에 집들이 몇 군데 모여 있었다.

11시에 낮은 개울가의 주막이 모여 있는 곳에서 휴식을 취했다. 40-50피 트12-15m 너비로 동쪽을 향해 흐르는 개울이었다. 기압은 30.28, 온도는 화씨

38도$3℃$였다. 마지막 휴식을 취했던 곳에서부터 우리는 매우 낮은 고갯마루를 넘어 다른 골짜기로 들어갔다. 나는 계곡 바닥의 깊이에 충격을 받았다. 팔조령八助嶺 이후로 전체 길을 따라 주목할 만한 높은 산을 보지 못했다. 오늘도 시야에 보이는 산이라고 부를 만한 곳은 없었다. 노랗게 보이는 낮은 언덕은 무척 많았다. 골짜기들은 서로를 향해 달려 사방으로 뻗어 나갔다.

연료는 조선에서 무척 귀했다. 지푸라기와 풀이 사용됐다.

11시 50분에 휴식을 취했다. 이곳에서 서울에서 발생한 민태호Min Thai Ho와 조영하Cho Nyong Ha의 암살 소식을 들었다.[303] 구릉지대를 넘어 11시 50분 이후에 평야에 들어섰다. 두 개의 커다란 마을 사이를 통과해서 12시 50분에 점심을 위해 덕통德通, Tta-tta 주막에 도착했다.

나는 서울에서 들려온 소식에 몹시 흥분했다. 이는 서울에서 대구로 향하는 전령에게서 보교꾼이 전해 들은 소식이었다. 그는 암살당한 사람 중 한 명인 조영하의 형제인 감사[304]에게 가는 중이었다. 전해 들은 소식은 모두 여섯 내지 일곱 명의 고위 관리 중에서 민태호, 조영하가 일본인들에 의해 암살되었다는 것이었다. 그리고 민 참판의 이름도 언급되었다. 당연히 이 소식은 내게 걱정스러운 것이었다. 이곳 내지에 들어와 지역 관리들의 호의에 의존한 상태에서 세부 사항을 알지 못하는 외로운 처지였다. 내가 푸트 장군에게 말했던 것이 현실이 됐다. 나는 이를 편지로 집에 보냈고 타운센드

---

303 1884년(고종 21년) (음)10월 17일 (양) 12월 4일 일어난 갑신정변.
304 당시 대구감영 관찰사는 조강하趙康夏, 1841-?였다. 그는 1883.7~1885.6.까지 경상도 관찰사로 재직하였다. 자는 경평景平. 1873년 대사성을 거쳐 부제학·이조참판을 거쳐 경기도관찰사가 되었다. 그 뒤 경관으로 있을 때에는 칭송이 없었지만, 지방관으로서 명성을 날렸다. 내직에 들어와서도 경상도의 환곡과 통영곡의 탕감을 직접 주청하기도 하였다. 1885년에 지춘추관사·공조판서·지의금부사가 되었고, 좌우포도대장이 되어 갑신정변 여당을 추국하기도 하였다(역주).

Townsend[305]와 베르나두Bernadou에게도 말했다. 나는 어떤 길을 따를 것인지를 정말 열심히 고민했다. 다른 소식을 듣지 못한다면 나는 충주忠州, Ch'hungju로 갈 것이다. 묵을 먼저 보내서 모든 것이 괜찮다면 뒤따라 갈 생각이다. 상황이 매우 심각하다면 푸트 장군이 내게 도움을 보내려고 모든 방법을 시도할 확률이 매우 높았다. 나는 부산에서 스쿠더cudder에게 편지를 썼다. 편지는 4일이나 5일쯤 되어서 그곳을 출발하기로 되어 있었는데 아마도 오늘은 푸트 장군이 내 행방을, 2일에 출발해서 곧바로 올라가고 있다는 등의 사실을 파악했을 것이다. 이곳 함창咸昌, Ham Ch'hang 고을은 상주골에서 45리, 오늘밤의 주막인 문경聞慶 새원Mungyong-sha-won에서는 35리 거리였다. 오늘은 무척 추웠다. 11시 50분 이후로 이곳과 다른 곳에서 본 사람들은 암살에 대해 아무것도 몰랐다.

2시 35분에 출발했다. 이곳은 넓은 구릉 지대 안에 있었다. 노랗게 보이는 많은 언덕들로 고르지 않았다. 우리는 골짜기로 들어가 북서쪽으로 갔다. 이곳까지 같은 방향으로 계속 왔다. 3시 50분에 400여 채의 집이 있는 규모가 큰 유곡幽谷, Yugok 찰방도에서 휴식을 취했다. 이곳 북쪽으로 무척 놀라운 성이 있었다. 늘 그렇듯이 굽이진 등성이를 이루며 북쪽 면은 1600-1700피트480-510m 높이였고 남쪽은 800-900피트240-270m로 안쪽에는 나무들이 있었다. 할미성Halmi-sung으로 불리는 오래된 성이었다. 특이하게 커다란 곳이었다. 보교꾼들이 보교를 타고 지나가는 관리에게서 소식을 들었다. 그는 충

---

305   월터 타운센드Walter Davis Townsend는 요코하마의 아메리카 무역회사American Trading Company에서 일하던 미국 사업가였다. 그와 조선의 인연은 1884년 4월 시작됐다. 그는 울릉도의 목재를 채벌하기 위해 조선 정부와 계약을 협상했다. 그는 그해 말에 아메리카 무역회사를 대표해 조선 정부와 날붙이와 소, 그리고 가구에서 총, 탄약까지 모든 것에 대한 175,000달러 무역 거래를 하기 위해 서울에 왔다.

유곡역 자리에 세워진 유곡역도사적비

주忠州, Ch'hungju에서 네 명의 민 씨와 두 명의 조 씨가 서울에서 살해됐다는 소식을 들었다고 했다.

골짜기의 폭이 줄어들더니 좁은 협곡이 됐다. 4시 48분에 5분간 휴식을 취했다. 이곳에서 우리는 놀랍게도 행렬을 이뤄 가는 문경聞慶 현령Mungyong Hienryong을 만났다. 우리는 어두운 협곡 안을 흐르는 개울가의 바위가 많은 부분을 막 돌아가고 있었다. 땔감을 실은 황소들이 긴 줄을 이뤄 빠져나오기 위해 큰 소동을 치른 후였다. 그때 커다란 녹색 우산을 든 군졸 한 명과 그 뒤 두 명의 평범한 군사가 나타났다. 그런 다음 관아의 길나장이 두 명, 12 내지 15명의 군사가 커다란 가마를 씨름하듯이 짊어지고 나타났다. 그곳에 관리가 타고 있었다.[306] 평소처럼 내 일꾼들은 조금도 물러서지 않았고 양쪽 무리들은 높은 어조로 위압하듯이 서로 소리를 질러대기 시작했다. 체면을 위해 그동안 평소보다 더 빠른 속도로 나아갔다. 가마가 충돌했다. 양쪽 무리에게서 미친 듯한 고함이 터져 나왔지만 우리가 길을 트고 앞으로 나아갔다. 나는 그 상황이 전혀 마음에 들지 않았다. 가마에 탄 사람은 커다란 소동에도 별 문제가 없다고 여기는 표정이었다. 정말 대단

---

306 이 관리가 닫힌 가마에 타고 있었다는 것은 12월 4일 쿠데타로 인해 익명으로 남고 싶어 한다는 것을 보여 준다. 12월 11일 포크 자신도 열린 가마를 포기하고 이 방편에 의지했다.

한 나라였다. 관리들이 대로에서 서로 해적 대장처럼 만나다니! 문경에 새로 부임한 관리가 의례적으로 감사에게 인사하기 위해 대구에 가는 중이었다. 내 보교꾼들이 서울에서의 소란이 수도에서 일본인들과 중국인들이 싸우는 와중에 비롯됐다는 것을 알아냈다. 민 참판이 칼에 찔렸지만 죽지는 않았고 조영하는 살해됐다는 것을 알게 되었다. 다른 사람들에 대한 언급은 전혀 없었다.

협곡으로 들어오기 조금 전에 집들이 모여 있는 한 곳에서 퇴마의식굿판이 벌어지는 것을 봤다. 마당에는 종이 깃발이 길게 매달린 장대가 세워졌고 입구 너머에는 다른 장대가 세워졌다. 빨간 종이 등이나 가느다란 천 조각을 매달았다. 집 안에는 한 무리의 사람들이 징을 치고 북을 두드리면서 춤을 췄다. 밀양密陽에서도 이런 광경을 봤다는 생각을 했다.

커다랗게 굽이진 협곡을 돌아서 개울가를 따라 길을 내려갔다. 꼭대기에 나무가 우거진 거의 수직을 이루는 절벽이 있었다. 우리는 120피트36m 너비의 급류가 흐르는 개울을 다리를 통해 건너서 300피트90m 정도의 오르막을 올랐다. 적당한 경사로 길은 좋지 않았다. 정상에는 집이 약간 모여 있었다. 이곳에서 보교꾼들이 자신들 특유의 길게 끄는 소리를 지르기 시작했다.

"유사有司, 유사有司～아! 주막酒幕 유사有司～아 ～아

Yusa, yusaa! Chumak yusaa!"

그리고 집들 앞에 멈춰 섰다. 모든 집에서 움직임이 일어나더니 남자 한 명이 나타나서 "네이Nyu"라고 말했다. 즉시 그는 보교꾼들에게 공격을 당해 잔인하게 두드려 맞기 시작했다. 금세 많은 사람들이 나타났다. 대부분이 여자였다. 그러더니 거칠고 시끄러운 언쟁이 벌어졌다. 모두 사방이 어두운 속에서 벌어진 일이었다. 여자들 말에 따르면 유사yusa는 없었다. 하지만 보교꾼들은 그들에게 횃불을 만들게 했고 여자들을 홰꾼으로 우리와 함께 보내는 문제로 계속 치열한 말다툼을 벌였다. 마침내 두 명의 남자가 나타났다. 이들이 횃불을 집어 들고 비틀거리며 따라오면서도 계속 언쟁을 벌였다. 우리는 1마일1.6㎞을 가서 주막에 도착했다. 이곳 거리에 나는 내려졌고 보교 꾼들과 주막 사람들 사이에 으레 벌어지는 소란이 뒤따랐다. 그런 다음 나는 마당으로 들어갔다. 짚 무더기와 흙더미, 한 무리의 사람들 사이였다. 모닥불을 피우면서 혼란스러운 광경이 비쳐졌다. 더럽고 야만인 같은 여자와 남자들이 내 주변에서 서로 밀치며 부딪히는 모습이 불빛에 비쳤다. 마침내 나는 방 안으로 들어왔다. 이것이 내가 주막에 도착할 때마다 거의 똑같이 벌어지는 광경이다. 아! 정말 힘든 여정이다! 이곳에 6시 5분에 도착했다.[307] 우리는 오늘 85리를 왔다.

이곳의 주인主人은 서울에 관한 이야기가 서로 다르다고 말했다. 그는 조영하와 민 참판이 궁전에 있다가 문 바깥에서 서로 싸우거나 기다리던 일본인과 중국인들에 의해 살해당했다고 들었다. 또한 경상도의 선비Sonpi[308] 100명이 긴 소매의 전통 복장을 입고 그 복장을 복원해 달라는 청원을 하러 서울에 갔다가 왕에게 전달되기는 했지만 자신들이 기다리던 장소인 궁궐 문 바깥에서 벌어진 일본인과 중국인의 싸움 때문에 답을 얻지 못하고 돌아왔다고 했다.

서울에서 정말 무슨 일이 벌어졌는지… 두려움과 긴장감이 나를 무척 힘들게 한다. 물론 이런 시골에서 서울의 외국인들에게 무슨 일이 벌어졌는지 전해 들을 방법은 없다. 조선인들은 오직 조선 사람들에 대해서만 궁금해 한

---

307 유곡역에서 30리 떨어진 마포원馬浦院으로 추정됨.
308 선비Sonbi: 유교 고전을 배우는 신사 학자.

다. 지금의 내 상황이 무척이나 옹색하다. 나는 서울에서 380리 떨어진 조선의 어느 외딴 지역에 던져져 있다. 이곳에는 눈이 내리고 있으며, 근방의 산 고개를 굽이굽이 넘어가야 한다. 내게는 충주忠州를 넘어서 갈 만한 충분한 돈이 없다. 그리고 그곳에서 관아의 무뢰배들 사이로 들어가야만 한다. 외국인을 싫어하는 악마 같은 인간—선비Sonpi—들이 나의 갈 길 위에서 기다리고 있다. 나는 조선인들이 싫어하는 일본인들보다도 더 낯선 존재이다. 나는 혼자이며 이 땅은 무정부 상태가 될지도 모른다.

이곳은 문경 조령鳥嶺, 새재, Ssa-ja[309]에서 30리, 충주忠州에서 110리, 서울에서 380리 거리이다.

---

309 문경 고을은 상주와 충주 사이에 있다. 문경새재로도 알려진 문경 조령(둘 모두 "새가 지나가는 길"목이라는 의미다)은 조선의 중심부를 관통하는 옛길에서 가장 중요한 산길이다.

12월 9일
갑신정변의 결과를 모른 채
두려움 속에 눈 내리는 문경새재를 넘다

눈이 내려 몇 인치가 쌓였다. 묵과 수일은 분명히 나 때문에 겁을 먹게 되었다. 수일은 내게 무장을 하고 보교꾼들에게 머스킷 총을 주자고 제안했다. 그가 불량하다고 말한 선비들 때문이었다. 그들은 보교를 멈춰 세우고 왜 내가 타고 있고 그들은 걷고 있는지를 따지려고 할 수도 있었다.

8시 35분에 출발했다. 기압은 29.976, 온도는 화씨56도13℃였다. 날씨가 맑고 차가운 바람이 불었다. 논과 밭을 지나쳐 험준한 산골짜기를 올랐다. 하지만 겨우 두세 채의 집만 있는 황폐한 곳이었다. 역말yokmal, 역참마을[310]에서 9시 23분에 휴식을 취했다. 땅에는 눈이 3인치7.6cm 정도 쌓였다. 이곳에서 서울의 소식을 이어서 들었다. 민 참판, 한씨, 조씨 등을 비롯하여 12명의 관리가 피살되었다. 다툼은 관리들을 죽인 일본인들에 의해서 먼저 점화되었다. 중국인들은 중국과 조선 모두에 대해 충신이었던 조Cho가 살해당하자 분

310　요성聊城역참으로 추정됨.

해동지도 문경에 나타난 문경새재 1, 2, 3관문
1관문인 주흘관동성문 옆에 포크가 묘사한 아치형 수문이
묘사되어 있다

이 치밀어 날뛰었다. 이러한 소식은 서울을 출발하여 남쪽을 향해 지나가던 보교를 통해 19일[311]에 듣게 되었다. 그는 중국인 무리들이 일본 공사관에 쳐들어가는 것을 마지막으로 보고 길을 떠났다.

개울을 건너 9시 46분에 역말yokmal에 도착했다. 나는 분명 급박한 상황에 빠져 있는 듯했다.

눈을 맞으며 돌이 많은 길을 넘어 천천히 오르막을 올랐다. 오른편으로 1마일1.6km 내지 반 마일쯤 되는 곳에서 문경읍내를 봤다. 작은 마을이 산기슭의 깊은 골짜기 안으로 길에서 비스듬히 보였다. 시야에 들어온 산 정상은 1,200피트360m 높이에 채 미치지 않는 것 같았다. 10시 48분에 8-10채의 집이 있는 어느 마을에 도착했다. 내 생각에는 문경 지역 아래쪽인 것 같다. 약간의 논들도 보였다. 기압은 29.765, 온도는 화씨34도1℃였다. 보교꾼들이 내 안전에 관해 미심쩍어했다.

11시 35분, 기압은 29.582, 온도는 화씨31도0.5℃였다. 남문에 도착했다. 성벽이 20피트6m 높이였다. 오래되어 보였지만 새 돌로 수리되어 있었다. 안쪽에 마을이 있었다. 11시 40분에 주막이 모여 있는 곳에서 휴식을 취했다.

---

311 음력 10월 19일양력 12월 6일은 갑신정변이 청의 공격에 의해 3일 천하로 끝나는 날이다.

문경새재^{조령} 제1관문 주흘관 모습. 포크가 넘은 문경새재가 멀리 뒤로 보인다.
주흘관 성벽 수구, 동, 서쪽 두 군데에 수구가 있는 상황을 포크가 정확히 묘사하였다

이곳에는 빨간 옷을 입은 남자 몇 명과 진홍색 옷을 입은 남자 한 명이 대화를 나누며 거리에 나와 있었다. 평소와는 다른 움직임이었다. 오늘 아침 남쪽으로 향하는 가마 세 대가 마주치며 지나갔다. 그리고 어제와 오늘 말을 타고 달리는 남자 두 명과 총과 보따리를 든 다른 이들을 봤다. 모두 서울에서 일어난 분쟁의 영향이라는 생각이 들었다. 나는 일이 돌아가는 사정이 전혀 마음에 들지 않았다. 몹시 걱정이 됐다. 긴장감으로 무척 힘들었다.

문경의 남쪽 문^{1관문} ^{주흘관}은 두 언덕 사이의 틈을 막은 문으로 돌을 기묘하게 배열해 막아 놓은, 물이 흐르는 아치형 큰 수문과 작은 수문이 있는 성벽이었다. 안쪽으로는 문에서 몇 백 야드 정도 떨어져서 약간의 집이 겨우 들

조령 2관문인 조곡관鳥谷關

어설 수 있는 넓이의 협곡이었다. 우리는 이곳에서 12시 40분까지 일꾼들에게 밥을 먹였다. 그런 다음 곧바로 좁은 골짜기를 올라가기 시작했다. 끔찍한 등반이었다. 눈발이 휘날리고 바위가 가로막았다. 커다란 돌로 만들어진 100피트30m 길이의 거대한 네모난 성벽을 지나쳤다.³¹² 안쪽에 돌로 된 관문이 하나 있었다. 1시 12분에 두 번째 성문³¹³에 도착했다. 두 번째 성문도 협곡에 가까이 붙인 벽 안에 위치해 첫 번째와 유사했다. 근처에 두 채의 집이 있었다.

1시 47분에 휴식을 취했다. 이곳 문경 마을에서는, 두 왕자의 기념일인 서울의 휴일에 중국인들이 큰 집 등에서 축제를 열었는데 일본인들이 격분해서 나중에 궁궐 문 바깥에서 관리들을 공격했다는 말을 들었다.

---

312 1관문과 2관문 사이에 있는 주막인 오동원의 석축 성벽을 언급한 부분임(역주).
313 문경 새재 2관문 조곡관.

3시 22분 주막촌에 도착했다. 논이 좁았다. 기압은 29.17, 기온은 화씨38도3℃였다. 이 지방은 산이 많고 거칠었다. 나는 춥고 피곤하고 배고프고 불안했다. 힘들고 불행한 나날이었다. 하지만 서울 관련된 일에 대해서는 느낌이 좀 나아졌다.

4시 20분에 주막에 묵었다. 오늘 60리를 왔다. 눈보라 속에서 힘든 여정이었다. 때때로 짐을 든 사람들이 우리를 지나쳐 남쪽으로 향했다. 모두가 서울에서 출발한 피난민들 같았다. 문경 마을에서 나는 빨간 겉옷을 입은 남자들을 봤다. 그들이 이곳까지 마을 안팎을 오가며 나를 따라왔다. 그들이 경주 관리의 아내와 동행하고 있다는 것을 조금 전에 알게 된 이후로는 좀 안심이 됐다. 그녀는 길을 계속 가는 것이 두려워 문경으로 돌아갈지도 몰랐다. 경숙이가 짐과 함께 일찍 도착했다. 그는 겁에 질려 있었다. 사람들에게 "왜놈"[314] 짐을 가지고 다니다가 서울 근처에서 발견되면 살해될지도 모른다는 소리를 들었다고 했다! 이곳에서 들은 마지막 이야기는 일본인들이 자신들의 공사관에서 파티를 열었고 그 이후에, 공사관에서, 그들이 17명의 관리를 살해했다는 것이었다. 그 정도 숫자의 일본인도 죽었다고 했다. 그리고 중국인들이 서울을 떠났다고 했다. 뒷이야기는 어제 오후에도 들었었다. 분명 나는 위험 속으로 들어가고 있었다. 경숙이가 전한 짐에 관한 이야기는 나를 골치 아프게 했다. 보교꾼들 역시 이 문제와 내 안전에 대해 서로 의논을 했다. 그들이 나를 포기할지도 모른다는 불행한 생각이 스쳤다. 수일은 괜찮았지만 묵은 떠나 버릴지도 몰랐다. 묵에게 통행증을 가지고 일찍 출발해서 충주忠州의 목사에게 가서 내 상황을 설명하고 도움과 조언 그리고 돈 10,000푼을 요청하라고 지시했다. 만약 목사가 민 참판의 대단한 친구라는 점

---

314   왜놈Wae-nom: "일본 잡놈"이라는 의미의 경멸하는 용어.

을 알아볼 수 없다면 괜히 내가 그의 친구라는 점을 언급하지 말라는 주의를 줬다.

　듣기로는 민 참판의 머리가 반쯤 날아가 그 다음 날 죽었다고 했다. 그를 보호하던 몇 명의 병사들도 살해됐다고 들었다. 사람들은 지방으로 탈출하기 위해 서울 성벽을 군데군데 허물었고 왕이 궁궐을 떠났거나 떠날 것이라는 소문이 돌았다. 과장이 되었다 하더라도 이 모든 소식들을 듣고 나는 서울에서 무언가 끔찍한 일이 벌어졌다는 느낌을 억누를 수가 없었다. 나는 우리 대사관 사람들이 무척이나 걱정됐다. 오늘 밤에는 푸트 장군에게 보내기 위해 우리 일행과 짐에 관한 목록과 내 상황을 설명하는 쪽지를 썼다. 내일 기회가 생기면 이 쪽지를 보낼 생각이다. 믿을 만한 정보를 얻을 수 없기에 행동 계획을 짜는 것이 어려웠다. 내일은 보다 정확한 정보를 알아낼 수 있기를 바란다. 오늘 밤은 마음이 무겁다. 묵과 수일도 모두 서울에 있는 아내와 아이들에 대한 걱정으로 마찬가지일 것이다. 주여, 우리의 고난을 덜어주소서.

12월 10일
왜놈으로 몰리며 죽음의 위협 속에서 충주에 머물다

편안하게 휴식을 취했다. 묵은 일찍 충주로 향했다. 9시 12분에 출발했다.
기압은 29.60, 기온은 화씨48도9℃였다.

포크가 마지막으로 지났을 눈 내리던 조령을 연상시키는 정상의 3관문 모습.
일기 본문에서는 3관문에 대한 언급이 생략되었다(문경새재박물관 제공)

10시 45분에 주막촌에서 휴식을 취했다. 이곳까지 길이 오르막 내리막으로 좋지 않았다. 10시 40분까지 상당한 거리를 내려왔다. 눈이 심하게 내렸고 무척 추웠다. 대개는 짐을 든 10여 명의 사람들이 가마 두 대와 함께 걸어서 우리를 지나쳤다. 특이한 숫자는 전혀 아니었다. 가마는 "어디로 가는지?" 그리고 "어디에서 오는지?"라는 우리의 질문에 아무런 대답도 하지 않았다. 같은 질문을 두 번이나 물었다. 이는 내게 흔치 않았던 일이라 이상하게 느껴졌다. 길은 조용하고 이곳 주막도 마찬가지이다.

300피트90m 높이의 언덕을 기어올랐다. 끔찍한 경험이었다. 보교꾼이 온 힘을 쏟아내면서 뱉어 내는 신음과 이에 대한 걱정과 연민에 내 발걸음도 비틀거렸다. 11시 40분에 우리는 작은 주막촌에 도착해서 휴식을 취했다. 남쪽으로 향하는 다른 가마와 두 명의 일꾼을 지나쳤다. 그리고 대여섯 명의 걸어가는 여행객도 있었다. 이곳은 무척 산이 많은 지역 같았다. 길 위로 보이는 산들이 높지는 않았다. 몇 개의 주막촌을 지났다. 우리는 골짜기 안에서 오륙십 명의 사람들과 다섯 대의 가마, 말 따위로 이뤄진 다른 행렬과 근접해서 길을 갔다. 그들은 집이 있는 용인龍仁으로 가는 길이었다. 짐을 짊어진 어깨에 치마를 뒤집어 쓴 세 명의 여자가 있는 기묘하고 거친 무리였다. 1시 2분에 휴식을 취했다.

1시 45분에 휴식을 취했다. 우리는 100피트30m 너비의 돌이 많은 개울 오른쪽 강둑 위에 있었다. 개울은 갑자기 200피트60m로 넓어졌다. 이곳 주막에는 여분의 방이 없었다. 우리는 계속 나아가야 했다. 내 생각에 수일이 지난 번 휴식에서 좋은 소식을 들은 것 같았다.

1시 53분, 기압은 30.125, 기온은 화씨36도2℃였다.

충주에서 20리 떨어진 주막에서 다음 내용들을 쓴다. 오늘 2시 20분쯤에 우리는 충주 북문 바로 반대편에 있는 주막에 도착했다. 그 이전에는 계속 주막이 없었다. 그래서 우리는 고을을 향해 나아가야만 했다. 나는 짐을 내 일행이 대신 운반하도록 만들고, 묵을 찾기 위해 경숙이를 보냈다, 묵은 곧바로 돌아왔다. 묵의 말에 따르면 목사가 자신과의 대면을 거절하여 할 수 없이 관아의 세 번째 문에서 기다려야만 했다. 목사는 우두머리 아전을 보내 용건을 설명하게 했다. 목사는 많이 아파서 어떤 이유로든 묵을 만나기 힘들다고 했다는 것이다. 묵은 원하는 돈의 양을 말하지 않았다. 그리고 내가 보내 준 서류를 아전에게 주었다. 그는 이를 목사에게 전달했다. 아전은 5,000 푼을 허락하는 신용증서를 가지고 돌아와서 목사가 나를 받아들이지 않을 것이라고 말했다. 몸이 아파서라는 이유였다.

얼마 지나지 않아 엄청난 무리의 사람들이 내 방 주변의 주막 마당에 모여들었다. 그들은 방문을 열어젖히더니 극도로 무례하게 내 업무와 미국 Mikuk[315]의 장교가 맞는지 계급을 추궁했다. 단 한 사람도 나를 지원하거나 보호하라는 지시를 받지 않은 것 같았다. 아전 한 명은 술에 취한 채 방 안으로 억지로 밀고 들어오려 했지만 묵과 수일이 비록 겁에 질린 채 온순한 태도였지만 가까스로 설득해 바깥에 머물게 했다. 내가 "왜놈wai-nom"인지에 대한 대화가 오갔고 그와 함께 나는 상당히 위급한 상황에 있었다. 수일이 즉시 우리가 가야 한다고 설명하고 가까스로 빠져나왔다. 두 명의 보교꾼이 내 일행 중 누군가 죽어도 사람들이 개의치 않을 것이라고 하는 말을 듣자 내게 겁을 집어먹고 따라오지 않았다. 수일이 비상시에는 충분한 돈이라고 생각한 5,000푼을 받았다. 보교꾼들은 북서쪽으로 걸음을 서둘렀다. 그들 역시 겁을 집어먹었다. 300-350야드274-320m 너비의 개울을 건넜다. 얼어붙은 개

---

315   미국Miguk: 아메리카합중국을 당시 미국이라고 일반인도 불렀음을 보여준다.

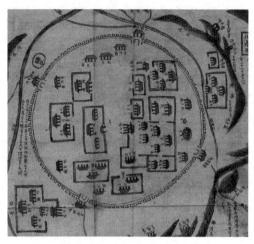
1872년 지방도, 충주 지도 (규장각 소장)

울은 애절한 소리로 삐걱거렸다. 우리는 주변에 술취한 군중이 있는 외따로 떨어진 주막에 도착했다. 이곳에서 보교꾼들이 매우 거칠게 행동해서 마치 내가 버려질 것같이 느껴졌다. 하지만 우리는 계속 나아갔다.

우리는 곧 비참한 가축 우리 같은 곳에 도착해서 우리 세 명은 작은 방에, 나머지 보교꾼들 역시 나머지 방에 모두 빽빽하게 우겨 들어갔다. 방 안에서 자리 잡고 휴식을 취하려 할 때 주막의 여자가 울면서 들어와 주인Tuin이 큰 곤경에 처했다고 말했다. 다른 손님이 자신이 양반nyangpan이라면서 방을 원해서 보교꾼들이 나가야 한다고 말했다. 그들을 위한 다른 공간이 없었다. 지금은 한밤중이었고 몹시 추웠다. 말다툼을 벌이고 설득을 해서 우리는 횃불을 든 소년을 구해 다시 10리를 더 가야 했다. 그렇게 해서 다시 힘들게 숙소를 구했다. 우리 세 명은 작은 방 하나에 들어갔다. 주막은 여자 한 명이 지켰는데 그녀는 유난히 공손했고 우리 요구에 세심하게 응대했다. 우리 옆방은 서울에서 벌어진 일을 떠드는 다른 손님들로 들어찼다. 묵과 수일은 감히 내가 조선인이 아니라는 사실을 알리지 못했다. 그들은 나를 가리고 숨겼다. 묵은 내가 조선 옷을 입기를 원했다. 밥이 들어왔다. 아침 이후에 처음 보는 음식이었지만 나는 배가 고프지 않았다. 긴장감에 식욕이 모두 사라져 버렸다. 그렇지만 애를 써서 음식을 입에 넣었다.

밥을 먹은 이후에, 모두 합쳐 다섯 명의 장교와 사령이 목사에게서 받은 명령서를 들고 충주에서 찾아왔다. 미국 장교가 숙소를 잘 잡았는지 그리고 행방 따위를 알아보라는 내용이었다. 목사는 분명히 나를 어떻게 해야 할지 몰라 애를 먹고 있었다. 나는 묵에게 편지를 쓰게 했다. 홍과 민, 서[316]가 나를 조선으로 초대했다는 내용이었다. 지금까지는 좋은 대우를 받았는데 서울의 변란으로 인해 내가 일본인으로 오해될 수 있기 때문에 곤경에 처했으며, 나라가 이런 어려움에 처한 상황에서 당신의 몸이 좋지 않은 점에 대해서는 유감이며 내게 베푼 모든 친절과 도움은 당신과 우리 정부에 보고할 것이라고 했다. 장교가 묵과 수일의 주소를 원했다. 이는 어느 정도 나의 마음을 편하게 했다.

충주의 아전 한 명이 서울에 관한 일부 소식을 전했지만 비뚤어진 성격이었다. 선비 한 명이 수일에게 말하기를 난리는 홍 참판의 만찬에서 벌어졌다고 했다. 그의 말에 따르면 민영익은 화장실에 간 사이에 칼을 맞았으며 총이 발사되는 것을 신호로 일본인들이 많은 관리를 살해했다. 한Han은 옷을 벗어 던지고 궁궐로 가서 주변에 군대를 배치했다. 나중 18일[317]에 중국인들이 일본인들을 공격해서 서울의 모든 일본인들이 살해됐다.[318] 어떤 보고서에 따르면 중국인들이 박Pak과 다른 진보 인사들을 살해했다. 조선 군인들이 두 명의 일본계 조선 학생들을 살해했으며, 한Han의 군인들이 중국인들을 향해 총을 발사했다. 조선 군인들이 몇 개의 관문을 지켰다.

나는 끔찍하고 불행한 하루를 보냈고 심각한 위험에 빠졌다. 묵과 수일에

---

316 홍영식, 민영익, 서광범, 각각 1883년 대미 사절단의 부공사, 공사, 종사관.
317 포크는 양력으로 일기를 기록하였다. 여기의 18일은 갑신정변이 일어난 음력 10.17양력 12.4 다음날인 18일양력 12.5을 의미한다.
318 홍영식, 박영교 등이 청군에 피살되었다.

게 나를 위해 싸울 생각을 버리라고 말했다. 하지만 자신들을 위해서는 바짝 경계를 하라고 했다. 또한 최악의 상황이 닥친다면 그들이 나와 함께 머물기를 원하지 않는다고 했다. 하지만 첫 번째로 책임을 져야 하는 그들의 아내와 아기들에 대해서는 주의를 기울여야 한다고 했다. 그들은 나와 함께할 것이라고 말했다. 그리고 실제로도 그들의 친절과 도움은 언제나 칭송을 받을 만했다. 만약 기회가 주어진다면 내 조국이 그들에게 보답을 하기를 바랐다. 보교꾼들은 크게 불안해하면서 온갖 이야기를 다했다. 묵과 수일은 그들을 진정시키느라 최선을 다해야 했다. 그들은 지금까지 내 곁에서 임무를 훌륭하게 수행했고 무슨 일이 생기든지 노고에 대한 보수를 내 동포들에게서 충분히 지급받아야 했다. 묵과 수일은 조선 정부나 조선인들에게서 아무것도 받지 못할 것이다. 그리고 가장 단순한 정의는 큰 위험 속에서 자신의 임무를 다해 내게 훌륭한 서비스를 제공한 그들에게 나는 내 조국이 대가를 지불할 것을 요구한다.

나는 오늘 밤 마음을 바꾸고 민의 편지를 목사[319]에게 보냈다. 묵과 수일은 이천利川, Ichon, 이곳에서 120리 거리 부사를 알았다. 그래서 거기까지 가자고 제안했다. 묵이 먼저 가서 내가 하루 이틀쯤 그곳에 머무를 수 있게 부탁해 보겠다는 것이었다. 만약 이 시도가 효과가 없다면 우리는 광주廣州, Kwangju 고을로 갈 것이다. 묵과 수일 모두 친구가 있는 곳이었다. 충주 사람들은 우리에게 역말의 말을 내어 주기를 거절했다. 그리고 지금 내 짐은 그 존재가 의

---

319 당시 충주 목사는 이호철李鎬喆이었다. 1844년헌종 10~미상. 조선 말기 문신. 자는 중길重吉이다. 1874년고종 11 증광시 문과에서 병과 18위로 급제하였다. 1878년고종 15 국장도감도청國葬都監都廳의 임무를 수행하여 품계를 올려받았고, 1888년고종 25 이조참의吏曹參議에 임명되었다. 이후 성균관대사성成均館大司成 등을 역임하였고, 1890년고종 27 예방승지禮房承旨의 임무를 수행하여 재차 품계를 올려 받았다. 한국역대인물 종합정보시스템(한국학중앙연구원).

심스러웠다. 일꾼을 찾지 못한다면 모두 잃어버릴 수도 있었다. 마지막 수단으로 어딘가에 남겨 놓을 수도 있을 것이다. 이 근처는 눈이 꽤 깊게 쌓였다.

나는 오늘 매우 불행했고 과민할 정도로 흥분했다. 하지만 나를 궁지에 모는 만큼 그렇게 겁을 집어먹지는 않았다. 나는 영적으로 또는 위험으로부터 구해 달라고 간절히 기도했다. 그리고 못난 놈이지만 주님은 내게 귀를 기울이신다는 것을 나는 알고 있다. 우리는 오늘 70리를 왔다.

기록: 12명의 내 보교꾼들은 모두 75,000푼을 지급받았다(일부분). 내가 선택한 여정의 전체 길이는 2,800리였다. 매 10리당 50푼이므로(나와 보교꾼들 사이에 합의된 요율) 그들에게 내가 진 빚은 14,000*12=168,000푼이었다. 그리고 여기서 75,000푼은 지급했으므로 내 빚은 93,000푼[91달러]을 넘지 않는 금액이 남았다. 나는 수일에게 50달러, 묵에게 50달러를 이번 여행 동안 내게 제공한 서비스의 대가로 지불하기를 원한다. 이는 우리 정부가 그들에게 부담해야 할 몫이다. 그들의 이름은 정수일과 전양묵이다. 추가로 15달러는 경숙이라고 불리는 전양묵의 하인 몫이다.

●

12월 11일
충주에서 갑신정변 실패 소식을 듣고 죽음의 공포에 휩싸이다
−아이고 죽겠다!oiko chuketta

옷을 입고 잠을 잤다. 7시 30분에 일어났다. 나이 든 여자 한 명과 아픈 남자 한 명 그리고 다른 사람들이 이따금씩 불안하게 만들었다("아이고 죽겠다 oiko chuketta!")[320].

어젯밤에 온 세 명의 충주 사람들이 이곳에 함께 있었다. 그들은 내가 숙소에 잘 자리 잡은 것을 보고 내 행방에 대해 입을 다물어야 했다. 적어도 그들의 편지는 그렇게 말하고 있었다. 목사는 분명 나와 관련해 무척 초조해하고 있었다. 그는 나를 처단해야 할지 잘 대접해야 할지 판단하지 못했다. 그에게는 적절한 타협의 길이 보이지 않는 것 같았다.

충주는 분주한 곳 같았지만 규모는 크지 않았다. 일반적인 사각형 성벽이 둘러싼 곳이었다. 내 생각에 동래 크기 정도 되는 것 같았다. 구릉 지대의 동쪽 면에 있는 언덕에 기댄 형태였다. 묵이 말하기를 영문에서 곤장형이 상당

---

320 아이고 죽겠다Aigo chukketta: 아, 나 죽는다!

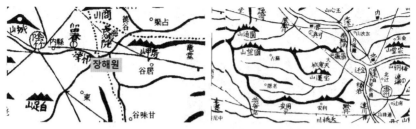

충주-장해원-음죽 연결도로 상황이 나타난 《대동여지도》

히 많이 진행되는 중이라고 했다. 이는 목사가 전혀 아프지 않다는 의미였다. 보교꾼들이 어제 4,000푼을 받았고 오늘 더 많이 요구했다. 지독한 인간들.

주막을 9시 32분에 출발했다. 얼어붙은 250-300피트75-90m 너비의 개울을 건넜다. 건너가기가 쉽지 않았다. 우리는 이곳까지 조용히 왔다. 길 위에는 사람들이 거의 보이지 않았다. 충주 남자들은 우리 뒤쪽에 있었다.

10시 42분에 휴식을 취했다. 장교들이 받은 명령은 우리를 "어디서든" 보살피라고 되어 있었다. 하지만 이곳에서 그들은 오직 고을에서만이라고 말했다. 우리 짐은 지푸라기 매트로 포장해서 짐꾼들이 운반했다. 10리마다 55푼이었다. 어젯밤 밥값은 사람 한 명당 40푼이었다. 4일간의 여비로 돈이 모자랐다. 어떻게든 더 구해야 했다. 보교꾼들이 매우 조용했다—너무 지나치게 그랬다. 이 지역은 낮고 구릉이 많았다. 눈이 내리면서 몹시 추웠다. 길은 단단하게 얼어붙었다. 충주에서 도망갔던 일꾼 중 한 명이 어젯밤 돌아왔다. 다른 이는 발이 아파서 뒤에 남았다고 말했다.

나는 조선 옷을 입는 것을 거절했다. 왜냐하면 오히려 내가 일본인이라는 의심을 더 키울 수 있기 때문이었다. 그리고 조선 복장을 한다면 확실히 주막에서 더 신중하게 행동해야 할 것이다. 나는 낮에는 밀폐된 가마를 타서

해동지도-충주(규장각 소장)

시선에 노출되지 않았다.[321] 묵과 수일이 동의했다.

11시 24분에 작은 마을에서 5분간 휴식을 취했다. 길은 꽤 단단하고 좋았다. 수일이 내게 약간의 곶감[322]을 가져왔다. 무척 맛이 좋았다. 나는 푸트 장군이 내가 부산 근처에서 서울에서 벌어진 일에 대한 뉴스를 들었을 거라고 생각할까 봐 걱정이 됐다. 그렇다면 그는 내가 다시 부산으로 돌아갔을 거라고 생각해서 나를 찾지 않거나 이 길로 전갈을 보내지 않을 수도 있었다.

12시 12분에 휴식을 취했다. 우리는 아이를 등에 업은 두 명의 남자와 두 대의 시골 가마를 지나쳤다. 그들 뒤로는 내 생각에 돈을 실은 황소 한 마리와 한두 명의 다른 사람이 걸어서 따라갔다. 그렇지만 그들에게서 이상한 점이 보이지는 않았다. 길가에서 아무런 대화 소리도 들리지 않았다.

12시 49분에 휴식을 취했다. 우리는 구릉 지대를 통과하고 있었다. 길 상태는 좋았다. 커다란 말을 탄 일꾼 같은 남자를 지나쳤다. 이곳 북쪽의 언덕 위에 성이 하나 있는 것 같았다. 여기는 충주에서 50리, 서울에서 220리 거리였다.

---

321 포크가 그렇게 명시적으로 말하진 않았지만, 분명 이 지점까지는 열린 가마를 타고 왔을 것이다. 닫힌 가마는 일반적으로 여자들이 사용했다.

322 감Kot kam: 말린 감.

1시 14분에 작은 마을에서 휴식을 취했다. 이곳에서 이천Ichun[323]으로 향하는 상당한 짐을 봤다. 몇 명의 사람들이 더 지나쳤다. 모두 무척 조용했다. 이곳에서 일꾼들이 먹을 것을 얻었다.

2시 20분에 휴식을 취했다. 오늘 첫 번째로 본 고갯마루를 빠르게 넘었다. 높지는 않았다. 이제 북서쪽으로 뻗은 계곡을 내려갔다. 말린 감과 콘비프로 점심을 먹었다.

3시 15분에 휴식을 취했다. 우리는 계곡을 내려가고 있었다. 이곳에 마을이 하나 있었다. 주변에 나무가 있는 예쁜 마을이었다. 나는 오늘 40 내지 50여 채의 집이 있는 정도의 큰 마을을 단 한 곳밖에 보지 못했다. 지난 마지막 휴식 장소에서 묵은 지나가는 조선인 학생들 중 한 명을 알아봤다. 그는 일본 군사학교에 다녔던 사람이었다. 묵은 그를 멈춰 세우고 서울 일을 물어봤다. 그는 무척 서둘러 길을 가는 중이었고 대화를 그만두고 가던 길을 계속 가고 싶어 했다. 그는 홍 참판은 살해되었으며 김옥균과 박영효는 실종되었다고 말했다.[324] 또한 일본인과 중국인들이 싸움을 벌였고 일본인들은 서울을 떠나고 있다고 했다. 그는 묵에게 자신을 이곳에서 만났다는 말을 하지 말아 달라고 부탁했다. 나는 그 학생들이 관리들을 살해했을지도 모른다는 생각을 했다—그런 다음 일본인들이 그 일을 저질렀다는 이야기가 나왔다. 이 학생은 분명 자신의 당파와 관련된 불상사를 이야기했다는 확신이 들었다. 그의 일행이 몇 명의 관리를 죽였는지를 이야기하지 않은 것은 차라리 자연스러운 것이다. 그는 중국 장군 원Won[325]이 수도와 정부를 장악하고 일본인들과 친했던 조선인들을 찾고 있다고도 했다. 이는 묵에게(아마 수일에게

---

323 원문에는 Inchun으로 되어 있으나 이는 Ichun으로 파악되어 이천으로 정정하였음(역주).

324 홍영식, 김옥균, 그리고 박영효.

325 "중국 원 장군Chinese General Won"은 위안 스카이Yuan Shih-kai를 언급한 것이다.

도) 극심한 두려움을 심어 주었다.

4시 5분에 장해원長海院에 도착했다.[326] 300여 채 정도 아니면 그보다는 더 많은 집이 있는 곳이었다. 이곳 부근의 골짜기는, 내가 있는 곳에서 보면, 북동쪽 방향으로 뻗어 있는 넓고 평탄한 평야와 만났다. 길은 충분히 조용했다. 일꾼들 말에 따르면 우리는 오늘 60리를 왔다.

우리는 이곳 주막에 묵었다. 주인은 아주 멋진 나이 든 노인이었다. 그가 말하는 서울의 변란은 위에 서술한 나의 판단을 확인시켜 주는 듯했다. 그의 말에 따르면 일본日本, Nihon 공사관은 불타서 무너졌고 민 참판은 돌에 맞았다. 왕은 중국인 진지로 갔고 생일잔치가 열리던 민 참판의 집에는 화재가 발생했다. 민 참판과 다른 조선인들이 먼저 집 밖으로 빠져나왔고 집 안에는 일본인과 중국인들이 남겨져 있었다―무척 엇갈리는 이야기들이었다.

나는 이곳 주막에서 무척 유쾌하고 행복했다. 노인은 친절하고 주막은 깨끗했다. 그의 공손함과 미소는 내게 큰 도움이 되었다. 음식은 무척 좋았다. 쇠고깃국을 무척 맛있게 먹었다. 그런 다음 묵이 긴 이야기를 풀어내는 동안 나는 담배를 피웠다. 안락한 곳에서 모두의 얼굴에 미소가 퍼졌다. 그 중간쯤에 나이 든 주인이 심각한 얼굴로 들어왔다. 즉시 묵과 수일이 무척 흥분한 얼굴을 했다. 나는 곧바로 무언가 문제가 시작됐다는 것을 알았다. 노인이 말하기를 마을 사람들이 와서 다음과 같은 이야기를 했다고 했다. "당신은 집에 '왜놈'을 들였다! 우리는 이 밤중에 당신을 때려 주러 왔다. 그리고…!" 물론 친절한 노인은 어쩔 줄 몰라 했다. 나는 서류를 보여 줬다. 그는 걱정스러운 표정으로 안도하는 것 같았다. 나는 내 통행증을 우두머리 관리인 동장Tongchang에게 가져가라고 명령했다. 주인은 내가 민 참판에게서 받은

---

326   장해원의 명칭은 일제 강점기에 장호원長湖院으로 바뀌어 현재 유지되고 있다.

편지를 가지고 있다는 사실을 알고 미소를 얼굴 가득 띠었다. 이곳 주변의 모든 지역이 민 판서 집 소유라고 말했다.[327] 그는 나중에 동장[328]인 뚱뚱하고 선량해 보이는 농부를 데려왔는데 그는 곧바로 만족하고 친절한 태도를 보였다. 그와 주인 모두 내 불안을 덜어 주려고 애를 썼다. 나는 마을 사람들에게 나와 함께 가자고 요청했는데 동장이 말하기를 자신이 직접 어디든 가겠다고 했다. 이를 나는 받아들였다. 그는 길을 따라 있는 모든 주막과 사람들을 알았다. 그리고 그곳 주민들을 대표하는 사람이었다. 동장의 집에서 두 명의 소년이 와서 우리와 이야기를 나눴다. 모든 일행이 나를 도와주는 데 열성이었다. 민 씨네 일족에게 매우 충성스러웠다.

하지만 다음으로 또 다른 어려움이 닥쳤다. 수일의 말을 믿고 나는 충주에서 오직 5,000푼만을 받았다. (하지만 다른 5,000을 더 받기 위해 그곳에 더 머물렀다면 생명을 잃었을지도 몰랐다.) 이제 우리는 4,500푼이 있었다. 이걸로 서울까지 가기 위해서는 보교꾼들 절반을 굶겨야 할지도 몰랐다. 사정은 그렇지만 10분 동안 영문 문 앞에서 기다리는 동안 돌에 맞아 죽을 지도 몰랐다. 그래서 이곳에서 10리 떨어진 음죽陰竹, Umchook이나 60리 떨어진 이천利川, Ichon 같은 고을에 가는 것이 내게는 무척 중요한 문제였다. 다시, 이곳에서 충주 목사가 나를 잘 대우하지 않았다는 것을 암시하는 어떤 이야기를 감히 할 수는 없었다. 한순간에 내가 뜨거운 감자 같은 처지로 전락할 수 있기 때문이었다. 내가 소지한 목사의 카드는 동장에게 나를 만족시키려고 노력하게 만드는 무게감이 있었다.

주인의 말에 따르면 이 근처에 다리가 있었다. 경기도로 넘어 가는 경계점

이었다. 그는 그 바로 너머 사람들이 위험하다고 했다. 묵은 평정을 잃은 것 같았다. 그는 정말 생각 없는, 이상한 말을 했다. 수일 역시 당황해서 갈피를 잡지 못하고 어떤 좋은 제안을 할 능력이 없어 보였다. 보교꾼들은 오늘 충분히 괜찮아 보였지만 만약 급료가 절반으로 준다면 어떤 태도로 나올지 두려웠다. 수일과 묵이 말하기를 그들 모두가 상당히 지치고 아프다고 했다. 충주 목사는 실제로 내게 나쁜 행동을 했다. 그는 오직 내가 그의 관할 지역에서 살해되지 않는 데만 신경을 쓰는 것처럼 보였다. 그조차도 그렇게 신경 쓰지는 않는 느낌이었다. 그는 아마도 변란의 결과로 무슨 상황이 도래할지 마음을 정하지 못하고 있었을 것이다. 민 판서가 이 근처 −주[329]에서 서울로 가는 중이라는 소문을 들었다. 그리고 아마도 내일 이천을 통과할지도 모른다고 했다. 나는 그를 만나고 싶었다. 하지만 그가 내일 그곳에 도착할지는 확실하지 않았다. 나는 민영익을 믿어야 할지 말아야 할지 확신이 들지 않았다. 그는 내가 진보적인 일당을 좋아한다는 이유로 나를 미워할지도 몰랐다. 민영익은 진보주의자들 때문에 부상을 당했다.

이곳에 떠도는 소문에 따르면 제물포Chemulpo의 일본 거주지가 화재로 모두 불탔다고 했다. 나는 지금 서울 성문으로 사람들이 오가고 있다는 소식을 들었다—좋은 소식이다. 강도들이 서울로 접근하는 사람들에게 못되게 군다고 했다. 사람들을 멈춰 세우고 두들겨 팬다고 했다. 오늘 밤 나는 돈 문제를 해결하지 못했다. 기도를 올리고 잠자리에 들어야겠다.

---

329 본문에 보이는 것처럼 포크는 이곳을 빈칸으로 남겼다.

12월 12일
갑신정변의 혼란 속에 서울 복귀를 모색하다
– 밥값이 4배나 뛰었다!

눈이 약간 내렸다. 매우 우울하게 잠에서 깼다. 묵에게 내가 보내는, 이천 부사에게 전달할 편지들을 쓰게 했다. 그에게 먼저 가서 부사에게 나에 대해 말하고 그 편지를 서울로 보내 달라는 부탁을 하라고 했다. 푸트 장군과 외무부에 보내는 편지를 썼다. 뒤 편지에는 단순히 내가 이곳에 있고 일본인으로 오해받을 수 있어 위험에 빠져 있다는 내용과 이를 푸트 장군에게 전달해 달라는 부탁을 적었다. 바로 이곳으로 수일이 상인윤태식, Yun Ta Shik 한 명과 함께 들어왔다. 그는 정말 친절하게도 돈 등을 내게 제공했다. 비록 그가 받기를 원하지 않았지만 나는 5,000푼에 대하여 그에게 내 지갑과 6엔을 주었다. 이로써 정말로 내 앞길이 훨씬 밝아졌다. 훨씬 가벼운 마음으로 이곳을 출발할 수 있게 됐다. 주님이 내 목소리를 들으셨다.

사령 한 명이 충주에서 답을 가지고 왔다. 내가 그에게 공손하게 도움을 청한, 그가 적절하게 응답해 주지 않은, 어렵지 않지만 간절한 문제에 대한 답이었다. 그로 인해 나는 지난 이틀간 너무 많은 고통을 받았다. 돈을 구한 후 나는 서울에 특별한 편지를 보냈다. 푸트 장군과 외무부에 쓴 편지였다. 나는 푸트 장군에게 나를 위해 공사관에 100,000푼을 준비해 두라고 부탁했다. 내 서류에 의지해 고을의 관리들에게 더 자비를 빌었어야 한다고 말할 지도 몰랐다. 충주에서 겪은 위험 이후에는 그렇게 행동하지 않은 것이 옳은 선택이었다고 나는 믿는다. 어떤 관리는 내게 귀를 기울였을 수도 있다. 하지만 영문 군중 안에서 관리를 기다리는 5분은 내게 치명적일 수도 있었다. 신의 도움으로 내가 올바른 행동을 했기를 기원한다. 그리고 이곳에서부터도 모든 일이 잘 되기를 기원한다.

마지막 순간에 수일이 들어와 밥값이 너무 높아서 돈이 모두 소진되었다고 말했다. 나는 상인장필주, Chang Pil Chu에게서 5,000푼을 빌렸다. 보교꾼들 사이에 소란이 좀 있었다. 10시 20분에 출발했다.

11시 30분에 음죽Umchook 읍내에 도착했다. 길옆에서 보교꾼들이 투덜거리는 소리를 들었다. 그들은 내가 돈을 얼마나 가지고 있는지를 알았다. 좋지 않은 일이었다. 덩치가 큰 이가 말했다. "이런 제미iron, chemi" 등등, "180리에 800냥80,000푼!" 잘 이해가 되지 않는 말들이었다. 음죽은 규모가 작아 보였다. 현재는 이곳에 관리가 없었다. 나는 몹시 불행했다. 상인들의 그 모든 친절에도 불구하고 수일의 판단에 의지하는 나는 완전히 잘못된 곳에 놓여 있었다. 지금 우리는 위기를 타개해 나갈 충분한 돈을 전혀 가지고 있지 않았다.

12시 29분에 휴식을 취했다. 이천에서 40리 거리였다. 별 다른 사건은 없었다. 우리는 몇 무리의 사람들을 지나쳤다. 수일이 말하기를 사람들이 이리저리 바가지를 씌운다고 했다. 10리를 위한 말 한 마리당 50 내지 60푼이 아닌 150푼, 어제 밥값은 200푼이었다! 우리는 이곳까지 골짜기를 올라왔다. 창원의 주막 바로 옆에는 얕은 개울 위로 250피트나 되는 긴 다리가 있었다.

이곳이 경기도와의 경계였다.

1시 25분에 한 마을에서 휴식을 취했다. 보교꾼들에게 밥을 먹였다. 날씨가 밝았고 길이 좋았다. 평범한 길이었다. 1시 50분에 출발했다.

2시 20분에 휴식을 취했다. 우리는 골짜기를 내려왔다. 낮은 언덕이 있는 평범한 마을이었다. 대체로 골짜기는 개간이 잘 되었다. 보교꾼들은 많은 술을 마신 뒤 훨씬 쾌활해졌다. 그들은 기나긴 노동으로 아마도 몸과 마음이 지쳤을 것이다.

작은 마을에서 2시 43분에 휴식을 취했다.

3시 41분에 길 건너편으로 산맥이 보이는 어느 작은 마을에서 휴식을 취했다.

4시 29분에 이천에서 5리 떨어진 곳에서 휴식을 취했다.

5시 10분에 우리는 이천에 도착했다. 서울에서 130리 거리였다. 부사가 있는 큰 고을이었다. 분명 동래만큼 규모가 컸다. 수일이 말하기를 대부분의 서울 상품을 이곳에서 구할 수 있다고 했다. 우리는 거의 통과할 무렵에 밤을 보내기 위해 주막에 묵었다. 나는 조용히 미끄러져 들어갔다. 요즘 다른 모든 일을 대하는 것과 마찬가지로 우울하게 밥을 먹었다. 수일이 특히 낙담해 있었다. 그는 자신이 서광범의 집과 연결되어 있어서 서울에 도착할 때 목숨을 잃을까 봐 두려워했다. 여기에는 이상한 점이 있었다. 수일은 몇 달 동안 자신이 안동 출신이라는 점을 내비치지 않았고 내게 오기 전에 판서라는 어느 다른 관리와 함께 일한다는 말을 했었다! 그가 내 집에 오는데 사전에 계획된 어떤 비밀이 있다는 것이 가능한 일인가? 변수邊燧가 그를 내게 데려왔었다─당시에 어디서 왔는지는 내가 모르는 부분이었고, 나는 별로 신경을 쓰지도 않았다.

통장이 오늘밤 서울 변란에 관해 긴 이야기를 들려주었다. 사건과 관련된 좀 더 상세한 내용이 들어 있었으나 설명을 기묘하게 하였다. 나는 무서운 위험에 빠진 것처럼 매우 낙담하고 초조한 상태이다. 하지만 여전히 모든 것이 괜찮아지게 될 것이라는 추론도 가능하다. 수일은 푸트 장군이 서울을 떠났을지도 모른다는 말을 했다. 만약 그것이 현실이 된다면 나는 비참한 처지에 놓이게 될 것이다. 계속해서 조선의 어두운 면만 너무 오래 머릿속에 맴돌다 보니 나의 우울감이 어떤 상상 작용을 만들어 내는지도 모른다. 내 무거운 마음을 달래 주고 잠을 잘 수 있도록 선하신 주님께 기도할 것이다. 아! 하지만 이건 불행이다! 신이시여 나를 도와주소서!

12월 13일
고종이 파견한 호위부대를 만나 남한산성으로 피하다

8시 59분에 출발했다. 마음의 동요가 좀 누그러졌다. 4리 정도를 가서 언덕을 넘은 후 내리막을 약간 내려갔다. 이천利川은 집들이 훌륭하고 사람들이 재물을 가진 번창한 곳이었다. 춥고 청명하고 쾌적했다. 보교꾼들의 발걸음이 흡족하게 느껴졌다. 수일이 내가 그들에게 전체 거리를 10리당 50푼씩쳐 준다고 말을 한 것 같았다. 지난밤 내내 그들은 주로 도박을 했다. 그들이 어떻게 견디는지 놀라울 뿐이다. 이곳은 꽤 큰 고을이었다. 농부 몇 명이 길위에 있는 것이 보였다. 이곳은 다른 곳과는 달리 나무가 잘 공급되는 것처럼 보였다.

10시 2분에 5분간 휴식을 취했다.

10시 50분에 휴식을 취했다. 좁은 골짜기를 내려왔다. 많은 나무와 다른 것들이 있었다. 보교꾼의 턱수염에 얼음이 매달렸다.

11시 48분에 어느 마을에서 휴식을 취했다. 길은 상태가 좋았다. 이 구간은 상당히 평탄했다. 하지만 사람들은 거의 없었다. 조용했다. 12시 6분에

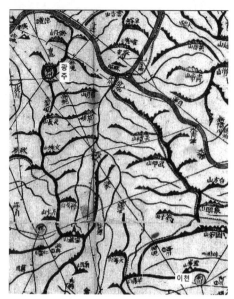

《대동여지도》에 나타난 이천-광주(경기도) 길의 모습

출발했다. 보교꾼들이 술을 마셨다.

12시 38분에 길가에서 휴식을 취했다.

이곳까지는 내내 좋았다. 우리는 북서쪽으로 뻗은 골짜기 안에 있었다. 수일이 길가에서 금릉위 박영효朴泳孝[330]가 그저께 인천의 일본 거주지에서 수도로 끌려갔다는 말을 들었다고 한다. 1시 16분 어느 마을에서 30분간 휴식을 취했다. 일부는 무기를 든 일꾼을 거느리고 두 대의 가마가 행렬을 이뤄 지나갔다. 수일이 말하기를 남쪽(충주)으로 향하는 대원군댁[331]의 하급관리라고 했다.

1시 36분에 출발했다. 한 대의 가마를 지나쳤다. 약간 나아간 다음 뒤쪽에서 고함소리가 들려왔다. 내 가마가 내려지고 보교꾼이 겁에 질려 조용히 서 있었다. 수일이 다가오더니 말하기를 아마도 이제 진실을 들을 수 있을 거

---

330 갑신정변의 주역으로 철종의 딸 영혜옹주와 결혼하여 부마가 되었으나 3개월 만에 사별하였다. 금릉위錦陵尉 정1품 상보국숭록대부上輔國崇祿大夫에 봉해져 금릉위라 불린다.
331 대원군Taewongun (1820~1898)은 고종의 아버지다. 그리고 1873년에 고종이 성년이 될 때까지 섭정을 했다. 1882년 군란이 일어나자 그는 권좌에 복귀하기 위해 잠시 정부의 지배권을 잡았다. 베이징은 즉시 반란을 진압하고 대원군을 중국으로 망명시켰다. 포크가 일기를 쓰던 당시 그는 중국에 머물렀다. 1885년에 조선으로 돌아오지만 이후 그를 경계하는 민씨 일족에게 세심한 감시를 받았다.

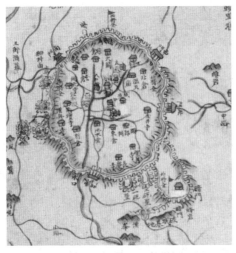
해동지도 경기도 광주 남한산성

라고 했다. 가마를 탄 관리 한 명이 묵과 이야기를 나누고 있었다. 곧이어 묵이 죽을힘으로 달려오더니 내 가마 앞에 주저앉아 말했다. "왕에게서 관리 한 명이 오고 있소." 이것이, 이것이 왕도王道였다! 그의 말이 진실이다! 관리가 곧 나타나더니 가방에서 둥그런 명판을 꺼내 보여 줬다. 왕에게서 위임을 받았다는 징표였다. 그가 말하길 주사 역시 앞서갔다고 했다. 푸트 장군 역시 무사하다고 했다. 제물포로 가서 이 상황에 대한 회의를 하고 서울로 막 돌아왔다고 했다. 박영효, 서(광범). 그리고 김(옥균)은 일본 공사와 함께 제물포로 가서 실종됐다고 했다. 그 관리는 서울로 들어가는 것은 위험하니 내게 광주廣州의 산성332으로 가라고 했다. 그리고 그는 부상負商, Pusang333과 병사를 부르겠다

---

332 포크가 "광주산성Kwangju sansung"이라고 언급한 서울 바로 남쪽의 산속 요새는 남한산성 Namhansansong을 말한다.

333 일찍이 가족에게 보낸 편지에서 포크는 "부상pusang"에 관해 다음과 같이 기술했다. "이들 부상은 가난한 사람, 행상, 일꾼 따위들이 모인 거대한 집단이다. 그들은 서로를 보호하기 위해 수백 년 전에 서로 연합했다. 그들은 집단의 누군가가 살해당하면 엄혹하게 복수했다. 이렇게 단합해서 행동하여 매우 강력했다. 그들의 숫자는 100,000명에 달하고 전국에 퍼져 있었다. 그들이 너무 강력해지자 몇 년 전에 정부는 그들을 달래야 한다는 것을 알았고 그렇게 해서 전체 집단이 합법적인 정부기관으로 인정받았다. 단체의 위상이 올라가고 이를 보살피기 위한 관리가 임명되어 집단에 합류했다. 이는 무지하고 신분이 낮은 이들을 무척 기쁘게 했고 결과적으로 지금은 무척 자부심이 높고 애국적이다.

고 했다. 이보다 더 좋은 소식은 없었다. 수일과 묵 그리고 보교꾼들은 모두 (배고픈) 미소를 지었다. 곧 보부상 남자들이 오고 밀짚모자가 나타났다. 나는 관리에게 묵과 수일은 나와 함께 보호를 받아야 하고 충주 목사가 나를 심하게 홀대할 때 동장이 얼마나 잘 도와주었는지를 말했다. 이는 동장을 미소 짓게 했다. 오후 2시에 일어난 일들이었다.

우리는 정말 행복한 무리가 됐다. 지친 보교꾼들을 쉴 수 있게 해 달라고 요청했다. 부상이 잠시 술을 마시긴 했지만, 보교꾼들은 쉬는 것도 거절했다.[334] 나는 보교꾼의 입 모양이 즐거웠다. 축 처진 우울한 모양에서 이제는 위를 향해 열렸다. 보교꾼들 사이에도 이런 자세 변화가 찾아왔다. 매우 크고, 강하고, 용감한 목소리로 외쳤다. 이전에는 구걸하듯이 기어들어가는 목소리로 "~시오shio" 그리고 "좀~chom"(미안해요)이라고 말하다가 이제는 "예라 Yera!"(길을 비켜라!) 하고 외쳤다.

우리는 빠른 속도로 나아갔다. 3시 30분에 막 산성 길로 접어들었을 때 우리는 주막에서 휴식을 취했다. 관리는 정말 친절했다. 내게 음식 따위를 원하는지를 물었다. 그런데 관리가 민 참판이 위중해서 아마도 죽을 것 같다는 이야기를 했다. 가파른 경사를 올랐다. 4리 넘게 1,000-1,100피트300-330m를 올랐다. 그 뒤에 언덕이 많은 지역으로 넘어 갔다. 4시 33분에 산성에서 10리 떨어진 작은 마을에 도착했다. 그곳에서 부상이Pusangi가 교대를 했다.

이곳부터 우리는 좁은 바위 틈새를 힘들게 오른 다음 산성의 동대문으로 들어갔다. 내 보교꾼들은 거의 녹초가 되었지만 당당히 자리를 지켰다. 아직은 황혼이었지만 "유-사-아Yu-sa-a!" 하고 외치는, 계곡 너머로 길게 메아리치

---

334 포크는 분명히 부상 남자들이 휴식 중인 보교꾼들의 임무를 떠맡았다는 것을 의미한다. 가마를 운반하는 동료가 한숨 돌릴 수 있게 장대를 이용하여 가마를 들어 올려 그들의 어깨에서 무게를 줄여 주는 일이다.

는 소리에 먼 거리에서 커다란 청명한 소리가 화답을 했다. 눈이 깊게 쌓인 골짜기 사이로 횃불들이, 헌신적인 백성들이, 충직하고 충성스러운 밀짚모자들이 서로 섞여 멋진 그림을 이뤘다. 이런 진기하고 낭만적인 상황에서 실제로 많은 생각들이 머릿속을 스쳤다. 지난 10월 광주廣州산성에 관광을 왔을 때는 평화롭고 조용하게 경치를 즐겼을 뿐 내가 이곳으로 피난을 올 것이라고는 아예 생각도 못했었다.

오후 10시 나는 광주에서 가장 융숭한 대접을 받았다. 밥과 술은 실제로 정말 흡족했다. 서울의 변란에 관한 나머지 이야기를 관리에게서 마저 들었다. (10월) 17일(음력 달력 기준. 양력은 12월4일)에 홍 참판홍영식. 洪英植은 우정국에서 연회를 열었다. 그동안에 화재가 발생했다. 민 참판민영익은 양해를 구한 뒤 화재 진압을 돕기 위해 밖으로 나갔다. (관리의 집에는 각기 화재 진압 장비가 있다.) 바깥에는, 평소처럼, 연회에 참석한 일본 공사를 호위하기 위해 온 일본 병사들이 두 줄로 늘어서 있었고 그는 그 사이를 지나쳤다. 민 참판은 양쪽에서 공격을 받았다. 귀 하나가 잘려져 나가고 목을 베였으며 몸 여러 군데에 자상을 입었다. 그는 다시 손님들에게 달려갔고 이들은 곧바로 흩어졌다. 홍영식, 김옥균, 박영효, 서대교侍敎. Takiyo[335]는 즉시 궁궐로 가서 왕에게 거사를 고하고 가까운 궁[336]으로 가야 한다고 말했다. 왕은 그들의 말에 따랐다. 이곳에서 이 관리들은 이 상황을 의논하기 위해 주요 대신들을 부를 것을 제안했고 왕이 동의하자 실행에 옮겼다. 대개 궁으로 통하는 문은 두 개가 있었

---

335 일반 참고사항: "비록 낮은 관리가 맡았지만 대교라는 관직은 매우 중요했다. 첫 번째 대교는 서광범의 증조부였다. 이 직위는 승지承旨. Sungchi보다 더 높은 존경을 받았다. 한 번 대교를 지냈던 사람은 그 이후로 더 높은 관직을 맡더라도 언제나 대교로 불릴 수 있다. 이런 사람이 참수될 수는 없었다. 왕이 독을 내려 죽음으로 벌을 받을 것이다."

336 궁Kung: 궁궐. 경우궁景祐宮, 옛 휘문고교 자리.

다. 첫 번째 문 안에는 일본 병사들이, 두 번째에는 일본 군사학교를 다닌 14명의 조선 생도들이 있었다. 민태호, 조영하, 이조연, 민영목, 윤태준 등의 관리들이 한 명씩 도착했다. 각자는 두 번째 문을 통과하면서 생도들에 의해 살해당했다. 잠시, 적어도 얼마 동안은 안쪽에 있던 왕도 이에 대해 전혀 알지 못했다. 왕과 함께 있던 일행(김옥균과 다른 이들)은 일본 공사를 부를 것을 제안했다. 그를 불렀지만 오지 않았다. 두 번째로 변 주사Pyon Chusa가 쫓아가자 이번에는 그가 왔다. (언제 일본 공사를 불렀는지는 명확하지 않다.)

시간이 늦어지자 왕은 환궁還宮을 연기했다. 왕은 아직 사태가 어떻게 될지 모르고 일본 공사가 돌아와 조언을 할 수 있는지를 알아본 다음, 궁궐 안에 폭도들이 있다는 말을 하라는 제안을 받았다. 박영효가 밖에 나갔다가 돌아와서 일본 공사가 아직 시기가 이르다는 말을 했다고 전했다. 그사이 왕은 다음과 같은 직위를 관리들에게 부여했다.

박영효: 전후영사 겸 좌포도대장
김옥균: 호조판서Hejo Pansoh, 선혜당상Son he-tang sang
홍영식: 대신Tashin (우의정)

이후에 일본 공사가 들어와서 궁궐로 돌아가도 괜찮다고 말했다. 그리고 왕은 돌아갔다. 그곳에서 왕은 왕비와 왕자가 있는 북묘Pukmio로 가겠다고 했다. 박은 왕을 껴안아 제지했다. 진보당 전원이 무장을 하고 있었다. 이곳의 무감Mukam[337], 왕의 친척들이 홍을 붙잡아 바깥으로 던져 살해했다. 그러자

---

337 일반 참고사항: "궁궐의 무감은 항상 왕의 곁을 지키는 남자들이다. 왕의 호위병이며 용문의 군수에 해당한다. 그들은 몸집이 크고 근육을 단련하며 목검 따위로 훈련을 한다. 좌우 2번(番)으로 나뉘어 편성됐다. 항상 왕 옆에서 각 200명씩(400명) 경계를 섰다(3일간). 모두 합쳐 800명이다.

일행 전체가 도망갔다. 북묘에는 왕비와 왕자 주변으로 생도들이 있었다. 이들 중 한 명을 제외하고 모두가 무감에 의해 목이 베였다.

진보주의 남자들이 민태호와 다른 이들을 암살한 이후 왕을 붙들고 있는 사이 한 대장Han Tajang이 하관Ha Kwan에게 일본인들이 주변에 있으니 원(Won, 원세개)을 부르라고 말했다. 서재필So Je Pil[338]이 팔로 그를 붙잡아서 바깥으로 던져 검으로 살해했다. 그런 다음 피 묻은 소매로 돌아와 왕 앞에 앉았다. (내 의견으로는 이곳에 배신자가 있었다.) 나중에(다음날?) 원(원세개)은 궁궐로 와서 왕이 근처에 있었기 때문에 위험하니까 (흥!) 빈 탄약통을 이용해 일본 군인들을 몰아내고 왕을 중국 진지로 데려갔다. 왕은 그곳에 이틀 정도(?) 머물렀다. 왕비는 동문 바깥의 사찰, 각심절Kak-shim-jol, 覺心寺로 갔다.

우리가 길에서 만난 생도는 정종칠Chung Chong Chil이었다.

위의 내용은 관리가 내게 해 준 이야기였다. 그는 진보주의 남자들을 여러 번 "놈nom"[339]이라고 불렀다. 일본인과 애국자들에 대한 그의 증오를 좋지 않은 몸짓을 섞어서 표현했다. (진실에 대한 그의 무지를 보여 줬다!) 그가 내게 이야기를 하는 사이 바깥에서는 광주의 아전과 동장이 앉아 이 상황에 대한 대화를 나누고 있었다. 모두가 애국자와 일본인들을 반대했다. 그 이유는 단지 중국인들이 일본인들에게 수적으로 우세하다는 걸 알아서였다. 나는 이에 대해 관리에게 몇 마디를 했는데, 그가 생각이 있다면 마음을 바꿀 것이다.

이 관리는(그의 이름은 장운Chang Un, 직위는 선전관宣傳官, Sun Chon Kwan이었다. 선

---

338 서재필(1864-1951), 하급 정부 관리, 급격한 근대화의 길을 가는 나라를 보고 싶은 마음에 일본에서 2년간 공부한 후 1884년 조선으로 돌아왔다. 그리고 1884년 12월 실패한 쿠데타에 가담했다. 그는 미국으로 도망친 후 미국 시민이 되었다(미국인이 된 최초의 조선인). 영어식 이름은 필립 제이슨Philip Jaisohn이었다.

339 놈Nom: "개자식bastards"과 비슷한 모욕적인 표현.

전관은 왕의 명령 수행자다) 즉시 돌아와서 왕에게 내 안전을 보고하라는 지시를 받았다. 그는 밥을 먹었다. 나는 그에게 진한 커피 한 잔을 만들어 주고 내가 가지고 있던 브랜디 전부와 약간의 시가를 주었다.

그는 이곳에 오느라 어젯밤 바깥에 있었다. 그리고 오늘 밤 잠을 많이 자지도 못할 것이다. 푸트 장군, 스쿠더, 변수에게 편지를 썼다. 스쿠더에게 내일 나를 위해 100,000푼을 준비해 두라는 도움을 요청했다. 스무 살 먹은 서재필So Je Pil의 동생, 서재창So Chi Chang은 지금 감옥에서 자백을 하라며 두들겨 맞고 있었다. 김홍집Kim Hong Jip은 왕에 의해 즉시 대신Tashin과 강화 유수 Kanghwa Yusu에 임명되었다.

일본인들은 전부 서울을 떠나서 제물포에 진지를 구축했다. 명분은 아직 사라지지 않았다. 나는 빠르게 서울로 가서 우리 공사를 만나고 싶었다. 오 하나님, 수많은 저의 사악함을 용서해 주소서. 나는 그대가 내게 베풀어 준 무한한 자비에 감사를 드리며 그대의 선량하고 충직하며 쓸모 있는 종이 되기를 간곡히 기도하옵나이다!

나는 중군中軍의 호위하에 내일 10시에 이곳을 출발한다는 계획을 세웠다. 서울에서 온 다른 호위병과 짐을 싣기 위한 말들을 만나서 공사관으로 바로 직행할 것이다.

●

12월 14일

청 군대가 지키는 시구문을 통과해 미 공사관으로 복귀하다

-다양하고 멋진 경험으로 가득한,
또 걱정과 불안으로 보낸 900마일1,448km의 여정을 끝내다

9시에 일어났다. 어젯밤 새벽 2시까지 잠을 자지 못했다. 오늘 아침 검으로 무장한 두 명의 무감과 두 명의 다른 하급 장교가 왕에게서 왔다. 장해원에서 보낸 내 편지에 대한 응답이었다. 그들은 여섯 명의 병사와 함께 나를 서울로 데려오라는 명령서를 가지고 왔다. 내가 밥을 먹은 다음 버나도우가 들어왔다. 그는 왕에게서 온 호위병과 함께 밤 11시부터 길을 달렸다. 무척 흥분한 얼굴로 이번 사건에 대한 복잡한 설명을 했다. 그는 진실을 아무것도 모르는 것 같았다.

산성 병사들, (보)부상pusang 남자들 그리고 서울 무감과 부올Puol—갖가지 옷을 입은 모두 400여 명에 이르는 사람들의 거대한 호위를 받으며 11시 55분에 출발했다. 그들은 (판독불가), 검, 화승총 따위로 무장했다. 송파松坡, Songpha에 도착해서 점심을 먹었다. 이곳에서 우리는 왕의 호위병과 선전관Sun Chon Kwan을 만났다. 대군중을 이뤘다. 3시 15분에 출발했다. 나루터. 수일이 송파에서 내게 말 한 마디 없이 사라졌다.

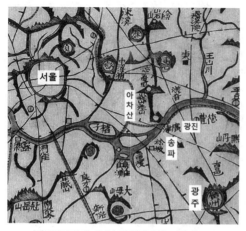

《대동여지도》에 나타난 광주(경기도)-서울의 모습

4시 35분 서울에 가까워져서 노란 태양과 함께 눈이 내렸다. 생각이 떠올랐다! 지난 6월 2일에 민[영익]과 단둘이 왔을 때![340] 우리는 막 밤이 될 무렵 시구문Si-ku-mun[341]에 이르러서 문이 닫히려고 했다. 관리들이 끼어들었지만 맞닥뜨리고 나니 중국 병사들이었다. 그들은 검을 꺼내어 들고 나와 병사들을 막아섰다. 약간의 혼란이 뒤따랐다. 내가 나서서 그들에게 이야기를 했다(묵은 일본어를 하기 두려워했다). 그리고 한자로 우리가 출입이 허락된다고 쓰여 있는 내 통행증을 보여 줬다. 우리는 어두운 거리로 서서히 들어갔다. 길고 긴 걸음이었다. 6시 20분 무렵에 공사관에 도

---

340 포크는 그해 초 민영익과 서울에 도착했던 때를 언급하고 있다. 이에 대해 그는 가족에게 보낸 편지에서 이렇게 서술했다. "강가의 풍경을 나는 절대 잊지 못할 것이다. 우리가 마포Mapo에 도착하기 직전에 해가 막 저물면서 다소 기이한 노란색으로 서쪽 하늘을 물들였다… 우리는 길게 뻗은 노란색 모래사장을 건너는 중이었다. 이상한 모습의 조선인들이 긴 행렬을 이뤄 우리를 마중 나왔다. 몇몇 관리들은 밝고 어두운 청색과 지푸라기 색의 옷을 입었고 대부분은 하얀색 옷을 입었다. 곧 공사민영익와 종사관서광범을 위한 가마가 수백 명의 그들 친구, 병사, 집안 식솔 등으로 둘러싸여 다가왔다. 가마 하나를 든 사람들이 모래사장 한쪽으로 움직이더니 나를 태워 옮겼다. 한동안 그 누구도 내 곁으로 다가오지 않았다. 반겨 주는 사람은 아무도 없었고 조선인들의 그런 인사가 나를 몹시 황량하고 무력한 기분에 빠져들게 했다. 우리가 강에 가까워지자 조선인들이 내게 접근했다. 내가 외국인인 것을 알아보고 그들은 더 가까이 다가와서 가마 안을 호기심이 가득 어린 얼굴로 응시했다. 그 이후 나는 엄청난 관심을 받았다. 내 가마는 항상 빽빽한 인파에 둘러싸였다." 1884년 6월 15일 포크가 부모와 형제들에게 보낸, 포크의 편지들.
341 서울 남동쪽의 광희문Kwanghui-mun, 흔히 시구문Sigumun으로도 불렸다. "죽은 자를 위한 문"이라는 의미다. 이는 시체를 도시 바깥으로 운반하는 데 이 문을 이용했기 때문이다.

착했다. 무척 조용해서 아무도 나를 기다리지 않는 것 같았다. 나는 마당으로 들어섰다. 가까운 곳에 서 있던 스쿠더가 따뜻하게 나를 붙잡았다. 그리고 푸트 부인과 장군이 친절하고 따스하게 나를 맞아 주었다. 나는 선전관과 묵, 수일과 통장을 공사에게 소개했다. 궁중 내시 한 명이 왕에 의해 이곳에 나와 있었다. 10,000푼을 받았다. 나는 밤을 지내기에 충분한 돈을 보교꾼들에게 주고 나머지를 수일과 묵에게 주었다. 그런 다음 일행을 해산했다. 가벼운 식사를 하고 푸트 장군, 부인과 함께 밤을 보냈다. 나는 기분이 몹시 불안정하고 이상했다. 서울에는 음식이 풍부했고 모든 것이 조용했다. 공사는 조선의 변란에 관해 아무런 보고를 보내지 않았다. 그래서 군함도 오지 않는다.

버나도우가 나를 마중 나온 것은 커다란 실수였다. 광주에서 정말 힘들게 그를 돌보아야 했다. 그를 위해 가마를 구하고, 밥을 먹이고 다시 데려와야 했다. 그가 온 것은 단지 형식적인 쇼에 불과했다. 하지만 너무 비판적이 되지는 말자. 스쿠더는 내게 무척 친절했다. 11시에 내 방으로 갔다. 주님의 자비에 감사드리며 나는 43일(44일) 만에 처음으로 침대에 누웠다. 지금 나는 안전하다. 하지만 조선에 많은 상처를 준 사건들과 관련해 마이렇게 해서

미국 공사관 모습, 1900년대 초

나의 두 번째 조선 내륙 여행은 끝이 났다. 다양하고 멋진 경험으로 가득한, 또 걱정과 불안으로 보낸 900마일의 여정이었다. 그동안 나는 세부적인 면에 이르기까지 거의 전부를 조선인으로서 살았다(기독교인의 마음으로). 그토록 많이, 그토록 구석구석, 내가 보았던 조선은 과거에도 이렇게 조명된 적이 없었고, 앞으로도 이 장면들이 되풀이되지는 못할 것이다.

이 모든 것을 허락해 주신 주님, 저를 더 지켜 주시고 진실하고 쓸모 있는 종이 되게 하소서. 세속적인 명예나 이름 같은 헛된 거품에 유혹당하지 않게 하소서.

속인들의 행복을 추구할 수도 있지만, 저는 진정한 행복이 세속적이고 육체적인 데 있지 않다는 것을 알고 있습니다. 저의 신앙을 지킬 수 있다면, 주 예수는 저에게 행복을 주실 수 있을 것이며, 또한 주시리라 믿습니다. 원죄에 물들어 죽음이 숙명인 모든 인간 속에서 높은 지위를 차지하거나, 명예를 얻거나, 갈망이나 욕망을 추구하는 것과는 다른 진정한 행복을!

Allen, Horace N. Allen ui ilgi (H. N. Allen's Diary). Edited by Kim Won-mo. Seoul: Dankook University Press, 1991.

Allen, Horace N. Things Korean: A Collection of Sketches and Anecdotes, Missionary and Diplomat. New York: Fleming H. Revell, 1908.

Bernadou, J. B. "Korea and the Koreans." National Geographic Magazine 2 (August 1890): 231-42.

Bishop, Donald M. "Navy Blue in Old Korea: The Asiatic Squadron and the American Legation, 1882-1897." Journal of Social Sciences and Humanities 42 (December 1975): 49-63.

Bishop, Donald M. "Policy and Personality in Early Korean-American Relations: The Case of George Clayton Foulk." In The United States and Korea: American-Korean Relations,1866-1976, edited by Andrew C. Nahm, 27-63. Kalamazoo: Center for Korean Studies, Western Michigan University, 1979.

Bishop, Isabella Bird. Korea and Her Neighbors. New York: F. H. Revell, 1898.

Bohm, Fred C., and Robert R. Swartout, Jr., eds. Naval Surgeon in Yi Korea: The Journal

of George W. Woods. Berkeley: Institute of East Asian Studies, University of California, 1984.

Buckingham, Benjamin H., George C. Foulk, and Walter McLean. Observations upon the Korean Coast, Japanese-Korean Ports and Siberia: Made during a journey from the Asiatic Station to the United States through Siberia and Europe, June 3 to September 8, 1882. Washington, D.C.: Government Printing Office, 1883.

Carles, William R. "Report by Mr. Carles on a Journey in Two of the Central Provinces of Corea, in October 1883." Foreign Office Papers, Corea, no. I (1884).

- - - . "Report of a Journey by Mr. Carles on a Journey in the North of Corea." Foreign Office Papers, Corea, no. 2 (1885).

- - - . "Report of Vice-Consul Carles of a Journey from Söul to the Phyöng Kang Gold-Washings, dated May 12, 1885." Foreign Office Papers, Corea, no. 2 (1885).

- - - . Life in Corea. London: Macmillan and Co., 1888.

Cavendish, A. E. J. Korea and the Sacred White Mountain: Being a Brief Account of a Journey in Korea in 1891. London: George Philip and Son, 1894.

Cook, Harold F. Korea's 1884 Incident: Its Background and Kim Ok-kyun's Elusive Dream. Seoul: Royal Asiatic Society, Korea Branch, 1972.

- - - . "Early American Contacts with Korea." Transactions of the Korea Branch of the Royal Asiatic Society 55 (1980): 85-107.

Corrigan, Francis P. "George Clayton Foulk and International Intrigue in Korea." M.A. thesis, Columbia University, 1955.

Deuchler, Martina. Confucian Gentlemen and Barbarian Envoys: The Opening of Korea, 1875-1885. Seoul: Royal Asiatic Society, Korea Branch, and Seattle: University of Washington Press, I 977.

Gale, James Scarth. Korean Sketches. Seoul: Royal Asiatic Society, Korea Branch, 1975. (Reprint of 1898 edition.)

"George C. Foulk." The Korea Review I (August 1910): 344-49.

Gottsche, Carl. "Land und Leute in Korea." Verhandlungen der Gesellschaft für Erdkunde

13 (Spring 1886): 245-62.

Griffis, William E. Corea: The Hermit Kingdom. New York: Charles Scribner's Sons,1907.

Hall, Basil. Voyage of Discovery to the West Coast of Korea and the Great Loo Choo Island. Seoul: Royal Asiatic Society, Korea Branch, 1975. (Reprint of Hall's 1816 account.)

Hall, J. C. "A Visit to West Coast and Capital of Korea." Transactions of the Asiatic Society of Japan 11 (1883): l48-62.

Harrington, Fred Harvey. God, Mammon and the Japanese: Dr. Horace N. Allen and Korean-American Relations, 1884-1905. Madison: University of Wisconsin Press,1944.

Hawley, Samuel. "Journey in Korea: The 1884 Travel Diary of George C. Foulk." Transactions of the Korea Branch of the Royal Asiatic Society 80 (2005): 59-86.

- - - , ed. America's Man in Korea: The Private Letters of George C. Foulk, 1884-1887. Lanham, Md.: Lexington Books, 2007.

Kenny, W. J. "Account of a Secret Trip to the Interior of Korea." Transactions of the Asiatic Society of Japan 11 (1883): 141-47.

Kim, Hyung-chan. "The Korean Kaleidoscope: American Views of Korea, 1882-

1979." Korea Journal 24 (June 1984): 18-26.

- - - . "George C. Foulk in Korea: A Sailor on Horseback." Korea Journal 26 (December 1986): 27-38.

Lawrence, Mary Viola Tingley. A Diplomat's Helpmate: How Rose F. Foote, Wife of the First U.S. Minister and Envoy Extraordinary to Korea, Served Her Country in the Far East. San Francisco: H. S. Crocker, 1918.

Lee, Kwang-rin. Han'guk kaehwasa yŏn 'gu [A Study on the History of Enlightenment in Korea with Reference to the 1880's). Seoul: Ilchogak, 1969.

- - - . Kaehwadang yŏn 'gu [The Progressive Party: 1879-1884]. Seoul: Ilchogak, 1973.

- - - . Han'guk kaehwa sasang yŏn 'gu [Studies on the Ideas of Enlightenment in the Later Yi Dynasty]. Seoul: Ilchogak, 1979.

Lee, Yur-bok. "Diplomatic Relations Between Korea and the United States, 1882-1887: A Study of Foreign Services of Minister Foote and Charge Foulk in Korea." PhD dissertation, University of Georgia, 1965.

- - - . West Goes East: Paul Georg von Mollendorff and Great Power Imperialism in Late Yi Korea. Honolulu: University of Hawaii Press, 1988.

Leifer, Walter. "Paul-Georg von Mollendortf-Scholar and Statesman." Transactions of the Korea Branch oft he Royal Asiatic Society 57 (1982): 41-52.

Lowell, Percival. Choson, the Land of the Morning Calm: A Sketch of Korea. Boston:Ticknor and Company, 1885.

McCune, George M., and John A. Harrison, ed. Korean-American Relations: Documents

Pertaining to the Far Eastern Diplomacy of the United States. Volume I: The Initial Period, 1883-1886. Berkeley: University of California Press, 1951.

Moffett, Samuel A. "Suggestions on Travelling in Korea." The Korean Repository I (1892): 325-30.

Morrison, G. James. "Some Notes of a Trip to Corea, in July and August, 1883." Journal of the North-China Branch of the Royal Asiatic Society 18 (1883): 141-57.

Neff, Robert. "The Jennie Lovatt Letter: An Early View of Pusan in 1885." Transactions

of the Korea Branch of the Royal Asiatic Society 78 (2003): 85-90.

Noble, Harold J. "The Korean Mission to the United States in 1883." Transactions of the Korea Branch of the Royal Asiatic Society 18 (1929): 1-21.

- - - . "Korea and Her Relations With the United States Before 1895." PhD dissertation, University of California, Berkeley, 1931.

Oppert, Ernest. A Forbidden Land: Voyages to the Corea. New York: G. P. Putnam's Sons, 1880.

Pang, David Sooho. "Korean Life in the Late Choson Dynasty: Sketches from Foreign Illustrated Magazines." Korean Culture 12 (Spring 1991): 11-17.

Pak, Un-suk. Kapsin chongbyon yŏn'gu [A Study of the Kapsin Coup]. Seoul: Yŏksabip'yŏngsa, 2005.

Reordan, Robert E. "The Role of George Clayton Foulk in United States-Korean Relations, 1884-1887." PhD dissertation, Fordham University, 1955.

Rutt, Richard, trans. The Song of a Faithful Wife. Seoul: Royal Asiatic Society, Korea Branch, 1999. (Translation of the story of Ch'unhyang.)

Ryang, Sonia. "Japanese Travellers' Accounts of Korea." East Asian History 13-14 (1997): 133-52.

Savage-Landor, A. Henry. Corea or Cho-sen: The land of the Morning Calm. London: William Heinemann, 1895.

Shin, Ki-suk. "International Relations with Respect to the Coup d'Etat of 1884." Korea Journal 24 (December 1984): 22-37.

Sin, Yong-ha. Ch'ogi kaehwa sasang kwa Kapsin chŏngbyŏn yŏn'gu [Enlightenment Thought and Kapsin Coup d'Etat of the Progressive Party in Korea]. Seoul: Chisiksan0psa, 2000.

Sohn, Pow-key. "The Opening of Korea: A Conflict of Traditions." Transactions of the Korea Branch of the Royal Asiatic Society 36 (1960): 101-28.

Swartout, Robert R. Jr. "United States Ministers to Korea, 1882-1905: The Loss of American Innocence." Transactions of the Korea Branch of the Royal Asiatic Society 51 (1982): 29-40.

- - - , ed. An American Adviser in Late Yi Korea: The Letters of Owen Nickerson Denny. Mobile: University of Alabama Press, 1984.

- - - . "Journey to Old Korea: The 1886 Diary of Gertrude Hall Denny." Transactions of the Korea Branch of the Royal Asiatic Society 61 (1986): 35-68.

Underwood, Elizabeth. Challenged Identities: North American Missionaries in Korea,1884-1934. Seoul: Royal Asiatic Society, Korea Branch, 2004.

Underwood, Lillias Horton. Fifteen Years among the Top-knots: Or, Life in Korea. Boston and New York: American Tract Society, 1904.

Yi, Tae-Jin. "Was Korea Really a 'Hermit Nation'?" Korea Journal 38 (Winter 1998): 5-35.

國會圖書館 立法調査局, 1964《舊韓末條約彙纂》中卷, 東亞出版社 工務部,

게리 딘 월터, 1969.,〈1883년 미합중국에 파견된 대조선국 특별사절단에 관한 연구'《아세아학보》6

鄭玉子,1981,〈詩社를 통해서 본 朝鮮末期 中人層〉《韓㳂劤博士 停年紀念史學論叢》지식산업사

홍사중,1983,《상투를 틀고 미국에 가다》, 홍성사

김원모,1985,1986《조선 보빙사의 미국사행 (1883) 연구 (上) (下) 〉 동방학지:49.50.

金基爽,1997,〈미국내 한국관계 자료 연구〉《국사관논총》73

양보경,1998.〈대동여지도〉《한국사 시민강좌》, 23,

邊勝雄,2002,〈개화정책의 추진〉,《신편한국사》38, 국사편찬위원회

이동희,2003,〈고지도로 본 전주부성과 전라감영〉《전북사학》26.

出入國管理40年史編纂委員會 編, 2003,《出入國管理 四十年史》,法務部.

손정숙,2004,〈주한 미국 임시대리공사 포크 연구(1884~1887)〉《한국근현대사연구》31 한국근현대사학회

손정숙,2005,《한국 근대 주한 미국공사 연구(1883-1905)》한국사학

손정숙,2007,〈한국최초 미국외교사절 보빙사의 견문과 그 영향〉《韓國思想史》29 韓國思想史學會

이민식,2009,《개화기의 한국과 미국 관계》한국학술정보

전주역사박물관,2011,《전라감영 선화당의 위치》

손정숙, 2005, 〈한 · 미 수교와 초대 공사 푸트의 역할〉,《한국 근대 주한미국공사 연구》, 한국사학

오상학,2010.〈목판본《大東輿地全圖》의 특징과 가치〉《대한지리학회지》,45(1),

민회수,2016,〈개항기 査證으로서의 '護照' 제도의 도입과 운영〉《歷史學報》229.

이헌주,2018,《강위의 개화사상 연구》,선인

김기혁,2018,〈대동여지도 신유본 판본의 변화단계 연구〉대한지리학회 학술대회논문집》

윤진영,2020,〈전라감영 선화당내 병풍가리개 고증〉《전라감영 선화당사진자료 검토보고서》

장경희,2020,〈전주감영 선화당 내 기물 고증 연구〉《전라감영 선화당내 포크사진자

    료 고증연구》

송영애,2019,〈포크(Foulk)의 일기에 기록된 전라감영의 접대문화〉,《한국콘텐츠학
    회논문지》,19(12)

〈신문기사〉

"美 위스콘신대 도서관서 대동여지도 발견", 연합뉴스 2009-11-11

"위스콘신대 소장 대동여지도는 희귀본"연합뉴스 2009-11-23

조법종,2006.3.15.〈만경강 이야기 땅과 생명 그리고 강-만경강의 역사〉,《전북일보》
    le of George Clayton Foulk in United States-Korean Relations, 1884-1887

화륜선 타고 온 포크, 대동여지도 들고 조선을 기록하다

초판 1쇄 발행 2021년 2월 26일

원저자 | 조지 클레이튼 포크
엮은이 | 사무엘 홀리
옮긴이 | 조법종, 조현미
펴낸이 | 정광성
펴낸곳 | 알파미디어
출판등록 | 제2018-000063호
주소 | 05380 서울시 강동구 천호옛12길 46 2층 201호
전화 | 02 487 2041
팩스 | 02 488 2040
ISBN | 979-11-91122-05-3 03910
값 19,000원

출판을 원하시는 분들의 아이디어와 투고를 환영합니다.
alpha_media@naver.com